Joshua Reynolds

Zur Ästhetik und Technik der bildenden Künste

akademische Reden

Joshua Reynolds

Zur Ästhetik und Technik der bildenden Künste
akademische Reden

ISBN/EAN: 9783742870018

Hergestellt in Europa, USA, Kanada, Australien, Japan

Cover: Foto ©Thomas Meinert / pixelio.de

Joshua Reynolds

Zur Ästhetik und Technik der bildenden Künste

Philosophische Gesellschaft an der Universität zu Wien.

Zur

Aesthetik und Technik
der bildenden Künste.

Akademische Reden

von

Sir Joshua Reynolds.

Übersetzt und mit Einleitung, Anmerkungen, Register und Textvergleichung versehen

von

Dr. Eduard Leisching
Custosadjunct und Docent am k. k. Oesterr. Museum zu Wien.

Leipzig 1893.
Verlag von C. E. M. Pfeffer.

Inhalts-Verzeichnis.

    An die Mitglieder der Königlichen Akademie.
Die aus der Errichtung einer Akademie entspringenden Vorteile. —
Winke zur Beachtung der Professoren und Inspektoren: von den
jungen Schülern ist unbedingter Gehorsam gegen die Kunstregeln
zu fordern; vorzeitige Neigung zu meisterlicher Fertigkeit ist zu
unterdrücken; Fleiss ist unablässig zu empfehlen und (damit er
auch erfolgreich sei) auf sein richtiges Ziel zu lenken.

Gang und Ordnung der Studien. — Die verschiedenen Stufen der
Kunst. — Die Übertreibung des Kopierens wird misbilligt. — Der
Künstler soll allzeit und allerorts Stoff für seine Arbeiten sammeln.

Die leitenden Grundsätze des hohen Stiles. — Von der Schönheit.
— Über den Unterschied des Charakteristischen in Natur und Mode.

Allgemeine Begriffe, der leitende Grundsatz, welcher die Kunst in
allen ihren Teilen regelt; Erfindung, Ausdruck, Farbengebung,
Draperie. — Die zwei verschiedenen Stilrichtungen der historischen
Malerei, der hohe und der ornamentale Stil. — Die Schulen, in
welchen die beiden sich finden. — Der zusammengesetzte Stil. —
Der auf lokale Sitten und Gewohnheiten oder auf einseitige Anschauung der Natur gegründete Stil.

Vorwort.

Die vorliegende Übersetzung, welche als Beitrag zur Feier von Reynolds' 100jährigem Todestage betrachtet werden will, ist die Frucht mehrjähriger Arbeit, zu der mich eine Bemerkung Franz Brentanos in dem von ihm im Winter 1885 auf 1886 abgehaltenen Collegium: „Ausgewählte Fragen aus der Psychologie und Aesthetik" veranlasst hat. Das Werk harrte eines Verlegers, als die Philosophische Gesellschaft an der Universität zu Wien, in welcher ich im Sommer des Jahres 1890 verschiedene Teile der Reden vorgetragen hatte, an mich mit der ehrenden Einladung herantrat, ihr die Übersetzung zur Herausgabe zu überlassen und hiemit die von ihr beabsichtigten Veröffentlichungen einzuleiten. Ich habe dieser Aufforderung gerne Folge geleistet, weil die Discourses, indertat einzig in ihrer Art, sich wie an Künstler so an Philosophen wenden, welche Aesthetik und Technik der bildenden Künste zu ergründen bestrebt sind. Ich habe keinen Anstand genommen, diesen Inhalt der Reden auf dem Buchtitel zu kennzeichnen, obgleich ich mich bei diesem Vorgange auf Reynolds nicht berufen kann.

Die Herausgabe selbst bedarf wol keiner Rechtfertigung. Die Discourses gehören zum Besten was je von einem Künstler über das Wesen und Studium der Kunst vorgebracht worden ist. Die hohe Schätzung, welche Reynolds' Zeitgenossen seinen Reden widmeten, hat sich erhalten; einsichtsvolle Künstler unserer Zunge haben wiederholt den Wunsch ausgesprochen, dass die Discourses auch jenen Kreisen erschlossen werden sollten, welche sie in der Urschrift nicht zu lesen vermöchten.

Dass das Übersetzen ein schwieriges Geschäft ist und dass besonders bei einem Gegenstande, wie der vorliegende, die Herstellung des Gleichgewichtes zwischen peinlicher Sinngemässheit und guter Ausdrucksweise einen schrittweisen Kampf zweier Überzeugungen bedeutet, brauche ich Kundigen nicht zu sagen. Jede Übersetzung ist Stückwerk, völlige Harmonie zu erzielen wol unmöglich. Immerhin hoffe ich, dass bei genauer Erwägung der Texte nicht allzuviel Einwendungen erhoben werden dürften. Für alle Ratschläge zur Verbesserung bin ich dankbar.

Was die Textkritik anlangt, so bot sie keine Schwierigkeiten; ich hatte mich, auch bezüglich der schon zu Reynolds' Lebzeiten erschienenen ersten sieben Reden, an die Maloneschen Ausgaben zu halten, welche auf Reynolds' eigenen, von ihm wiederholt durchgesehenen und verbesserten Handschriften beruhen. Wie weit diese Umarbeitung ging, lehrt die im Anhange dieses Buches gelieferte Textvergleichung, welche manchem Leser nicht unwillkommen sein wird.

Die französische Übersetzung (Paris, Moutard 1787), obwol höchst flüchtig und unkritisch, hat mir manchen Dienst geleistet; ebenso die in der Neuen Bibliothek der schönen Wissenschaften und der freyen Künste (vgl. Einleitung LXII) erschienenen Bruchstücke der deutschen Übersetzung einiger Reden. Die in den Bibliographieen nachgewiesenen deutschen Übersetzungen Dresden 1781, welche höchstens eine Auswahl aus den ersten neun Reden enthalten könnten, und Hamburg 1802 (Kosmely) sind mir nicht zugänglich gewesen.

Ich glaubte eine biographische Einleitung, mit der Angabe der nach Reynolds' Bildern angefertigten Stiche und litterarischen Nachweisen versehen, vorausschicken und die Reden selbst, die ja auch der Kunstgeschichte Fernerstehenden in die Hand kommen werden, durch zahlreiche, zumeist kunstgeschichtliche, Anmerkungen erläutern zu sollen; an dem Inhalte der Reden an dieser Stelle Kritik zu üben, hielt ich mich nicht berechtigt. Die mit (R.) bezeichneten Anmerkungen rühren von Reynolds, die mit [M.] bezeichneten von Malone her. Dass ich auch ein sehr ausführliches Register angefügt habe, werden mir alle Jene zu Dank wissen, welche die Reden gründlich studieren wollen. Es ist um so mehr von Nöten, als jede Rede ein besonderes, pädagogisches Ziel im Auge hat; so manche Gedankenführung möchte daher einseitig oder verfehlt erscheinen, wenn ihre Erweiterung oder

Einschränkung an anderer Stelle ausser Acht gelassen würde.
Dies ist nur mit Hilfe eines Registers möglich, das gar nicht
beredt genug sein kann.

Meiner Frau habe ich, wie bei anderen Arbeiten so auch hier,
die beste Förderung zu danken; wir haben jedes Wort der Übersetzung wiederholt geprüft, in zweifelhaften Fällen fügte ich mich
gern ihrer besseren, auf eigener Kunstübung begründeten Einsicht.

Wien, im Frühling 1892.

Eduard Leisching.

Einleitung.

Es dürfte nicht unwillkommen sein, einigen Einblick zu gewinnen in Lebensgang und Eigenart des Malerphilosophen, dessen Beiträge zur Aesthetik und Technik der bildenden Künste, soweit sie in seinen Reden niedergelegt sind, dem deutschen Publikum zu vermitteln hierdurch unternommen wird.

Um eine umfassende Biographie des edelsten Menschen, um Würdigung der zahllosen Werke des zumal für die englische Schule hochbedeutenden Künstlers kann es sich uns hier allerdings nicht handeln; auch allen geistigen Quellen des Aesthetikers nachzuspüren und sich um eingehende Kritik seiner Theorien und gelegentlichen Äusserungen zu bemühen, würde weit über die äusseren Grenzen hinausführen, welche diesem Buche gesteckt sind, wie verlockend es auch wäre, ein abgerundetes Bild dieses originellen Mannes zu entwerfen, der Liebenswürdigkeit und Geist, Schaffenskraft und Eigenart des Denkens in völliger Harmonie in sich vereinigt hat.

Joshua Reynolds ward am 16. Juli 1723 zu Plympton in Devonshire geboren. Wie Addison, Coleridge, Goldsmith, Hobbes, Johnson, Young und Andere entstammte Reynolds einem geistlichen Hause; sein Vater, Samuel mit Vornamen, und seine beiden Grossväter waren Geistliche, seine Grossmutter von mütterlicher Seite war die Tochter des Rev. Mr. Baker, welcher auch als Mathematiker sich einen geachteten Namen erworben hatte. Samuel Reynolds war ein Mann von vielseitigen Interessen und den Naturwissenschaften besonders zugetan, was ihm freilich nicht hinderte, abergläubisch zu sein und den Kindern das Horoskop zu stellen. Er erteilte in der Elementarschule von Plympton Unterricht, welcher ihm und den

Seinen jedoch nur kargen Unterhalt gewährte; kirchliche Nebenämter besass er nicht. So ging es knapp zu im Hause, welches elf Kinder bevölkerten, von denen Joshua das siebente war.

Den ersten Unterricht genoss Joshua bei seinem Vater, welcher ihn früh in die classische Litteratur einführte und auch in seiner bald aufkeimenden Neigung zur Kunst bestärkte, da er selbst das Zeichnen liebte und anatomische und andere Stiche mit Eifer sammelte. Auch wird berichtet, dass Joshua durch die Übungen seiner Schwestern zu frühen Versuchen im Zeichnen angeregt worden sei. Da es im Hause an Geld zur Anschaffung von Stiften und Papier gebrach, wurde den Kindern eine Mauer des Hauses preisgegeben, auf welcher sie mit verkohlten Stäben ihre Kunstwerke ausführten; den ersten Bleistift schenkte ihnen gemeinsam eine Freundin der Mutter Theophila, Mrs. Parker. Doch wissen wir aus Schwester Elisabeths Mitteilungen, dass Joshuas Zeichenversuche damals in hohem Grade misfielen, und er mag indertat sehr arge Karicaturen verbrochen haben, denn er musste sich ihretwegen den Spitznamen „der Clown" gefallen lassen. Dass er übrigens bis an seines Lebens Ende, bei aller Milde seines Wesens, ein scharfes Auge für Satirisches besessen, hat kurz nach seinem Tode der Verfasser der Schrift über das Erhabene und Schöne, Edmund Burke, an den Herausgeber der Werke Reynolds', Malone, berichtet, und dies als einen Hauptzug seines Charakters bezeichnet.

Auch litterarische und speculative Neigungen erwachten in Reynolds frühzeitig: als Knabe schrieb er sich für den eigenen Gebrauch Lebensregeln auf, deren eine, altklug genug, gelautet haben soll: „Das grosse Princip in dieser Welt glücklich zu sein ist: kleine Dinge nicht zu beachten oder sich von ihnen nicht aufregen zu lassen." Mögen diese Worte immerhin, wie Mutter Reynolds an ihren Neffen William Palmer schrieb, auf ihren Vater zurückzuführen sein, Joshua hat sie frühe beherzigt und nach solchen und ähnlichen Grundsätzen sein ganzes Leben eingerichtet, welches ihn als einen Platon ähnlichen Weisen erscheinen lässt.

Im Alter von acht Jahren fiel ihm ein zur Zeit viel verbreitetes Buch, „die Perspective des Jesuiten"*), in die Hand, dessen Regeln er sich so fest einprägte, dass er, seiner eigenen Aussage gemäss, nie wieder veranlasst war, eine Abhandlung dieses Gegenstandes

---

*) La Perspective pratique etc. von Jean Dubreuil, Paris 1642; englische Übersetzung von Ephraim Chambers: Jesuits Practice of Perspective, London 1726

zu studieren; die Zeichnung der Schule von Plympton, welche er
alsbald anfertigte, bewies, dass er die Lehren der Perspective vollkommen inne hatte. Nebst Zeichnungen seiner Schwestern kopierte
er sodann die Stiche, welche er in seines Vaters Büchern fand,
besonders jene, mit denen Drydens Übersetzung des Plutarch geschmückt war. Zu einer wahren Fundgrube ward ihm aber
Jacob Cats' Buch der Embleme, welches seine Urgrossmutter väter-
licherseits aus ihrer, angeblich holländischen, Heimat ins Haus gebracht hatte. Auch die Porträts seiner Freunde und Verwandten
versuchte er nunmehr zu zeichnen und der Erfolg war leidlich.

Mochte Reynolds bis dahin noch im Zweifel gewesen sein, ob
er seinen künstlerischen oder litterarischen Neigungen nachgeben
solle, so war, nach Johnsons Mittheilung, welche dieser zweifellos
von Joshuas Schwester in späteren Jahren erhalten hat, entscheidend
für sein Leben die Lectüre der „Theory of Painting" von Jonathan
Richardson*), von demselben Richardson, welcher, ein Schüler John
Rileys, einer der Ersten und als Vorläufer der Jervas, Aikman,
Ramsay, Hudson und somit auch von Reynolds, die national-englische
Bildnismalerei gegenüber den Ausländern Kneller und Dahl begründet hat. Johnson geht sicher zu weit, wenn er jenem Werke
zuschreibt, es habe Reynolds die Liebe zur Kunst erst eingepflanzt;
wir sahen, dass sie längst vorhanden war, ihm förmlich im Blute
lag und auch gepflegt wurde. Aber dass Richardson den grössten
Eindruck gemacht und auf die Berufswahl unseres Künstlers be-
stimmend gewirkt hat, ist keineswegs zu bezweifeln und Reynolds
selbst hat es bezeugt. Das rhetorische Pathos dieses Buches,
welches in verheissungsvoller Sprache dem kunstarmen England das
Erstehen eines englischen Raffael verkündete, traf auf eine empfäng-
liche Seele. Und nicht nur auf Reynolds hat diese Prophezeiung gewirkt; vor ihm hatte schon Hogarth, im Sinne Richardsons und von
ihm beeinflusst, wenn er ihn auch nicht gelten lassen wollte, mit den
Riesenbildern im Treppenhause des Bartholomäus-Spitales zu London,

---

*) geb. 1665, Schüler Rileys, behauptete sich neben Kneller und Dahl mit
Ehren als Portraitmaler; 6 Bilder von ihm in der National Portrait Gallery zu
London. Besser gekannt denn als Maler ist er als Schriftsteller. Ausser dem
genannten Werke veröffentlichte er: „The Conoisseur an Essay on the whole Art of
Criticism, as it relates to Painting". „An account of some of the Statues, Bas-reliefs,
Drawings and Pictures in Italy etc." „Explanatory Notes and Remarks on Milton's
Paradise lost with the Life of the Author, and a Discourse on the Poem." Er
starb 1745.

dem barmherzigen Samariter und dem Teiche Bethesda, den hohen
Stil der Geschichtsmalerei betätigt, wie ihn Jener gefordert hatte.
Richardsons Theorie handelte nicht eigentlich von der Kunst; es
war in gewissem Sinne ein gutes Buch über Kunst von einem
mässig guten Künstler, dem es gar nicht darauf ankam, die geistigen
Bezüge des künstlerischen Schaffens aufzuhellen und sich mit dessen
technischen und mechanischen Bedingungen zu befassen. Richardson
unternahm es nicht, Grundsätze zu lehren, Regeln aufzustellen,
Studienmethoden vorzuschreiben; er wollte nichts Anderes als den
Künsten die allgemeine Aufmerksamkeit zuwenden, er schrieb im
Allgemeinen über Wert und Würde der Kunst, wie nach Taylors
richtiger Bemerkung, jeder Mann von Verständnis, der Interesse für
diesen Gegenstand hat, darüber schreiben könnte, ohne Maler zu
sein. Reynolds wird diesem Werke vielleicht gerade in Dem, worin
es ihm nicht genügt hat, Anregung schuldig geworden sein, nach
der psychologischen und technischen Seite hin, welche er in seinen
Discourses sodann mit so überraschendem Scharfsinn erörtert hat.
Übrigens hat er seinem Freunde und Testamentsvollstrecker Malone
wiederholt und noch kurz vor seinem Tode bekannt, wie sehr ihn
Richardson entzückt und beeinflusst, und wie er ihn frühzeitig mit
Begeisterung für Raffael erfüllt hat, dem einen englischen Raffael
an die Seite zu setzen er die Kraft in sich fühlen mochte. Diese
Begeisterung für Raffael erfuhr im Laufe von Reynolds' Entwickelung
allerdings eine wesentliche, theoretische, Einschränkung zu Gunsten
Michel-Angelos, wofür die Reden, so die V. und XV., vielfaches
Zeugnis ablegen; und praktisch insoferne, als der Meister in seinem
eigenen Schaffen mehr als irgend einer anderen, den Bahnen Tizians
und Correggios gefolgt ist.

Aber nicht sofort werden Anstalten getroffen, Joshuas Berufswahl durch die nötige Ausbildung zu fördern. Wol zeichnet der
Knabe fleissig, mit zwölf Jahren malt er auch bereits sein erstes
Porträt in Öl, welches den Erzieher im Hause Edgcumbe, Rev. Thomas
Smart, zum Gegenstande hat, sich heute noch im Besitze der Familie
Boger in Ankony nächst Plymouth befindet und, wenn auch in
rohester Weise, doch schon eine geschickte Hand und eine gewisse
charakteristische Auffassung verrät. Aber noch vergehen vier Jahre,
bis Samuel Reynolds durch Vermittelung freundlicher Berater in die
Lage kommt, den sechszehnjährigen Joshua bei Richardsons Schüler
und Schwiegersohn Thomas Hudson in London als Lehrling unter-
zubringen, einem mittelmässigen aber beliebten Maler, dessen Bildnis

Händels in der National Portrait Gallery noch die meiste Beachtung verdient und findet. Hudson liess Joshua hauptsächlich Werke Guercinos kopieren und diese Arbeiten gelangen bald so trefflich, dass sie vielfach für Originale des Meisters von Cento gehalten wurden. Joshua hätte vier Jahre bei Hudson verharren sollen, aber er verliess ihn bereits nach zwei Jahren; ob er gefühlt, dass er von Jenem nichts mehr lernen könne und freiwillig schied, oder ob Hudson, wie Farington und mit ihm Andere behauptet haben, auf Reynolds' rasch entfaltetes Talent eifersüchtig geworden und ihn nicht weiter ausbilden wollte, mag dahin gestellt bleiben; sicher ist, dass Hudson seinem Schüler später wieder freundlich begegnet ist, auch noch zu einer viel späteren Zeit, da der Schüler den Meister auch in den Augen der Welt bereits in Schatten stellte. Reynolds wandte sich nun nach Plymouth-Dock, wo er mehrere Jahre selbstständig arbeitete, kopierend und porträtierend. Im Jahre 1744 hatte er bereits zwanzig Bildnisse gemalt, zehn andere waren bestellt; 1746 schuf er das Porträt des Kapitäns Hamilton, gegenwärtig im Besitze des Marquis of Abercorn, welches zuerst seinen Namen in weiteren Kreisen bekannt gemacht und dessen Trefflichkeit ihn in späterer Zeit selbst überrascht und zu dem Ausdrucke des Bedauerns veranlasst hat, dass er keine grösseren Fortschritte mehr gemacht habe. Gleichzeitig entstand „the school boy" (in der Gallerie des Lord Normanton), eines seiner schönsten Sittenbilder. Im selben Jahre verlor Joshua seinen Vater, nachdem Frau Theophila, welche auf des Sohnes Charakterentwickelung grossen Einfluss geübt haben soll, schon viel früher, wir wissen nicht wann, den Ihrigen entrissen worden war. Reynolds sah sich nun nicht nur gänzlich auf seiner Hände Arbeit angewiesen, er hatte auch teilweise die Sorge für seine Geschwister zu tragen; er nahm zwei unverheirathete Schwestern zu sich nach Plymouth-Dock, welche ihm das Hauswesen führten. Eine rege Tätigkeit, welche seinen Ruf stetig wachsen liess, scheint ihn durch die folgenden drei Jahre daselbst festgehalten zu haben. Nebst mehreren nachweisbaren Bildnissen von Mitgliedern befreundeter Familien in Plymouth und Umgebung malte Reynolds in dieser Zeit auch sein erstes Selbstporträt, in langem, bis auf die Schulter herabwallendem ungepudertem Haare. Mit diesem Bilde, welches sich im Besitze seiner Verwandten Gwatkin befindet, hat der Meister die Malweise Hudsons, welche seinen Erstlingswerken deutlich anhaftet, mit selbständiger, überlegener Auffassung und Technik vertauscht; und man wird nicht

fehlgehen in der Annahme, dass diese Wandelung dem Einflusse zuzuschreiben ist, welchen die Porträts William Gandys aus Exeter
ausgeübt haben, die er jetzt sah und bewunderte. Gandys Vater
war, wie Stone, Jamessone und Dobson, Schüler van Dycks, welcher
1632 zum ersten Male nach England kam; von William Gandy nahm
Reynolds denn auch die aus der Schule des grossen Vlamänders
überlieferte Regel an, dass man sich von jeder Härte freihalten und
einer weichen Darstellungsweise befleissigen solle, von ihm nahm er
jene breite vornehme Art des Stiles, durch welchen er nicht allein
für die akademische Geschichtsmalerei, sondern vornehmlich für das
Porträt den Weltruf der grossen englischen Schule begründet hat.
Aber, trotz Gandy, wäre ihm dies unmöglich gewesen ohne den
Eintritt eines anderen, für seine ganze Entwickelung höchst be-
deutungsvollen Ereignisses, welches, durch einen glücklichen Zufall
herbeigeführt, auch die Discourses, wenn nicht hervorgerufen, so
doch in ihrem geistigen Gehalte wesentlich beeinflusst hat.

Der Commodore, später Admiral, Keppel, im Begriffe eine diplo-
matische Sendung bei den Mittelmeerstaaten zu erfüllen, war eines
Schiffsunfalles halber im April 1749 genötigt, Plymouth anzulaufen
und daselbst einige Zeit zu verweilen. Hier lernte Keppel im Hause
des Lord Edgcumbe, mit welchem Reynolds, wie wir sahen, schon
als Knabe Beziehungen unterhielt, unseren Künstler kennen, der
ihm so wohl gefiel, dass er ihn zur Mitreise einlud. Reynolds fiel
die Entschliessung nicht schwer. Am 11. Mai fuhren sie nach
Lissabon, wo sie eine Woche verweilten und Reynolds zum ersten
Male die prunkvollen Ceremonien der katholischen Kirche auf sich
wirken liess; sodann nach Cadix, Gibraltar, Algier und Port Mahon
auf Minorca, wo der Gouverneur Blakeney Reynolds freundlich auf-
nahm und Dieser binnen Kurzem fast alle Offiziere der Garnison
malte. Von hier aus wandte er sich nach Italien und ging ohne
Aufenthalt nach Rom, wo er zwei Jahre verblieb. Mit Ausnahme
eines Briefes, den er kurz nach seiner Ankunft in Rom an Lord
Edgcumbe richtete, sind andere Briefe aus dieser Epoche leider
nicht erhalten; doch sind kurzgefasste Tagebücher überliefert, welche
sich zur Zeit der Abfassung der Reynolds-Biographie von Leslie*)
im Besitze von Reynolds Gwatkin, Esqu., befanden, und wir
haben auch Malone die Veröffentlichung einschlägiger, höchst lehrreicher Aufzeichnungen zu danken, die, auf Grund jener Tagebücher

---

*) Leslie-Taylor, Life and Times of Sir Joshua Reynolds, London 1865, 2 Bände.

abgefasst, wahrscheinlich den Plan einer ungesprochen gebliebenen Rede enthalten, in welcher Reynolds die Geschichte seiner geistigen Entwickelung zu liefern beabsichtigt hatte. Reynolds beschreibt hierin die ersten Eindrücke, die er im Vatikan empfing. Raffael habe zunächst gar nicht auf ihn gewirkt. „Ich befand mich in der Betrachtung von Werken, welche nach Principien ausgeführt waren, die ich nicht kannte: ich fühlte meine Unwissenheit und war beschämt. All die verworrenen Begriffe von Malerei, welche ich aus England mitgebracht hatte, wo sich die Kunst auf so tiefer Stufe befand, dass sie tatsächlich nie zuvor so tief gestanden war, kamen mir mit einem Schlage abhanden und waren aus meinem Geiste ausgerottet." Dessenungeachtet fuhr Reynolds fort, einige der bedeutendsten Werke zu kopieren. „Ich betrachtete sie wieder und wieder und erkünstelte mehr als ich empfand ein Gefühl für ihre Vorzüge und Bewunderung für sie." Nach kurzer Zeit dämmerten ihm neuer Geschmack, neue Begriffe auf, und er gelangte zu der Überzeugung, dass seine ursprüngliche Ansicht von Kunstvollkommenheit irrig gewesen und dass jener grosse Maler ein Recht auf die hohe Stellung besitze, welche ihm die Schätzung der Menschheit angewiesen hatte. Er kommt aber nach reiflicher Erwägung auch zu dem Schlusse, dass die Erkenntnis der höheren Vorzüge der Kunst, der Geschmack, ein Vermögen ist, welches man sich erwerben muss (that a relish for the higher excellencies of art is an acquired taste), ein Vermögen, das Niemand je besessen hat ohne lange Übung, grosse Arbeit und Aufmerksamkeit. „Oft sind wir beschämt über unsere augenscheinliche Ungelehrigkeit; aber unser Geist ist nicht wie Zunder, der sofort Feuer fängt, wenn der Funke eines Genies ihn trifft." „Die Vorzüge des hohen Stiles liegen nicht an der Oberfläche, sondern sie ruhen tief im innersten Grunde." „Auch unterscheidet sich die Malerei hierin in Nichts von den anderen Künsten; denn die Erwerbung eines richtigen Gefühles für das Poetische und eines guten Gehöres für die feinsten musikalischen Unterscheidungen bedarf gleichfalls langanhaltender Arbeit. So ist unser Auge, wie vollkommen an sich es auch sein möge, oft unfähig, den Glanz zweier Diamanten zu unterscheiden, und der Juwelier, welcher sich über diese Blindheit verwundert, bedenkt nicht, dass es eine Zeit gab, da auch er nicht imstande gewesen wäre zu sagen, welcher der vorzüglichere sei, und dass sein Unterscheidungsvermögen ganz langsam durch unmerkliche Grade der Steigerung gewachsen ist."

So war Reynolds mitten in die Untersuchungen versetzt, welchen er fortan malend und kritisierend sein ganzes Leben gewidmet hat. Niemand hat mehr als er ernstes Studium der Werke der vorangegangenen Meister der Kunst empfohlen. Aber er enthält sich geflissentlich äusserlicher Nachfolge, welche sich mit dem Messen von Statuen und sklavischer Nachbildung von Gemälden Genüge tut, denn frühe schon erkennt er die Gefahr, welche in der Angewöhnung gelegen ist, wahllos nachzuahmen, zu arbeiten ohne bestimmtes Ziel. „Dies strengt den Geist nicht an, man schläft über dem Werke, und das Vermögen zu erfinden und zu verwerten, welches herausgefordert und in Tätigkeit gesetzt werden sollte, wird stumpf und verliert aus Mangel an Übung alle Kraft.“ Diese Beobachtungen, welche Reynolds bereits in Rom an sich und Anderen gemacht hat, teilt er den Schülern der Londoner Akademie in der ersten Rede mit, welche recht eigentlich als ein Rückblick auf seine eigene Entwickelung zu betrachten ist. Seine Studienmethode ist von anderer Art, als sie zu seiner Zeit üblich war. Er gibt sich nicht der gedankenlosen Nachahmung, wol aber bewundernder Betrachtung hin, welche, je mehr er sich in die Vorbilder versenkt, sie vergleicht und in der Phantasie nachschafft, seinen Begriff vom Schönen rundet, und ihm die Erkenntnis der technischen Hilfen vermittelt, durch welche es vollkommen und immer vollkommener zur Erscheinung gebracht wird. Rom hat ihm nach seinem Bekenntnisse „the grace of thinking“ verliehen und dieser Gnade des Nachdenkens verdankt die Nachwelt das Gebäude seiner akademischen Reden, dessen Bausteine er zwanzig Jahre vor Errichtung des Werkes zusammengetragen hat.

Reynolds hat, jener Erkenntnis gemäss, in Rom nur wenig voll ausgeführte Kopien angefertigt, wie Guido Renis Erzengel Michael in S. Maria della Concezione und die Schule von Athen, nach welcher er auch, wol auf Bestellung, eine Karicatur englischer Gentlemen malte, denen er die Haltung der Philosophen gab*) (gegenwärtig im Privatbesitze in Irland); zumeist machte er nur Studien, auch diese fast ausschliesslich nach Raffaels Fresken in den Stanzen des Vatikans, so seine Gruppe von Köpfen aus der Krönung Karls des

---

*) Worüber sich Nagler, Künstler-Lexicon 13, 72 ff. unnötig ereifert; er beruhigt sich übrigens bei der angeblichen Richtigstellung Venutis (Risposta alle Riflessioni crittiche del Sig. d' Argens, Luca 1755, S. 206), dass diese Karicatur dem englischen Maler Reyel zugeschrieben werden müsse. — Reynolds hat die Karikierten in seinem Notizbuche mit Namen verzeichnet; die Liste bei Leslie-Taylor aao. 46.

Grossen. Michel-Angelo hat er nicht kopiert. Wie tätig er gewesen, beweisen nebst Anderem seine nunmehr im British Museum und im Soane Museum aufbewahrten Notizbücher, welche eine Fülle von Skizzen nach Bildern und nach der Natur, wie zahlreiche geistvolle Bemerkungen über alle in Italien gesehenen Kunstwerke enthalten.*)

Reynolds hat auch in Rom seine Tätigkeit als Porträtmaler ununterbrochen fortgesetzt. Sein Verkehr beschränkte sich aber fast ausschliesslich auf englische Gesellschaft, jene Lords und Herren, die er in dem oben erwähnten Bilde karikiert hat, ihm wohlgesinnte Freunde, die sich dem Landsmanne sodann auch in der Heimat als Mäcene erwiesen. Wir finden aber auch Astley, Hone, Dalton und Richard Wilson, den Begründer der englischen idealistischen Landschaftsmalerei, in diesem Kreise; von fremdländischen Künstlern, deren Umgang Reynolds in Rom suchte, wird nur der Historienmaler und spätere Director der Akademie zu St. Petersburg, der Franzose Gabriel François Doyen genannt. Reynolds hat in Rom auch einen Schüler herangezogen, Giuseppe Marchi, der es wol in der Malerei nicht eben weit gebracht, sich aber später als Stecher einen guten Namen erworben hat.

Reynolds machte im April 1752 einen Ausflug nach Neapel, anfangs Mai verliess er Rom für immer und wandte sich über Foligno, Perugia, Assisi und Arezzo nach Florenz. Dass er die Madonna di Foligno gesehen, merkt er an, fügt jedoch kein Wort hinzu; in Perugia, Arezzo und Assisi geht er Baroccio nach, übersieht aber an letzterem Orte Giottos Fresken, dem er auch in Florenz keine Beachtung schenkt, und jene anderen Wandgemälde, in der Oberkirche von S. Francesco, gänzlich, deren Zuerkennung an Cimabue neuerdings bezweifelt worden ist. In Florenz, wo Reynolds zwei Monate verweilt, hat sich sein Urteil über Skulptur noch nicht so weit geläutert, um zu entscheiden, wer grösser sei, Michel-Angelo, den er als Maler über Raffael zu stellen bereits in Rom sich gedrängt fühlte, oder Giovanni da Bologna. Aber der Frührenaissance in der Malerei bringt er freudiges Verständnis entgegen, vor Allem preist er Masaccio und er empfiehlt angelegentlich, den Malern vor Raffael mehr Aufmerksamkeit zu schenken als den Werken der Maratti und Genossen. Von Florenz macht er einen Ausflug nach

---

*) Ein ausführlicher Auszug aus diesen Bemerkungen Reynolds' über die von ihm in Rom kopierten, studierten und bewunderten Bilder bei Leslie-Taylor aao. 51 ff. Sodann im Folgenden die gleichen Anmerkungen bezüglich der übrigen von ihm besuchten Kunststätten.

2*

Genua, dann wendet er sich nach Bologna, wo er den Carracci näher tritt, und über Modena nach Parma, wo er Correggio bewundern lernt. Über Mantua und Ferrara geht er hierauf nach Venedig, wo er drei Wochen verweilt. Nichts kann lehrreicher sein für die geistige Entwickelung, welche Reynolds auf italienischem Boden bereits durchgemacht hat, nichts bezeichnender für die Richtung, welche er seinen Studien nun zu geben bemüht ist, als die Vergleichung seines römischen und florentinischen Tagebuches mit dem venezianischen. Hat er bisher die Gemälde studiert, Stoffe und Vortrag, so widmet er jetzt sein Interesse fast ausschliesslich der technischen Seite seiner Kunst. Er beschreibt die Methode, welche er anwandte, um sich das Vorgehen der Venezianer zu Nutze zu machen, wie folgt: „Wenn ich einer besonderen Licht- oder Schattenwirkung auf einem Bilde ansichtig wurde, nahm ich ein Blatt aus meinem Notizbuche und schattierte Partie für Partie in derselben Abstufung von Licht und Schatten, wie das Gemälde sie zeigte, indem ich das Licht durch Aussparen des weissen Papieres darstellte; und ich verfuhr in dieser Weise, ohne dass ich dem Gegenstande oder der Zeichnung der Figuren irgend welche Beachtung schenkte ... Nach einigen Versuchen fand ich, dass die Blätter nahezu gleichmässig schraffiert waren. Der Hauptkunstgriff der Maler schien mir nun darin zu liegen, dass sie dem Hauptlichte und den Nebenlichtern nicht mehr als ein Viertel des Gemäldes einräumten, ein anderes Viertel liessen sie so schwarz als möglich, und die übrige Hälfte blieb in Mezzotinten oder im Halbschatten.“ Reynolds merkt in seinen Tagebüchern ausführlich an, was er in Venedig Alles gesehen, Nichts von Bedeutung fehlt; wir können ermessen, welch mächtige Förderung seiner technischen Kenntnisse er im Studium der Werke Tizians, Veroneses, Tintorettos, die er vor Anderen zu verstehen trachtet, hier empfangen hat.

Plötzlich befällt ihn heftige Sehnsucht nach der Heimat, da er eine ihm aus London vertraute Ballade singen hört. Mitte August verlässt er Venedig, eilt über Padua, Peschiera, Brescia und Bergamo nach Mailand, wo er in vier Tagen alle Kunstwerke in Augenschein nimmt. Hier trifft er seinen alten Lehrer Hudson, dem er immer noch Hochachtung bewahrt hat; Hudson stürmt nach Rom, um dort gewesen zu sein. Über Lyon, wo Reynolds nur mit sechs Louisdors in der Tasche einzieht, von denen er zwei dem nacheilenden Marchi überlässt, begibt er sich nach Paris; hier porträtiert er kurze Zeit und sieht alle Kunstschätze, den Werken der Zeitgenossen vermag er aber keinen Geschmack abzugewinnen. Am 16. October 1752 trifft er in Begleitung Hudsons, welcher mit Italien rascher fertig geworden, wieder in London ein.

Nicht ohne Sorgen und Kämpfe gelingt es dem Meister, sich in der Heimat Geltung zu verschaffen. Eine Krankheit überwindet er in der milden Luft der Heimat Devonshire wol bald und hier malt er auch ein Porträt, das des Physikers Dr. John Mudge, des Sohnes von Zacharias Mudge, dem eifrigen Verehrer Platons, welchem er wie Johnson geistig verpflichtet ward. Dieses Werk schafft ihm neue Bewunderer. Aber noch erhält er nur fünf Guineen für ein Bild, die italienische Reise hat ihn zudem in Schulden gestürzt, welche er abtragen soll und will, und das Verhältnis zu seiner jüngsten Schwester, Frances, welche er zu sich nimmt, gestaltet sich nicht in jener lebensfrohen Art, wie sie seinem Wesen entsprochen hätte; nicht genug, dass Frances, nach Mitteilungen der Burney und anderer Freunde des Hauses ein sonst verständiges Frauenzimmer, durch höchst sonderbare Launen und krankhafte Schwäche des Willens das Hauswesen in beständige Unordnung und Joshuas duldsames Gemüt oft aus der Fassung bringt, sie lässt es sich auch nicht nehmen, Kopien der Bilder ihres Bruders anzufertigen, von welchen er mit Schmerzen zu sagen pflegte: „They make other people laugh, and me cry."

Auch der Anerkennung des neuen Geistes, den Reynolds in die Kunst der vaterländischen Bildnismalerei einzuführen bestrebt ist, stellen sich vorerst, wenn auch nur für kurze Zeit, stärkere Hindernisse entgegen, als er gedacht haben mochte. Das öffentliche Leben unter Georg II. entbehrte zwar kräftiger Regungen nicht, wie eine charakteristische Kunst des Porträtierens ihrer bedarf. Der Kampf gegen die Übermacht des Königtumes, glücklich beendet, hatte den Kämpfen um Zusammensetzung und Machtvollkommenheit des Parlamentes Platz gemacht und die besten Kräfte wurden rege. Aber gegen das Ende der Herschaft Georgs II. war zumal in der Gesellschaft, an welche die Kunst sich wendet, eine geistige Ermattung bemerkbar, die künstlerischen Reformen hinderlich sein musste. „Inanimate" nennt Horace Walpole, der Staatsmann und Litterat, diese Epoche, welche scheinbar nur mehr für materielle Genüsse Verständnis besitzt; und Niemand hat die Zuchtlosigkeit, die London in diesen Zeiten zur Schau trug, schärfer gezeichnet als Hogarth in seinen Sittenbildern, mit welchen er die Satire Swifts mit unerreichter Virtuosität, wenn auch oft über die Grenzen der bildenden Kunst hinausgreifend, in diese eingeführt hat. Aber da Reynolds in London als ein Neuer und

Neuerer auftrat, war Hogarth, eben an die Herausgabe der „Analyse der Schönheit" schreitend, auf dem Gebiete der Bildnismalerei, welche er von allen Zweigen seines vielseitigen Schaffens am Besten beherscht hatte, kaum mehr tätig, und der hohe Stil, dem er kurz vorher in dem Historienbilde Paulus vor Felix zugestrebt, war nicht geeignet, diesem Anhänger zu werben oder Reynolds zu fördern. Noch immer stand Hudsons äusserliche trockene Manier im grössten Ansehen, neben ihm, aber noch unter ihm stehend, war Cotes am Meisten beliebt. Der begabte Wilson, welcher in den Vierzigerjahren vielversprechende Porträts geliefert hatte, war, mit Reynolds gleichzeitig in Italien weilend, von Zuccherelli in Venedig und von Vernet in Rom auf die Landschaftsmalerei gewiesen worden, welcher er nun mit grösstem Eifer in London oblag; er aber findet noch weniger Verständnis als Reynolds, welcher bald die Meinung für sich gewinnt, während der weniger glückliche Genosse erst nach seinem Tode als der englische Claude Lorrain gefeiert wird. Astley, der wol mit Reynolds vereint hätte in die Schranken treten können, lässt sich durch reiche Heirat zur Untätigkeit verleiten, und die anderen Künstler des Tages, die Ellis, Hayman, Highmore und Pine sind zu unbedeutend, um etwas zu lernen oder zu vergessen. Sie Alle wandeln die ausgetretenen Pfade Hudsons, und blicken sie einmal auf höhere Ziele, so fällt ihr Auge höchstens auf Kneller, den anglisierten Lübecker, den ungelehrigen Schüler Rembrandts, welchen die bildnisbedürftige Zeit Wilhelms III. auf die höchsten Höhen erreichbaren, selbst van Dyck überstrahlenden Ruhmes erhoben hatte und dessen „Hampton Court Beauties" mit Lelys „Windsor Beauties" als unübertreffliche Meisterstücke der Kunst des Porträtierens noch immer gefeiert wurden. So nimmt es nicht Wunder, wenn Hudson Reynolds' jüngstes, später in die königliche Akademie aufgenommenes, Porträt des Marchi mit den Worten abtut: „Reynolds, Sie malen nicht mehr so gut, als Sie vor Ihrer Reise nach Italien gemalt haben." Er sprach nur aus, was Alle noch empfanden, weil das Alte ihnen lieb und das Neue fremd war.

Aber ein Umschwung bereitete sich allmählig vor. Schon Reynolds' folgende Bildnisse der Familie Colebrooke, des Lord Godolphin und der Lady Anna Dawson als Diana, brachten die Einsichtigen auf seine Seite. Bald wurden seine Bilder wie die seines Lehrers bezahlt, der ihm vor Kurzem noch gesagt, dass er nicht malen könne. Für den Kopf erhielt Reynolds nun zwölf, für die halbe Figur vier-

undzwanzig, für die ganze achtundvierzig Guineen; wenige Jahre
später fünfzehn, dreissig und sechszig. Er entfaltet nun, je mehr
sein Ansehen steigt und die Mode ihm günstig ist, eine fast un-
glaubliche Geschäftigkeit. Nach Faringtons wol etwas übertreibender
Mitteilung hielt er täglich fünf, sechs, auch sieben Sitzungen ab,
manchmal begann er bereits um sechs oder sieben, gewöhnlich um
neun Uhr morgens. Im Jahre 1755 und 1760 malte er hundert-
undzwanzig, 1759 hundertundachtundvierzig, 1758 gar hundertund-
fünfzig Porträts. Seine Gehilfen waren Marchi und Peter Toms
und seine Schüler Thomas Beach und Hugh Barron; Toms, ein
Schüler Hudsons, unter dem Namen „draperyman" eine bekannte
Figur in Künstlerkreisen, malte, wie für Cotes und West, so auch
für Reynolds zumeist die Gewänder.

Dass Reynolds bald auch viele Vertreter des Hochadels malen
durfte, verdankte er seinem alten Freunde Lord Edgcumbe und den
Beziehungen zu Keppel, mit dessen herlichem Bilde, welches er
1753 schuf, sein Ruhm mit einem Schlage so gewaltig
wuchs, dass das Andenken der Lely, Riley und Kneller völlig er-
losch und nur noch die Frage zu bestehen schien, ob van Dyck
oder Reynolds der grössere Maler sei. Reynolds hat über alle seine
Arbeiten genaue Aufzeichnungen geführt, wen sie darstellen, welche
Technik er anwendete, wie viele Sitzungen stattfanden und zu
welchen Stunden, und welchen Preis er erhielt. Die Zahl seiner
Einzelbildnisse ist so gross und unter ihnen eine solche Fülle des
Hervorragendsten, dass sie alle hier nicht namhaft gemacht werden
können. Die National Gallery in London besitzt mehr als ein
Dutzend, darunter zwei hervorragende jüngere Selbstporträts*), dann
die Bildnisse der Lords Heathfield und Ligonier und des Admirals
Keppel, jene Johnsons, Humes, Boswells. Georgs IV. als Prinz von Wales;
ferner befinden sich Werke von ihm in der National Portrait Gallery
zu London (14 Bildnisse), in der National Gallery zu Edinburg
(ein unvollendetes Bildnis Burkes, eines des Sir Lindsay u. A.), im
South Kensington Museum, im Soane Museum und in der Royal
Academy zu London (Porträts von Marchi, Chambers, Hayman,
Georg III. und Königin Charlotte, Selbstporträt), in den königlichen

---

*) Das eine gestochen von S. W. Reynolds, vgl. S. LVII; das von Caroline
Watson (vgl. S. LVIII) für die Malonesche Ausgabe seiner Werke gestochene
Selbstporträt mit der Brille befindet sich im Besitze des Duke of Wellington,
London, Apsley House.

Sammlungen des Buckingham Palace, zu Hampton-Court und Windsor
Castle, die meisten und schönsten aber im englischen Privatbesitze,
von welchen das Porträt des Lord Thurlow, das der Herzogin von
Devonshire mit ihrem Kinde (Devonshire House), ferner jene der
Nelly O'Brien (Hertford House, Sir R. Wallace), der Lady Lincoln
u. A. die am Meisten bewunderten sind. Es hat kaum eine schöne
Frau der damaligen englischen Gesellschaft gegeben, welche Rey-
nolds nicht, und oft zu wiederholten Malen und in den verschiedensten
Lebensaltern, gemalt hätte; auch die berühmtesten Staatsmänner,
Schriftsteller, Künstler sassen ihm, wie Walpole, Burke, Warren
Hastings, Gibbon, Fox, Johnson, Goldsmith, die beiden Warton; er
malte die Burney, die Angelika Kaufmann, die Montague und Linley-
Sheridan, und mit besonderer Vorliebe bedeutende Schauspieler wie
Garrick, den er siebenmal porträtierte, dann die Abington und die
auch als Bildhauerin dem Künstler nahestehende Siddons, von deren
Bild als tragische Muse im Folgenden gesprochen wird. Diesen
Werken schliessen sich Gruppenbilder an, wie die zwei Gemälde
mit den Porträts der Mitglieder der Dilettanti Society (National
Gallery), die Clive'schen und Marlborough'schen Familienbilder (in
der Bridgewater Gallery und in Blenheim), die drei Schwestern
Waldegrave (bei Lord Carlingford), „the two Gentlemen" (in der
National Gallery zu London). Dass Reynolds das Bildnis gerne zum
Sittenbilde gestaltete, liegt ganz in dem gedankenhaften Wesen des
ungewöhnlichen Mannes. Hierher gehört das Bild der Prinzessin
Sophie Mathilde mit ihrem Hunde (Windsor Castle), das des Lord
und der Lady Spencer („The young fortune-tellers", früher in
Blenheim, jetzt im Besitze des Duke of Marlborough), das viel gefeierte „Strawberry-girl" (in zwei Exemplaren, bei Sir Richard
Wallace in London, Hertford-House, und beim Marquis of Lansdowne
Bowood).*) „The age of innocence", ein kleines mit gekreuzten Händen
im Grase sitzendes Mädchen (National Gallery zu London). Reynolds
ist aber auch einer der liebenswürdigsten und glücklichsten Dar-
steller der englischen Kinderwelt gewesen, deren Schönheit, Frische
und Anmut zu allen Zeiten gerühmt ward. Seine Kinderakademie
(bei Lord Mount Temple), vor Allem aber die fünf Engelköpfe (fünf
verschiedene Studien des Köpfchens der Frances Isabella Gordon,

---

*) Reynolds sagte einmal, dass kein Künstler mehr als ein halbes Dutzend
wahrhaft orgineller Werke in seinem ganzen Leben schaffe; von der „Strawberry-
Girl" äusserte er, es sei ein Werk von dieser Art.

National Gallery zu London) sind allen Freunden von Kunst und
Kindern wohl vertraut. Von seinen religiösen Bildern stehen oben-
an die heilige Familie (National Gallery zu London), der mehrfach
wiederholte Prophet Samuel als Knabe (National Gallery zu London
und Dulwich College) und die Anbetung der Hirten (bei Earl
Fitzwilliam; als Glasgemälde im New College zu Oxford). Auch
allegorische Bilder schuf er, unter ihnen die tragische Muse, in
der Gestalt der berühmten Schauspielerin Siddons (Grosvenor House),
und eine Reihe von historischen Gemälden, von welchen das
zur Zeit vielbesprochene Werk: „Ugolino mit seinen Söhnen“,
unserem Geschmack am Wenigsten zusagt.*)

Bei der im Winter 1883 auf 1884 in der Grosvenor Gallery zu
London abgehaltenen Reynolds-Ausstellung waren 231 der hervor-
ragendsten Bilder des Meisters vereinigt, welche die nie erloschene
Bewunderung für ihn in englischen Kreisen aufs Neue entflammte.
Doch entzog sich aufmerksamer Betrachtung nicht, was kundige
Augen schon längst entdeckt haben mochten, dass viele Bilder des
Künstlers durch die Zeit mehr gelitten hatten, als dies bei älteren
Werken sonst zu beobachten ist. Die Ursache dieses Verfalles der
lebendigen Frische des Fleischtones so mancher seiner Bilder,
welche die Zeitgenossen so sehr entzückt hatte, liegt in Reynolds'
vielfach erkünstelter eigentümlicher Technik der Bindemittel, die
er, ohne Vorbild in England, neu erfinden musste. Bei diesem
Streben scheute er nicht Mühe noch Opfer und ging sogar so weit,
dass er zahlreiche kostbare alte Bilder zerstörte, um ihnen die
Geheimnisse ihren Technik abzulauschen; dies gelang ihm indessen
nicht in vollem Maasse und bei seinen unablässigen Versuchen neuer
Kunstgriffe bewährte er nicht immer eine glückliche Hand.

Doch gilt das nur von einer verhältnismässig geringen
Zahl seiner Werke, die grosse Mehrheit hat sich jene

---

*) Ausser an den genannten Orten befinden sich Bilder des Meisters in den
öffentlichen Gallerien zu Copenhagen, Dublin, Glasgow, Liverpool, Oxford, Peters-
burg, Pest, Wien (Czernin-Gallerie) und im Privatbesitze bei: Marquis of Bute, Lord
Hillingdon, Earl of Yarborough, Dow. Lady Stanley of Alderley, E. W. Currie Esqu.,
Dow. Lady Castletown of Upper-Ossory, A. W. Mac Dougall Esqu., Mrs. Buchanan
Ridell, Earl of Darnley, Earl of Feversham, Earl of Portarlington, Earl Granville,
Earl Northwick, Earl of Erroll, Dow. Lady Ashburton, Earl of Waldegrave, Earl of
Northbrook, Louis Huth Esqu., Earl of Hardwicke, E. Façon Watson Esqu., Robert
Gossling Esqu., Duke of Hamilton, Sir Frederick Leighton, Mrs. Gwatkin, Lord
Normanton, Earl of Carlisle, Marquis of Lansdowne, Earl of Leconfield, W. C. Guilter
Esqu., R. S. Holford Esqu., Duke of Wellington, u. A. Vgl. Bryan's Dictionary II, 366 f.

Vorzüge bewahrt, durch welche Reynolds nicht nur seine Landsleute übertroffen, sondern sich auch ebenbürtig neben die
besten Vertreter anderer Schulen gestellt hat. Vor Allem war
sein Vortrag von ungewöhnlicher ursprünglicher Kraft und sein
Gefühl für Formen von überaus grosser Feinheit und Sicherheit.
Das gesättigte Colorit Rembrandts, welches er anstrebte, erreichte
er wol nicht, aber die Technik Tizians und Rubens' eignete er sich
in hohem Maasse an, wie er auch Correggios Art, die Farben auf-
zutragen, congenial zu üben wusste. Seine ganze Weise der Behandlung war frei und breit, er hat sich in jedem Bezuge weit
über seine Vorgänger erhoben, von seinen Nachfolgern wurde er
nicht erreicht. Der trockenen, geistlosen Manier der Schule Lelys
und Knellers, der Vorliebe Hogarths für die bis zur Karikatur
reichende individuelle Charakteristik setzt Reynolds einen an
geistigen Bezügen reichen Realismus entgegen, welchen man
idealistisch nennen mag, besser aber als typischen Realismus bezeichnen wird. Er bleibt weder am Äusseren haften, noch sucht
er immer nur, was man in irriger Auffassung an Bildnissen schön
findet; er trachtet das innerste Wesen des Menschen zu ergründen
und dieses in Geberde und Haltung stets in jener ansprechenden
Form zum Ausdrucke zu bringen, welche realistisch bleibt und doch
das Individuum über das Zufällige wie über die Schablone erhebt;
nie sucht er nach kleinlichen Hilfen, stets wirkt er mit grossen
Mitteln ins Grosse, er ahmt nicht peinlich nach, sondern, ein geistvoller Beobachter, der das Leben und die Menschen kennt, deutet
er in natürlich-schönem Vortrage das Wesentliche beziehungsreich
aus. Seine Menschenkenntnis wird durch den Verkehr mit den bedeutendsten Geistern Londons vertieft, mit denen er vertrauten Umgang pflegt in den verschiedensten Lagen des Lebens, am Liebsten
und zu besonderem Genusse in heiterer Geselligkeit, in welcher
auch die Eigenartigen, Verschlossenen, Schwerverständlichen und
Vorsichtigen ihr Inneres unvermutet offenbaren. So kann man auch
von ihm sagen, er malte nur, was er sah; er sah aber eben
anders als Andere und mehr.

Reynolds war ein grosser Freund der Geselligkeit, sein Haus
stand Jedermann offen, welchem Stande er angehören mochte, wenn
er nur Geist besass und ein guter Gesellschafter war. So genoss
er die Freundschaft zahlreicher bedeutender Männer, die ihm nicht
nur die Bewunderung für seine Kunst, sondern weit mehr noch der
bestrickende Zauber seines Wesens, sein durchdringender Verstand

und seine treffliche Gabe zu anregender Unterhaltung bis an sein
Ende innig verbunden hielt. Seine Heiterkeit verliess ihn nie, auch
nicht als Schwerhörigkeit, die ihn bereits in Italien befallen hatte,
sich derart verschlimmerte, dass er ohne Hörrohr nicht verkehren
konnte. Er verletzte nie, auch wenn er Kritik übte, denn er war
durchaus gütig, wohlwollend und bescheiden. Er verstand mit
Männern in guter Freundschaft zu leben, welche sich im öffentlichen
Leben und persönlich aufs Heftigste bekämpften, wie Burke und
Warren Hastings, Walpole und die Anhänger des „Alcibiades“ Boling-
broke. Er war milder und gerechter als diese Parteimänner, denn,
obwol im Herzen ein Whig wie seine Freunde Burke, Dunning, Fox
und Keppel, bekümmerte ihn die Politik nur wenig; dazu war er
zu gleichmütig und nachsichtig, und viel zu viel ein Künstler. Er
war ihnen Allen, wie Burke bekennt, überlegen und dankte diese
Überlegenheit von jeher seinem Genie, seinem Verstande und seiner
Sittlichkeit. Seine philosophische Gelassenheit war sprichwörtlich.
Leslie berichtet, dass Reynolds sich in seinen freundschaftlichen Beziehungen zu dem Dichter Cumberland nicht beirren liess, als Dieser
einen gefährlichen Rivalen von Reynolds, Gainsborough, unausgesetzt
verherrlichte; Leslie fügt bei: „Des Malers Gelassenheit war ein
Öl, das die Reibung der unverträglichsten Gemüter milderte, wie
sie ihn auch sanft über das Auf- und Abwogen der öffentlichen
Meinung trug.“ Diesen Gleichmut zu preisen ward auch James
Northcote, sein Schüler und Biograph, der selbst reizbar und
mürrisch war, nicht müde. Als Jemand bemerkte, dass die häufigen
böswilligen Besprechungen der Werke Reynolds’ Diesen verdriesslich
gemacht haben müssten, antwortete Northcote: „Er verdriesslich!
Er war viel zu viel Philosoph, um verdriesslich zu sein. Er sah
dem Ende der Jahre entgegen, dem grossen Resultate. Auch unterhielt er sich viel zu gut mit seiner Arbeit. Ihr hättet ihm den
Teufel auf den Rücken setzen können und er wäre nicht aus seiner
Ruhe gebracht worden.“ Oder er äusserte sich ein andermal: „Man
hätte ihm Diamantenkronen aufs Haupt setzen können, ohne dass
es den Anschein gehabt hätte, als fühle er den geringsten Unterschied.“ Reynolds hielt eben durch sein ganzes Leben an dem
Grundsatze fest, den er schon als Knabe beherzigt hatte, dass das
grosse Geheimnis menschlichen Glückes darin beruhe, sich durch
Nichts verstimmen zu lassen. Er hatte, wie er zu sagen pflegte,
die Macht, seinen Geist von unangenehmen Betrachtungen abzuziehen
und ihn auf andere Dinge zu lenken. Gerne folgten solch seltenem

Manne denn auch die Freunde, als er im Jahre 1764 jenen Club
gründete, der unter dem Namen eines litterarischen weit über seine
Mitglieder hinaus für das geistige Leben der Zeit hohe Bedeutung
erlangt hat. In regelmässigen Zusammenkünften an Montagabenden
wurde hier vor Allem die edle Geselligkeit gepflegt, zu welcher es
gehörte, dass alle Gegenstände öffentlichen Interesses, Fragen der
Kunst, Litteratur, Politik und allgemeiner Bildung, in würdiger,
ernster oder humoristischer Form besprochen wurden. Reynolds
blieb bis zu seinem Ende das geistige Haupt dieses Kreises, welcher
zuerst auf neun Mitglieder beschränkt, später bis auf vierundfünfzig
anwuchs. Die Gründer waren, ausser Reynolds, Burke, der berühmte
Staatsmann und Verfasser des „Philosophical Inquiry into the origin
of our Ideas of the Sublime and the Beautiful"; Samuel Johnson,
der Gottsched der englischen Litteratur, Reynolds' bester Freund;
Oliver Goldsmith, der Verfasser des „Vicar of Wakefield"; ferner:
Topham Beauclerc, Antony Chamier, Sir John Hawkins, Bennet
Langton und Dr. Nugent, Burkes Schwiegervater. Diesem Club gehörten in der Folge u. A. an: der Schauspieler Garrick; der National-
ökonom Adam Smith; der Lustspieldichter George Colman; der Litterar-
historiker Thomas Warton und sein Bruder Josef, der Biograph
Popes; der Verfasser der „History of the Decline and Fall of the
Roman Empire" Edward Gibbon; John Dunning Lord Ashburton;
der berühmte Parlamentsredner und Lustspieldichter Richard Brinsley
Butler Sheridan; Johnsons Biograph James Boswell und der ver-
dienstvolle Herausgeber der litterarischen Werke Reynolds', Edmund
Malone.

Unter allen diesen Freunden stand ihm zeitlebens Johnson am
Nächsten, welcher auf seine geistige Entwickelung den grössten
Einfluss gewann. In jener unvollendeten Rede beabsichtigte Reynolds,
dem geistvollen Freunde die Dankesschuld öffentlich abzutragen.
„Welches Verdienst immer", bekennt Reynolds in seinen Aufzeichnungen treu und bescheiden, „meine Reden haben mögen, ich muss
es zum grossen Teile dem Unterrichte zuschreiben, den ich von
Dr. Johnson empfangen habe. Nicht dass er eine einzige Ansicht
dazu beigesteuert hätte, was den Reden übrigens gewiss nur zum
Vorteile gewesen wäre; aber er machte meinen Geist fähig, richtig
zu denken." Johnson hat das Verdienst, Reynolds die erste Anregung zum Niederschreiben seiner Gedanken gegeben zu haben;
des Meisters erste schriftstellerische Versuche finden wir in der
von Johnson nach dem Muster der „Tatler" und „Spectator" der Steele

und Addison begründeten Wochenschrift „The Idler", drei Kunst-
briefe an den Herausgeber aus dem Jahre 1759,*) in welchen das
Thema der Discourses bereits vernehmlich, wenn auch noch in
wenig abgeklärter Form anklingt.**) Und zu der neuen Ausgabe
Shakespeares, mit welcher Johnson 1765 in ahnungsvoller Weise
wenn auch in wunderlicher Form die streng philologische Shake-
speare-Kritik begründet, steuert Reynolds einige Anmerkungen bei,
welche sein richtiges Gefühl für die ewige Schönheit, Kraft und
Erhabenheit der Poesien des kaum noch entdeckten grossen Lands-
mannes ins beste Licht stellen. Johnsons Hinscheiden, am
13. December 1784, erschütterte den Freund tief. Reynolds' Haus
und Börse war für Johnson immer offen gewesen. Ihre Freundschaft
ruhte auf der Verwandtschaft ihres Geistes, so verschieden sie in
ihrem Wesen auch sein mochten; auch Johnsons Leidenschaftlichkeit
konnte ihr Verhältnis nie auf die Dauer trüben. Als sie eines
Abends über eine Angelegenheit der Kunst in Streit gerieten,
fuhr Johnson mit den Worten auf: „Ich werde nicht weiter mit
Ihnen rechten, mein Herr, Sie sind nicht mehr klar im Kopfe".
„Ich müsste es fürchten," erwiderte Reynolds, „wenn ich mich des
Ausdruckes bedient hätte, den Sie soeben gebrauchten." Sofort
vertrugen sie sich wieder. Johnson äusserte wiederholt, Reynolds
sei der unverletzlichste aller Menschen, und er wolle nie in ernstlichen
Streit mit ihm kommen, da man ihm nichts Schlimmes nachsagen
könne.***) Am Vorabende seines Todes sagte Johnson zu Reynolds:
„Sir Joshua, ich habe drei Bitten an Sie zu richten und ersuche
Sie dringend um deren Erfüllung. Erlassen Sie mir die dreissig
Pfund, welche ich Ihnen schulde; lesen Sie fleissig die heilige
Schrift; und rühren Sie an Sonntagen den Pinsel nicht mehr an."
Reynolds versprach es und hat das Versprechen gehalten. Dass
Boswell seine Johnson-Biographie Reynolds' widmete, musste unter
solchen Umständen als selbstverständlich gelten, die Widmung wurde
zum äusseren Zeichen der Unzertrennlichkeit, mit welcher die Freunde
an einander gehangen hatten. Reynolds' inniger geistiger Ver-
kehr mit Johnson und Burke gab Unwissenden oder Misgünstigen
Anlass zu der Behauptung, dass seine Reden von diesen Freunden

---

*) Der erste in Nr. 76 von Samstag den 29. September, der zweite in Nr. 79
von Samstag den 20. October, der dritte in Nr. 82 von Samstag den 10. November.
**) Ihre Veröffentlichung im vorliegenden Werke musste aus Raummangel
unterbleiben.
***) Boswell, Life of Dr. Johnson, Widmung.

herrühren, zum Mindesten von ihnen stark beeinflusst worden seien; die jeden Schein dieses Verdachtes zerstreuende Ehrenrettung Reynolds' durch den trefflichen Malone findet sich unten. —

Die Royal Academy, deren Gründung und Ziel die unmittelbare Veranlassung zu Reynolds' Reden bildet, ward 1768 ins Leben gerufen. Schon seit Jahrzehnten hatten sich die Künstler Londons um Vereinigung ihrer Kräfte, Gewährung öffentlichen Unterrichtes und Schaffung einer gemeinsamen ständigen Ausstellung ihrer Werke bemüht. Die Zukunft und der Ruf einer englischen Schule schien ihnen hiervon abzuhängen; zudem lag das Vorbild auswärtiger Akademieen vor. So öffnet schon in Reynolds' Geburtsjahr Hogarths Schwiegervater James Thornhill, der Schöpfer der Paulusbilder in der St. Pauls-Kathedrale, in seinem Hause in Coventgarden aus Eigenem eine Zeichen-Akademie, als Lord Halifax auf seinen Vorschlag, zur Gründung einer königlichen Akademie mit Wohnräumen für die Professoren, nicht eingegangen war.*) Mit seinem Tode. 1734 endet auch diese Schule, über deren Wirksamkeit und Erfolge kaum spärliche Nachrichten vorliegen. Schon zu Thornhills Lebzeiten hatten unter Johan van der Bancks Führung mehrere Künstler dessen Akademie verlassen, um ein ähnliches Unternehmen ins Werk zu setzen, doch mit geringem Erfolge, der ganz versagte, als van der Banck 1739 starb. 1750 vereinigten sich sodann mehrere Künstler, welche in fast revolutionär zu nennender Kunstabsicht die englische Malerei durch folgerichtige Verwertung des lebenden Modelles zu vervollkommnen suchten, zu einer Art von Akademie im Salisbury-Court, sodann im St. Martinsgässchen,**) die sie durch Jahresbeiträge erhielten. Ihr Präsident war der Schweizer George Michael Moser, der nachmalige Keeper der Royal Academy, ein hervorragender Goldschmied und Medailleur, der Vater der Blumenmalerin Mary Moser, welche als eine der Ersten unter die Mitglieder der Royal Academy aufgenommen ward. Zeugnis von der hohen Schätzung, welche Reynolds diesem Manne widmete, legt der Nachruf ab, den er ihm nachmals in den Blättern Londons weihte.***) Die Erfolge des Wirkens dieser kleinen Gesellschaft traten in den ersten zehn Jahren indessen nicht an die Öffentlichkeit. Ihre erste gemeinsame Jahres-Ausstellung fand erst nach zehn Jahren, 1760,

---

*) Walpole, Anecdotes of Painting IV, 45.
**) (Trafalger Square), daher St. Martin's Lane Academy genannt.
***) 24. Januar 1783, vgl. Malone aao. I, 46 f.

statt; schon die folgende, 1761, erregte die Aufmerksamkeit Londons in hohem Maasse, wie Johnson in einem Briefe an Baretti bezeugt, *) und bereits 1765 wurde die Körperschaft durch eine Urkunde des Königs unter dessen Schutz gestellt und nahm den Titel: Incorporated Society of Artists an. Es gehörten ihr, ausser Moser, Hogarth, Wilson, Penny, Hayman, West, Wills, Sandby, Stubbs, Ellys und Chambers an. Die übrigen Künstler Englands jedoch, unter ihnen Reynolds und Gainsborough, hielten sich von der Gesellschaft ferne; Mehrere von ihnen begründeten sogar ein eigenes Ausstellungsunternehmen, welches sie einige Jahre mit schwachem Erfolge führten. Reynolds nahm hieran ebenso wenig Teil wie an den ersten Beratungen zur Gründung der Royal Academy, da er von einer nach damals üblichem Muster geleiteten Akademie nicht viel halten und die Möglichkeit, seine Grundsätze verwirklicht zu sehen, bezweifeln mochte; er nahm auch an, dass der König, der Incorporated Society of Artists und vor Allem deren Präsidenten, seinem ehemaligen Lehrer in der Perspective, Joshua Kirby, zu Liebe, die Schaffung einer Akademie nicht begünstigen werde, und er wusste, dass er seiner politischen Gesinnung halber bei Hofe nicht eben beliebt sei. In ersterem Punkte teuschte er sich und auch in letzterem insoferne, als der König seinethalben keine Schwierigkeiten erhob, ihn sogar auszeichnete, wenn er ihm auch nie so gewogen ward wie Ramsay und Cotes. Plan und öffentlicher Vorschlag zur Beilegung jener Mishelligkeiten unter den englischen Künstlern und zu ihrer Vereinigung in einer königlichen Akademie ging von Chambers, West, Cotes und Moser aus. Sie richteten am 28. November 1768 eine Eingabe an den König, worin sie als Hauptziele des erbetenen Institutes bezeichneten: „Die Einrichtung einer gut organisierten Zeichenschule für junge Künstler und die Schaffung einer Jahresausstellung, zu welcher alle Künstler von anerkanntem Verdienste Zutritt haben sollten, um ihre Werke der öffentlichen Beurteilung vorzulegen und jenes Maass an Ruhm und Aneiferung zu erlangen, welches sie zu verdienen glaubten."**)

Der König schwankte nur einen Augenblick, ob er zustimmen solle, entschied sich aber sodann ohne Rückhalt für den vorgelegten Plan und sicherte aus eigenem Antriebe die zur Deckung der Jahres-Ausgaben etwa fehlenden Summen aus seiner Privatschatulle zu.

---

*) Boswell, Life of Johnson I, 328.
**) Malone, Works of Sir J. R. (vgl. S. LIX) I, 40. —

Schon vorher hatte, als im Kreise jener Vier die Liste der ersten dreissig Akademiker festgestellt werden sollte, der liebenswürdige Benjamin West den Antrag gestellt, vor Allem Reynolds zum Beitritte aufzufordern. Erst nach längerem Zureden gelang es West, unseren Künstler zu bestimmen, sich mit Jenen zu vereinigen und an den weiteren Beratungen Teil zu nehmen. Als Reynolds das Sitzungszimmer betrat, erhoben sich die Anwesenden und begrüssten ihn als Präsidenten. Reynolds lehnte die Annahme dieser Auszeichnung, wenngleich sie ihm grosse Freude machte, ab, bis er sich mit seinen Freunden Johnson und Burke beraten haben würde.*) Nur auf deren Zureden nahm er die Stelle an, die ihm denn auch, wenngleich eine jährliche Erneuerung der Wahl vorgesehen war, bis kurz vor seines Lebens Ende übertragen blieb. Inzwischen hatte der König mit Urkunde vom 10. December 1768 die Errichtung der Royal Academy (of Painting, Sculpture and Architecture, composed of the ablest and most respectable Artist resident in Great Britain) verfügt, er bestätigte Reynolds als Präsidenten und erhob ihn in den Ritterstand. Der treue Johnson war über diese Auszeichnung des Freundes so entzückt, dass er darob sein Gelübde, keinen Wein zu trinken, verletzte, und auch Burke erblickte in dieser Wahl und Ehrung, wie er an Barry schrieb, die sicherste Gewähr für den Aufschwung der englischen Kunst und hielt die junge Akademie hierdurch für alle Zeiten bewahrt vor den Abwegen, auf welchen die italienischen und französischen Akademieen sich gefielen. Die feierliche Eröffnung der Akademie fand am 2. Januar 1769 durch Reynolds' erste Rede statt. An der Ausarbeitung der Satzungen hatte Reynolds Teil genommen, grösseren Anteil hieran hatte indessen Moser, welcher nach Reynolds' obenerwähntem Zeugnis auch als Schatzmeister und eigentlicher Verwalter (Treasurer and Keeper) sich um Schule und Schüler rühmliches Verdienst erworben hat.

Es ward bestimmt, dass die Akademie vierzig ordentliche Mitglieder (Academicians), sodann nicht mehr als zwanzig Teilnehmer (Associates) und eine auf höchstens sechs beschränkte Zahl von Kupferstechern (Associate Engravers) umfassen solle. Alle müssen in Grossbritannien ansässig sein und dürfen keiner anderen in London bestehenden Künstlergesellschaft angehören. Die Ergänzung von Lücken in der

---

*) Leslie aao. I, 298 bezweifelt diese Erzählung, welche indessen von Northcote bezeugt ist und auch von Cunningham wiederholt wird.

Zahl der ordentlichen Mitglieder ist aus den Reihen der Teilnehmer welche das fünfundzwanzigste Jahr erreicht haben. in geheimer Wahl und durch die Mitglieder, auf Grund eines vorgelegten Werkes vorzunehmen, das in der Akademie zu verbleiben hat; die Wahl bedarf der Bestätigung des Königs durch ein Diplom. Die Teilnehmer müssen Künstler von Beruf, Maler, Bildhauer oder Architekten, sein, das vierundzwanzigste Jahr überschritten haben und dürfen nicht mehr Schüler sein. Sie werden, in derselben Weise wie die Mitglieder, aus der Reihe der Aussteller gewählt und sie geniessen dieselben Vorteile wie die Mitglieder, nur haben sie keine Stimme im Rate und können kein Amt an der Akademie erhalten. Ihre Aufnahme wird durch ein Diplom bestätigt, welches vom Präsidenten und Sekretär unterzeichnet ist. Die Kupferstecher werden auf Grund eines dem Rate der Akademie vorgelegten Werkes, welches durch einen Monat öffentlich ausgestellt wird, in ähnlicher Weise gewählt, wie die Mitglieder und Teilnehmer. Ihre Stellung gleicht jener der Letzteren; sie dürfen zu jeder Ausstellung zwei Drucke eigener oder fremder noch nicht veröffentlichter Arbeiten bringen, andere Arbeiten werden zur königlichen Ausstellung nicht zugelassen.

Die Leitung der Akademie obliegt dem Präsidenten, welcher alljährlich neu zu wählen ist, und einem Rate von acht Mitgliedern. Der Präsident hat den Rat und die Versammlung aller Akademiker einzuberufen, so oft es ihm nötig dünkt; er hat auch das Recht, einen der Räte mit seiner Vertretung zu betrauen. Die Stellen im Rate sind alljährlich zur Hälfte neu zu besetzen, so dass alle Akademiker in den Rat gelangen; nur der Sekretär gehört ihm ständig an. Der Rat hat alle neuen Gesetze und Verordnungen zu entwerfen und in zwei aufeinander folgenden Sitzungen zu beraten; sie bedürfen indessen der Zustimmung der Mitgliederversammlung und der Sanction des Königs. Der Rat hat auch über die Verwendung der Gelder zu bestimmen, die Preise für die Schüler festzusetzen, die Beamten und Diener des Hauses zu überwachen, Missstände zu beheben und nach Zustimmung der Mitgliederversammlung und des Königs Pflichtvergessene ihrer Stellen zu entsetzen. Die Mitglieder des Rates erhalten Sitzungsgelder und zwar alle Anwesenden zusammen zwei Pfund und fünf Shilling.

Die Mitglieder der Akademie treten alljährlich mindestens ein Mal zusammen (General Assembly), um den Präsidenten, den Rat, die Visitors und Auditors zu wählen, die den Schülern zuerkannten

3

Preise zu genehmigen, Jene auszuwählen welche auf Reisen geschickt werden sollen, Klagen entgegenzunehmen und Übelstände zu beheben, und zu ordnen was sich sonst auf die Genossenschaft bezieht. Erklären sich in dieser Versammlung fünf Mitglieder gegen ein vom Rate beschlossenes Gesetz, so ist es neuerlicher Beratung zu unterziehen. Jedes in der Versammlung anwesende Mitglied erhält ein Sitzungsgeld von fünf Shilling.

Zu den Beamten der Akademie gehören: der Sekretär, der Verwalter (Keeper), der Schatzmeister, der Bibliothekar, neun Lehrer (Visitors), zwei Rechnungsprüfer (Auditors). Sämtliche Beamte müssen ordentliche Mitglieder der Akademie sein; Sekretär, Verwalter, Bibliothekar und Rechnungsprüfer werden von den Akademikern gewählt, die ersteren Drei bleiben im Amte so lange es dem Könige gefällt, welcher sie zu bestätigen hat. Schatzmeister und Bibliothekar werden vom König ernannt. Sekretär und Verwalter wohnen in der Akademie und erhalten einen Jahresgehalt von hundert Pfund. Der Schatzmeister erhält sechszig Pfund, der Bibliothekar fünfzig jährlich, und jeder Lehrer zehn Shilling und sechs Pence für je zwei Stunden, welche Summe er, falls er seinen Dienst verseumt und keinen Stellvertreter schafft, als Busse zu erlegen hat. Der Keeper soll ein zur Unterweisung der Schüler besonders geeigneter Künstler sein; er hat die Oberaufsicht über die Akademie zu führen mit Allem was zu ihrem Inventare gehört, für Ordnung und Anstand zu sorgen, den Schülern Rat und Unterweisung zu erteilen, das Zeichnen nach der Antike regelmässig zu leiten (to attend regularly the Antique Academy), gemeinsam mit den Lehrern lebende Modelle zu beschaffen und die Anordnung der zur Jahresausstellung eingesendeten Werke zu besorgen. Die Visitors sollen Historienmaler, tüchtige Bildhauer oder sonst geeignete Personen sein. Ihr Amt ist, abwechselnd je einen Monat das Studium des lebenden Modelles zu leiten (to attend the Life Academy), die Modelle zu stellen, die Arbeiten der Schüler zu prüfen und zu verbessern und den Schülern Rat und Unterweisung zu geben. Weder der Verwalter noch irgend ein anderes Mitglied der Akademie darf den Unterrichtsraum betreten, während der Lehrer das Modell stellt, auch darf Niemand in Anwesenheit des Lehrers irgend eine Anordnung treffen.

Neben den Lehrern giebt es vier Professoren, für Malerei, Architektur, Perspective und Anatomie; die drei Ersteren werden aus den Akademikern gewählt, sämtliche bleiben in ihrer Stellung, so lange es dem Könige gefällt. Jeder von ihnen hat alljährlich sechs öffentliche Vorlesungen an der Akademie zu veranstalten und erhält hiefür einen Gehalt von fünfzig Pfund. Der Professor für Malerei hat die Schüler in den Grundsätzen der Komposition zu unterweisen, ihren Sinn für Form und Farbe zu bilden, ihr Urteil zu schärfen, auf die Schönheiten und Mängel der berühmten Kunstwerke mit besonderer Hervorhebung der Vorzüge und Fehler der grossen Meiser aufmerksam zu machen und schliesslich den Schülern die kürzesten und wirksamsten Wege des Studiums zu weisen. Der Professor für Architektur hat für sein Gebiet zum Teile dieselben Aufgaben zu erfüllen und noch besonders die Schüler zu vorurteilslosem Studium der Kunstbücher und zu kritischer Prüfung der Konstructionen fähig zu machen.

Es findet an der Akademie ein Winter- und Sommer-Unterricht statt, im Winter beginnt er um sechs, im Sommer um fünf Uhr. Die Akademie verfügt über lebende Modelle beiderlei Geschlechtes und ist ausgestattet mit Gipsfiguren, Basreliefs, Costümfiguren. Die Teilnahme am Unterrichte steht Jedem frei, der die hiezu nötigen Fähigkeiten und Vorkenntnisse besitzt.

Die mit der Akademie verbundene königliche Ausstellung findet alljährlich durch mindestens sechs Wochen statt; aufgenommen werden Gemälde, Skulpturen, Zeichnungen und Stiche. Jeder Künstler von anerkanntem Verdienste kann sich an der Ausstellung beteiligen. Aus den Reineinnahmen der Ausstellung wird ein Pensionsfonds gebildet; sobald dieser Fonds die Höhe von zehntausend Pfund erreicht hat, sind an je ein ordentliches Mitglied, einen Teilnehmer und an je eine Witwe eines Mitgliedes und Teilnehmers, deren Bedürftigkeit nachgewiesen ist, Jahres-Pensionen in der Höhe von fünfzig, dreissig und zwanzig Pfund auszuzahlen. Hat der Fonds die Höhe von fünfzehntausend Pfund erreicht, so steigen die Pensionen auf sechzig, sechsunddreissig und fünfundzwanzig Pfund; ist er auf zwanzigtausend Pfund gestiegen, so erhöhen sich die Pensionen auf siebzig, fünfzig und dreissig Pfund. Der Anspruch an den Pensionsfonds erlischt indessen für jene Mitglieder oder Teilnehmer unter sechzig Jahren, welche zwei Jahre hintereinander ohne ausreichende Entschuldigung von der Ausstellung ferne geblieben sind; nur für Bildhauer gilt hier ein Zeitmaass von drei Jahren.

Für die Schüler bestehen Preise in Gold und Silber, deren Zuerkennung durch die Akademiker zu Anfang December, deren

Verleihung am zehnten December, dem Gründungstage der Akademie, stattfinden soll. Die Preise in Gold werden alle zwei Jahre verliehen für das beste Ölgemälde, für das beste Basrelief mit mindestens drei Figuren und für die beste Architekturzeichnung; die Gegenstände dieser Kompositionsaufgaben werden vom Präsidenten und Rate bestimmt. Gleichzeitig mit diesen Preisen gelangen drei Silberpreise zur Verteilung für die beste Zeichnung oder für die beste plastische Nachbildung einer in der Akademie befindlichen Figur, und für die beste Architekturaufnahme nach einem bekannten Gebäude. In den dazwischen liegenden Jahren kommen ausschliesslich Silberpreise zur Verteilung, höchstens neun; die Aufgaben sind den vorgenannten gleich.

Dies die wesentlichsten Bestimmungen für das Leben in der Akademie, deren Aufzählung hier nicht unterlassen werden sollte, da es sich darum handelte, Reynolds' neuen Wirkungskreis kennen zu lernen. Ist seine Teilnahme an der Fassung des einen oder anderen Hausgesetzes auch im Einzelnen nicht bezeugt, dem Ganzen fühlt man doch die Hand des klugen, praktischen Meisters an, der, weit davon entfernt, der englischen Kunst durch die Schaffung einer Drillanstalt aufhelfen zu wollen, in natürlicher Verbindung von Zwang und Freiheit das beste Mittel zur Ausbildung des Talentes erblickt. Aus dem Unterrichtsplane geht hervor, dass nur solche Schüler Aufnahme finden, welche sich der nötigen Handgriffe der Kunst schon völlig bemächtigt haben; die gebotene Unterweisung ist dem freieren Unterrichte im Meisteratelier zu vergleichen. Dass der Schüler sich jeden Monat einem anderen Lehrer (Visitor) gegenüber befindet, setzt, nicht einwandfrei, voraus, dass die Visitors, mit einander in Übereinstimmung, durchdrungen sind von Dem, was die Akademie als ihren Stil betrachtet. Allerdings kann man sagen, dass die englische Akademie sich einen eigenen Stil geschaffen hat; dieser Stil, individueller Färbung fähig und nationaler Züge voll, fliesst aus zwei Quellen, aus der Antike und aus der Natur des künstlerisch geordneten Modelles. Dies sind auch die Quellen, aus denen Reynolds theoretisch und praktisch seine Kräfte zieht.

Das grosse Gewicht, welches auf die regelmässige öffentliche Ausstellung der Werke Derer gelegt wird, die zur englischen Schule gezählt werden wollen, ist eine eigentümliche Erscheinung der englischen Akademie, welche in diesen Ausstellungen ein wesentliches Mittel zur Erziehung der Künstler, wie des Publicums erblickt. Entwickelung, Ruf und Anerkennung einer englischen Schule ist denn auch diesen Ausstellungen vornehmlich zu danken. Die Organisation der Akademie, welche aus den Exhibitors die Associates, aus Diesen die Academicians erwählt, deren tüchtigste Mitglieder die so zu sagen officielle Kunstübung lenken und den Nachwuchs erziehen, hat etwas Hierarchisches; gerade darin liegt aber das Geheimnis der Macht, welche wir die englische Schule entfalten sehen und die nicht misbraucht zu haben ein Zeichen hoher Klugheit ist. Ein Glück für die Akademie, dass ein so grosser Künstler und Mensch, wie Reynolds, an die Spitze des neuen Institutes gestellt, demselben in elfjähriger Präsidentschaft eine Tradition schuf, an der nur schwer gerüttelt werden konnte. Durch die Ausstellungen der Akademie mittelbar und unmittelbar auch den Standard of Life der englischen Künstler zu heben, war ganz im Sinne des Meisters, der wohl zu leben wusste und gute Kundschaft und anständige Preise mit Recht für ein wichtiges Moment in der Entwickelung der künstlerischen Fähigkeiten hielt; Reynolds selbst stellte in den Jahren 1769 bis 1790 zweihundertundvierundvierzig Bilder aus*). Vom Jahre 1769 bis 1780 brachten die akademischen Ausstellungen im Durchschnitt eine Jahreseinnahme von fünfzehnhundert Pfund; im Jahre 1780, da die Ausstellung zum ersten Male im neuen Gebäude am Somerset-Place abgehalten wurde, kamen dreitausend Pfund ein und 1796 waren die Einnahmen noch bedeutend höher. Die erste Austellung ward am 26. April 1769 auf Reynolds' Anregung mit einem Academy dinner in den Ausstellungsräumen eröffnet, an welchem ausser den Ausstellern, den Mitgliedern und Teilnehmern der Akademie, als Gäste zahlreiche bedeutende Männer Londons, Gelehrte, Schriftsteller, Politiker aller Parteirichtungen Teil nahmen. Diese Eröffnungsgesellschaften fanden von nun an alljährlich statt, der Rat der Akademie liess die Einladungen ergehen, Jedermann wollte dabei sein. Hier wurden die neuen Kunstwerke bewundert, kritisiert, hier wurde in regem Verkehre von Künstlern und Kunstfreunden die öffentliche Meinung über die neue englische Kunst gemacht und von hier aus in alle Kreise getragen. Die erste Ausstellung enthielt hundertsechsunddreissig Werke, darunter vier Bilder von Reynolds, dann Bilder von Northcote, West, Angelika Kaufmann,

---

*) Vor Eröffnung der Akademie hatte er in London bereits fünfundzwanzig Bilder ausgestellt; nur im Jahre 1767 trat er nicht vor die Öffentlichkeit.

Hone, Cotes, Penny, Barrett. Der Katalog trug das bezeichnende
Motto: Nova rerum nascitur ordo.

Im Jahre der Gründung der Akademie wurden ausser Reynolds
der Reihe nach folgende Künstler zu ordentlichen Mitgliedern er-
nannt: Francis Cotes, Joseph Wilton, Thomas Sandby, George
Barret. Sir William Chambers, George Michael Moser (der erste
Keeper der Akademie). Jeremias Meyer, Charles Cotton, Richard
Yeo, Benjamin West (Reynolds' Nachfolger in der Präsidentschaft),
Paul Sandby, John Baker, John Gwynn, Samuel Wale (der erste
Professor der Perspective), William Tyler, Mason Chamberlin,
Francisco Bartolozzi, John Inigo Richards, Peters Toms, Nathaniel
Hone, Francesco Zuccherelli, Dominic Serres, Jean Baptist Cipriani,
Richard Wilson, Edward Penny (der erste Professor für Malerei),
Agostino Carlini, Francis Milner Newton (der erste Sekretär der
Akademie). Angelika Kaufmann, Mary Moser, Francis Hayman (der
erste Bibliothekar), George Dance, Thomas Gainsborough, Nathaniel
Dance.*) Zu Visitors wurden gewählt: Carlini, Cotton, Cipriani,
N. Dance, Hayman, Toms, West, Wilson und Zuccherelli. Von
allen Mitgliedern nahm nur Gainsborough keinen Anteil am
Leben der Akademie; 1775 fasste der Rat daher den Entschluss,
Gainsborough aus der Liste der Akademiker zu streichen, der Be-
schluss ward aber in der nächsten Sitzung besonders auf Reynolds'
Betreiben wieder aufgehoben; über sein Verhältnis zu seinem Rivalen
hat sich Reynolds in einer eigenen Rede, der XIV., in edelster
Weise ausgesprochen.

Auch Reynolds' Freunde Johnson und Goldsmith wirkten einige
Zeit an der Akademie, Jener als Professor der alten Litteratur,
Dieser als Professor der alten Geschichte; es waren Ehrenstellen,
welche mit keiner Einnahme verbunden waren. Dass man, über
den ursprünglichen Plan der Akademie hinausgehend, diese Vorlesungen in die Unterrichtsordnung einfügte, entsprang Reynolds'
Anregung, welcher einen Künstler ohne Kenntnis der antiken Bildung
nicht für möglich hielt. Und mit seiner Zustimmung ward auch
Thomas Francklin, der Übersetzer des Sophokles und Professor
des Griechischen in Cambridge, zum Hauskaplan und der Archäologe
Richard Dalton zum Vorstande des Antiquariums der Akademie
ernannt.

---

*) Bis zum Jahre 1878 gehörten der Akademie 186 ordentliche Mitglieder
an, vgl. Chesneau, La Peinture anglaise, Anhang.

Mit der Stellung des Präsidenten war die Verpflichtung, anlässlich der Preisverteilung an die Schüler Reden zu halten, nicht verbunden; Reynolds nahm dieses Amt freiwillig auf sich, es war ihm Bedürfnis, die Preisverteilung wenn nicht zu begründen, so doch allgemeine Bemerkungen über Wesen und Studium der Kunst daran zu knüpfen. Er rechtfertigte diese Einführung, wenn anders sie einer Rechtfertigung bedurfte, in der letzten Rede in folgender Weise: „Wenn Preise verteilt werden sollten, schien es nicht nur schicklich, sondern auch unumgänglich notwendig, dass der Präsident bei der Verteilung der Preise etwas sage. Und der Präsident wünschte zu seiner eigenen Ehre etwas mehr als blose Worte des Lobes zu sagen, die durch häufige Wiederholung bald flach und uninteressant werden mussten, und dadurch, dass man sie an Viele richtete, zuletzt für Niemanden mehr eine Auszeichnung sein konnten. Ich dachte daher, wenn ich dieses Lob durch einige lehrreiche Bemerkungen über die Kunst einleitete, würde ich den Künstlern, die wir mit der Krönung ihrer Verdienste belohnten, etwas bieten, was sie bei ihren künftigen Versuchen anfeuern und leiten könnte."

Solcher Reden hielt Reynolds dreizehn, in den ersten Jahren je eine, später alle zwei Jahre eine. Dazu kommen noch zwei Reden, die erste und neunte, welche nicht an eine Preisverteilung anknüpfen, die Rede anlässlich der Eröffnung der Akademie am 2. Januar 1769, und die Rede anlässlich der Übersiedelung der Akademie in das neue Gebäude auf Somerset-Place am 16. October 1780. Verbreitet sich die erste Rede im Allgemeinen über die Vorteile, welche aus der Errichtung einer königlichen Akademie entspringen und entwickelt Reynolds in ihr vor den zur Leitung des Institutes berufenen Mitarbeitern seine, auch später wiederholt ausgesprochenen, Ansichten von der Notwendigkeit strengster Führung der Kunstjünger, von denen unbedingter Gehorsam gegen die durch die Praxis erprobten Kunstregeln zu fordern ist; so nimmt Reynolds in der neunten Rede die Besitzergreifung des neuen vornehmen Heimes der Akademie zum Anlasse, vor einer Zuhörerschaft, in der er das ganze gebildete London vor sich sieht, in hohem Geistesfluge die sittlichen Aufgaben zu erörtern, welche die Kunst in der menschlichen Gesellschaft zu erfüllen hat.

Alle übrigen Reden wenden sich, von der Preisverteilung ausgehend, unmittelbar an die Schüler. In jedem Jahre greift Reynolds aus paedagogischen Gesichtspunkten eine andere Gruppe aesthetischer

Hauptfragen heraus, deren gründliche Erfassung ihm für die Entwickelung der Schüler von Nöten dünkt. Das Ziel, welches er eben
ins Auge fasst, beleuchtet er scharf, wenn man will einseitig, er
bezieht sich hiebei nicht immer auf früher Gesagtes, da andere
Seiten desselben Gegenstandes behandelt wurden. Ferne liegt es
ihm, in der Folge der Reden innig verbundene Teile eines Systemes
zu liefern; er scheint Bausteine, aber kein Gebäude zu bieten,
wenigstens nicht eines, welches nach einem von Anfang festgesetzten
Plane ausgeführt ist, sondern eines, dessen Teile zwar auf ein und
denselben Urheber, aber auf verschiedene Phasen seiner geistigen
Entwickelung hinweisen. Es sind Bekenntnisse eines unablässig an
der Mehrung seiner Erkenntnis arbeitenden, scharfsichtigen, alle
Mittel und Wirkungsweisen seiner Kunst von immer neuen Seiten
aus untersuchenden, eines nicht grübelnden, aber eindringlich
lauschenden, eines nicht auf seinen Gegenstand herabsehenden,
sondern aus diesem schöpfenden Geistes, welcher nicht vorgefasste
Meinungen beweisen will, indem er seinen Stoff nach aprioristischen
Gesichtspunkten ordnet, sondern der nichts anderes will, als dar-
legen, was er in sich findet, wenn er seinen Gegenstand in immer
neuer Beleuchtung auf sich wirken lässt. Nicht ein Fertiges tritt
entgegen, man blickt in die Werkstatt des Gedankens und sieht,
wie er entsteht auf dem Grunde der Dinge.

Gewiss ist, dass Reynolds nicht bei der platten empirischen
Wahrheit stehen bleibt, sondern mit Vorliebe vom Besonderen zum
Allgemeinen sich erhebt und auf diesem Wege das im Einzelnen
wirksame Gesetzliche zu ergründen sucht. Aber Burke, wie immer
er auch in ehrlicher Begeisterung die Reden begrüsst und ihr Lob
verbreitet, erfasst ihren letzten Sinn und Reynolds' ganze geistige
Veranlagung nicht richtig, wenn er Platons Ideenlehre in ihnen
wittert, Zacharias Mudge, den Platonverehrer und Reynolds' Freund,
zum geistigen Paten der Reden machen will und, sein Urteil über
diese zusammenfassend, von Reynolds sagt: „Er verallgemeinerte
Alles (he was a great generalizer) und war geneigt, jedes Ding
auf ein System zurückzuführen, vielleicht mehr, als die Vielgestaltigkeit der Principien, welche im Geiste und in jedem einzelnen
Werke des Menschen wirksam sind, dies eigentlich vertragen." *)
Da war Reynolds' bester Schüler, Thomas Lawrence, auf besserer
Fährte, wenn er die von dem Meister aufgestellten Regeln goldene

---

*) Vgl. Malone aao. I. 97.

Regeln nennt, bei deren Aufstellung Derjenige, welcher sie gab, von der Überzeugung ausging, dass die Regeln durch die Kunstwerke, nicht aber die Kunstwerke durch die Regeln bestimmt worden seien. Und indertat, Reynolds hat gerade die Vielgestaltigkeit der in der Kunst wirksamen Principien, die technischen wie die psychologischen, in so weitgehendem Maasse berücksichtigt und ist durchwegs so sehr bestrebt, den Tatsachen Rechnung zu tragen und aus ihnen seine Regeln abzuleiten, dass es hiesse, seinen Reden Gewalt anzutun, wollte man sie der speculativen und nicht vielmehr einer empirischen Aesthetik einordnen. Möglich, dass die Beschäftigung mit Platon, durch Mudge angeregt, den Meister zum Philosophieren über seine Kunst geführt hat; aber der Einfluss Platons geht nicht weiter, als er bei Michel-Angelo und Raffael ging, die, gleichfalls von Verehrern Platons veranlasst, in kurzen Aussprüchen sich über das Wesen der menschlichen Schönheit und über das Verfahren des Künstlers bei ihrer Darstellung Rechenschaft zu geben suchten. Wenn Reynolds von allgemeinen Urtypen der Natur, durch welche einseitige Darstellung veredelt wird, wenn er wiederholt von dem allgemeinen Charakter, von der allgemeinen Idee der Natur spricht, wenn er die Idee des Schönen unveränderlich nennt und dieses nicht im Individuellen, sondern nur in der Gattung sucht, wenn er beim hohen Stil auf die Ausscheidung des Zufälligen und die Hervorkehrung des Bleibenden dringt, so ist damit charakterisiert, was ihn in Burkes Augen zum „great generalizer" machte. Von Platons Ideenlehre wird man hier wenig finden und es bedarf des Hinweises gar nicht, dass Reynolds Platon kaum kannte (Vgl. Anmerkung 222). Viel näher steht seine Methode jener, mit welcher die Poetik des Aristoteles die empirische Aesthetik begründet hat, indem sie, nach Schillers Ausspruch, nirgends von Begriffen, immer nur von dem Faktum der Kunst, von der unmittelbaren Erfahrung ausgeht. Auch Reynolds entteuscht, wenn man in seinen Reden eine Philosophie über seine Kunst suchen wollte. Einer speculativen Aesthetik steht er fremd gegenüber, nicht deshalb, weil er zu wenig philosophische Bildung besitzt, um sie zu erfassen, sondern weil er als Künstler nicht verstehen kann, was eine Aesthetik nützen soll, welche, den Aufgaben unmittelbarer Förderung der Kunst in technischem und psychologischem Sinne geflissentlich aus dem Wege geht.

Reynolds will „lehrreiche Bemerkungen über die Kunst" machen, er will den jungen Künstlern „etwas bieten, was sie bei ihren

künftigen Versuchen anfeuern und leiten könnte." Und damit steht
er ganz auf dem Standpunkte, den ausser Aristoteles auch Horaz,
Thomas von Aquino, Lope de Vega, Corneille, Boileau, Gottsched,
die Schweizer und Lessing für die Dichtkunst, Lionardo da Vinci,
wie auch Michel - Angelo und Raffael, dann Hogarth, Philipp
von Champaigne und Rafael Mengs für die bildende Kunst eingenommen haben. Die schale unfruchtbare Kunstrhetorik hält er
für eine Gefahr; Göthe hätte von ihm mit dem gleichen Rechte,
wie von Aristoteles sagen können, dass es erquickend sei zu lesen,
mit welcher Liberalität er die Künstler gegen Grübler und Krittler
in Schutz nimmt.

Es gibt unter allen verwandten Erörterungen aus den Reihen
der schaffenden Künstler keine, welche, so umfassend und be-
deutungsvoll wie Reynolds' Discourses der empirischen Aesthetik,
der wir noch immer entbehren, vorgebaut hätte. Allerdings möchte
es scheinen, als ob Reynolds sich in einem wesentlichen Punkte
von der Methode entfernte, welche vielfach, so auch von Fechner,
der empirischen Aesthetik vorgezeichnet zu werden pflegt. Diese
Auffassung will, so lange nicht die empirische Feststellung aller
Kunstgesetze gelungen ist, vermieden wissen, dass der Gang von
Unten mit Ideen von Oben beleuchtet werde. Reynolds vermag
sich indessen und sicherlich mit Recht über das Wesen des hohen
Stiles nicht anders zu äussern, als dass er es für feststehend erklärt,
die Kunst habe eine Schönheit zu suchen, die allgemeiner und
geistiger Natur, eine im Künstler lebende Idee sei, welche er nicht
ganz mitteilen könne; nur indem der Künstler durch sie die Einzel-
erscheinungen der Natur beleuchte, vermöge er die Kunstregeln zu
erfassen, deren Beobachtung ihn zum hohen Stile führe. Auch
Reynolds scheint sich also mit der Aufstellung eines absoluten
Maasstabes zu beeilen, wie die speculative Aesthetik. Doch worin
besteht dieser Maasstab? Indem Reynolds als schön Das bezeichnet,
was mit der allgemeinen Idee der Natur übereinstimmt, indem es
für ihn das Notwendige, nicht das Zufällige, das Bleibende im
Wechsel, das Allgemeine im Einzelnen, das Typische ist, entwickelt
er die Idee des Schönen doch immerhin aus der Erfahrung, und
er weist auch zugleich den Weg, wie es auf empirischem Wege zu
finden sei; der gebildete Geschmack hat es zu finden, der zwar
nicht durch Regeln gelehrt werden kann, jedoch unmittelbar von
aufmerksamer Beobachtung der Natur abhängt, hieraus seine Kräfte
zieht wie das Genie und in seiner höchsten Entwickelung zu einer

der Erkenntnis ähnlichen Art von Wissen wird. So geht Reynolds stets von der Erfahrung aus, wenn er sich auch nicht scheut, aus den empirischen Gesetzen des Gefallens und Misfallens, welche der Geschmack aufweist, Gesetze des Sollens für die Kunstübung abzuleiten, nicht Grundgesetze, wol aber secundäre Gesetze, welche sich zu derselben strengen Giltigkeit erheben können, wie etwa in analoger Weise die Gesetze der Naturwissenschaft sie besitzen, die in ihrer grossen Mehrheit auch nur von secundärer Art sind.

So verbindet Reynolds in durchaus berechtigter Weise Induction und Deduction; und er bezeugt hierin grössere Vorsicht als Fechner, der mit Unrecht geglaubt hat, aus gewissen durch die Erfahrung festgestellten elementaren Wohlgefälligkeiten das Wohlgefällige ihrer Verbindung einfach ableiten zu können, während Reynolds von dem Wohlgefälligen des fertigen Kunstwerkes ausgeht, in der richtigen Erkenntnis, dass für den stets nur auf Grund der Anschauung schaffenden Künstler nicht das Einfache, nicht die einzelne Farbe und Linie oder die geometrische Figur, sondern das komplicierte Phantasiebild das Zunächstliegende ist. Dasselbe gilt von dem psychischen Verhalten gegenüber den Kunstwerken. Die Schaffenden wie die Geniessenden verpflichtend ziehen die Discourses einen grossen Teil jener zahllosen disparaten Fragen, welche unter praktischen Gesichtspunkten zu vereinigen Aufgabe einer empirischen Aesthetik wäre, in das Bereich ihrer Erörterung. Von den Gesetzen des Gefallens und Misfallens ausgehend, sie psychologisch untersuchend und begründend, will diese empirische Aesthetik den Einen den hohen Wert aufweisen, welcher Überlieferung und Lehre innewohnt, und den Geschmack der Anderen richtig empfinden lehren, indem sie ihn an den Kunstwerken schult, welche zu allen Zeiten für den vollendetsten Ausdruck künstlerischen Vermögens gehalten wurden. Wer immer sich mit den Discourses ernstlich beschäftigt, wird sich ihrer überzeugenden Sprache und der eindringlichen Klarheit ihres Gedankenganges nicht verschliessen können. Nur Cunningham, welcher dem Meister gerne Eines am Zeuge flickt, nennt dessen Redeweise „cold and sometimes embarrassed and even unintelligible". Kein Anderer wird dies finden.

Ein Inhaltsverzeichnis der Reden zu liefern ist hier nicht der Ort; sie entsprechend analysieren, hiesse sie ausschreiben. Dass zumal in jenen Teilen der Reden, welche Reynolds' subjective Abschätzung einzelner Kunstschulen und Stilrichtungen enthalten, so manches Urteil unterläuft, welches die heutige historische

Auffassung als schief bezeichnen wird, vermag den Wert der Reden
nicht zu schmälern; je deutlicher man dort den vielfach beirrten
und beschränkten Blick der Zeit erkennt, umso grösser wird die
Bewunderung für die Tiefe der Erkenntnis sein, welche überall
in diesem unvergleichlichen Werke mit elementarer Gewalt hervor-
tritt. Dies gilt vor Allem von der VI., XI. und XIII. Rede. Es
wäre zum Vorteile der Kunst, wenn Reynolds' Vorbild bei geistvollen Künstlern, die das Wesen ihres Schaffens erfassen wie er,
Nachahmung fände; von ihnen hängt zum grossen Teile die Zukunft
der empirischen Aesthetik ab. Dann wird es mit der Herschaft
der speculativen Aesthetik, der echte Künstler sich nie und einsichtige
Kunstfreunde nur widerwillig beugten, zu Ende gehen, die Kunstrhetorik wird verschwinden und zum Heile der Kunst bei Allen,
die es ernst mit ihr meinen, echte Kunstempfindung sich verbreiten.

Oben ward bereits der Gerüchte Erwähnung getan, dass Reynolds
bei der Abfassung der Discourses von Seiten Johnsons und Burkes
eine Unterstützung empfangen habe, welche weit über das zulässige
Maass freundschaftlichen Rates hinausgegangen sei. Malone*) lässt
sich hierüber, wie folgt, vernehmen :

„Vor dem Erscheinen der ersten Ausgabe dieser Werke kam
mir das Gerücht zu Ohren, dass die von unserem Autor gehaltenen
Reden nicht von ihm selbst, sondern von seinem Freunde Dr.
Johnson geschrieben worden seien. Da mir dies zu lächerlich und
töricht erschien, um ernstlich widerlegt zu werden, beachtete ich
es nicht weiter und überliess es Denen, die schwach genug waren,
einer solchen Meinung Glauben zu schenken, sie mit der Erklärung
in Einklang zu bringen, die unser Autor selbst abgegeben hat, in
welcher er anerkennt, wie viel er aus Gespräch und Belehrung von
jenem ausserordentlichen Manne gelernt habe, der „seinen Geist befähigte, richtig zu denken", und uns jedoch zugleich mitteilt, dass
Johnson nicht eine einzige Ansicht zu seinen Reden beigetragen
habe. Eine neue Hypothese wurde indessen kürzlich aufgestellt:
neben vielen anderen den verstorbenen Mr. Burke betreffenden Behauptungen, welche, wie ich weiss, falsch sind, wurde uns auch
mitgeteilt, dass die Reden von Diesem geschrieben worden seien.
Den Lesern poetischer Werke wird es nichts Neues sein, dass
Ähnliches von mehreren unserer berühmten englischen Dichter erzählt wurde. Einigen zufolge hat Denham sein bewundertes

---

*) Malone, aao. I. XLI ff. und Leslie-Taylor aao. II, 498 f.

„Coopers Hill" nicht selbst verfasst, und mit einer gewissen Gattung von Kritikern sagt unser grosser Sittendichter: „Die meisten Autoren stehlen oder kaufen ihre Werke, Garth schrieb sein eigenes Dispensarium nicht." Solche Einflüsterungen, so angenehm sie den Neidischen und Boshaften sein mögen, die sie eine Zeit lang in Umlauf setzen, können für Einsichtige und Freimütige nur wenig Gewicht haben und verdienen daher im Allgemeinen nur schweigende Verachtung. Aber die Behauptung, dass Mr. Burke der Autor all jener Teile dieser Reden sei, „welche sich nicht auf Malerei und Sculptur beziehen" (welche dies sind, hat der Entdecker dieses vermeintlichen Geheimnisses nicht mitgeteilt), ist kürzlich mit solcher Bestimmtheit aufgetreten, und ein so dringender Aufruf wurde bei dieser Gelegenheit an ihren Herausgeber gerichtet, dass ich es für meine Pflicht halte, diese beleidigende Verleumdung zurückzuweisen, damit die Nachwelt nicht durch diese unwidersprochene falsche Darstellung, die der Welt mit aller Zuversicht der Wahrheit geboten wird, getäuscht und irregeleitet werde. Zum Glücke bin ich in der Lage, ein giltigeres Zeugnis in dieser Sache abzulegen, als von irgend Jemandem in Betreff der Schriften eines Anderen vernünftigerweise erwartet werden kann. So antworte ich denn auf die Frage, ob ich unter den Papieren meines verstorbenen Freundes nicht einige seiner Reden in Mr. Burkes oder irgend einer anderen „ungenannten" Person Handschrift gefunden habe, dass ich niemals irgend eine seiner Reden in der Handschrift dieses berühmten Staatsmannes oder in der sonst irgend einer anderen Person statt in jener Sir Joshua Reynolds' selbst gesehen habe; und zweitens sage ich, dass ich ebenso fest überzeugt bin, dass dieses ganze wunderbare Werk von Sir Joshua Reynolds verfasst wurde, wie ich dessen sicher bin, in diesem Augenblicke meine Feder zur Verteidigung seines Ruhmes zu führen. Ich beabsichtige nicht, zu behaupten, dass er sich nicht des Urteiles seiner kritischen Freunde bediente, um die Reden so vollkommen als möglich zu machen, oder dass er darüber hinaus war, von ihnen jene Art litterarischen Beistandes anzunehmen, den jeder aufrichtige Schriftsteller gerne annimmt und den selbst das erhabene Genie eines Burke in einigen Fällen nicht verschmäht hat. Ich zweifle daher nicht, dass einige der ersteren Reden Dr. Johnson und andere Mr. Burke zur Durchsicht und Prüfung vorgelegt wurden, und wahrscheinlich empfahl Jeder von ihnen dem Autor einige unbedeutende Formverbesserungen. Mir erwies der Meister die Ehre, vier seiner

späteren Reden in seiner eigenen Schrift und noch warm von
seiner Hand zur Durchsicht vorzulegen. Mit grossem Freimute riet
ich ihm einige formale Änderungen an; einige Änderungen in der Anordnung nahm er in jeder Rede sehr bereitwillig vor.*) Ich erinnere mich, dass er mir die allgemeinen Umrisse einer dem Papiere
noch nicht anvertrauten Rede gesprächsweise mitteilte, als wir von
einem gemeinsamen Ausfluge heimkehrten. Bald darauf schrieb er
diese Rede dem skizzierten Plane gemäss nieder und sandte sie mir,
damit ich sprachliche Bemerkungen, die sich mir etwa aufdrängen
würden, daran knüpfen könne. Da ich, als er seine letzte Rede
schrieb, nicht in London war, wurde sie einem anderen Freunde
zur kritischen Prüfung vorgelegt; dieser Freund war nicht Mr.
Burke. So sah die mächtige Hilfe aus, welche unser Autor von
Jenen erhielt, die er durch Vertrauen und Achtung ausgezeichnet
hat. Der Leser hat die Aussage Sir Joshua Reynolds' selbst vor
sich, soweit jene Verleumdung Dr. Johnson betrifft; es liegt ihm
das entscheidende Zeugnis Mr. Burkes vor, sowol in der bereits
angezogenen Stelle als auch in einer Bemerkung aus einem seiner
Briefe an den Herausgeber, welche sich auch im Folgenden noch
findet; **) und soferne solche hohe Autoritäten eine weitere Bestätigung überhaupt zulassen, liegt ihm schliesslich auch die Aussage des Herausgebers vor, welchen Wert immer man ihr beimessen
will. Möge diese einfache Darstellung denn für immer die Lippen
Derjenigen schliessen, die sich angemaasst haben, in höchst un-
gerechter Weise den litterarischen Ruf eines Mannes herabzusetzen
und zu beflecken, der von seinen Zeitgenossen einstimmig als eine
hervorragende Zierde seines Jahrhundertes gepriesen wird, der
nicht weniger gründlich in der Theorie seiner Kunst gewesen ist, als
vortrefflich in der Ausübung derselben, und dessen bewunderungs-
würdige Werke jeder Art seinen Namen der spätesten Nachwelt in
unverwelklichem Glanze überliefern werden." —

Die angestrengte Tätigkeit, welche Reynolds unausgesetzt zu
entfalten hatte, um allen Aufträgen gerecht zu werden, gestattete
ihm nur selten Reisen zu unternehmen. Allerdings pflegte er im

---

*) Vgl. den zuerst von Cotton, sodann auch bei Leslie-Taylor aao. abgedruckten
Brief von Reynolds an Malone vom 15. Dec. 1786, worin Letzterer ausdrücklich
gebeten wird: „. . . to examine it (eine der Reden) with a critical eye, in regard
to grammatical correctness, the propriety of expression and the truth of the
observations."
**) Malone aao. I, LXXI.

Sommer verschiedentlich den Duke of Marlborough, die Lords Boringdon, Eliot, Ossory, Palmerston, dann Burke und andere Freunde auf ihren Landsitzen zu besuchen und gelegentlich verbrachte er auch einige Tage auf seiner Villa in Richmond - Hill, doch hatte er keine Vorliebe für das Landleben und freute sich immer auf die Rückkehr nach London, wo er sich am Wohlsten fühlte, auch darin mit Johnson eines Sinnes. Im September 1768, kurz vor Gründung der Akademie, begab sich Reynolds in Gesellschaft von Richard Burke, Edmunds jüngerem Bruder, für kurze Zeit nach Paris; diese Reise scheint mehr der Erholung als dem Studium gegolten zu haben. Im Jahre 1781 jedoch machte Reynolds in Begleitung seines Freundes Metcalfe eine Reise nach Holland und Flandern, um die dortigen Kunstschätze zu studieren. Die Beschreibung dieser Reise, welcher Reynolds durch eingehende Charakterisierung Rubens' besonderen Reiz verlieh, hat Malone in der Gesamtausgabe der Werke Reynolds' zuerst veröffentlicht. Burke, der die Aufzeichnungen nicht kannte, war aufs Höchste entzückt davon und schrieb an Malone: „Sie spüren darin überall den Geist der Discourses, gestützt durch neue Beispiele. Es ist immer derselbe Mann, derselbe philosophisch geschulte, kunstverständige Kritiker, derselbe scharfsinnige Beobachter, welcher mit stets gleichbleibender Gründlichkeit zu Werke geht, ohne sich je im Geringsten mit Unbedeutendem abzugeben."

1783 ging Reynolds nochmals nach Antwerpen und Brüssel; die Frucht dieser Reise kam unmittelbar seiner Kunstübung zu Gute, indem er von da an bis zu dem Augenblicke, da er gezwungen war, den Pinsel aus der Hand zu legen, seine Porträts noch lebhafter, energischer und in der Farbe kräftiger gestaltete als früher.

Im selben Jahre, 1783, lieferte Reynolds, welcher, durch Johnson und Burke ermuntert, immer mehr Freude an litterarischer Betätigung gewann, einen Commentar zu Masons englischer Ausgabe von Dufresnoys L'Art de peinture, den Malone gleichfalls in die Gesamtausgabe der Werke Reynolds' aufgenommen hat. Über das Verhältnis dieses Commentares zu den Discourses hat sich Reynolds in seinen Aufzeichnungen wie folgt ausgesprochen: „Die Discourses nehmen auf die mechanische Seite der Kunst kaum Rücksicht; diese Anmerkungen mögen daher in gewissem Sinne als Ergänzung jenes Mangels angesehen werden." Das ist nun allerdings nicht wörtlich zu nehmen, denn Reynolds verbreitet sich in

der VIII. und XII. Rede über diese Fragen und auch in anderen
Reden finden sich viele einschlägige Bemerkungen zerstreut.

Goldsmith hatte den Plan verfolgt, gemeinsam mit Reynolds,
Johnson und Garrick. eine Encyclopaedie der Künste und Wissen-
schaften herauszugeben, doch kam es nicht dazu. Goldsmiths Herzen
stand Reynolds sehr nahe. Als Jener 1770 sein „deserted Village"
veröffentlichte, widmete er das Werk seinem Freunde mit folgenden
Worten: „Die einzige Widmung, die ich je vornahm, galt meinem
Bruder, den ich mehr liebte, als irgend einen anderen Mann. Er
ist todt. Gestatte mir, dass ich nun dieses Werk Dir zueigne."
Wie Goldsmith Reynolds schätzte, geht auch aus Folgendem hervor:
Da bei festlichem Anlasse kurz vor Goldsmiths Tode, 1774,
Johnson, Reynolds, Burke, Garrick, Douglas und Goldsmith bei-
sammen sassen, machte einer der Anwesenden den Vorschlag, sie
sollten einander aus dem Stegreife die Grabschriften verfassen.
Goldsmith schuf hierbei jenes berühmte „Poem of Retaliation", in
welchem er die Freunde mit grosser Lebhaftigkeit charakterisierte;
von Reynolds sagte er:

> „Here Reynolds is laid, and, to tell you my mind,
> He has not left a wiser or better behind;
> His pencil was striking, resistless and grand;
> His manners were gentle, complying, and bland;
> Still born to improve us in every part,
> His pencil our faces, his manners our heart;
> To coxcombs averse, yet most civilly steering,
> When they judg'd without skill, he was still hard of hearing;
> When they talk'd of their Raffaelles, Correggios, and stuff,
> He shifted his trumped, and only took snuff." *) —

Dass der gefeierte Künstler, der eine Stellung einnahm, wie
sie nur selten einem Menschen beschieden ist, von Frauen ungeliebt
durch das Leben gegangen sein sollte, wird kaum anzunehmen sein.
Dass Reynolds der Angelica Kaufmann vom Beginne ihres Auf-

---

*) „Seht, Reynolds ruht hier, und dass ich's nur sag',
   Kein Bessrer, kein Weisrer lebt heutzutag;
   Sein Pinsel gab Zauber und Macht jedem Bild,
   Sein Wesen war gütig, holdselig und mild;
   Zu adeln uns Alle geboren er schien,
   Mit dem Pinsel das Antlitz, mit dem Wesen den Sinn;
   Den Toren wol feind, doch höflich gar sehr;
   Wenn kopflos sie urteilten, hörte er schwer;
   Sie schwatzten von Raffaels, Correggios — voll Ruh'
   Das Hörrohr er senkte und schnupfte dazu."

tretens in London, 1766, nahe gestanden, wissen wir aus den Berichten der Zeitgenossen und Biographen, wie aus seinen Tagebüchern, in welchen die Künstlerin sehr bald nur mehr als Miss Angel vertraulich bezeichnet ward. Die Beiden malten sich wiederholt und Reynolds' erster grosser Freundschaftsdienst, den er der Kaufmann erwies, war, dass er sie aus den Fesseln ihrer abenteuerlichen und unglücklichen ersten Ehe befreite. Reynolds setzte auch ihre Wahl zum ordentlichen Mitgliede der Akademie sofort bei deren Gründung durch. Dass er sich indessen je um Miss Angels Hand beworben und eine Zurückweisung erfahren hätte, wird nur von Woltmann behauptet, der den Nachweis hiefür schuldig bleibt. Auch zur jugendschönen Siddons stand der Meister in freundschaftlichem, durch zarte Galanterie höchst liebenswürdig gestaltetem Verhältnisse. Da er das herliche Bild der grossen Tragödin als tragische Muse vollendet hatte, schrieb Reynolds seinen Namen auf den Saum ihres Gewandes und erwiderte auf ihre Frage, was dies zu bedeuten habe, so wünsche er auf die Nachwelt zu kommen. —

Die Gunst des Hofes errang Reynolds nie in vollem Maasse. Auch nach Hogarths Tode ward nicht er, sondern Ramsay, Hofmaler, und auch Cotes erfreute sich besonderer Vorliebe beim königlichen Hause. Reynolds wurde erst 1784 zum Hofmaler ernannt, doch erhielt er auch in dieser Eigenschaft nur wenige Aufträge, da ihm zumeist West vorgezogen wurde, der von 1769 bis 1801 für vierunddreissigtausend Guineen Bilder für Georg III. malte. Sonst fehlte es Reynolds nicht an äusseren Ehren. Da er im Juli des Jahres 1773 Oxford besuchte, ward er zum Ehrendoctor der Jurisprudenz ernannt, welche Auszeichnung sodann Dublin wiederholte, und als er im Spätsommer desselben Jahres nach Plympton kam, wählte ihn die dankbare Stadt zum Bürgermeister. Diese Auszeichnung erfreute ihn so sehr, dass er den König versicherte, die ihm hiedurch erwiesene Ehre schätze er höher als alle anderen, die ihm je zu Teil geworden seien, ausgenommen die Erhebung in den Ritterstand, wie er, sich verbessernd, sogleich hinzufügte. Bald darauf ernannte ihn auch die Akademie zu Florenz zum Mitgliede, worauf er ihr sein Selbstportrait im Kleide eines Ehrendoctors von Oxford zum Geschenke machte, welches den Ruf der englischen Kunst in Italien begründete. Auch die Kaiserin Katharina ehrte ihn, indem sie, entzückt von seinen Reden, deren erste sieben sie gelesen, dem Meister eine reich mit Diamanten besetzte goldene Dose mit ihrem Bilde zum Geschenke machte und dazu schrieb:

„Pour le Chevalier Reynolds, en temoignage du contentement que j'ai ressentie à la lecture de ses excellens Discours sur la peinture." —
Von seiner Schwerhörigkeit abgesehen, welche, wie bemerkt, ihn schon in Rom in Folge einer Erkältung beim Malen im Vatikan befallen hatte und nötigte, in grösserer Gesellschaft ein Hörrohr zu gebrauchen, war Reynolds' Gesundheit trefflich und er ertrug alle Anstrengungen, die er sich zumutete, mit gleichbleibender Frische. Dass er sich gewöhnt hatte, stehend zu malen, mag hiebei von Vorteil gewesen sein. Im Jahre 1782 erlitt er, ohne dass eine Mahnung vorausgegangen wäre, einen leichten Schlaganfall, von dem er sich indessen binnen wenigen Wochen völlig erholte. Doch sieben Jahre später im Juli 1789, da er eben das Porträt der Lady Beauchamp, der nachmaligen Marquise von Hertford, vollendet hatte, fühlte er plötzlich heftigen Schmerz im linken Auge und musste jede Arbeit ruhen lassen; einige Monate später war die Sehkraft dieses Auges gänzlich erloschen. Da auch das andere Auge beginnende Schwäche zeigte, fasste er den Entschluss, dem Malen ganz zu entsagen; dieser Entschluss kostete dem tätigen Manne, welcher nichts Höheres kannte, als ununterbrochene Arbeit, einen harten Kampf und nur mit äusserstem Widerstreben fügte er sich dem unerbittlichen Gebote der Notwendigkeit. Seine Ruhe und Heiterkeit verlor er jedoch nicht. Reynolds vergnügte sich damit, seine Gallerie zu ordnen, die Bilder zu reinigen, er pflegte die Lectüre und er blieb gesellig wie immer. Ozias Humphreys, der Miniaturmaler, ein glühender Verehrer des Meisters, kam jeden Morgen und las ihm die Zeitung vor; eine der Nichten Reynolds', die nachmalige Marquise von Thomond, zog zu ihm ins Haus, um ständig um ihn zu sein und ihn zu pflegen. Seine Tischgesellschaft blieb ihm treu und er entfaltete in ihrem Kreise nach wie vor die glänzenden Gaben seines Unterhaltungstalentes, stets geistreich, witzig, liebenswürdig und voller Wohlwollen. Wie gross sein persönlicher Einfluss gewesen, erhellt daraus, dass der Club, dem er so lange die Richtung gewiesen und den er zum Sammelpunkte auch Solcher erhalten hatte, welche sich im öffentlichen Leben befehdeten, infolge politischer Streitigkeiten arge Erschütterung erfuhr, als Reynolds sich mehr und mehr zurückzuziehen gezwungen war.
Im Jahre 1790 entsagte Reynolds nun auch seiner Stellung als Präsident der Royal Academy, von welcher er am 10. December mit der berühmten XV. Rede Abschied nahm. Nicht nur die Mit-

glieder der Akademie und die Studenten erschienen bei dieser Feier, auch alle persönlichen Freunde des Meisters nahmen daran Teil. Alles, was in London Rang und Stellung besass, war anwesend. Der Saal war überfüllt. Als Reynolds eben zu sprechen begonnen hatte, senkte sich, wie Cunningham berichtet, in Folge des übermässigen Andranges mit lautem Krachen ein Träger des Fussbodens. Die Zuhörer stürzten zu der Türe, „Lords fielen über Studenten, Studenten über Lords, Akademiker über Beide. Sir Joshua aber blieb schweigend und unbeweglich auf seinem Stuhle sitzen. Da der Boden nur ein wenig sank und rasch seine Stütze fand, begann Reynolds, nachdem die Zuhörer ihre Sitze wieder eingenommen hatten, in völliger Gemütsruhe seine Rede von Neuem.“ Unter den in atemloser Spannung lauschenden Zuhörern befand sich auch der nachmalige Freund Byrons, der Verfasser der Pleasures of memory, Samuel Rogers, in dessen Lebensbeschreibung von Clayden sich folgende Mitteilung findet: Als Reynolds in höchster Begeisterung mit dem Namen Michel-Angelos seine Rede geschlossen hatte und seinen Platz verliess, schritt Burke auf ihn zu, ergriff in grosser Rührung seine Hand und sprach die Milton'schen Verse:

> „The Angel ended, and in Adam's ear
> So charming left his voice that he awhile,
> Thought him still speaking, still stood fix'd to hear.“*)

Reynolds Rüstigkeit schien sich ungebrochen zu erhalten, er machte eher den Eindruck eines Fünfzigers, denn eines Achtundsechzigers, und man traute ihm die Erreichung eines weit höheren Alters zu, als manchem jüngeren Freunde. Noch im September 1791, da er mit Malone von einem Besuche bei Burke auf dessen Landsitze nächst Beaconsfield zurückkehrte, begehrte er in der Gegend von Hayes den Wagen zu verlassen und ging bei grosser Hitze ohne Ermüdung zu spüren fünf Meilen zu Fusse. Aber schon im October erkrankte er, zuerst an einer Entzündung über dem linken, erblindeten Auge, sodann an einem, erst kurz vor seinem Tode von den Ärzten erkannten Leberleiden, welches, rasch an Ausbreitung gewinnend, Geist und Körper zusehends verfallen machte. Seine Freunde, die täglich kamen, ihn zu trösten, wollten ihm Hoffnung

---

*) Verlor. Paradies, Eingangszeilen des VIII. Gesanges:
> „Der Engel schwieg, in Adams Ohre klang
> Die Stimme so bezaubernd, dass er selbst
> Sie lang nachher noch zu vernehmen meinte,
> Und starren Blickes lauschte.“

4*

machen, dass er wieder gesunden und noch lange leben werde. Er
aber fühlte das Ende nahen und sah ihm mit festem Blicke, ohne
Klage und Furcht entgegen. Am Abend des 23. Februar 1792,
einem Donnerstage, zwischen acht und halb neun, hauchte Reynolds
seine Seele aus.

Was Reynolds seiner Zeit und seinen Freunden gewesen, hat
Burke in dem folgenden schlichten und doch so ergreifenden Nach-
rufe ausgesprochen, den er wenige Stunden nach Reynolds' Hinscheiden im Sterbehause niederschrieb:*)

„In der verflossenen Nacht starb Sir Joshua Reynolds im
69. Jahre seines Lebens in seinem Hause in Leicester-Fields. Seine
Krankheit war lang, aber er trug sie mit milder und heiterer
Seelengrösse, ohne die geringste Beimischung von Reizbarkeit und
Klage, wie es zu der sanften und gleichmütigen Haltung seines
ganzen Lebens stimmte. Schon zu Beginn seiner Krankheit hatte
er die bestimmte Ahnung seiner Auflösung und er sah ihr mit jener
völligen Fassung entgegen, welche Nichts als die Unschuld, Reinheit und Nützlichkeit seines Lebens und die ungekünstelte Unterwerfung unter den Willen der Vorsehung ihm verleihen konnte.
In dieser Lage wurde ihm durch die Zärtlichkeit seiner Umgebung
jeder Trost zu Teil, den er sich durch seine Güte indertat wohl
verdient hatte.

Sir Joshua Reynolds war in vieler Hinsicht einer der merk-
würdigsten Männer seiner Zeit. Er war der erste Engländer, der
zu den übrigen Ehren seines Vaterlandes den Ruhm der schönen
Künste fügte, sein Geschmack, seine Anmut, seine Gewandtheit,
seine glückliche Erfindungsgabe und der Reichtum und Einklang
seiner Farben stellen ihn neben die grossen Meister der ruhm-
reichsten Zeitalter. Im Porträt ging er über sie hinaus, denn er
verlieh dieser Kunstgattung, welche die englischen Künstler am
Eifrigsten pflegten, eine Manigfaltigkeit, Phantasie und Würde, die
er den höheren Richtungen entlehnte und welche selbst Jene, die
sie in einer höheren Richtung ausübten, nicht immer bewahrt haben,
wenn sie die individuelle Natur darstellten. Seine Porträts erinnern den Beschauer an die Erfindung der Historienmalerei und
an die Anmut der Landschaft; in seinen Porträts schien er sich
nicht auf diesen Standpunkt zu erheben, als vielmehr aus höherer
Sphäre zu ihm herabzusteigen; seine Bilder erläutern seine Lehren,

---

*) Malone I, CXIX; Leslie-Taylor II, 629 ff.

seine Lehren scheinen von seinen Bildern abgeleitet zu sein. Er hatte die Theorie seiner Kunst ebenso vollkommen inne wie deren Praxis. Um solch ein Maler zu sein, war er ein tiefer und scharfsichtiger Philosoph. In der zuströmenden Fülle fremden und heimischen Ruhmes, von Künstlern und Gelehrten bewundert, umworben von den Grossen, ausgezeichnet von den Machthabern und gefeiert von hervorragenden Dichtern verliess ihn seine angeborene Bescheidenheit, Demut und Reinheit niemals, selbst nicht, wenn er überrascht oder herausgefordert wurde. Auch war selbst für das schärfste Auge nicht der geringste Grad von Anmaassung oder Überhebung in seinem Benehmen oder seinen Werken zu erkennen. Seine verschieden gearteten Talente, von Natur aus mächtig und durch Studien hochentwickelt, seine gesellschaftlichen Tugenden in allen Beziehungen und Verhältnissen des Lebens machten ihn zum Mittelpunkt einer bedeutenden und unvergleichlich verschiedenen Menge angenehmer Gesellschaftskreise, welche sich in Folge seines Todes zerstreuen werden. Er hatte zu viel Verdienste um nicht einige Eifersucht zu erregen, zu viel Unschuld um irgend welche Feindschaft herauszufordern. Der Verlust keines Mannes seiner Zeit wird mit aufrichtigerem, allgemeinerem und ungemischterem Kummer empfunden werden. Heil Dir! Lebe wohl!"

Burke, Malone und Metcalfe, von Reynolds zu Testamentvollstreckern ernannt, setzten eine grosse Todtenfeier ins Werk, nicht ohne zuerst bei Reynolds' altem, nun in der Akademie zu ungebührlichem Einflusse gelangten Gegner Chambers und auch beim Könige Widerstand zu finden, der indessen nach langen Verhandlungen gebrochen ward. Das Leichenbegängnis des Meisters fand am Samstag den 3. März Vormittags von der Akademie aus statt, wo der Leichnam Tags zuvor im Aktsaale aufgebahrt worden war. Die Mitglieder der Akademie, die Associates und Studenten versammelten sich im Ausstellungsraume, die anderen Trauergäste in der Bibliothek und im Ratszimmer. Was Rang und Stellung besass in London, gab dem Verblichenen das letzte Geleite zur St. Pauls-Kathedrale. Die Dukes of Dorset, Leeds und Portland, die Marquis Townshend und Abercorn, die Earls of Carlisle, Inchiquin und Upper Ossory, die Lords Viscount Palmerston und Eliot hielten das Bahrtuch, welches den Schullehrersohn von Plympton deckte. Die Strassen und Plätze und alle Fenster der Häuser, an welchen der lange feierliche Zug vorüberkam, waren mit einer schweigend trauernden Menge gefüllt, alle Kaufläden waren geschlossen. Reynolds ward dicht neben Christopher Wren, dem genialen Schöpfer der Kathedrale, beigesetzt, welche auch van Dycks Leichnam birgt.

England hat seinen Reynolds nicht vergessen. Reynolds gehört aber nicht nur seinem Volke an. Man wird seinen Namen mit Ehren nennen, wo immer und so lange die Pflege künstlerischer Interessen hochgehalten wird.

Ein Nachweis der Stiche nach Reynolds' Werken, sowie der betreffenden Stecher findet sich in folgender Zusammenstellung:

1. James Mac Ardell (geb. in Irland um 1710, gest. in London 1765): Mrs. Crey. Junge Dame mit Vase, zu ihren Füssen Amor, fol. — Her Royal Highness Augusta Hereditary Princess of Brunswick und Lunenburg. Fast lebensgrosses Brustbild, gr. fol. —

2. Francesco Bartolozzi (geb. 1727 zu Florenz, lebte lange Zeit in London, gest. zu Lissabon 1815): Angelika Kaufmann. Collektion Boydell. Oval. fol. I. vor der Schrift; II. Mit derselben, aber vor der Nummer. — Edward Lord Thurlow. Fast ganze Figur im Lehnsessel, gr. fol. I. mit Poggi's Adresse. — Venus hiding Cupido (Duchess of Manchester und ihr Sohn). Oval. fol. — Lady Smith mit ihren Kindern. Mit der Adresse des Bartolozzi 1789, fol. — Jane Countess of Harrington, Lord Viscount Petersham und Hon. Lincoln Stanhope. Mit der Adresse des B. 1789, fol. — The Cottagers. Illustration zu Thompsons „Autumn" (Macklins British Poets). Mit der Adresse des Macklin. 1794. gr. Fol. —

3. James Basire (geb. zu London 1740, gest. daselbst 1802): Lord Camden. Ganze Figur im Staatskanzler-Ornat. Collection Boydell. gr. fol. I. vor der Schrift; II. mit der Schrift, aber vor der Nummer. —

4. Johann Friedrich Bause (geb. zu Halle a./S. 1738, gest. zu Weimar 1814): La petite Rusée. H. 338 Mm., Br. 269 Mm. K. 39. I. vor aller Schrift; II. nur mit Künstlernamen und Adresse; III. mit der Schrift. —

5. John Blackmore (geb. in England? um 1740): Sam. Foote. 1771. gr. fol. —

6. Pietro Bonato (geb. 1765 zu Bassano, gest. 1820 zu Rom): Countess Spencer. Halbfigur, fol. —

7. F. Bonnefoy (lebte zu Ende des 18. Jahrh. zu London): Miss Bingham Halbfigur. Mit dem Wappen der Miss Bingham und der Adresse des E. M. Diemar 1786, fol. —

8. Thomas Cheesman (geb. in England um 1755): Lord Grantham und seine Brüder, gr. fol. Es gibt neue Drucke. —

9. Charles Corbutt (geb. um 1736): Garrick zwischen der Tragödie und Comödie. Strive not tragedy nor comedy, fol. — Lady Charlotte Johnston, fol. —

10. John Dean (gest. um 1798): Cupido auf Wolken ruhend, fol. — Lady Gertrud Fitzpatrick, als Kind. 1783, fol. Samuel, als Kind, knieend, betend. —

11. William Dickinson (geb. zu London 1746, gest. zu Paris 1823): S. Cäcilia. Mrs. Sheridan als clavierspielende junge Dame. 1771, gr. fol. — Georg III. König von England, gr. fol. — Mr. Barwell, in seinem Cabinette sitzend, mit seinem

Sohne, gr. fol. — Lady Charl. Spencer, neben ihrem Pferde. 1776, gr. fol. — Mrs. Matthews, stehend. 1780, gr. fol. — Diana Viscountess Crosbie. Ganze Figur in einer Landschaft. 1779, gr. fol. — Elisabeth Hamilton, Countess of Derby. Ganze Figur. 1780, gr. fol. —

12. John Dixon (gest. um 1780): Graf Ugolino mit seinen 4 Kindern im Hungerturme zu Pisa, gr. qu. fol. — Henry Earl of Pembroke and Montgomery, gr. fol. — William Robertson. 1772, gr. fol. — Mrs. Blacke, als Juno, den Gürtel der Venus empfangend. 1771, gr. fol. — Miss O'Brien, in tiefem Nachdenken, fol. — Mary Dutchess of Ancaster. Ganze Figur. Links das erregte Meer. gr. fol. —

13. George Thomas Doo (geb. 1800 zu Christ-Church): The banished Lord Porträt des Lord Heathfield, beide herausgegeben von den Associate Engravers. —

14. Robert Dunkarton (geb. um 1744, gest. um 1790): Miss Horneck, als Sultanin, sitzend. 1778, gr. fol. —

15. William Doughty (geb. zu York, gest. zu Lissabon 1782): Admiral Keppel. — Der Dichter William Mason. — Reynolds' Nichte Mary Palmer. — Dr. Samuel Johnson. —

16. Richard Earlons (geb. 1743 zu London, gest. daselbst 1822?): Portrait des Lord Heathfield. —

17. Georg Sigmund und Johann Gottlieb Facius (geb. um 1750 zu Regensburg, seit 1776 in London, gest. daselbst zu Ende des 18. Jahrh.): 14 Bl. The West Window of the chapel new College Oxford. Jervais' Glasmalereien dieser Capelle, nach Zeichnungen von J. R. Mit Text 1785. gr. fol. Hauptfolge. —

18. John Finlaison (geb. um 1730, gest. um 1780): Lord Gardros. 1765, fol. — Lady Elisabeth Melbourne. 1771. fol. — Miss Wyngard. 1771, fol. —

19. Edward Fisher (geb. in Irland um 1730, gest. zu London um 1785): Aug. Keppel, Commandant des königlichen Schiffes Torbay. 1759, gr. fol. — George Lord Edgcumbe, Viceadmiral. 1773, fol. — John Lord Vicomte Ligonier, Feldmarschall, zu Pferd, gr. fol. — Laurence Sterne, Pfarrer von York, im Lehnsessel, fol. — John Armstrong, fol. — Der Marquis von Rockingham, gr. fol. — Garrick zwischen den Musen des Trauer- und Lustspieles. Reddere personae etc. 1762. — Lord Hugh Percy. Fast lebensgrosses Brustbild, gr. fol. — Lady Sara Bunbury, den Grazien opfernd, roy. fol. — Lady Eliza Keppel, dem Hymen opfernd, roy. fol. —

20. Thomas Gaugain (geb. 1748 zu Abbeville, gest. 1805 zu London): Lady Catherine Manners. Brustbild eines Kindes. Mit der Adresse des Gaugain. 1785, fol. —

21. Valentine Green (geb. 1739 in Warwickshire, gest. 1813 zu London): William Chambers, in seinem Cabinet sitzend. 1780, gr. fol. — Lady Betty Delme, mit ihren Kindern. 1779, gr. fol. — Lady Elisabeth Compton. Ganze Figur. 1781, gr. fol. — Mary Isabella Duchess of Rutland, stehend, gr. fol. —

22. Joseph Grozer (geb. um 1755 zu London, gest. um 1799): Schäfer mit Lämmern. — Meister Braddyll. — Mrs. Mackenzie of Seaforth. — The age of innocence. — Lady H. Asaph mit Kind. — Miss Johnson, tanzend. — The Hon. Miss Francess Harris. Ganze Figur. Unten das Wappen. Mit der Widmung des Grozer an den Grafen Darnley und der Adresse. 1792, gr. Fol. —

23. John Hall (geb. 1739 zu Wivenhoe, gest. 1797 zu London): Richard Brinsley Sheridan, fol. —

24. Charles Hardy (lebte um 1790 zu London): Joseph Baretti, lesend. Halbfigur, fol. — Edm. Burke. Brustbild. 1791, fol. — The boy with Cabbage Nets. Kniestück. Mit der Widmung an die Herzogin von Dorset, deren Wappen und der Adresse des Hardy. 1803, fol. —

25. Francis Haward (geb. 1759 zu London, gest. 1797): The infant academy. 1783, qu. fol. — Cynara und Iphigenia. — Mistress Siddons als tragische Muse. 1787, gr. fol. — Mrs. Bunbury. 1781, fol. —

26. Charles Heath (geb. um 1784, gest. 1848): Hercules als Kind, kl. fol. — The puck, fol. —

27. Charles Howard Hodges (geb. um 1774, lebte in Amsterdam, gest. 1837): Hercules als Kind, die Schlange erstickend, gr. fol. — Henry Hope. Kniestück. 1788, gr. fol. — Thom. Warton, gr. fol. — John Lea Esq. Halbfigur sitzend, 1788, gr. fol. — Lady Dashwood und ihr Kind. 1785, fol. — Lady Spencer. 1784, fol. — Portrait des Sir Abraham Hume. — Georg IV. als Prinz von Wales. —

28. Richard Houston (geb. 1728, gest. 1775): Charles Spencer, duke of Marlborough, fol. — Richard Robinson, Archibishop of Armagh, fol. — Maria Countess of Waldgrave (und ihre Tochter) als Madonna, gr. fol. — Miss Kity Fisher. Halbfigur als Cleopatra, fol. — Miss Powell. Ganze Figur, fol. — Miss Greenway. Halbfigur, fol. —

29. William Humphreis (geb. 1794 zu Dublin, gest. 1865 zu Genua): The coquette. — Kity Fisher. —

30. Johann Jacobè (geb. 1733 zu Wien, gest. 1797 daselbst): Louis Graf Barbiano, Gesandter zu London. Brustbild, fol. — Miss Monckton, in einem Garten sitzend, gr. fol. —

31. John Jehner (lebte um 1775 zu London): William Henry Cavendish Bentinck. Ganze Figur in einer Landschaft. 1776, fol. — Portrait des Rt. Hon. Wm. Windhalm, Kriegs-Secretär unter Mr. Fox. — James Boswell, der Biograph Johnsons. —

32. John Jones geb. um 1740, gest. 1797, lebte zu London): Das schlafende Mädchen. fol. — Der Herzog von York, als Ritter des Hosenbandordens, ganze Figur. 1790, gr. fol. — The Right Honourable Mr. Austin 1784, gr. fol. — Charles James Fox. Halbfigur. Mit der Adresse von J. Jones und 2 Bl. Rubinetta. Muscipula. Junges Mädchen mit Vogel und Maus, fol. — [Gab mit Anderen auch das Werk National Gallery heraus, in welchem die dortigen Werke Reynolds' abgebildet sind.] —

33. Ferdinand Joubert (geb. zu Paris, lebte zu London): The age of innocence. —

34. George Keating (geb. 1762 in Irland, arbeitete von 1784 bis 1799 zu London): The Duchess of Devonshire und Lady Georgiana Cavendish. Unten das Wappen mit der Adresse des Keating. 1787, gr. qu. fol. —

35. Peter Lightfoot (lebte zu London): The Duchess of Devonshire. 1784, qu. fol. —

36. John Lucas (geb. 1807 zu London, gest. 1874 daselbst); Samuel als Kind. —

37. Giuseppe Marchi (geb. um 1750 zu Rom, Schüler des Reynolds, starb 1808 zu London): Miss Chalmondeley, als Kind mit einem Hund, gr. fol. — Miss Oliver. 1762, gr. fol. — Miss Crew und Miss Bouverie bei einem Grabmale mit der Inschrift: Et in Arcadia ego. 1770, gr. qu. fol

38. Robert Samuel Marcuard (geb. 1751, gest. 1792): F. Bartolozzi, Kupferstecher. Halbfigur. Mit der Adresse von Torre & Cie. 1788, oval fol. —

39. Ernst Morace (geb. 1766 zu Stuttgart, gest. 1806 zu Paris): Angelica Kaufmann, fol. —

40. William Nutter (geb. 1754, gest. 1802, arbeitete zu London): Lady Beauchamp. Hüftbild. Mit dem Wappen, der Widmung des Verlegers R. Cribb an Mrs. Aston u. Cribbs Adresse. 1790. fol. —

41. Richard Purcell (geb. 1736, gest. zu Ende des 18. Jahrh.): John Manners, Marquis of Granbey, gr. fol. — Caroline Duchess of Marlborough, gr. fol. — Lady Fenoulhet, Gräfin von Essex, fol. —

42. Samuel William Reynolds (geb. 1773 zu London, gest. 1835 daselbst): Cymon & Iphigenia. — Der Tod der Dido. — George Dance. — Männerkopf. — Engelsköpfe. — Portrait des Lord Ligonier on Horseback. — The Snake in the Grass. — R.' Selbstportrait. — Portrait einer Dame. — Robinetta. —

43. Robert Sayer (arbeitete von 1750—1780 zu London): Miss Kity Fisher, fol. —·

44. William Sharp (geb. 1746 zu London, gest. 1824 daselbst): Heil. Familie in einer Landschaft. 1792, fol. I. vor aller Schrift; II. vor der Schrift, nur mit gerissenen Künstlernamen. — Der berühmte Anatom John Hunter, im Lehnstuhle bei Tische sitzend, imp. fol. I. vor der Schrift, nur mit den gerissenen Künstlernamen; II. mit angelegter Schrift. — Portrait des Sir Abraham Hume.

45. Johann Keyse Shervin (geb. 1746 in England, gest. 1790 zu London) Sir Joshua Reynolds, Selbstportrait. 1784. I. vor aller Schrift. — Roxalana, weibl. Hüftbild, kl. fol. —

46. Pierre Simon (geb. vor 1750 zu London, gest. 1810): Frances Isabella Ker Gordon. — Engelsköpfe. —

47. Benjamin Smith (gest. 1810 zu London): Bacchus, fol. —

48. John Raphael Smith (geb. 1752 zu Derby, gest. 1812 Doncaster): Lieutenant Colonel Torleton, stehend, mit dem Pferde hinter sich, 1782. — Msr Carnas. 1778. I. vor der Schrift. — Lady Catherine Powlet. 1777. I. vor der Schrift. — The banished Lord, ein Kopf. — The Snake in the Grass. — Lady Caroline Montague, Tochter des Herzogs von Buccleugh. Ganze Figur. Mit der Adresse des J. Boydell. 1777, gr. fol. — Bacchantin. Hüftbild eines jungen Mädchens mit bekränztem Haare. Mit der Adresse des Smith. 1784, fol. —

49. Inigo Spilsbury (geb. 1730 zu London, gest. 1795): Eine Dame mit einem Blumenstrauss. 1762, gr. fol. — Friedrich Howard. 1763, gr. fol. —

50. Charles Spooner (geb. um 1720 zu Dublin, gest. 1767 zu London): Miss Nelly O'Brien, Londoner Courtisane, Kniestück, fol. —

51. Robert Thew (geb. 1758 zu Paddington, gest. 1802 zu Stevenage): Infancy. 4. — Macbeth, gr. fol.

52. Peltro William Tomkins (geb. 1760 zu London, gest. 1840 daselbst): Die Vestalin. Mit Versen aus Gregorys Ode to Meditation u. der Adresse des Thom. Macklin. 1798, gr. fol. —

53. Carl Townley (geb. 1746 zu London): Joshua Reynolds, Selbstportrait, fol. —

54. Charles Turner (geb. 1773 zu Woodstock, gest. 1857 zu London): Die Familie Marlborough. — The Age of Innocence. —

55. Franz Vivares (geb. 1709 in Saint Jean de Ruel in Rouergue, lebte zu London, gest. 1780 daselbst): Landschaft mit der Entführung der Europa. 1769, gr. qu. fol. —

56. James Walker (geb. 1748 zu Peterhead, gest. 1819 zu London): Hercules als Kind erwürgt die Schlangen, gr. fol. —

57. James Ward (geb. 1769 zu London, gest. 1859 daselbst): Mrs. Billington als Heil. Caecilia, fol. —

58. William Ward (geb. 1766 zu London gest. 1826 daselbst:) Meditation, sitzendes Mädchen. kl. fol. I. vor der Schrift. —

59. Caroline Watson (geb. 1758 zu London, gest. 1814 daselbst): Contemplation. Nachdenkendes Mädchen, fol. — Prince William Frederick, Sohn des Herzoges von Gloucester. Ganze Figur. 1784, fol. — Mrs. Stanhope, fol. — R.' Selbstporträt mit der Brille, für die Malonesche Ausgabe gestochen. —

60. James Watson (geb. um 1740 zu London, gest. zu Ende des 18. Jahrh.): Kleine Kinder im Walde, fol. I. vor der Schrift. — Bouverie. 1770, gr. fol. — Marquis of Tavistock, bei Tische sitzend, Kniestück. 1767, gr. fol. I. nur mit gerissenen Künstlernamen. — John Manners, Marquis of Granbey, neben seinem Pferde stehend. Sehr gr. fol. I. vor der Schrift, nur mit gerissenen Künstlernamen. — Sir Jeffery Amherst, Commandant en chef der britischen Armee in Amerika. Kniestück. 1766. I. nur mit gerissenen Künstlernamen. — Robert Drummond, Archbishop of York, sitzend. Kniestück. 1764, fol. — James Payne, Architekt, vor dem Tische sitzend, bei ihm sein Sohn James jun. Kniestück, gr. fol. I. vor aller Schrift. — Anna Duchess of Cumberland, ganze Figur. 1773, sehr gr. fol. — Die Herzogin von Manchester, als Diana, gr. fol. — Caroline Duchess of Marlborough, mit ihrer kleinen Tochter Caroline Spencer. Fast ganze Figur. 1768, gr. fol. I. vor aller Schrift; II. vor der Schrift, nur mit gerissenen Künstlernamen. — Barbara, Countess of Coventry; Kniestück, an die Säule gelehnt, gr. fol. I. vor aller Schrift. — L'Allegro. Mistriss Hale nebst Miss Chalmer und Bacchantinnen. Ganze Figuren, gr. fol. I. vor aller Schrift. — Elisabeth Duchess of Buccleugh and Lady Mary Scott. Ganze Figuren. 1776, gr. fol. I. vor der Schrift. — Miss Sarah Bunbury, zu einem Fenster herausschend, unter welchem Lady Susan Sarah Strangways mit J. Fox lustwandelt, sehr gr. fol. — Mrs. Abington, als Thalia. Ganze Figur im Parke, sehr gr. fol. I. vor der Schrift. —

61. Thomas Watson (geb. 1748 zu London, gest. 1781 daselbst): Henry Frederick, Duke of Cumberland. Ganze Figur, sehr gr. fol. — Thomas Newton, Lord Bishop of Bristol. 1775, fol. — Jacob Way, in Ceremonienkleidung, gr. fol. — David Garrick, bei Tische sitzend. Halbe Figur. 1779, fol. — Lady Stanhope, ganze Figur mit Zeichnenmaterialien, sehr gr. fol. — Elisabeth Lady Melbourne und Lady Peinston Lambert. Ganze Figuren. 1775, sehr gr. fol. I. vor der Schrift. — Lady Broughton, stehend, mit Skizzenbuch. Ganze Figur. 1770, sehr gr. fol. — Lady Bampfylde, stehend in ganzer Figur bei einem blühenden Lilienstocke. 1779, sehr gr. fol. — Miss Crew als Hl. Genofeva, unter einer Heerde Schafe lesend. 1773, gr. fol. I. vor der Schrift. — Lady Anna Townshend mit ihren beiden Schwestern bekränzt die Statue des Hymen. 1776, sehr gr. qu. fol. I. vor der Schrift. —

62. John Watts (arbeitete von 1760 bis 1780 zu London): Giuseppe Baretti, lesend am Tische, gr. fol. —

63. J. P. Wedgewood (geb. um 1785): Oliver Goldsmith. Brustbild. 4. —

Ausser den Genannten neunt der officielle Katalog der National Gallery
(R. N. Wornum) noch folgende Kupferstecher, welche Bilder von Reynolds ver-
vielfältigt haben, deren Nachweis mir indessen nicht gelungen ist: H. Hudson
(Porträt des Sir William Hamilton); T. W. Hunt (R's Selbstporträt); J. Jenkins
(= David Jenkins, Ende des 18. Jahrh.?; the banished Lord für Jones Nat.
Gallery); R. Page (Porträt des Lord Heathfield, für Jones Nat. Gallery); G.
Presbury (die hl. Familie, für Jones Nat. Gallery); A. Sanders (John S. geb.
1750?; Porträts zweier Gentlemen, für Graves' Works of Sir Joshua Reynolds);
G. Stoddart (Thomas S. der Maler?; Porträt des Sir Abraham Hume). —

Ein Nachweis der Reynolds-Litteratur findet sich in folgender
Zusammenstellung:

Ausgaben seiner Werke:

Discourses delivered at the Royal Academy. 4 to. London, published
separately 1771 ff. —

7 Discourses etc. 8 vo. London 1778. —

The Works of Sir J. R.; containing his Discourses, Jdlers, a Journey to
Flanders and Holland, and his Commentary on Du Fresnoy's Art of Painting.
Printed from the Author's revised copies, with his last corrections and additions.
To which is prefixed an Account of the Life and Writings of the Author, by
Edmond Malone. Esq. 2 vols. 4 to. London, 1794—97. 3 vols. 8 vo. London. 1798.
3 vols. 8 vo. London 1801. 1809. — The fifth edition, corrected in which is now
included a Memoir of the Life of Sir J. R. by Joseph Farington, Esq. 3 vols.
8 vo. London, 1819. —

Discourses of Sir J. R., illustrated by explanatory notes and plates by John
Burnet, 1842. —

The Literary Works of Sir J. R., first President of the Royal Academy; to
which is prefixed a Memoir of the Author, with remarks on his professional
charakter, illustrative of his principles and practice. By Henry William Beechey.
2 vols. Post 8 vo. London 1852. —

Discourses of Sir J. R., annotated by Edmond Gosse. —

Discourses of Sir J. R., with an Introduction by H. Zimmern, W. Scott
1887. —

Akademische Reden über das Studium der Malerei, Dresden, 1781. —

Akademische Reden von J. R., mit biographischen Nachrichten von Kosmely.
Hamburg, 1802. —

Quatro Discorsi del J. R. Venetia, 1783. —

Delle Arti del Disegno Discorsi del Cav. Giosuè Reynolds Presidente della
R. Accad. di Londra, Trasportati dall' Inglese nel Toscana idioma. 16 mo. Bassano, 1787. —

Discours prononcés à l' Académie Royale de Peinture de Londres, par M.
Josué Reynolds, Président de la dite Académie. Suivis des Notes du même Auteur
sur le Poëme de l' Art de Peindre de Dufresnoy. Le tout traduit de l' Anglais.
2 tom. Paris, Moutard, 1787. —

(Dufresnoy, Charl. Alf.) The Art of painting etc. translated in English verse
by W. Mason, with annotations by Sir Joshua Reynolds Knt. P. R. A. 4 to. York,
1783. —

Werke über Reynolds (biographische Einleitungen seiner Werke, selbständige
Werke):

Malone (s. oben). —

Farington (s. oben). — Von Demselben: Memoir of Sir J. R. with observations on his talents and character. 8 vo. London 1819. —

Beechey (s. oben). —

Price, Sir Uvedale, A Dialogue on the distinct characters of the Picturesque
and the Beautiful. In answer to the objections of Mr. Knight (in the second
edition of „The Landscape"). Prefaced by an introductory Essay on Beauty; with
remarks on the ideas of Sir Joshua Reynolds and Mr. Burke, upon that subject.
8 vo. Hereford 1801. —

Northcote, James, The Life of Sir J. R. comprising original Anecdotes of
many distinguished persons, his contemporaries; and a brief Analysis of his Discourses. Plates. 4 to. 1813. 2 nd edition, 2 vols. 8 vo. London, 1818. —

Reynolds, Thomas, Life of J. R. London 1839. —

Cotton, William (Burnet, John). Sir J. R. and his works. Gleanings of his
diary, unpublished manuscripts, and from other sources. 8 vo. London, 1856. —

Sir J. R.' notes and observations on Pictures, chiefly of the Venetian School
being extracts from his Italian Sketchbooks; also the Rev. W. Masons observations
on Sir J. R.' method of colouring and some unpublished letters of Dr. Johnson,
Malone and Others. With an appendix, containing transcript of Sir Joshua's
Account-book, showing what pictures he painted and the prices paid for them.
8 vo. London 1859. —

Sandby, W., History of the Royal Academy of Arts. London, 1862. —

Leslie, Charl. Rob. (Taylor, Thomas), Life and Times of Sir J. R.; with
notices of some of his contemporaries. 2 vols. 8 vo. 1865, 1873. —

Stephens, Frederic George, English Children as painted by Sir J. R. An essay
on some of the Characteristics of R. as a Painter, with especial reference to his
portraiture of children. Illustrated with 15 photographs by A. E. Seeley. 4 to.
London, 1866. —

Collins, Sir J. R. as portrait painter. London, 1873. —

Pulling, F. S., Sir J. R. (Great artists), 1880.

Conway, W. M. The artistic Development of R. and Gainsborough. London.
1886. —

Gedichte auf Reynolds u. A.:

A Pindaric Ode on Painting; adressed to J. Reynolds Esqu., Lond., Griffin,
1768. — A Poetical Epistle to Sir J. Reynolds, Knt., and President of the Royal
Academy, Lond., Fielding & Cie., 1777. — Lines on a late Resignation at the
Royal Academie, Lond., Robson, 1790. — A Monody to the Memory of Sir
J. Reynolds, late President of the Royal Academy, 1792. — A Elegiac Ode to
the Memory of Sir J. Reynolds, 1792. — Testimony to the Genius and Memory
of Sir J. Reynolds, by the Author of Imperfect Hints towards a new Edition of
Shakespeare, London, Walter, 1793. — The Commemoration of Reynolds, 1814.

Aufsätze in Zeitschriften:

Reynolds, Sir Joshua, All the Year, 13: 324. — Art Journal, 17: 181. —
(S. Colvin) Portfolio, 4: 66. 82. — (R. N. Wornum.) Portfolio, 8: 53 — 119. —
Blackwoods Magazine, 102: 583. — (T. Gautier) Temple Bar, 47: 390. —

Some art. Ecl. M., 87: 370. — with portrait (W. B. Donne) F. Arts Q., 4: 1. —
Lond. Q., 25: 347. Some Art. Liv. Age, 88: 401. — Liv. Age, 52; 680.

Reynolds and Dr. Johnson, Month 3: 403.

„ „ his Birthplace, Art. Journ. 6: 129, 177.

„ „ „ Studio, Month, 3: 561.

„ „ the Portrait Painters of the last century. Blackwoods Magazine 1867: 625.

„ „ Holbein, Cornhill Magazine, 1: 322.

„ Life and Times of, Quart. Rev. 1866: 238, 239.

„ as a Painter, Macmillan's Magazine, 16: 281.

„ at his Easel, Art Journal., 11: 197.

Reynolds, Discourses of, Blackwoods Magazine, 52: 767; 53: 181, 589.

„ Farington's Life of (W. Hazlitt), Edinburgh Review 34: 579.

„ Life of, Quarterly Review 119: 281. Same Art. Little's Living Age 89: 835. Quar. 120: 105. Edinb. Rev. 23: 263. Dublin University Magazine 13: 189. Blackw. Magazine 8: 750. Analectiv Magazine 2: 508; 3: 80; 13: 289.

„ Northcotes Life of, Edinb. Rev. 23: 263. Eclectiv Rev. 18: 545.

„ Rough Notes of, Southern literary Messenger 9: 705.

„ Technical Note of, (P. G. Hamerton) Portfolio 6: 169.

„ Intell. Bl. d. A. L. Z., 1792, Nr. 80, 641 f.

„ Beilage der Allg. Zeitung 1889, Nr. 188, 189.

Aufsätze in Sammelwerken und Handbüchern, Kataloge und sonstige einschlägige Litteratur:

Cunningham, Allan, The Lives of the most eminent British Painters, Sculptors.

Dantés, Dictionnaire biographique et blibliographique, S. 853.

Graesse, Trésor de livres rares et précieux Dresde 1865.

Firmin-Didot, Nouvelle Biographie Générale Paris 1846, 42, 86 ff.

Nagler, Neues Allgem. Künstler-Lexicon 13, 72—85.

L'advocat VIII, 576 f.

Hirsching IX, 2, 130 f.

Reuss 341. Suppl. II, 248.

Jöcher, Allg. Gelehrten-Lexicon, Leipzig 1750 ff., VI, 3, 1925.

Ebert, Allg. Bibliographisches Lexicon, II.

Allg. Künstler-Lexicon (Müller) Stuttg. 1864, 3, 333 ff.

Kugler, Handbuch der Gesch. d. Malerei. 2, 447 ff.

Woltmann, Gesch. d. Malerei III. 1070 ff.

Passavant, Kunstreise durch England und Belgien 283 ff.

Waagen, Kunstwerke und Künstler in England, 2, 48.

Neue Bibliothek der schönen Wissenschaften und der freyen Künste, Leipzig, in der Dyckischen Buchhandlung: die 1. 2. 3. 4. 5. 6. 7. 11. 13. Rede in Band IX, XIV. XVI, XVII, XXI, XXIII, XXIV, XXXI, XXXV. Bemerkungen hierüber in Band XVI, XXIV, XXIX, XXXVI, XXXIX, XL, XLV, LII. Reynolds als Maler in Band IX, XIV, XVI, XXIX, XXXI, XXXV, XXXIX, XL. Die Einrichtung der Akademie in Band IX.

Pardo de Figueroa, Benito, Examen analitico del Quadro de la Transfiguracion de Rafael d' Urbino. 8 vo. Paris 1804. Englische Übersetzung: An Analysis of

Picture of the Transfiguration of R. Sanzie d'Urbino; translated into French from the Spanish of B. P. di F. by S. C. Croze-Magnan; and now translated into English. In which are introduced the remarks and observations of Vasari, Mengs, Reynolds, Fuseli, and other distinguished writers and artists .... Illustrated etc. Fol. London 1833. —

Encyclopaedia britannica, 7. Ausg., 1842, XIX, 196.

W. Burger, Tresors de l'art exposés à Manchester 1857.

Ch. Blanc, Histoire des peintres de toutes les écoles, livr. 191—192.

Reynolds' (Sir Joshua) Works, comprising a valuable Series of 80 of the largest size Engravings, consisting of Portraits of the English Aristocracy male and female, many of them very rare in an Atlas folio 1760.

Catalogue of portraits engraved from pictures of Sir J. R., Lond. 1794.

Boydell, A Collection of Prints from Pictures painted for the purpose of illustrating the dramatic works of Shakspeare by the Artists of Great Britain. 2 vols. Atlas folio. London 1800, 1803—5. —

Wheatley, A descriptive Catalogue of all the Prints, with the Engravers Names and Dates, which have been engraved from original portraits and pictures by Sir J. Reynolds P. R. A. Post 8 vo. London, 1825. —

Reynolds (Sir Joshua). The graphic Works of Sir J. R.. by Sam. Will. Reynolds containing 300 Portraits of eminent Persons during the reign of George III. and 130 historical and fancy Subjects. 4 vols. Fol. Lond. 1820—36.

Engravings from the Works of Sir J. R. 300 mezzotint engravings by S. W. Reynolds. 3 vols. Fol. 1833.

A Catalogue of the Portraits painted by Sir J. Reynolds, compiled from his Autograph Memorandum Books, and from printed Catalogues, etc. by Will. Cotton. 8 vo. London, 1857. —

Continuation of the engraved Works of Sir J. R. P. R. A. consisting of 100 engravings, produced in the best style of art from pictures by Sir J. R. P. R. A Kindly lent by several of the nobility and gentry. Fol. London, Graves & Co. 1864 etc.

Wornum, The Epochs of Painting, a biographical and critical essay on paiting and painters of all times and many places. London 1864, 220, 509 ff.

Eastlake, Materials for a History of oil painting. London 1869, I, II. (u. a. enthaltend: Extracts from Notes by J. R.)

Bürger, Histoire des Peintres de toutes les écoles. École anglaise. Paris 1867 (Mit ausführlicher Inhaltsangabe der Reden).

Chesneau, La Peinture anglaise (Bibliothèque de l' Enseignement des beaux arts). Paris. 26 ff.

Abstract of the Instrument of Institution and Laws of the Royal Academy of Arts in London. Established December 10, 1768. London, Cooper 1797. —

Cotton, William, Some account of the ancient Borough Town of Plympton S. Maurice. 8 vo. 1859. —

Boswell, Life of Dr. Johnson.

Clayden, Early Life of Samuel Rogers.

An den König!

Die regelrechte Entwickelung des Kulturlebens führt vom Notwendigen zum Bequemen, vom Bequemen zum Schmucke. Durch Ihre ruhmreichen Vorfahren wurden Märkte für die Gewerbe und Schulen für die Wissenschaft begründet; aber für die vornehmen Künste, für jene Künste, welche die Gewerbe verschönern und die Wissenschaften veredeln, eine Akademie zu errichten, war Euerer Majestät vorbehalten.

Wäre diese Gönnerschaft erfolglos geblieben, so hätte man Grund gehabt anzunehmen, dass die Natur unserer Entwickelung ein unüberwindliches Hindernis in den Weg gelegt habe. Aber die jährlich fortschreitende Vervollkommnung unserer Ausstellungen, welche Euere Majestät zu ermutigen geruhte, liefert den Beweis. dass es nur an dieser Ermutigung gefehlt hatte.

Meine Stellung an der Akademie hat mir durch einige Jahre die Pflicht auferlegt, Jene zu beraten, welche um die Königliche Grossmut werben. Ich hoffe, dass Euere Majestät diese Reden. als wohlgemeinte Bemühung zur Anspannung des Wetteifers, welchen Ihre Beachtung entflammt, und zur Leitung des Fleisses, den Ihre Huld belohnt hat. gnädig anzunehmen geruhen mögen.

Euerer Majestät

gehorsamster Diener und getreuester Untertan

Joshua Reynolds.

I. Rede

Die aus der Errichtung einer Königlichen Akademie entspringenden Vorteile. — Winke zur Beachtung der Professoren und Inspektoren: von den jungen Schülern ist unbedingter Gehorsam gegen die Kunstregeln zu fordern; vorzeitige Neigung zu meisterlicher Fertigkeit ist zu unterdrücken; Fleiss ist unablässig zu empfehlen und (damit er auch erfolgreich sei) auf sein richtiges Ziel zu lenken.

An
die Mitglieder der Königlichen Akademie.

Meine Herren!

Ihr Verlangen nach Veröffentlichung dieser Rede ist sehr schmeichelhaft für mich, nicht nur, weil es besagt, dass Sie die von mir empfohlene Studienmethode billigen, sondern auch, weil jene Methode hierdurch sehr an Gewicht und Bedeutung gewinnt, indem sie all jene Ehrerbietung und Achtung der Schüler beanspruchen kann, wie sie nur den übereinstimmenden Ansichten einer so bedeutenden Körperschaft von Künstlern gebührt.

Ich bin, meine Herren, mit der grössten Hochachtung und Verehrung

Ihr

ganz ergebener und gehorsamer Diener

Joshua Reynolds.

Meine Herren!

Eine Akademie, in welcher die schönen Künste ständig gepflegt werden sollen, hat sich uns durch königliche Grossmut endlich geöffnet. Dies muss nicht nur den Künstlern, sondern der ganzen Nation als ein Ereignis von höchster Bedeutung erscheinen.

Dass einem Reiche wie Britannien so lange ein Schmuck gefehlt hat, der seiner Grösse so wohl ziemt, dafür ist es indertat schwer, eine andere Ursache anzugeben, als dass langsam fortschreitende Entwickelung der Dinge die höchste Kultur naturgemäss als letzte Folge des Reichtumes und der Macht nach sich zieht.

Man hat eine derartige Anstalt oft aus rein kaufmännischen Rücksichten empfohlen. Aber eine auf solchen Grundsätzen errichtete Akademie kann sogar ihre beschränkten Ziele niemals erreichen. Wenn sie keinen höheren Ursprung hat, kann in ihr nicht einmal ein für handwerksmässige Betätigung zureichender Geschmack gebildet werden; während natürlich die Blüte der höheren bildenden Künste auch diesen untergeordneteren Aufgaben zu gute kommt.

Wir sind glücklich einen Fürsten zu besitzen, welcher den Plan einer solchen Institution wahrhaft gewürdigt hat und der, als das Haupt eines grossen, gebildeten, kultivierten und handeltreibenden Volkes, die Künste fördert. Ich kann Sie, meine Herren, jetzt zur Erfüllung Ihrer langgehegten und heissen Hoffnungen beglückwünschen.

Die unzähligen und erfolglosen Beratungen, welche ich mit vielen der hier Versammelten gepflogen habe, um den Plan für

eine Akademie auszuarbeiten und Entwürfe dafür zu besprechen,
sind ein genügender Beweis für die Unmöglichkeit eines Erfolges
ohne den Einfluss des Königes. Es hat aber vielleicht Zeiten gegeben, in denen selbst der Einfluss der Majestät erfolglos gewesen
wäre, und es ist erfreulich eine solche Ausgestaltung der Dinge zu
sehen, in welcher alle Umstände zusammenzuwirken scheinen, um
voraussichtlich Ehre und Gedeihen zu bringen.

Wir besitzen heute eine grössere Anzahl ausgezeichneter Künstler,
als unser Volk deren je zu irgend einer Zeit gekannt hat; unter
unserem Adel erhebt sich der allgemeine Wunsch, sich als Kunstliebhaber und Kunstrichter hervorzutun; ein grösserer Überfluss an
Geldmitteln im Volke erlaubt es, die Lehrer entsprechend zu ent-
lohnen; und vor Allem, es schützt uns ein Monarch, der die Bedeutung der Wissenschaft und des Schönen kennt und jede Kunst
seiner Aufmerksamkeit würdigt, welche dazu dient, den Geist zu
bilden und zu veredeln.

Da nun Seine Majestät so viel getan hat, wird es gänzlich
unsere Schuld sein, wenn mit dieser weisen und grossmütigen Einrichtung unsere Fortschritte nicht im Einklange stehen; lassen Sie
uns unsere Dankbarkeit in unserem Eifer zeigen, damit, wenn
unsere Verdienste auch nicht den Erwartungen entsprechen, doch
wenigstens unser Fleiss Schutz verdiene.

Aber wie immer unser Anteil am Erfolge sein möge, dessen
können wir sicher sein: unsere Anstalt wird wenigstens dazu beitragen, unser Kunstwissen zu fördern und uns jener idealen Vollkommenheit näherzubringen, welche zu bewundern und nie zu
erreichen das Los des Genies ist.

Der Hauptvorteil einer Akademie ist, abgesehen davon, dass
tüchtige Männer herangezogen werden um die Schüler zu leiten, in
ihr auch eine Heimstätte für die grossen Vorbilder der Kunst zu
besitzen. Das sind die Gegenstände, nach denen der Künstler zu
arbeiten hat und ohne welche selbst der Befähigteste sich leicht
fruchtlos beschäftigen und auf Irrwege geraten könnte. Im Studium
dieser bewährten Vorbilder werden wir auf einmal jener Vorzüge
inne, welche das Ergebnis der in vergangenen Zeiten gesammelten
Erfahrung sind; die zögernden langsamen Fortschritte unserer Vorgänger weisen uns einen kürzeren und leichteren Weg. Der Schüler
empfängt auf einen Blick die Grundsätze, auf deren Feststellung
viele Künstler ihr ganzes Leben verwendet haben; und, überzeugt
von ihrer Wirksamkeit, bleibt ihm die Mühe erspart, durch welche

sie erkannt und festgesetzt wurden. Wie viele Männer von grossen natürlichen Fähigkeiten sind unserer Nation verloren gegangen. weil ihnen diese Vorteile fehlten! Sie hatten niemals Gelegenheit diese Meisterwerke eines Genies zu sehen, welche mit einem Schlage die ganze Seele entflammen und sie unvermittelt und unwiderstehlich zum Beifall zwingen.

Es ist wahr, Raffael hatte keine Gelegenheit auf einer Akademie zu studieren; aber ganz Rom, und Michel-Angelos Werke insbesondere, waren für ihn eine Akademie. Beim Anblick der Sixtinischen Kapelle ging er unmittelbar von nüchterner altertümelnder,[2]) ja man kann sagen abgeschmackter Manier, wie sie sich an die kleinsten Zufälligkeiten und Unterschiede der einzelnen Dinge hält, zu jenem grossen Stile der Malerei über, welcher einseitige Darstellung durch die allgemeinen unveränderlichen Urtypen[3]) der Natur veredelt.

Man kann von jeder Lehranstalt sagen. dass sie von einer Atmosphäre schwebenden Wissens umgeben sei, aus der jeder Geist Das einsaugen kann. was seiner eigenen Auffassung einigermassen verwandt ist. Ein auf solche Art gesammeltes Wissen hat immer etwas Nützlicheres und Allgemeineres als jenes, welches dem Geist durch Sonderunterricht oder durch einsames Nachdenken aufgezwängt wird. Ausserdem findet man im Allgemeinen, dass junge Leute leichter Belehrung von ihren Studiengenossen annehmen, deren Geist mit dem ihren ungefähr auf derselben Stufe steht, als von Denen, welche ihnen überlegen sind; und nur von Ihresgleichen geht das Feuer des Wetteifers auf sie über.

Aber einen Vorteil werden wir haben, das kann ich versichern. dessen sich kein anderes Volk rühmen darf. Wir werden nichts zu verlernen haben. Auf dieses Lob haben die Künstler der Gegenwart ein gutes Recht. So weit sie bis jetzt vorgeschritten sind, befinden sie sich auf dem rechten Wege. Durch uns wird die künstlerische Tätigkeit von nun an auf ihre eigentlichen Ziele gerichtet sein. Es wird nicht wie in anderen Schulen sein, dass Der, welcher am schnellsten reiste, sich nur am weitesten vom rechten Wege entfernt hat.

Durchdrungen von der günstigsten Meinung über meine Gefährten bei diesem Unternehmen würde es mir schlecht anstehen, irgend einem von ihnen etwas vorzuschreiben. Aber da solche Institutionen bei anderen Völkern so oft fehlgeschlagen haben, und da es natürlich ist, mit Bedauern daran zu denken, wie viel hätte getan werden können, muss ich um die Erlaubnis bitten, einige

Andeutungen zu geben, wie solche Fehler verbessert und solche
Mängel ersetzt werden könnten. Mögen die Lehrer und Inspektoren
dieselben zurückweisen oder annehmen, wie es ihnen gut dünkt.

Ich möchte hauptsächlich empfehlen, dass von den jüngeren
Schülern unbedingter Gehorsam für die Kunstregeln begehrt
werde, welche durch die Kunstübung der grossen Meister festgestellt wurden; dass jene Vorbilder, welche den Beifall aller Zeiten
fanden, von ihnen als vollkommene und untrügliche Führer betrachtet
werden, als Gegenstand ihrer Nachahmung, nicht ihrer Kritik.

Ich bin überzeugt, dass dies die einzig wirksame Methode
ist, um einen Fortschritt in den Künsten zu erzielen, und dass,
wer mit Zweifeln beginnt, sein Leben beschliessen wird, ohne der
Anfangsgründe Herr geworden zu sein. Es kann als Grundsatz
hingestellt werden, dass, wer damit anfängt, auf seine eigene Auffassung stolz zu sein, seine Studien beendet hat, ehe sie begonnen
wurden. Darum sollte jede Gelegenheit wahrgenommen werden, um
die irrige und weitverbreitete Meinung zu entkräften, dass Regeln
das Genie beengen. Sie sind nur Denjenigen Fesseln, welchen es
an Genie fehlt, wie eine Rüstung dem Starken Schmuck und Schutz
bietet, während sie dem Schwachen und Misgestalteten zur Last
wird und den Körper lähmt, den sie beschützen sollte.

Wie viel Freiheit man sich nehmen darf, um diese Regeln zu
durchbrechen und wie der Dichter sagt: „nach Anmut zu haschen,
die ausserhalb des Bereiches der Kunst liegt",[1]) das mag späterer
Überlegung überlassen bleiben, sobald der Schüler selbst zum
Meister geworden ist. Hat sein Genie seine höchste Reife erlangt,
dann mag es vielleicht an der Zeit sein, der Regeln zu entraten.
Aber lassen Sie uns das Gerüst nicht abbrechen, ehe das Gebäude
errichtet ist.

Ganz besonders sollten die Lehrer über den künstlerischen
Geist der vorgeschrittenen Schüler wachen, welche jenen entscheidenden Zeitpunkt ihrer Studien erreicht haben, von dessen
richtiger Ausnützung die künftige Richtung ihres Geschmackes
abhängig ist. In dieser Zeit ist es für sie natürlich, mehr durch
glänzende als durch tüchtige Leistungen gewonnen zu werden und
blendende Nachlässigkeit mühsamer und demütigender Genauigkeit
vorzuziehen.

Man muss zugestehen, Leichtigkeit im Komponieren, lebhafte
und, wie man es nennt, meisterhafte Handhabung der Kreide oder
des Pinsels, sind fesselnde Eigenschaften für junge Geister und

werden selbstverständlich zum Ziele ihres Ehrgeizes. Sie bemühen sich diese in die Augen springenden Vorzüge, die zu erreichen keine grosse Arbeit erfordert, nachzuahmen. Nachdem viel Zeit in derlei leichtfertigem Streben verschwendet ist, kommt die Schwierigkeit des Rückzuges; aber dann ist es zu spät, und schwerlich findet sich Gelegenheit zur Rückkehr zu gewissenhafter Arbeit, wenn der Geist einmal durch diese trügerische Meisterschaft geteuscht und verführt worden ist.

Durch diese Art nutzloser Tätigkeit werden sie aller Fähigkeit beraubt, sich wirkliche Vorzüge anzueignen. Knaben noch, haben sie schon ihre höchste Vervollkommnung erreicht; sie haben sich an den Schatten der Gegenstände gehalten und machen mechanische Geschicklichkeit zum Hauptvorzuge der Kunst, während sie bloss zu ihrem Schmucke dient und nur Wenige ausser den Malern selbst ihre Bedeutung würdigen können.

Dies scheint mir die Quelle der gefährlichsten Fehler zu sein; und ich spreche an der Hand der Erfahrung davon nicht wie von einem Irrtume, der möglicherweise vorkommen kann, sondern von einem, welcher tatsächlich alle ausländischen Akademien angesteckt hat. Die Lehrer freuten sich wahrscheinlich der frühreifen Geschicklichkeit ihrer Schüler und lobten ihre Fertigkeit auf Kosten ihrer Korrektheit.

Aber die jungen Leute werden nicht nur durch den kindischen Ehrgeiz, für Meister in der Ausführung zu gelten, hierzu angereizt; auch ihre natürliche Trägheit verführt sie dazu. Sie schrecken zurück vor der Aussicht auf die Arbeit, welche erforderlich ist, um getreueste Darstellungsweise zu erlangen. Das Ungestüm der Jugend wird abgestossen von den langsamen Fortschritten einer regelrechten Belagerung, und voll Tatendurst wünscht sie die Festung im Sturm zu nehmen. Sie fordert einen kürzeren Pfad zur Vortrefflichkeit und hofft durch andere Mittel, als die sind, welche die Kunstregeln als unerlässlich vorschreiben, die Anwartschaft auf den höchsten Preis zu erringen. Man muss ihr daher immer und immer wieder sagen, dass Arbeit der einzige Kaufpreis dauerhaften Ruhmes ist und dass, wie gross immer die Begabung sein mag, der Weg nicht leicht ist, auf welchem man ein guter Maler wird.

Wenn wir die Lebensgeschichten der ausgezeichnetsten Künstler lesen, belehrt uns jede Seite, dass sie ihre Zeit niemals vergeudet haben. Sogar ein Steigen ihres Ruhmes diente nur dazu, ihren Fleiss zu vergrössern. Um uns zu überzeugen, mit welch ausdauernder Beharrlichkeit sie ihre Studien verfolgten, genügt es zu betrachten, wie sie bei ihren berühmtesten Arbeiten zu Werke gegangen sind. Wenn sie einen Gegenstand erfassten, machten sie zuerst eine Fülle von Skizzen; dann eine ausgeführte Zeichnung des Ganzen; hierauf eine genauere Zeichnung jedes einzelnen Teiles, der Köpfe, Hände, Füsse und Gewandstücke; dann malten sie das Bild und überarbeiteten es nochmals nach der Natur. Jetzt erscheinen uns diese mit solcher Mühe gearbeiteten Bilder wie Zauberei und als ob irgend ein übermächtiger Genius sie mit einem Schlage geschaffen hätte.

Aber während den Schülern der Fleiss derart anempfohlen wird, haben die Inspektoren dafür zu sorgen, dass ihr Fleiss auch erfolgreich sei, dass er gut geleitet und auf den richtigen Gegenstand verwendet werde. Ein Schüler macht nicht immer darum schon Fortschritte, wenn er nur beschäftigt ist; er muss auch seine Kräfte an jene Seite der Kunst wenden, wo sich die wirklichen Schwierigkeiten finden; an jene Seite, welche sie als freie Kunst auszeichnet. Er soll seine Zeit nicht in misverstandenem Eifer ausschliesslich an Das wenden, was blosses Beiwerk ist. Die Schüler müssten gelehrt werden, statt mit einander zu wetteifern, wer die flinkste Hand hat, sich im reinsten, genauesten Umrisse zu überbieten; statt danach zu trachten, wer die leuchtendsten Farben hervorzubringen oder in wunderlicher Tändelei den Glanz der Stoffe wiederzugeben vermag, als ob sie wirkliche seien, mögen sie lieber ihren Ehrgeiz darauf richten, wer die Gewänder in die gefälligsten Falten zu legen, der menschlichen Gestalt am meisten Anmut und Würde zu leihen imstande ist.

Ich muss um Erlaubnis bitten, noch eine Sache der Überlegung der Inspektoren zu unterbreiten, welche mir als ein Gegenstand von grosser Bedeutung erscheint und deren Ausserachtlassung ich für einen der grössten Mängel in der Unterrichtsmethode aller Akademien halte, die ich je besucht habe. Der Fehler, den ich meine, besteht darin, dass die Schüler nie genau nach den lebenden Modellen zeichnen, welche sie vor sich haben. Es ist auch gar nicht ihre Absicht, noch sind sie dazu angehalten. Ihre Zeichnungen gleichen den Modellen nur in der Stellung. Sie ändern die Gestalt je nach ihren unbestimmten, schwankenden Begriffen von Schönheit und machen eher eine Zeichnung von Dem, was die Figur nach ihrer Ansicht sein sollte, als von Dem, was sie ist. Dies ist mir als das Hindernis erschienen, welches die Entwickelung vieler junger

Leute von wirklichem Talente gestört hat; und es ist mir sehr wahrscheinlich, dass die Gewohnheit, genau zu zeichnen was wir sehen, eine entsprechende Fähigkeit verleiht, Das genau zu zeichnen, was wir ersinnen. Wer sich bemüht, die Gestalt vor sich sorgfältig nachzubilden, gewöhnt sich nicht nur an Genauigkeit und Bestimmtheit, sondern er schreitet auch ununterbrochen in der Kenntnis der menschlichen Gestalt fort, und obgleich er oberflächlichen Beobachtern langsamere Fortschritte zu machen scheint, wird er schliesslich fähig sein, (ohne in launische Willkür zu verfallen) seinen vollendeteren Werken jene Anmut und Schönheit zu geben, welche ihnen notwendig ist und welche von den Modernen nicht anders erworben werden kann, als es bei den Alten der Fall war, nämlich durch aufmerksames, wohlvergleichendes Studium der menschlichen Gestalt.

Was nach meiner Ansicht in dieser Methode bestärken sollte, ist, dass sie bei den grossen Meistern der Kunst in Übung war, wie man es aus ihren Zeichnungen ersieht. Ich will Raffaels Zeichnung der Disputa erwähnen, deren Stich vom Grafen Cailus in Jedermanns Hand ist. Aus ihr erhellt, dass er seine Skizze nach einem einzigen Modell anfertigte; und seine Gewohnheit, genau nach dem Gegenstande vor sich zu zeichnen, ergiebt sich daraus, dass er alle Gestalten mit derselben Kopfbedeckung machte, welche sein Modell zufällig trug; ein so peinlich genauer Nachahmer war dieser grosse Mann selbst zu einer Zeit, in der er, wie allbekannt, bereits auf dem höchsten Gipfel der Meisterschaft stand.

Ich habe auch von Annibale Carracci,[5]) der in seinen fertigen Werken allerdings oft zügellos genug erscheint, akademische Figuren gesehen, welche mit allen Eigentümlichkeiten eines bestimmten Modelles gezeichnet sind.

Diese peinliche Genauigkeit ist freilich den Gepflogenheiten an den Akademien so entgegen, dass ich mir nur in aller Ergebenheit erlaube, sie der Überlegung der Inspektoren zu empfehlen und es ihrer Erwägung anheimzustellen, ob nicht die Vernachlässigung dieser Methode eine der Ursachen ist, weshalb die Schüler so oft Erwartungen entteuschen und dass sie, während sie mit sechszehn Jahren mehr als Knaben, mit dreissig weniger als Männer sind.

Kurz, die Methode, welche ich empfehle, kann nur dann nachteilig sein, wenn nur wenige lebende Gestalten kopiert werden können, weil dann die Schüler, wenn sie ausschliesslich nach einem Modell allein zeichnen, durch Gewohnheit gelehrt werden, Mängel

zu übersehen und Ungestaltheit für Schönheit zu halten. Aber das
ist nicht zu fürchten, seit der Rat beschlossen hat, die Akademie
mit einer mannigfaltigen Auswahl von Gegenständen zu versehen;
und indertat überheben mich jene Anordnungen, welche getroffen
wurden und die der Sekretär jetzt zu Ihrer Bestätigung vorlesen
wird, in gewissem Maasse der Notwendigkeit, bei dieser Gelegenheit
mehr zu sagen. Erlauben Sie mir daher, statt meinen Rat zu
geben, einem Wunsche Ausdruck zu verleihen, und die Hoffnung
auszusprechen, dass diese Anstalt die Erwartungen ihres königlichen Gründers erfüllen, dass unser Zeitalter mit jenem Leos X.
in den Künsten wetteifern, und dass, (einen Ausdruck von Plinius
zu gebrauchen) „die Würde der sterbenden Kunst" aufs neue belebt
werden möge unter der Regierung Georgs III.

— —

II. Rede

gerichtet an die Schüler der Königlichen Akademie bei
der Preisverteilung am 2. Dezember 1769.

Gang und Ordnung der Studien. — Die verschiedenen Stufen der Kunst. — Die
Übertreibung des Kopierens wird misbilligt. — Der Künstler soll allzeit und allerorts
Stoff für seine Arbeiten sammeln.

Meine Herren!

Ich beglückwünsche Sie zu der Auszeichnung, welche Ihnen eben zu teil geworden ist. Die hohe Meinung, welche ich von Ihren Verdiensten habe, lässt mich wünschen, Ihnen meine Gesinnung in etwas auszudrücken, was Ihnen möglicherweise nützlicher sein wird, als unfruchtbares Lob. Ich wünschte, Sie in eine derartige Studienrichtung zu lenken, welche Ihre künftigen Fortschritte den vergangenen entsprechend gestaltet, und, indem ich Sie für Das lobe, was bereits getan ist, daran zu erinnern, wie viel noch zu tun übrig bleibt, um Vollendung zu erreichen.

Meine langjährige Erfahrung und der ununterbrochene eifrige Betrieb der Studien, mit denen ich, wie Sie, beschäftigt bin, wird mich hoffentlich von Selbstgefälligkeit freisprechen, wenn ich Ihnen einige Winke zur Beachtung erteile, die indertat zum grossen Teile meinen eigenen Fehlgriffen auf diesem Gebiet entsprungen sind. Aber die Geschichte der Irrtümer, richtig behandelt, verkürzt oft den Weg zur Wahrheit, und obwol keine Studienmethode, die ich zu bieten vermag, an sich selbst zur Vortrefflichkeit führen wird, so kann sie den Fleiss doch vor falscher Anwendung schützen.

Wenn ich mit Ihnen von der Theorie der Kunst spreche, werde ich dieselbe nur insoferne betrachten, als sie sich auf die Methode Ihrer Studien bezieht.

Indem ich das Studium der Malerei in drei verschiedene Perioden einteile, wende ich mich an Sie, als hätten Sie die erste derselben, welche auf die Anfangsgründe beschränkt ist, bereits durchlaufen und sich eine Leichtigkeit, jeden beliebigen Gegenstand zu zeichnen, eine leidliche Geschicklichkeit in der Behandlung der Farben. und die Kenntnis der einfachsten und natürlichsten Regeln der Komposition angeeignet.

Diese erste Stufe der Ausbildung ist in der Malerei, was die Grammatik in der Litteratur ist, eine allgemeine Vorbereitung für jedwelche Richtung der Kunst, die der Schüler späterhin zu besonderer Ausübung wählen mag. Die Fähigkeit im Zeichnen, Modellieren und Anwenden der Farben ist sehr richtig die Sprache der Kunst genannt worden, und die Auszeichnungen, welche Ihnen eben zu teil wurden, beweisen, dass Sie in dieser Sprache keine unerheblichen Fortschritte gemacht haben.

Ist der Künstler einmal imstande, sich bis zu einem gewissen Grade richtig auszudrücken, so muss er sich bemühen, Gegenstände für die Wiedergabe zu sammeln, einen Vorrat von Ideen aufzuhäufen, die man je nach Gelegenheit verbinden und verändern kann. Er befindet sich jetzt in der zweiten Periode seiner Studien, in welcher es seine Aufgabe ist, all das zu lernen, was vor seiner Zeit erkannt und geschaffen worden ist. Während er bisher von einem einzelnen Meister Unterricht empfing, ist er nun darauf angewiesen, die Kunst selbst als seinen Meister zu betrachten. Er muss seine Aufnahmsfähigkeit auf erhabenere und allgemeinere Belehrungen richten. Jene Vorzüge, die er bei verschiedenen Meistern zerstreut vorfand, hat er nunmehr in einer allgemeinen Vorstellung zu vereinigen, welche von jetzt ab seinen Geschmack zu regeln, seine Einbildungskraft zu erweitern hat. Im Hinblick auf die Mannigfaltigkeit von Vorbildern, die er vor sich hat, wird er jene Beschränktheit und Armut der Anschauung vermeiden, welche mit sklavischer Bewunderung eines einzelnen Meisters zusammenhängt, und er wird aufhören, dem Lieblingsmeister dahin zu folgen, wo dieser aufhört, vortrefflich zu sein. Diese Periode ist aber dennoch eine Zeit der Unterordnung und Unterwerfung. Wenn der Schüler sich auch nicht blindlings einer einzigen Autorität unterordnet, wenn er den Vorteil hat, sich mit vielen zu beraten, so muss er doch fürchten, seinem eigenen Urteile zu vertrauen und auf einen Pfad abzuweichen, auf welchem er die Spuren irgend eines vorangegangenen Meisters nicht zu finden vermag.

Die dritte und letzte Periode befreit den Schüler von der Unterordnung unter irgend eine andere Autorität als die, welche sein vernünftiges Urteil als die richtige erkennt. Im Vertrauen auf dieses eigene Urteil wird er die verschiedenen Grundsätze betrachten und von einander trennen, denen die verschiedenen Arten der Schönheit ihre Entstehung verdanken. In der früheren Periode suchte er nur Vorzüge kennen zu lernen, wo immer er sie fand, und sie zu einer einheitlichen Vorstellung von Vollkommenheit zu verbinden. In der gegenwärtigen Periode lernt er, was grösster Aufmerksamkeit und feinsinnigster Untersuchung bedarf: Vorzüge zu unterscheiden, welche sich nicht miteinander vertragen.

Von dieser Zeit an hat er sich als Einer zu betrachten, der denselben Rang einnimmt, wie jene Meister, denen er früher als seinen Lehrern gehorchte, und er übt nunmehr eine Art Herschaft über die Regeln, welche ihn bisher beschränkt haben. Er vergleicht nicht länger die Werke der Kunst untereinander, aber er misst die Kunst selbst an der Natur, verbessert, was fehlerhaft, ergänzt, was dürftig ist, und fügt aus eigener Beobachtung hinzu, was die Tätigkeit seiner Vorgänger noch in mangelhafter Vollendung zurückgelassen haben mag. Auf diese Weise sein Urteil festigend und sein Gedächtnis bereichernd, kann er nun ohne Gefahr die Kraft seiner Phantasie erproben. Der so geschulte Geist darf sich der glühendsten Begeisterung hingeben und bis an die Grenzen der freiesten Ungebundenheit zu schweifen wagen. Die im langen Verkehre mit den grössten Geistern erworbene hohe Auffassung der Dinge wird in all seinen Leistungen zu Tage treten, und er wird nicht als Nachahmer, sondern als Nebenbuhler neben seinen Lehrern stehen.

Dies sind die verschiedenen Stufen der Kunst. Da ich mich heute aber besonders an jene Schüler wende, welche für die glückliche Zurücklegung der ersten Periode belohnt wurden, kann ich füglich nicht voraussetzen, dass sie irgend einer Hilfe in den Anfangsgründen bedürfen. Meine Absicht ist es für diesmal, Ihre Blicke auf weitabliegende hohe Ziele zu lenken und Ihnen den Pfad zu zeigen, der am schnellsten dahin führt. Davon werde ich in solchem Umfange sprechen, als es geschehen kann, ohne das Gebiet des Fachlehrers zu betreten, und ich werde den Weisungen nicht vorgreifen, welche zu erteilen sein Amt und aufzunehmen Ihre Pflicht ist.

Es ist unstreitig einleuchtend, dass ein grosser Teil jedes Menschenlebens benutzt werden muss, um den Stoff, der vom Geiste verarbeitet zu werden hat, zu sammeln. Genau genommen ist Erfindung nur um wenig mehr als ein neues Verbinden jener Vorstellungen, welche vordem gesammelt und im Gedächtnisse niedergelegt worden sind. Aus Nichts kann nichts entstehen, wer nicht

Elemente gesammelt hat, kann keine neuen Verbindungen hervorbringen.

Ein Schüler, der mit den kühnen Versuchen seiner Vorläufer unbekannt ist, wird immer geneigt sein, die eigenen Fähigkeiten zu überschätzen, die kleinlichsten Abschweifungen für bedeutungsvolle Entdeckungen und jede ihm neue Küste für neuentdecktes Land zu halten. Wenn er zufällig seine gewohnten Grenzen überschreitet, beglückwünscht er sich zu seiner Ankunft in solchen Regionen, welche Andere, die mit besserem Kurse steuerten, längst hinter sich gelassen haben.

Die Erzeugnisse solcher Geister tragen selten das Gepräge der Originalität, die glücklichsten Erfolge ihrer Bemühungen sind ihnen vorweggenommen. Findet man einen Unterschied mit ihren Vorgängern, so besteht er höchstens in tollen Streichen und kleinlichen Einfällen. Je umfassender daher Ihre Kenntnis hervorragender Werke ist, desto mächtiger wird Ihre Erfindungsgabe und — so paradox dies auch klingt — desto origineller werden Ihre Entwürfe sein. Schwierig ist es allerdings in diesem Falle zu unterscheiden, wer als bedeutendes Vorbild aufgestellt, wer als der geeignetste Führer betrachtet werden soll.

Einem eben in Italien angekommenen jungen Manne werden viele der heutigen Maler jenes Landes bereitwillig genug ihre Ratschläge aufdrängen, ihre eigenen Werke als Beispiele der Vollkommenheit bezeichnen und sich bemühen, sie anzupreisen. Aber der Zeitgenosse, welcher sich selbst als Muster empfiehlt, mag verdienterweise in den Verdacht kommen, dass er das eigentliche Ziel und den wahren Gegenstand seiner Kunst nicht kennt. Solch ein Führer wird den Schüler nicht nur nicht fördern, sondern eher irreleiten.

Auf wen kann der Schüler sich also verlassen und wer wird ihm den Weg zeigen, der zur Vortrefflichkeit führt? Die Antwort liegt auf der Hand: jene grossen Meister, welche eine Strasse erfolgreich gewandelt sind, werden Andere auf ihr vermutlich am Besten führen. Die Werke Derer, welche die Prüfung der Zeiten bestanden haben, besitzen ein Recht auf Hochachtung und Ehrfurcht, wie sie keiner unserer Zeitgenossen beanspruchen darf. Die Dauer und Festigkeit ihres Ruhmes genügt zum Beweise, dass er nicht an dem zarten Faden der Mode und Laune hing, sondern durch alle Bande des Mitempfindens und Wohlgefallens an das menschliche Herz geknüpft ist.

Man läuft nicht Gefahr die Werke dieser grossen Meister etwa allzuviel zu studieren; aber wie sie studiert werden müssen, um Nutzen zu bringen, ist eine Frage von grosser Bedeutung.

Manche, die ihre Gedanken nie zur Betrachtung der wahren Bedeutung der Kunst erhoben haben und die alle Arbeiten eines Künstlers nur nach deren technischen Vorzügen und Fehlern abschätzen, sehen die Theorie als etwas an, was sie zwar befähigt, besser zu sprechen, aber nicht besser zu malen; indem sie sich ganz auf mechanische Handfertigkeit beschränken, arbeiten sie beharrlich unter dem Joche der Nachahmung weiter, und glauben, reissende Fortschritte zu machen, wenn sie die kleinsten Einzelheiten eines Lieblingsbildes getreulich wiedergeben. Das scheint mir ein sehr langweiliger und ich glaube sehr irriger Vorgang zu sein. Von allen grossen Kompositionen, selbst von den am meisten bewunderten, kann man einen grossen Teil als alltäglich bezeichnen; obwol dieser viel Zeit beim Kopieren beansprucht, fördert er nur wenig. Unterschiedloses Kopieren ist, wie ich glaube, eine falsche Form des Fleisses; der Schüler stellt sich mit dem Scheine, etwas zu tun, zufrieden, er verfällt in die gefährliche Gewohnheit wahllos nachzuahmen und ohne bestimmtes Ziel zu arbeiten; da dies keine geistige Anstrengung erfordert, schläft er beim Arbeiten, und die Fähigkeit zu erfinden und zu komponieren, welche besonders gepflegt und in Tätigkeit gesetzt werden sollte, liegt brach und verliert durch Mangel an Übung ihre Kraft.

Wie unfähig Jene sind, welche viel Zeit auf ausgeführte Kopien verwendet haben, irgend etwas aus Eigenem hervorzubringen, ist Allen wohlbekannt, welche mit unserer Kunst vertraut sind.

Die Annahme, es vermöchte Der, welcher in der Malkunst die ersten Lorbeeren pflücken will, einfach durch frostige Betrachtung einiger weniger Vorbilder sich die nötige Kraft und Fülle von Ideen zu erwerben, wäre eben so töricht, als anzunehmen, Einer, der Dichter werden will, brauche nur eine Tragödie zu übersetzen, um sich eine genügende Kenntnis der Natur, der Wirkungen der Leidenschaften und der Lebensvorfälle zu verschaffen.

Der grosse Nutzen des Kopierens, wenn es überhaupt nützlich ist, scheint im Erlernen der Farbengebung zu liegen; aber selbst die Farbengebung kann nie aus knechtischer Nachahmung des Vorbildes, das man vor sich hat, vollkommen begriffen werden. Ein kritisch strenges Auge wird nur durch aufmerksame Beobachtung koloristisch guter Bilder geschult, und bei genauer Untersuchung

und scharfer Prüfung entdeckt man erst zuletzt die Art der Behandlung, die Kunstgriffe des Kontrastes, des Lasierens[6]) und
anderer Hilfsmittel, mittels welcher gute Koloristen den Wert der
Tinten erhöht und die Natur so glücklich nachgeahmt haben.

Ich muss Sie jedoch darauf aufmerksam machen, dass alte, mit
Recht ihrer Farben halber berühmte Bilder oft durch Schmutz und
Firnis so verändert sind, dass wir uns nicht wundern dürfen, wenn
sie in den Augen unerfahrener Maler oder junger Schüler ihrem
Rufe nicht entsprechen. Ein Künstler, dessen Urteil durch lange
Beobachtung gereift ist, betrachtet eher, was das Bild einst war,
als was es gegenwärtig ist. Durch Gewöhnung hat er die Fähigkeit
erworben, den Glanz der Farben durch die Wolke zu sehen, welche
sie verdunkelt. Eine genaue Nachahmung solcher Bilder könnte
dem Schüler leicht falsche Ansichten beibringen, und er könnte sich
zu einem Koloristen von eigener Art ausbilden, dessen Vorstellungen
von der Natur, der Kunst, der reinen Übung der Meister und von
der wirklichen Erscheinung der Dinge gleich weit entfernt wären.

Wenn Sie diese Regeln befolgen und diese Vorsicht üben, und
klar und deutlich gelernt haben, worin gute Farbengebung besteht,
können Sie nichts Besseres tun, als wieder Zuflucht bei der Natur
selbst zu suchen, die immer bei der Hand ist und im Vergleiche
zu deren echter Pracht die koloristisch besten Bilder nur matt und
schwach sind.

Da jedoch die Übung im Kopieren nicht ganz ausgeschlossen
werden kann, weil man das Technische der Malerei in gewissem
Maasse dabei lernt, so wählen Sie sich nur jene auserlesenen Teile
eines Werkes, durch welche es sich der Aufmerksamkeit empfiehlt.
Besteht sein Vorzug in dem allgemeinen Eindrucke, dann ist es
ratsam, sich eine leichte Skizze der Anordnung und Einteilung des
Bildes zu machen. Diese Skizzen sollten Sie sich immer auf-
bewahren, um Ihren Stil daran zu bilden. Statt die Pinselstriche
dieser grossen Meister zu kopieren, kopieren Sie lieber ihre Auffassung. Statt in ihre Fuss-Spuren zu treten, trachten Sie nur
dieselbe Strasse zu gehen. Trachten Sie, nach ihren allgemeinen
Grundsätzen und in ihrer Auffassung zu erfinden. Erfüllen Sie sich
mit ihrem Geiste. Überlegen Sie bei sich, wie ein Michel-Angelo
oder ein Raffael diesen Gegenstand behandelt haben würde, und
machen Sie sich glauben, dass Ihr Bild, wenn es beendet ist, von
ihnen gesehen und begutachtet werden solle. Selbst ein Versuch
dieser Art wird Ihre Fähigkeiten beleben.

Aber da blosse Begeisterung nicht weit führt, lassen Sie mich Ihnen ein Mittel empfehlen, dass Sie gleich viel und vielleicht noch mehr fördern wird, als es die mündlichen Weisungen jener Meister vermöchten, soferne man ihrer teilhaftig werden könnte. Was ich vorschlagen möchte, ist, dass Sie sich in eine Art Wettbewerb einlassen, indem Sie, als Seitenstück zu irgend einem Bilde, das Sie für mustergültig halten, einen ähnlichen Gegenstand malen. Nach Beendigung Ihrer Arbeit stellen Sie diese neben das Vorbild und vergleichen Sie Beides sorgfältig miteinander. Sie werden dann Ihre Unzulänglichkeiten nicht nur sehen, sondern ihrer auch empfindlicher inne werden, als dies durch Regeln oder andere Lehrmittel möglich wäre. Die wahren Grundsätze der Malerei werden sich mit Ihren Ansichten verbinden, die solcherart durch eindringliche Beispiele festgestellte Auffassung wird klar und bestimmt sein, und wird, indem sie sich tief in die Seele senkt, nicht nur richtiger, sondern auch dauerhafter sein als die nur durch Vorschriften gebotene, welche immer schwankend, veränderlich und unbestimmt ist.

Diese Methode der Vergleichung Ihrer eigenen Arbeiten mit denen eines grossen Meisters ist aber sicherlich eine strenge und demütigende Aufgabe, welcher sich Niemand unterziehen wird, der nicht grosse Absichten verfolgt und Kraft genug hat, auf die Befriedigung der Eitelkeit fürs Erste zu verzichten, um späterhin Ehren zu erringen. Wenn dem Schüler in gewissem Maasse etwas zu eigener Befriedigung gelungen ist, und er sich selbst zu seinem Erfolge beglückwünscht, gehört nicht nur grosse Entschlossenheit, sondern auch grosse Demut dazu, freiwillig vor einen Richterstuhl zu treten, wo, wie er weiss, seine Eitelkeit nicht geschont wird und alle Selbstzufriedenheit schwinden muss. Wer jedoch den Ehrgeiz hat, ein wirklicher Meister zu werden, der wird sich für diese kränkende Entteuschung reichlich entschädigt fühlen durch die ernste Befriedigung, welche aus dem Bewusstsein der Förderung entspringt, deren Voraussetzung die Erkenntnis der eigenen Fehler ist. Auch noch ein anderer Vorteil ergiebt sich hieraus. Jede Entdeckung, die wir machen, jeder Zuwachs an Wissen, den wir erfahren, scheint aus unserer eigenen Vernunft zu entspringen, und so erwerben wir genug Selbstvertrauen, um uns zu festem Ausharren zu entschliessen.

Wir alle wissen, wie ungerne man eine Belehrung entgegennimmt, die Einem von Anderen aufgedrängt wird und welch geringe Wirkung sie daher ausübt. Nur wenige haben einen zweckentsprechenden Unterricht empfangen, die nicht ihre eigenen Lehrer

gewesen sind. Wir ziehen die Lehren, die wir uns selbst geben
aus Eigenliebe allen anderen vor und sie üben grössere Wirkung,
weil wir sie zu einer Zeit aufnehmen, da wir hierfür am Empfäng-
lichsten sind.

Bei der Wahl der Bilder, welche Ihnen als Muster dienen sollen,
wünschte ich von Ihnen lieber die Meinung der Welt als Ihre eigene
befolgt zu sehen. Mit anderen Worten, ich wünschte, dass Sie
lieber Bilder von feststehendem Rufe wählten, als dass Sie Ihrer
eigenen Neigung folgen. Sollten Sie diese nicht gleich Anfangs
bewundern können, so werden Sie, während Sie sich mit ihrer Nachahmung beschäftigen, finden, dass die Welt sich nicht geirrt hat.

Keine leichte Aufgabe ist es, Ihnen klar zu machen, welche
von den, verschiedenen Schulen in verschiedener Weise eigentümlichen, Vorzügen Sie nachahmen sollen. Ein derartiger Versuch mag
Gegenstand einer späteren Auseinandersetzung sein. Ich will daher
vorläufig nur ein Muster des Stiles in der Malerei empfehlen, welches
sich auf einen dem Anfänger in Sachen der Kunst unmittelbar notwendigen Gegenstand bezieht. Der Stil in der Malerei ist, wie in
der Schriftstellerei, die Beherschung des Stoffes in Worten oder
Farben, durch welchen Gedanken und Empfindungen ausgedrückt
werden. Darin scheint mir Lodovico Carracci[7]) (ich denke hierbei
an seine besten Werke) der Vollkommenheit am Nächsten zu stehen.
Die ungekünstelte Breite von Licht und Schatten, die Einfachheit
der Farbengebung, welche, indem sie ihren richtigen Platz wahrt,
die Aufmerksamkeit nicht im Geringsten von der Hauptsache ab-
zieht, sowie die feierliche Wirkung des Zwielichtes, welches über
das ganze Bild ausgebreitet erscheint, dünken mir zu den ernsten
und würdevollen Gegenständen besser zu stimmen, als der mehr
künstliche Glanz des Sonnenlichtes, in welchem Tizians Bilder
leuchten; Tintoretto freilich hielt Tizians Farbe für das Muster der
Vollkommenheit, selbst der Erhabenheit Michel-Angelos ebenbürtig.
Hätte Dieser, so meinte Tintoretto, mit Tizians Farben gemalt oder
Tizian gezeichnet wie Michel-Angelo, dann würde die Welt einmal
einen vollkommenen Maler gehabt haben.

Wir haben es zu bedauern, dass jene Werke Carraccis, welche
ich dem Schüler empfehlen möchte, sich fast ausschliesslich nur in
Bologna[8]) befinden. Der hl. Franziskus in der Mitte seiner Brüder,
die Transfiguration, die Geburt Johannis des Täufers, die Berufung
des hl. Matthäus, der hl. Hieronymus, die Freskomalereien im Palast
Zampieri[9]) sind alle wert, die Aufmerksamkeit des Schülers zu

fesseln. Und ich denke, die Reisenden täten wohl daran, einen weit grösseren Teil ihrer Zeit, als es bisher üblich war, dieser Stadt zu widmen.

In der Malerei, wie bei den anderen Künsten, giebt es viele Lehrer, die sich im Besitze des nächsten Weges zu hervorragenden Leistungen wähnen; und man hat viele Mittel erfunden, deren Anwendung mühsame Studien ersparen soll. Lasse sich doch Niemand durch solche trügerische Versprechungen zur Trägheit verführen. Hervorragendes Können wird stets nur durch Arbeit erworben. Es zeugt allerdings von nicht geringer Willensstärke, ausdauernd fleissig zu bleiben, ohne das Vergnügen zu haben, jene Fortschritte zu sehen, die sich wie die Zeiger einer Uhr zwar stündlich ihrem Ziele nähern, aber doch nur so langsam fortschreiten, dass sie unmerklich sind. Fertigkeit im Zeichnen kann, wie die Beherschung eines Musikinstrumentes nur durch unablässige Übung erworben werden. Ich habe es daher nicht nötig, Ihnen weitschweifig auseinanderzusetzen, wie notwendig ununterbrochene Arbeitsamkeit ist, noch Ihnen zu sagen, dass der Zeichenstift gar nicht aus Ihrer Hand kommen darf. Es giebt verschiedene Wege, sich eine grosse Gewandtheit im Zeichnen anzueignen. Besonders möchte ich Ihnen empfehlen, dass Sie, aus der Akademie (deren fleissigen Besuch ich voraussetze) heimgekehrt, versuchen, eine Gestalt aus dem Gedächtnisse zu zeichnen. Ich glaube beifügen zu dürfen, dass emsige Übung solcher Art Sie instandsetzen wird, die menschliche Gestalt mit annähernder Genauigkeit und dabei mit so wenig geistiger Anstrengung zu zeichnen, als zur Niederschreibung des Alphabetes erforderlich ist.

Mehrere Mitglieder der Akademie beweisen zur Genüge, dass diese Geschicklichkeit nicht unerreichbar ist. Seien Sie aber auch überzeugt, dass Sie zur Erwerbung dieser Fähigkeit nur so lange Sie jung sind, Zeit finden; späterhin bietet der Versuch wenigstens so viel Schwierigkeiten, wie das Lernen des Lesens und Schreibens im vorgeschrittenen Alter.

Wenn ich jedoch sage, der Stift solle des Schülers steter Begleiter sein, so muss ich doch auch daran erinnern, dass der Pinsel das Werkzeug ist, mittelst welchem allein Sie hoffen dürfen Ausserordentliches zu erreichen. Was ich Ihnen daher einprägen möchte, ist, dass Sie, so oft als nur möglich, Ihre Studien malen, anstatt sie zu zeichnen. Das wird Ihnen die Anwendung der Farben so leicht machen, dass sie sich nach einiger Zeit von selbst unter dem Pinsel ordnen werden, ohne dass die Hand, die ihn führt, darauf

besonders zu achten hätte. Wenn beide Tätigkeiten sich aus-
schlössen, dann wäre mein Rat nicht am Platze. Soferne jedoch
die Malerei sowol Zeichnung als Farbengebung umfasst und nach
einigem entschlossenen Ringen des Fleisses Dasselbe im Malen wie
im Zeichnen auf dem Papier erreicht werden kann, sehe ich nicht
ein, welchen Einwurf man gegen diese Art Übung erheben könnte,
oder warum man nach und nach tun sollte, was man gleichzeitig
tun kann.

Wenn wir die verschiedenen Malerschulen betrachten und ihre
eigentümlichen Vorzüge untersuchen, werden wir finden, dass Die,
welche sich besonders durch Farbengebung auszeichnen, die angegebene Methode befolgt haben. Die venezianische und die niederländische Schule, deren grösster Ruhm in der Farbe beruht, sind in
den Sammlungen nur mit sehr wenigen Zeichnungen vertreten.
Blätter von Tizian, Paolo Veronese, Tintoretto und Bassano[10]) sind
im Allgemeinen von geringer Bedeutung und ungenau. Ihre Skizzen
auf Papier sind ebenso roh, als ihre Bilder in Bezug auf Farbenharmonie vorzüglich sind. Correggio und Baroccio[11]) haben wenig,
wenn überhaupt irgend welche ausgeführte Zeichnungen hinterlassen.
Von den Niederländern machten Rubens und van Dyck ihre Entwürfe grösstenteils entweder farbig oder in Helldunkel-Manier.[12])
Man findet ebenso häufig Skizzen von Venezianern oder Niederländern
auf Leinwand, als solche von römischen und florentinischen Malern
auf Papier. Dennoch werden viele ausgeführte Zeichnungen unter
dem Namen jener Meister verkauft; dies sind jedoch unzweifelhaft
Arbeiten von Stechern oder von Schülern, die ihre Werke kopiert haben.

Ich habe versucht, diese Lehren meiner eigenen Erfahrung zu
entnehmen; mit weit verbreiteten Ansichten darin im Widerspruche,
bringe ich sie daher nur zögernd vor, und werde sie, eines Bessern
belehrt, ohne Bedauern widerrufen.

In einem Punkte wird mir allerdings nur von Eitlen, Unwissenden und Trägen widersprochen werden können, und ich fürchte nicht,
ihn allzuoft zu wiederholen: Sie dürfen nicht von Ihrer eigenen
Begabung abhängig sein! Haben Sie viel Talent, so wird Ihr Fleiss
es steigern; haben Sie mässige Fähigkeiten, so wird er deren Lücken
ergänzen. Nichts bleibt wohlgeleiteter Arbeit versagt, nichts ist
ohne sie zu erreichen. Ohne mich auf metaphysische Untersuchungen
von Natur und Wesen des Genies einzulassen, wage ich zu behaupten,
dass eine durch keinerlei Schwierigkeit verminderte Ausdauer und
eine ganz vom Gegenstand ihres Strebens erfüllte Sinnesrichtung

von ähnlichen Folgen begleitet sein wird, wie die, welche man als Wirkung natürlicher Kräfte bezeichnet.

Obwol man nicht in der Lage ist, zu jeder Zeit und an jedem Orte zu malen oder zu zeichnen, so kann sich der Geist doch bilden, indem er zu jeder Zeit und an jedem Orte geeignete Stoffe sammelt. Sowohl Livius als Plutarch haben uns in der Schilderung des Philopoemen, eines der tüchtigsten Feldherren des Altertumes, ein schlagendes Beispiel eines Charakters gegeben, der, immer auf seinen Beruf bedacht, durch Beharrlichkeit jene Vorzüge sich aneignete, welche Andere ihr ganzes Leben hindurch vergeblich von der Natur erwarten. Ich will die Stelle aus Livius[13]) ausführlich wiedergeben, da sie mit dem Verfahren, welches ich dem Maler, Bildhauer oder Architekten empfehlen möchte, übereinstimmt:

„... Allein einen Kampfplatz zu wählen, einen Marsch zu leiten, gerade darin hatte Philopoemen ausserordentliches Geschick und Erfahrung, und hierin vorzüglich hatte er nicht bloss zur Zeit des Krieges, sondern auch im Frieden seinen Geist geübt. Machte er irgendwohin einen Marsch und kam er an einen Gebirgspass, wo der Durchgang schwierig war, so ging er, war er allein, darüber mit sich selbst zu Rate; hatte er Begleiter, so warf er die Frage auf, wenn der Feind sich hier zeigte, wie man seine Maassregeln zu nehmen habe, falls er von vorne, wie, wenn er von der oder jener Seite, wie, wenn er im Rücken angriffe. Man könne, sagte er, schlagfertig in gerader Linie auf ihn stossen, man könne aber auch, den örtlichen Verhältnissen entsprechend, sich in ungeschlossenem Zuge befinden. Dann überlegte er weiter, welche Stellung er nehmen müsse, wie viele Truppen er dazu brauchen werde und wie sie bewaffnet zu sein hätten; wo er die Wagen, das Gepäck und den wehrlosen Tross unterbringen solle; wie stark für diese die Bedeckung sein müsse und von was für Truppen; ob es besser sei, den einmal eingeschlagenen Weg zu verfolgen, oder sich auf die frühere Stellung zurückzuziehen; ferner welchen Platz er am besten zum Lager wählen würde und wie viel Raum er mit seinen Laufgräben einzuschliessen habe; wo man am bequemsten Wasser holen, reichlich Holz und Futter finden könne; welcher Weg nach dem Abbrechen des Lagers am nächsten Tage der sicherste und welche Marschform für die Truppen zu wählen sei. Mit dergleichen Gedanken und Untersuchungen hatte er seit frühester Jugend seinen Geist geübt, so dass er in keine Lage geraten konnte, welche zu überlegen er nicht schon längst gewöhnt gewesen wäre.“

Ich sehe im Geiste einen vielversprechenden jungen Maler,
gleich wachsam, mag er nun zu Hause oder auswärts auf den
Strassen weilen oder die Felder durchstreifen. Von Allem, was er
sieht, lernt er. Die ganze Natur betrachtet er vom Standpunkte
seines Berufes, verbindet ihre Schönheiten, verbessert ihre Mängel.
Er prüft, wie die Leidenschaft sich im Äusseren der Menschen
spiegelt, er empfängt oft dort die erfreulichste Förderung, wo
Andere nur Verwirrung und Hässlichkeit sehen. Selbst schlechte
Bilder bieten ihm Nutzen und er lernt, wie Lionardo da Vinci bemerkte, aus den phantastischen Gebilden, die man zuweilen im Feuer
sieht, oder die zufällig auf einer verwitterten Wand erscheinen.

Der Künstler, dessen Geist derart mit Vorstellungen erfüllt und
dessen Hand geübt ist, arbeitet leicht und rasch, während Der,
welcher glauben machen will, dass er auf die Eingebungen des
Genies warte, in Wirklichkeit nichts anzufangen weiss und seine
Misgebilde zuletzt nur schwer und schmerzvoll zur Welt bringt.

Der Maler hingegen, der auf festem Grunde steht, hat nur
seinen Gegenstand genau zu prüfen, und die technische Seite seiner
Kunst wird ihm keine Anstrengung kosten. Der Schwierigkeit
bewusst, die damit verbunden war, Das zu erreichen, was er
besitzt, hat er nicht die Anmaassung nach Geheimnissen zu suchen,
ausser nach denen noch gründlicheren Fleisses. Ohne die kleinste
Eifersucht gegen Andere zu empfinden, ist er es zufrieden, wenn
Alle so gross sind wie er, die sich der gleichen Mühe unterzogen
haben, und da sein Vorrang nicht von einem Kunstgriff abhängt,
ist er frei von dem peinigenden Mistrauen eines Gauklers, der in
ewiger Furcht davor lebt, dass sein Kunststück ausfindig gemacht
werden könnte.

III. Rede

Die leitenden Grundsätze des hohen Stiles. — Von der Schönheit. — Über den Unterschied des Charakteristischen in Natur und Mode.

Meine Herren!

chülern gegenüber, deren Alter und Entwickelungsstufe so verschieden ist, wird nicht leicht des richtige Ton getroffen werden. Der Geist fordert die seinen Fortschritten entsprechende Nahrung, und Das, was uns zu Beginn gefördert haben mag, kann uns behindern, wenn wir uns in grösserer Nähe unseres Zieles befinden.

Die erste Sorge des jungen Malers muss, wie ich schon in einer früheren Rede bemerkt habe, auf die Erreichung technischer Fertigkeit gerichtet sein, und er muss sich auf die möglichst treue Nachahmung seiner Gegenstände beschränken. Einmal über die ersten Anfangsgründe hinaus, mag er vielleicht mit Vorteil über den Rat nachdenken, den ich gleichfalls gegeben habe, da ich das fleissige Studium der Werke unserer grossen Vorgänger empfahl, aber zugleich bestrebt war, von unbedingter Unterordnung unter die Autorität eines Meisters, wie trefflich er auch immer sein mag, und auch davor zu warnen, sich durch allzustrenge Nachahmung seiner Manier der reichen Mannigfaltigkeit der Natur selbst zu berauben. Heute will ich aber hinzufügen, dass auch die Natur nicht zu peinlich nachgebildet werden darf. Der Malkunst sind Vorzüge eigen, die höher stehen als Das, was man gewöhnlich Nachbildung der Natur nennt, und diese Vorzüge möchte ich hervorheben. Schülern, welche die einleitenden Übungen hinter sich haben, vorgeschrittener in der Kunst sind und ihrer Hand sicher, ihren Verstand zu üben vermögen, muss jetzt gesagt werden, dass ein blosser Nachahmer der Natur niemals etwas Grosses hervorbringen, die

Auffassung des Beschauers nie erheben und erweitern und dessen
Herz nie erwärmen kann.

Das Streben des echten Malers soll weiter gehen: statt sich
damit abzumühen, die Leute durch eine peinliche Genauigkeit
seiner Nachahmungen zu erfreuen, muss er vielmehr trachten, sie
durch grosse Ideen zu veredeln; statt seinen Ruhm darin zu erblicken, oberflächliche Beschauer zu teuschen, muss er sich ihn
dadurch zu erwerben suchen, dass er die Phantasie gefangen nimmt.

Der hier aufgestellte Grundsatz, dass der Vorzug der Kunst
nicht in blosser Nachahmung bestehe, ist nicht entfernt neu zu
nennen oder gar verwunderlich. Alle Einsichtigen stimmen darin
überein. Die Dichter, Redner und Rhetoren des Altertumes betonen
ununterbrochen die Lehre, dass alle Künste ihre Vollendung durch
eine ideale Schönheit erhalten, die alles übertrifft, was die Natur
im Einzelnen aufweist. Ja sie beziehen sich zur Erläuterung dessen
unmittelbar auf die Gepflogenheit der Maler und Bildhauer ihrer
Zeit, besonders auf Phidias, den Lieblingskünstler des Altertumes.
Und als wenn sie ihre Bewunderung jener Genies nicht genügend
durch Das, was sie von ihnen wüssten, hätten ausdrücken können,
suchen sie ihre Zuflucht bei der enthusiastischen Ausdrucksweise
der Poesie und sprechen von göttlicher Eingebung, von einem Geschenke des Himmels. Man lässt den Künstler den Himmel er-
steigen, um seinen Geist mit der Vorstellung vollkommenster Schönheit zu erfüllen. „Er,“ sagt Proklus,[14]) „der zu seinem Muster
solche Formen nimmt, wie die Natur sie darstellt, und sich auf
eine bloss genaue Nachahmung derselben einschränkt, wird nie das
vollkommen Schöne erreichen. Denn die Werke der Natur sind
voller Ungleichheiten und stehen weit unter dem wahren Muster
der Schönheit. Als daher Phidias seinen Jupiter bildete, so kopierte
er nicht etwa einen Gegenstand, der sich seinen Augen darbot;
sondern er betrachtete bloss das Bild, das er sich aus Homers Beschreibung in seiner Seele abgezogen hatte.“ Und Cicero sagt,
wenn er von eben diesem Künstler spricht: „Als der Künstler das
Bild des Jupiter oder der Minerva verfertigte, nahm er nicht eine
menschliche Gestalt als Muster vor sich, das er kopierte, sondern,
da er sich eine vollkommene Idee von Schönheit in seiner Seele
gebildet hatte, so betrachtete er diese unablässig und verwendete
seine ganze Kunst und Arbeit auf deren Nachahmung.“

Die Neueren sind nicht minder als die Alten von dem Vor-
handensein einer solchen höheren Macht in der Kunst überzeugt

und empfinden auch ihre Wirkungen nicht weniger. In jeder Sprache finden wir Worte, die diesen Vorzug ausdrücken. Der „gusto grande" der Italiener, das „beau ideal" der Franzosen und der „great style", „genius" und „taste" der Engländer sind nur verschiedene Bezeichnungen derselben Sache. Diese geistige Würde ist es, sagen sie, was die Kunst des Malers veredelt, ihn vom blossen Handwerker scheidet und mit einem Schlage grosse Wirkungen hervorbringt, welche Dichtkunst und Beredtsamkeit trotz langwieriger und wiederholter Bemühungen kaum zu erreichen imstande sind.

Mit solcher Wärme sprechen Alte und Neue von diesem göttlichen Wesen der Kunst; aber, wie schon früher bemerkt, schwärmerische Bewunderung fördert nur selten unser Wissen. Wenngleich die Aufmerksamkeit des Schülers geweckt und der Wunsch erregt wird, diese grosse Laufbahn zu durcheilen, so ist es doch möglich, dass Das, was gesagt wurde, um ihn anzuregen, nur dazu dienen könnte, ihn abzuschrecken. Er prüft seine eigenen Anlagen und findet nichts von dieser göttlichen Eingebung, womit, wie man ihm sagte, viele Andere begünstigt sind. Nie zum Himmel erhoben, um neue Begriffe zu sammeln, findet er sich im Besitze keiner anderen Fähigkeiten, als jener, welche alltägliche Beobachtung und schlichter Verstand verleihen können. So verstimmt ihn diese prunkvoll-bildliche Ausdrucksweise, und er hält es für hoffnungslos, ein Ziel zu verfolgen, das, wie er voraussetzt, ausser dem Bereiche menschlichen Vermögens liegt.

Aber hier, wie bei vielen anderen Gelegenheiten, müssen wir schwungvolle Begeisterung von ruhiger Überlegung unterscheiden. In Anschlag bringen und gebührend hervorheben sollen wir die Bedeutung dieser lebendigen Ausdrucksweise; sie ist nötig, um mit allem möglichen Nachdrucke die höchste Empfindung vollendeter Kunstwirkung zu vermitteln. Aber wir mögen zugleich dafür sorgen, nicht in schwankenden Ausdrücken der Bewunderung jenen festen und wahren Grund zu verlieren, auf welchem allein Urteil und Kunstübung ruhen.

Es ist nicht leicht zu erklären, worin dieser grosse Stil besteht; noch mit Worten die richtigen Mittel zu beschreiben, womit er erworben wird, soferne der Schüler überhaupt hierzu fähig ist. Könnten wir Geschmack oder Genie durch Regeln lehren, dann würden sie nicht länger Geschmack und Genie sein. Aber wiewol es keine genauen, unveränderlichen Regeln für die Übung oder Erwerbung dieser grossen Eigenschaften giebt, noch geben kann, so

können wir doch wol sagen, dass sie immer im Verhältnisse wirken
zu unserer Aufmerksamkeit im Beobachten der Natur, zu unserer
Geschicklichkeit in der Wahl, zu unserer Sorgfalt im Verarbeiten,
Ordnen und Vergleichen unserer Beobachtungen. Es giebt viele Schönheiten in unserer Kunst, welche, allem Anscheine nach zwar nicht
in Regeln zu fassen, jedoch auf praktische Lehrsätze zurückgeführt
werden können. Erfahrung ist Alles in Allem; aber nicht Jeder
gewinnt durch Erfahrung, und die Meisten irren nicht so sehr aus
Mangel an Fähigkeit ihren Gegenstand zu finden, als deshalb, weil
sie nicht wissen, welchen Gegenstand sie erfassen sollen. Nicht
im Himmel sondern auf Erden ist jene grosse ideale Vollkommenheit
und Schönheit zu suchen. Sie ist unter uns und umgiebt uns von
allen Seiten. Die Fähigkeit, herauszufinden was in der Natur
hässlich ist, oder mit anderen Worten, was eigenartig und ungewöhnlich ist, kann nur durch Erfahrung erworben werden; und
die ganze Schönheit und Grösse der Kunst besteht meiner Meinung
nach in dem Vermögen, sich über alle seltsamen Formen, örtlichen
Gewohnheiten, Eigentümlichkeiten und Einzelheiten aller Art zu
erheben.

Bei allen Gegenständen, welche die Natur unseren Blicken darbietet, werden sich bei genauerer Prüfung Fehler und Mängel finden.
Die schönsten Formen haben etwas wie Schwäche, Kleinlichkeit
oder Unvollkommenheit an sich. Aber nicht jedes Auge sieht diese
Gebrechen. Es bedarf hierzu eines Blickes, der, an die Betrachtung
und Vergleichung dieser Formen gewöhnt, durch gründliche Übung
in der Beobachtung Dessen, was jeder Gruppe von Dingen derselben
Art gemeinsam ist, die Fähigkeit erworben hat, zu unterscheiden,
was jedem Einzelnen zukommt. In diesem Sinne mit anhaltendem
Fleisse vergleichende Studien zu pflegen, sollte jeder Maler, der sich
den hohen Stil zu eigen machen will, als seine erste Aufgabe betrachten. Auf diesem Wege gewinnt er eine richtige Vorstellung
von schönen Formen, er verbessert die Natur durch sie selbst, ihren
unvollkommenen Zustand durch ihren vollkommeneren. Da sein Auge
imstande ist, zufällige Mängel, Auswüchse und Unförmlichkeiten der
Dinge von ihrer allgemeinen Gestalt zu unterscheiden, macht er
sich eine abstrakte Vorstellung von ihrer Form, die vollkommener
ist als irgend ein Original; und er lernt, so paradox es auch
klingen mag, natürlich zu zeichnen, indem er seine Gestalten so
zeichnet, dass sie keinem wirklichen Gegenstande völlig gleichen.
Diese Vorstellung eines vollkommenen Zustandes der Natur, den

die Künstler ideale Schönheit nennen, ist der grosse leitende Gedanke, welchem geniale Werke entspringen. Dadurch erwarb Phidias seinen Ruhm. Er hat einem nüchternen Lehrsatz abgerungen, was so sehr die Begeisterung der Welt erregt hat; und auch Sie können auf diesem Wege gleichen Ruhm erwerben, soferne Sie nur den Mut haben, dieselbe Strasse zu wandeln.

Dies ist die Idee, der man, und wol mit Recht, den Beinamen der göttlichen gegeben, da von ihr gesagt werden kann, sie trone wie ein höchster Richter über Allem, was die Natur hervorbringt, und scheine von des Schöpfers Willen und Absicht erfüllt zu sein, soweit sie die äussere Form der lebenden Wesen betreffen. Hat Jemand einmal diesen Gedanken in seiner Vollkommenheit erfasst, so ist keine Gefahr, dass er nicht selbst hinlänglich von ihm erwärmt und in den Stand gesetzt würde, jeden Anderen damit zu erwärmen und zu entzücken.

So kommt der Künstler, indem er reiche Erfahrung sammelt und die Dinge in der Natur genau vergleicht, in den Besitz des Begriffes jener Grundform,[15]) wenn ich es so ausdrücken darf, von welcher abzuweichen stets zur Hässlichkeit führt. Aber ich muss zugeben, es ist mühevoll sie zu finden, und ich kenne nur ein Mittel, den Weg dahin abzukürzen: sorgfältiges Studium der Werke der alten Bildhauer. Unermüdlich im Studium der Natur, haben sie Muster jener vollkommenen Form hinterlassen, welche ein Künstler, der sein ganzes Leben nur in ihrer Betrachtung zugebracht hätte, als unübertrefflich schön allen anderen vorziehen müsste. Und sollten Sie, wenn Jene durch ihren Fleiss so viel erreicht haben, nicht denselben Lohn für dieselbe Arbeit erhoffen dürfen? Dieselbe Schule, welche jenen offen stand, steht auch uns offen; denn die Natur versagt ihre Lehre Keinem, der ihr Schüler zu werden wünscht.

Diese mühsame Untersuchung wird Jenen, wie ich wol weiss, überflüssig erscheinen, welche all dies für Sache des Glückes und zufälliger Begabung halten. Selbst der grosse Bacon machte sich über die Absicht lustig, Ebenmaass auf Regeln beschränken und Schönheit auf dem Wege prüfender Überlegung hervorbringen zu wollen. „Man weiss nicht," sagt er, „wer kleinlicher war, Apelles oder Albrecht Dürer: der Eine wollte die menschliche Figur auf geometrische Verhältnisse zurückführen, der Andere wählte das Beste aus verschiedenen Gesichtern um ein vortreffliches daraus zu machen. — — — — Der Maler," fügt er hinzu, „muss dies auf gut Glück tun — — — — und nicht im Hinblick auf Regeln."[16])

Es ist gefährlich, die Berechtigung der Meinung eines so grossen
Schriftstellers und tiefen Denkers, wie es Bacon zweifellos war,
in Frage zu stellen. Aber er strebt im Übermaasse nach Kürze
des Ausdruckes, und daher ist es oft schwer zu ersehen, was er
eigentlich sagen will. Wenn er meint, dass Schönheit nichts mit
Regeln zu tun habe, so irrt er. Es giebt ein aus der Natur ab-
geleitetes Gesetz, dem entgegenzuhandeln in Hässlichkeit verfallen
heisst. Geschieht etwas über dieses Gesetz hinaus, so geschieht es
infolge eines anderen Gesetzes, das mit jenem in gleicher Richtung
läuft, ihm aber nicht widerspricht. Jede sichere Wirkung ist die
Wirkung eines Gesetzes; ist ein solches nicht vorhanden, so kann
sich dieser Fall nicht wiederholen. Wenn unter Glück etwas Zu-
fälliges, von ungefähr Eintretendes, Angeborenes und nicht Erworbenes gemeint ist, dann erkläre ich mich mit diesem grossen
Philosophen keineswegs einverstanden. Alles, was gefällt, muss
nach gewissen Bedingungen gefallen; da freilich die Gegenstände
des Gefallens fast unendlich sind, so werden sich auch ihre Bedingungen fortwährend ändern und man wird ihnen nicht infolge
eines glücklichen Zufalles, sondern nur durch sorgfältige Überlegung auf die Spur kommen.

Gegen die Meinung, die ich hier ausspreche, dass die Idee der
Schönheit in allen Wesen unveränderlich eine sei, könnte man ein-
wenden, dass jede besondere Art ihre eigenen Grundformen habe,
welche deutlich von einander getrennt und doch unleugbar schön
sind; dass bei der menschlichen Gestalt z. B. die Schönheit des
Herkules eine, die des Gladiators eine andere, des Apollo wieder
eine andere sei, was ebensoviele verschiedene Ideale der Schönheit
ergebe.

Es ist wirklich wahr, dass jede dieser Gestalten vollkommen
in ihrer Art, wenn auch verschieden im Charakter und in den Verhältnissen ist, und doch vertritt keine die Stelle eines Individuums
sondern die einer Gattung.[17]) Und wie es eine allgemeine Form
giebt, welche, wie ich sagte, der ganzen Menschheit zugehört, so
hat jede Gattung ihre eigene Idee und Grundform, welche den
mannigfaltigen besonderen Gestalten entnommen ist, die zu dieser
Gattung gehören. So giebt es, obwol die Formen der Kindheit
und des Alters wesentlich verschieden sind, eine gemeinsame Form
der Kindheit und wieder eine des Alters, welche umso vollkommener
sind, je weiter sie sich von allen Eigentümlichkeiten entfernen.
Aber ich muss noch hinzufügen, dass, obwol die vollkommensten

Formen von jeder dieser Hauptgruppen der menschlichen Gestalt ideal sind und über jede besondere Form dieser Gattung hinausgehen, die höchste Vollkommenheit menschlicher Gestalt sich doch nicht unter ihnen findet. Sie liegt nicht im Herkules, nicht im Gladiator, nicht im Apollo, sondern in jener Form, die, von ihnen allen genommen, gleichen Teil hat an der Bewegung des Gladiators, der zarten Durchbildung des Apollo und der Muskelkraft des Herkules. Denn die vollkommene Schönheit aller Arten muss aus allen Merkmalen gebildet sein, welche die Schönheit der einzelnen Gattungen ausmachen. Sie kann nicht in irgend einem dieser Merkmale mit Ausschluss der übrigen bestehen: keines darf überwiegen, damit keines zu kurz kommt.

Die Kenntnis dieser verschiedenen Merkmale und die Fähigkeit sie zu trennen und zu unterscheiden ist unzweifelhaft notwendig für den Maler, der in seine Kompositionen durch Gestalten verschiedener Formen und Verhältnisse Abwechslung zu bringen hat, ohne allerdings die allgemeine Idee der Vollkommenheit in jeder Gattung aus den Augen verlieren zu dürfen.

Es giebt auch eine Art von Ebenmaass und Verhältnis, welche eigentlich zum Hässlichen zählt. Eine magere oder starke, lange oder kurze Figur mag, wenn sie auch von der Schönheit abweicht, doch eine gewisse Übereinstimmung ihrer Teile zeigen, welche dazu beitragen kann, sie im Ganzen nicht unerfreulich zu machen.

Wenn der Künstler durch Fleiss und Achtsamkeit eine klare und deutliche Vorstellung von Schönheit und Ebenmaass erworben, wenn er die Mannigfaltigkeit der Natur zur reinen Idee [18]) aufgelöst hat, dann wird es seine nächste Aufgabe sein, sich mit dem wahren Wesen der Natur im Unterschiede zur Mode vertraut zu machen. Denn in derselben Weise und auf denselben Grundsätzen, wie er die Kenntnis der wirklichen Formen der Natur, frei von zufälliger Entstellung, erlangt hat, muss er sich bemühen, die einfache keusche Natur von jenen fremden, gezierten und gezwungenen Geberden und Mienen zu unterscheiden, mit welchen die moderne Erziehung sie beladen hat.

Ich glaube, Das, was ich meine, nicht besser erklären zu können, als indem ich Sie daran erinnere, was uns der Professor der Anatomie in Beziehung auf die natürliche Stellung und Bewegung der Füsse sagte. Er bemerkte, dass die Mode, sie auswärts zu wenden, der Absicht der Natur entgegen wäre, wie man aus der Struktur der Knochen und aus der Schwäche, welche aus dieser

Art zu stehen folgt, ersehen könne. Wir können weiter an die aufrechte Haltung des Kopfes, das Vorstrecken der Brust, das Gehen mit geraden Knieen erinnern und an viele solcher Bewegungen, welche, wie wir wissen, bloss Ergebnis der Mode und vor der Natur nicht gerechtfertigt sind, wie wir auch sicher sind, sie in unserer Kindheit gelernt zu haben.

Ich habe nur wenige Beispiele erwähnt, welche Eitelkeit und Laune ersonnen haben, um die menschliche Gestalt zu verzerren und zu verunstalten; Sie werden aus eigener Erfahrung diese Zahl durch Tausende von Beispielen vermehren können, wie in unverständiger Weise unsere Tanzlehrer, Friseure und Schneider in ihren verschiedenen Schulen der Verunstaltung zu Werke gehen, um das Naturgemässe zu vermummen.[19])

Mögen immer handwerksmässige und ornamentale Künste der Mode opfern, die Malkunst muss davon vollkommen ausgeschlossen bleiben; der Maler darf diesen der Laune entsprungenen Wechselbalg nie für den echten Sprössling der Natur halten, er hat allen Vorurteilen seiner Zeit und seines Landes zu entsagen; alle orts- und zeitüblichen Zierarten hintanzusetzen und nur auf jene allgemeinen Gebräuche zu sehen, die überall und immer dieselben waren. Er richtet seine Werke an das Volk jedes Landes und jeder Zeit; er wendet sich an das Urteil der Nachwelt und sagt mit Zeuxis: in aeternitatem pingo.

Der Mangel an Verständnis für den Unterschied zwischen modernen Gebräuchen und Naturanlage führt zu jenem von manchen Malern geübten lächerlichen Stile, der griechische Helden so maniert und geziert darstellt, wie dies am Hofe Ludwig XIV. in Übung war; eine fast eben so grosse Torheit, als ob sie Diese nach der Mode jenes Hofes gekleidet hätten.

Diesen Irrtum jedoch zu vermeiden und sich die reine Einfachheit der Natur zu bewahren ist eine schwierigere Aufgabe, als man auf den ersten Blick glauben möchte. Die Vorurteile zu Gunsten der Moden und Gebräuche, an welche wir gewöhnt sind und welche ganz richtig eine zweite Natur genannt werden, machen es oft nur zu schwer, das Natürliche vom Anerzogenen zu unterscheiden; ihnen zufolge giebt man sogar oft erkünstelter Sitte den Vorzug, und beinahe Jeder, der seinen Geist nicht gezügelt und seine haltlosen Neigungen nicht durch die ewig unveränderliche Naturanschauung geregelt hat, ist bereit, sich von jenen heimischen Vorurteilen leiten zu lassen.

Hier nun müssen wir, wie früher, zu den Alten als unseren Meistern Zuflucht nehmen. Durch sorgfältiges Studium ihrer Werke werden Sie in den Stand gesetzt, die echte Einfachheit der Natur zu erreichen; und manche Beobachtungen werden sich Ihnen hier aufdrängen, die Ihnen wahrscheinlich entgehen würden, wenn Sie sich auf das Studium der Natur allein beschränkten. Und indertat, ich kann die Meinung nicht unterdrücken, dass die Alten in dieser Beziehung eine leichtere Aufgabe hatten als wir. Sie hatten wahrscheinlich wenig oder nichts zu verlieren, da ihre Sitten jener wünschenswerten Einfachheit nahe standen, während der moderne Künstler, bevor er die Wahrheit der Dinge sehen kann, gezwungen ist, erst einen Schleier zu entfernen, mit welchem der Zeitgeschmack sie zu verhüllen für gut befunden hat.

Wenn wir nun den grossen Stil der Malerei so weit erforscht haben; wenn wir jetzt voraussetzen können, dass der Künstler sich den wahren Begriff der Schönheit gebildet hat, der ihn befähigt, seinen Arbeiten eine richtige und vollkommene Zeichnung zu geben; wenn wir ferner auch voraussetzen können, dass er die Kenntnis des unverfälschten Zustandes der Natur erworben hat, welche ihn zur Einfachheit führt; dann ist der Rest seiner Aufgabe vielleicht geringer, als man im Allgemeinen annimmt. Schönheit und Einfachheit haben einen so grossen Anteil an der Bildung eines grossen Stiles, dass, wer diese besitzt, nur wenig Anderes mehr zu lernen hat. Man darf aber wahrlich nicht vergessen, dass es einen Adel der Auffassung giebt, welcher Alles in der blossen Darstellung, selbst die vollkommene Form, überragt; es giebt eine Kunst, die Gestalten durch geistige Hoheit zu beleben und zu veredeln, welche ihnen den Stempel philosophischer Weisheit und heldenhafter Tugend aufdrückt. Dies Vermögen kann freilich nur von Demjenigen erworben werden, der seinen Geist durch eine Fülle des Wissens erweitert und seine Einbildungskraft durch die besten alten und neuen Werke der Dichtkunst entflammt hat.

Solche Übung der Hand und Schulung des Geistes wird die Kunst vielleicht auf eine höhere Stufe der Vortrefflichkeit bringen, als sie sie bisher in diesem Lande innegehabt hat. Solch ein Schüler wird die untergeordneten Richtungen der Malerei verachten, welche ihm, so einträglich sie immerhin sein mögen, doch nimmermehr zu dauerndem Ruhme verhelfen können. Er wird dem minderen Künstler die knechtische Anschauung überlassen, jene Bilder für die besten zu halten, welche den Beschauer am ehesten teuschen.

Er wird es dem tieferstehenden Maler anheimstellen, gleich einem Botaniker oder Muschelsammler die winzigen Unterschiede darzustellen, welche ein Ding derselben Gattung vom anderen scheiden, während er wie ein Philosoph die Natur aus dem Vollen[20]) betrachten und in jeder seiner Gestalten die Merkmale ihrer Gattung darstellen wird.

Wenn es das einzige Geschäft der Kunst wäre, das Auge zu teuschen, dann würde der Maler, der sich mit Kleinigkeiten abgiebt, ohne Zweifel mehr Aussicht auf Erfolg haben. Aber nicht an das Auge, an den Geist wünscht der geniale Maler sich zu wenden; auch hat er keinen Augenblick an diese kleinlichen Dinge zu verlieren, welche nur dazu dienen, die Sinne zu fangen, die Aufmerksamkeit zu teilen und seiner grossen Absicht, zum Herzen zu sprechen, entgegenzuarbeiten.

Dies ist der Ehrgeiz, den ich in Ihrer Seele wecken möchte; der Gegenstand, den ich während dieser Rede vor Augen hatte, ist diese eine grosse Idee, welche der Malerei ihre wahre Würde verleiht, sie berechtigt, den Namen einer freien Kunst zu tragen, und sie der Dichtkunst als Schwester gleichstellt.

Manchen jungen Schülern, deren Fleiss genügte, um alle Schwierigkeiten zu überwältigen, und deren Sinn fähig gewesen wäre, hochfliegende Pläne zu fassen, mag es geschehen sein, dass sie infolge einer falschen Richtung, in welche sie von Haus aus geraten sind, ihr Leben in den niedrigeren Bahnen der Malerei verbrachten, ohne überhaupt je zu erfahren, dass es eine edlere gäbe, die man verfolgen könnte. Albrecht Dürer würde, wie Vasari richtig bemerkt hat,[21]) wahrscheinlich einer der ersten Maler seiner Zeit gewesen sein (und er lebte ja in einem Zeitalter hervorragender Künstler), wäre er in jene grossen Grundsätze der Kunst eingeweiht worden, welche seine Zeitgenossen in Italien so gut verstanden und benutzten. Aber da er unglücklicherweise nichts von einer anderen Manier sah und hörte, hielt er seine eigene zweifellos für vollkommen.

Was die verschiedenen Richtungen der Malerei betrifft, die sich nicht erkühnen so hohe Ansprüche zu stellen, so giebt es deren viele. Keine von ihnen ist ohne Verdienst, obwol keine mit jener hohen, allgemeinen Auffassung wetteifern kann. Die Maler, welche sich mehr dem niedrigen und gemeinen Leben widmen und mit Genauigkeit die verschiedenen Färbungen der Leidenschaft darstellen, die roher Gemütsanlage entspricht (wie wir es an

Hogarths Werken sehen) verdienen grosses Lob; aber da sie ihr
Talent an niedrige und beschränkte Dinge gewendet haben, muss
unser Lob so begrenzt sein, wie dessen Gegenstand. Die Lustbar-
keiten oder Händel der Teniers'schen Bauern, dieselbe Art von
Schöpfungen Brouwers oder Ostades sind vorzüglich in ihrer Art,
und der Ruhm dieser Vorzüge wird davon abhängen, in welchem
Maasse sie in diese begrenzten Gegenstände und eigentümlichen Gestalten mehr oder weniger von dem Ausdrucke jener Leidenschaften
hineinlegen, die weit und breit in der Natur zur Erscheinung kommen.
Diesen Grundsatz kann man auf Bourguignons[22]) Schlachtstücke,
auf Watteaus französische Galanterien, und selbst über die Darstellung des Belebten hinaus auf Claude Lorrains Landschaften
und die Seebilder von van de Velde[23]) anwenden. Alle diese Maler
haben im Allgemeinen und in verschiedenem Maasse dasselbe Recht
auf den Namen eines Malers, wie der Verfasser von Satiren,
Epigrammen, Sonetten, Schäferstücken oder beschreibenden Ge-
dichten ein Recht auf den eines Dichters hat.

Auf derselben Stufe, nur vielleicht nicht mit eben so viel Recht,
steht Jener, der nüchterne Porträts malt. Immerhin hat genaue
und richtige Nachbildung des Gegenstandes ihre Verdienste. Selbst
der Maler von Stillleben, dessen höchster Ehrgeiz darin besteht,
eine haarscharfe Darstellung aller Teile jener untergeordneten
Gegenstände zu geben, welche er vor sich hinstellt, selbst dieser
verdient entsprechendes Lob für Das, was er erreicht, denn kein
Teil dieser ausserordentlichen Kunst, die unser verfeinertes Leben
in so hohem Maasse schmückt, ist ohne Wert und Nutzen. Indessen
ist dies keinesfalls das Ziel, auf welches der Sinn der Schüler von
Anfang an gelenkt werden soll. Wenn er, nachdem er anfangs
höhere Ziele angestrebt, durch besondere Neigung oder durch den
Geschmack der Zeit und des Ortes, in dem er lebt, oder durch
äussere Nötigung und Mislingen seiner hohen Pläne sich gezwungen
sieht, tiefer zu steigen, dann wird er in diese niedrigere Kunst-
sphäre eine Grösse der Komposition und Denkungsart bringen,
welche seine Werke weit über ihren natürlichen Rang erheben und
veredeln wird.

Man ist noch nicht schwach, wenn man die Keule des Herkules
nicht zu schwingen vermag; auch tut man nicht immer Das, was
man am Höchsten schätzt, sondern was man am Besten tun zu
können meint. Beschränkt er sich, so stehen dem Künstler viele
Wege offen. Aber wie es naturgemäss nur eine Schönheit giebt, so

kann es nur eine grosse Art des Malens geben, dessen leitenden Grundsatz zu erklären ich mich bemüht habe.

Ich würde bedauern, wenn Das, was ich hier empfehle, als Befürwortung nachlässiger oder unbestimmter Malweise misdeutet werden sollte. Denn wenngleich der Maler die zufälligen Unterschiede der Natur übersehen soll, so muss er doch die allgemeine Gestalt der Dinge deutlich und genau darstellen. Ein fester und bestimmter Umriss ist eines der Merkmale des grossen Stiles in der Malerei; und lassen Sie mich hinzufügen, dass Der, welcher die Kenntnis der richtigen Gestalt besitzt, welche jeder Teil der Natur haben soll, es auch vorziehen wird, diese Kenntnis mit besonderer Sorgfalt in all seinen Werken auszudrücken.

Ich eile zum Schlusse. Ich habe es versucht, den Begriff der Schönheit auf allgemeine Grundsätze zurückzuführen, und es war mir eine Freude zu bemerken, dass der Fachlehrer des Malens in der gleichen Weise vorging, da er Ihnen zeigte, dass der Kunstgriff des Kontrastes nur auf einer Regel ruht. Ich bin überzeugt, dass dies das einzige Mittel ist, die Wissenschaft zu fördern und den Geist von dem Wuste widersprechender Beobachtungen zu reinigen, die den Schüler nur verwirren und beunruhigen, wenn er sie vergleicht, oder ihn irreführen, wenn er sich ihrer Autorität unterwirft: nur unter einen allgemeinen Gesichtspunkt gebracht, sind sie imstande, dem Wissbegierigen Ruhe und Befriedigung zu gewähren.

IV. Rede

an die Schüler der Königlichen Akademie gerichtet bei bei der Preisverteilung am 10. Dezember 1771.

Allgemeine Begriffe; der leitende Grundsatz, welcher die Kunst in allen ihren Teilen regelt; Erfindung, Ausdruck, Farbengebung, Draperie. — Die zwei verschiedenen Stilrichtungen der historischen Malerei, der hohe und der ornamentale Stil. — Die Schulen, in welchen die beiden sich finden. — Der zusammengesetzte Stil. — Der auf lokale Sitten und Gewohnheiten oder auf einseitige Anschauung der Natur gegründete Stil.

Meine Herren!

Der Wert und der Rang jeder Kunst steht im Verhältnisse zu der daran gewendeten geistigen Arbeit oder des durch sie hervorgebrachten geistigen Vergnügens. Je nachdem wir diesen Grundsatz beobachten oder nicht, wird unser Beruf zur freien Kunst oder zum handwerksmässigen Gewerbe. Er stellt an den Einen die höchsten Ansprüche und wendet sich an die edelsten Fähigkeiten; der Andere setzt ihn zur blossen Sache des Schmuckes[24]) herab und weist dem Maler nur die bescheidene Aufgabe zu, unsere Wohnungen mit eleganter Zierde zu versehen.

Diese Anstrengung des Geistes, welche allein unsere Kunst wirklich veredelt, ist es, was die römische und die venezianische Schule so sehr von einander unterscheidet. Ich habe früher[25]) bemerkt, dass Vollkommenes nur erreicht wird, wenn man mit Ausserachtlassung des unwesentlichen Beiwerkes vornehmlich das Allgemeine betont. Ich will jetzt versuchen zu zeigen, dass dieser Grundsatz, den ich als metaphysisch richtig bewiesen habe, sich auf alle Seiten der Kunst erstreckt, und dass er der Erfindung, der Komposition, dem Ausdrucke und selbst der Farbengebung und dem Faltenwurfe Das verleiht, was man hohen Stil nennt.

Erfindung in der Malerei schliesst nicht die Erfindung des Gegenstandes mit ein; diesen liefert gewöhnlich der Dichter oder der Geschichtsschreiber. Kein Gegenstand eignet sich zur Wahl, der nicht von allgemeinem Interesse ist; er soll entweder ein erhabenes Beispiel heldenmütigen Tuns oder Leidens sein. In der Handlung oder im Gegenstande muss etwas liegen, was die Menschheit allgemein interessiert und mächtig auf die öffentliche Teilnahme wirkt.

Genau genommen freilich wird es keinen Gegenstand geben, welcher ausnahmslos alle Menschen, kaum einen, der die überwiegende Mehrheit derselben interessierte; aber es giebt Ereignisse und Charaktere, die in jenen Ländern, in denen man unserer Kunst begehrt, so volkstümlich sind, dass man sie als all unseren Zwecken entsprechend betrachten darf. Dazu gehören die grossen Ereignisse der griechischen und römischen Mythologie und Geschichte, welche die Erziehung, die wir in der Jugend geniessen und der übliche Gang der Lektüre ganz Europa vertraut und interessant gemacht hat, ohne dass sie in irgend einem Lande zur Alltäglichkeit des gewöhnlichen Lebens herabgedrückt worden wären. Dazu gehören auch die Hauptgegenstände der biblischen Geschichte, welche nicht nur allgemein bekannt, sondern auch schon durch ihre Verbindung mit unserer Religion verehrungswürdig sind.

Verlangt man, dass der gewählte Gegenstand gemeinverständlich sei, so ist es nicht weniger notwendig, dass mit ihm nichts verquickt werde, was dazu dienen könnte, die Aufmerksamkeit des Beschauers zu teilen. Wenn eine Geschichte erzählt wird, macht sich Jeder im Geiste ein Bild der Handlung und des Ausdruckes der daran beteiligten Personen. Die Macht, dies geistige Bild auf der Leinwand darzustellen, nennt man die Erfindung des Malers. Da nun der Geist bei der Vorstellung dieses Phantasiegebildes nicht auf alle Einzelheiten der Kleidung und der Einrichtung oder des Ortes der Handlung eingeht, so ersinnt der Maler, wenn es zur Darstellung kommt, die kleinen, notwendig begleitenden Umstände in solcher Weise, dass sie dem Beschauer nicht mehr auffallen, als sie ihm selbst bei der ersten Auffassung der Geschichte auffielen.

Ich gebe gerne zu, dass die genaue Vorstellung einiger eigentümlicher Umstände viel dazu beiträgt, das Werk wahr erscheinen zu lassen und den Beschauer in ausserordentlicher Weise einzunehmen; sie können daher nicht ganz zurückgewiesen werden. Aber wenn es etwas in der Kunst giebt, was besonders feinsinnigen Urteiles bedarf, so ist es die Verteilung dieses kleinen Beiwerkes, das, je nach dem bei dessen Auswahl bekundeten Verständnisse, den Eindruck der Wahrheit fördern oder den der Grossartigkeit beeinträchtigen wird.

Jedenfalls aber liegt der gewöhnlichste und gefährlichste Irrtum in übertriebenem Eingehen auf Kleinigkeiten, und ich glaube hiervor am Eindringlichsten warnen zu sollen, weil hierin am häufigsten gefehlt wird. Die Beziehung auf das Allgemeine adelt erst eigentlich den Gegenstand der Darstellung. Alles Nebensächliche, so vorzüglich es in seiner Art auch sein mag, muss ohne Bedenken der Hauptsache geopfert werden. Der Maler hat nicht nach Dem zu fragen, was, ohne gerade tadelnswert zu sein, erlaubt ist; er soll sich nicht damit begnügen, zu zeigen, dass es da sein kann, sondern er wird zeigen, dass es wirklich dahin gehört und dass seine Abwesenheit das Bild verstümmeln und lückenhaft machen würde.

So muss man, sobald der Hauptgruppe eine zweite oder dritte Gruppe und eine zweite oder dritte Lichtmasse hinzugefügt wird, dafür sorgen, dass diese untergeordneten Handlungen und Lichter weder einzeln noch zusammen mit der Hauptsache irgendwie in Vergleichung kommen; sie sollen nur einen Teil des Ganzen bilden, das ohne sie unvollkommen wäre. Diese Regel kann auf jede Richtung der Malerei angewendet werden; selbst beim Porträt ist sie wirksam; Reiz und Ähnlichkeit liegt hier, wie wir hinzufügen können, mehr im Erfassen des allgemeinen Charakters[26]) als in der peinlichen Nachbildung jedes einzelnen Zuges.

So müssen die Personen einen Boden haben, auf welchem sie stehen können, sie müssen bekleidet sein, sie müssen einen Hintergrund haben, Licht und Schatten muss da sein: aber nichts daran darf den Anschein erwecken, als hätte es die Aufmerksamkeit des Künstlers auch nur teilweise beansprucht; es soll vielmehr so angeordnet sein, dass es nicht einmal die Aufmerksamkeit des Beschauers fesselt. Wenn wir ein Werk zergliedern, so erkennen wir die Mühe und das Geschick gut genug, womit der Künstler Hintergrund, Faltenwurf und Lichtmassen anordnet, und wir wissen, dass ein beträchtlicher Teil der Kraft und Wirkung seines Bildes davon abhängt: aber diese Kunstfertigkeit tritt selbst vor dem prüfenden Auge so weit zurück, dass nach Entfernung des Gemäldes keines dieser Nebendinge sich in der Erinnerungsvorstellung findet.

Der grosse Zweck der Kunst besteht darin, die Einbildungskraft zu erregen. Der Maler soll darum die Mittel, mit welchen dies geschieht, nicht zur Schau tragen; der Beschauer soll nur die Wirkung in seiner Brust fühlen. Den mittelmässigen Künstler verdriesst es, wenn ein Teil seines Fleisses dem Beschauer verloren geht. Er giebt sich ebensosehr Mühe, die Zeichen des auf nebensächliche Dinge gerichteten Fleisses zu enthüllen, als der grössere Künstler sie zu verbergen trachtet. In Arbeiten der niedrigeren Art erscheint Alles studiert und überladen; Alles ist prahlende Kunst und offenkundige Absichtlichkeit. Verständnislose verlassen solche Bilder oft mit Worten der Bewunderung auf den Lippen, aber gleichgültigen Herzens.

Aber der Künstler hat an Erfindung nicht genug getan, wenn
er nur die untergeordneten Teile seines Gegenstandes einschränkt
und zurücktreten lässt; er muss auch oft von der gemeinen, strengen
geschichtlichen Treue abweichen, wenn er grosse Zwecke erfüllen will.

Wie sehr der hohe Stil von Denen, die ihn üben, erfordert,
dass ihre Gegenstände in poetischer Weise aufgefasst und dargestellt
und nicht auf blosse Tatsachen beschränkt werden, kann man an
den Kartons von Raffael sehen. In allen Bildern, auf welchen der
Maler die Apostel darstellte, hat er sie mit grosser Vornehmheit
gezeichnet; er hat ihnen so viel Würde gegeben, als in die menschliche Gestalt überhaupt gelegt werden kann; aber in der heiligen
Schrift wird uns ausdrücklich gesagt, dass sie kein ehrwürdiges
Aussehen hatten, und der hl. Paulus erzählt von sich selbst, dass
seine körperliche Erscheinung dürftig war. Von Alexander
sagt man, er sei von niedriger Statur gewesen: ein Maler dürfte ihn
nicht so darstellen. Agesilaus war klein, lahm und von dürftiger
Erscheinung. Keiner dieser Mängel dürfte in einem Bilde erscheinen,
dessen Held er wäre. In Übereinstimmung mit dem Gebrauche nenne
ich diese Richtung der Kunst historische Malerei: sie sollte, was sie
indertat ist, die poetische heissen.

All dies ist nicht Fälschung von Tatsachen, sondern die In-
anspruchnahme der erlaubten poetischen Licenz. Ein Porträtmaler
hält die individuelle Ähnlichkeit fest; ein Geschichtsmaler zeigt den
Menschen wie er handelt. Der Maler muss einen Ersatz schaffen
für die natürliche Beschränkung seiner Kunst. Er hat nur einen
Satz auszusprechen, nur einen Augenblick darzustellen. Er kann
nicht weitläufig sein, wie Dichter und Geschichtsschreiber, die uns
mit grosser Hochschätzung für den Charakter des Helden oder
Heiligen ihrer Darstellung erfüllen und zugleich wissen lassen, dass
der Heilige verwachsen und der Held lahm gewesen sei. Der Maler
hat kein anderes Mittel, uns einen Begriff von seelischer Grösse zu
geben, als die äussere Erscheinung, welche gewöhnlich, jedoch nicht
immer, geistige Grösse im Antlitze zum Ausdrucke bringt und jene
Übereinstimmung zwischen dem Äusseren und der Empfindung einer-
seits und der augenblicklichen Lage andererseits, die Jeder wünscht,
über welche aber Niemand gebieten kann. Der Maler, der hier leicht
erreichen kann, was Andere vergeblich wünschen, soll darin sein
Möglichstes tun, da er so viele andere Zeichen wahrer Grösse gar
nicht wiederzugeben vermag. Er ist ausserstande, seinen Helden
als bedeutenden Mann reden zu lassen; er kann ihn nur so aus-

sehen machen. Er hat daher alle Umstände zu untersuchen, die im Leben würdevolles Aussehen bedingen.

Wie bei der Erfindung, so darf man sich auch bei der Darstellung nicht in Einzelheiten verlieren. Die Figuren sollen nur jenen Ausdruck erhalten, den der Zustand, in welchem sie dargestellt werden, gewöhnlich hervorruft. Doch nicht genug damit; jede Person sollte auch den Ausdruck haben, welchen Menschen ihrer Art gewöhnlich tragen. Freude oder Schmerz eines bedeutenden Menschen kann nicht in gleicher Weise ausgedrückt werden, wie sich ähnliche Leidenschaften auf einem gewöhnlichen Gesichte ausprägen. Aus diesem Grunde wäre etwa Bernini zu tadeln. Dieser in mancher Hinsicht bewundernswerte Bildhauer hat seinem David[27]) einen sehr gewöhnlichen Ausdruck gegeben; er stellt ihn dar, wie er eben den Stein schleudert, und um ihm den Ausdruck der Energie zu geben, hat er ihn sich auf die Unterlippe beissen lassen. Dieser Ausdruck ist durchaus nicht allgemein und noch weniger würdevoll. Er mag dies an ein oder zwei Beispielen gesehen haben und hielt den Zufall fälschlich für die Regel.

Auch die Farbengebung, die fürs Erste als ein ganz handwerksmässiger Teil der Malerei erscheinen könnte, hat gleichwol ihre Gesetze, die auf demselben herschenden Grundsatze beruhen, welcher das Grosse und das Kleine im Studium des Malers regelt. Die Farbe entscheidet über den ersten Eindruck, welchen das Bild hervorbringt; je nach ihrem Vortrage wird der die Gallerie durchschreitende Beschauer stehen bleiben oder weitergehen. Soll auf den ersten Blick eine mächtige Wirkung hervorgerufen werden, so sind alle spielerischen und erkünstelten kleinen Lichter zu meiden, wie das Bestreben, in der Farbe gar zu mannigfaltig zu sein; Ruhe und Einfachheit muss das ganze Werk beherschen, wozu die Breite gleichförmiger und einfacher Farben sehr viel beiträgt. Grossartige Wirkung kann auf zwei verschiedenen Wegen erzielt werden, die sich gegenseitig vollkommen zu widersprechen scheinen. Der eine ist, die Farben nicht über ein gewisses Helldunkel zu erheben, wie es in den Schulen von Bologna oft geübt wurde; der andere geht dahin, sie sehr klar und kräftig zu halten, wie wir es in den Schulen von Rom und Florenz sehen; dennoch ist der herschende Grundsatz beider Arten die Einfachheit. Gewiss kann nichts einfacher sein, als Eintönigkeit; und auch die deutlichen blauen, roten und gelben Farben, welche man in den Draperien der römischen und florentinischen Schulen sieht, üben jene beabsichtigte grosse Wirkung, obwol sie der Harmonie

entbehren, welche durch Abwechsluug gebrochener und durch-
scheinender Farben hevorgebracht wird. Vielleicht berühren diese
bestimmten Farben den Sinn stärker, weil keine innige Verbindung
zwischen ihnen herscht. Auch kriegerische Musik, die berufen ist,
edlere Leidenschaften zu erwecken, sucht ihre Wirkung in den
jähen und kräftig betonten Übergängen von einem Tone zum anderen,
wie es dieser musikalische Stil erfordert, während bei jener, welche
bestimmt ist, sanftere Gemütsbewegungen zu erregen, die Töne unmerklich in einander verschmelzen.

Ebenso wie der Historienmaler niemals in die Einzelheiten der
Farben eingeht, erniedrigt er auch seine Entwürfe nicht durch kleinliche Rücksichtnahme auf die Unterschiede der Kleidungsstoffe. Nur
der niedrigere Stil drückt die Verschiedenheit des Materiales aus;
jenem ist die Kleidung weder Wolle noch Leinwand, noch Seide,
Atlas oder Sammt: es ist Draperie und sonst nichts weiter. Ein
beträchtlicher Teil der Studien des Malers bezieht sich auf die
Anordnung der Gewandfalten. Diese ohneweiters der Natur nach-
zumachen, ist eine mechanische Arbeit, die weder Genie noch Geschmack erfordert; es erheischt jedoch ein sehr feinsinniges Urteil,
das Gewand derart zu ordnen, dass die Falten einen leichten
Zusammenhang haben und sich anmutig und mit solch natürlicher
Nachlässigkeit aneinander reihen, dass es wie zufällig aussieht und
zugleich die Figuren möglichst vorteilhaft erscheinen lässt.

Carlo Maratti[28]) war der Ansicht, dass die Anordnung des
Faltenwurfes eine schwerere Kunst sei, als selbst das Zeichnen der
menschlichen Figur, und dass man einen Schüler leichter das Letztere
als das Erstere lehren könne, da die Regeln des Faltenwurfes, wie
er sagte, nicht so gut festgestellt werden könnten, als die für das
richtige Zeichnen der Gestalt. Das ist vielleicht ein Beweis dafür,
wie leicht wir unsere eigenen besonderen Vorzüge begünstigen. Man
sagt, Carlo Maratti habe sich besonders auf seine Geschicklichkeit
in dieser Kunst viel zu Gute getan; doch erscheint die Anordnung
bei ihm so auffallend künstlich, dass er selbst in Dem, worin er
am meisten Anspruch auf Ruhm erheben konnte, hinter Raffael
zurückstand.

Dies ist der grosse Gedanke, von welchem wir uns in den edleren
Zweigen unserer Kunst leiten lassen sollen. Auf diesen Grundsatz
hat die römische, die florentinische, die bologneser Schule ihr Verfahren gestellt und dadurch das Höchste erreicht; es sind die drei
grossen Weltschulen des epischen Stiles. Die Besten der französischen

Schule, Poussin, Lesuer und Lebrun haben sich nach diesem Muster gebildet und können daher, obwol Franzosen, als Abkömmlinge der römischen Schule gelten. Diesen zunächst, wenn auch in ganz anderer Art vortrefflich, können wir die venezianische, die niederländische und die holländische Schule stellen, die sich allerdings durchwegs offenkundig von den hohen Zielen der Kunst abgewendet und in der Ausbildung minderer Vorzüge ihren Ruhm gesucht haben.

Ich weiss wohl, dass Manche mich tadeln werden, wenn ich die Venezianer in diese niedere Klasse einordne und Viele der eifrigsten Bewunderer der Malerei werden meinen, dass Jene mit Unrecht herabgesetzt wurden; doch möge man mich nicht misverstehen. Obwohl ich keineswegs zugeben kann, dass die Venezianer mit den hervorragendsten Malerschulen auf einer Stufe stehen, so haben sie doch Das, was sie anstrebten, vollkommen erfüllt. Da indessen nur Prachtwirkung ihr Ziel ist, da sie lieber blenden als ergreifen, kann die Behauptung keine Kränkung für sie sein, dass ihr Verfahren nur für jene Zwecke taugt, welche sie selbst sich gesetzt haben. Denn was die Pracht erhöhen kann, wird der Erhabenheit Abbruch tun. Dem hohen Stil ist eine Einfachheit, ja man kann sagen, eine Strenge eigen, die, wie ich fürchte, fast unvereinbar ist mit diesem Stile, welcher, im Verhältnisse zu jenem, sinnlich zu nennen ist.

Tintoretto, Paolo Veronese und Andere aus der venezianischen Schule scheinen nur in der Absicht gemalt zu haben, ihre Geschicklichkeit und Findigkeit in der Technik des Malens bewundern zu lassen und mit jener Kunst Aufsehen zu erregen, welche die Anhänger des höheren Stiles, wie ich früher bemerkt habe, zu verbergen trachten.

Bei einer Beratung der französichen Akademie, welcher Lebrun, Sebastien Bourdon[20]) und alle ausgezeichneten Künstler jener Zeit beiwohnten, wünschte einer der Akademiker ihre Ansicht über Paolo Veroneses Verfahren zu hören, der, wiewol ein bedeutender Maler, den strengen Kunstregeln entgegen, auf seinem Bilde: Perseus und Andromeda, die Hauptfigur in Schatten gestellt hatte. Auf diese Frage wurde damals keine genügende Antwort gegeben. Aber ich wage zu sagen, dass, wenn sie die Stellung des Künstlers beachtet und ihm einen Platz unter den Ornamentisten angewiesen hätten, es nicht schwer gewesen wäre, folgende Antwort zu geben: Es war unvernünftig, etwas zu erwarten, was nicht beabsichtigt war. Des Künstlers Absicht war ausschliesslich, Licht- und Schattenwirkung hervorzubringen;

Alles musste diesem Vorhaben geopfert werden, und die wunderliche Komposition des Bildes stimmte sehr gut zu dem Stile, zu welchem Veronese sich bekannt hat.

Junge Geister sind nur zu leicht geneigt, sich von solcher Malweise blenden zu lassen, und die der Venezianer erregt ganz besonderes Wohlgefallen, denn sie pflegten mit Sorgfalt und in vollendeter Weise alle jene Seiten der Kunst, die dem Auge gefallen und die Sinne gefangen nehmen. Diese Fähigkeit mechanischer Kunstfertigkeit nannte man die Sprache der Maler; aber wir dürfen sagen, dass es nur eine ärmliche Beredtsamkeit ist, die nichts Anderes zeigt, als dass der Redner sprechen kann. Worte sollen als Mittel, nicht als Zweck dienen; Sprache ist das Werkzeug, ihre Wirksamkeit aber liegt im Überzeugen.

Die Sprache der Malerei muss diesen Meistern allerdings zuerkannt werden; aber selbst darin zeigten sie mehr überquellenden Reichtum, als Urteil in der Wahl des Ausdruckes. Wenn wir die uninteressanten Gegenstände ihrer Erfindung oder mindestens die uninteressante Art betrachten, in welcher sie behandelt sind; wenn wir auf das Gesuchte ihrer Kompositionen achten, auf die unnatürlichen und erkünstelten Gegensätze sowol der Figuren als in Licht und Schatten, auf die Fülle von Gewändern und zugleich auf die niedrige Wirkung, welche das Auseinanderhalten der Stoffe ihren Bildern verleiht; wenn wir ihre völlige Gleichgiltigkeit gegen den Ausdruck hinzufügen und dann an die Gedanken und Kenntnisse Michel-Angelos oder an die Einfachheit Raffaels denken, so brauchen wir nicht lange bei diesem Vergleiche zu verweilen. Selbst wenn wir in Hinsicht der Farbe die Ruhe und Keuschheit eines bologneser Pinsels mit der Unruhe und dem Durcheinander vergleichen, die, ohne den leisesten Versuch Gemütsbewegungen zu erregen, jeden Winkel eines venezianischen Bildes erfüllen, dann wird ihre anspruchsvolle Kunst uns nur als fruchtloses Ringen erscheinen: „ein Mährchen ist's, erzählt von einem Dummkopf, voller Klang und Wut, das nichts bedeutet."[30])

Diejenigen sind völlig im Irrtume, welche glauben, dass der grosse Stil sich glücklich mit dem dekorativen verschmelze, dass die einfache, ernste und majestätische Würde Raffaels mit der Glut und Lebhaftigkeit eines Paolo Veronese oder Tintoretto sich vereinigen liesse. Die Grundsätze beider Richtungen sind einander so entgegengesetzt, dass sie nach meiner Meinung unvereinbar sind, und es ist für sie ebenso unmöglich, nebeneinander zu bestehen, als es unmöglich ist, dass in einer Seele gleichzeitig die erhabensten Gedanken und die niedrigste Sinnlichkeit vereint sein könnten.

Die venezianischen Maler suchten grösstenteils solche Gegenstände, die ihnen Gelegenheit gaben, eine grosse Anzahl von Figuren vorzuführen, wie Feste, Hochzeiten, Prozessionen, öffentliche Martyrien oder Wundererscheinungen. Ich kann mir leicht vorstellen, dass Paolo Veronese, darüber befragt, geantwortet hätte, dass ein Gegenstand, welcher nicht mindestens vierzig Figuren zuliesse, sich für ein historisches Bild nicht eigne; denn bei einer geringeren Zahl würde nach seiner Ansicht der Maler keine Gelegenheit haben, seine Kunst im Komponieren zu zeigen, sowie seine Geschicklichkeit in der Anordnung und Verteilung der Lichtmassen und Gruppen von Figuren und in der Vorführung einer Fülle von morgenländischen Kleidern und Typen in ihren kostbaren Stoffen.

Bei Jenen, die aus höheren Schulen hervorgingen, verhielt sich dies anders. Annibale Carracci hielt zwölf Personen für ausreichend zu jedem Historienbilde und meinte, dass mehr nur als Platzhalter dienen, dass sie nur gleichgiltige Zuschauer der Haupthandlung sein würden, oder, um seinen eigenen Ausdruck zu gebrauchen, „Personen zum vermieten.“[31]) Ausserdem ist es unmöglich, dass ein so vielfältig zusammengesetztes Bild den zur Erhabenheit so unumgänglich nötigen Eindruck eines ungeteilten Ganzen hervorbringt. So sehr dies auch der Geometrie widersprechen mag, in Sachen des Geschmackes ist es doch wahr, dass viele kleine Teile kein grosses Ganze machen. Das Erhabene erfüllt den Geist plötzlich mit einem grossen Gedanken, wie mit einem Schlage; das blos Anmutige mag man immerhin durch Wiederholung und mittels Anhäufung vieler kleiner Umstände hervorbringen.

Wie sehr immer die Kompositionsweise der venezianischen Schule sich von jener der übrigen Schulen Italiens unterscheiden mag, so ist der Unterschied nicht minder gross in Hinsicht der Farbenwirkung ihrer Bilder. Und obwol man den Venezianern in dieser Beziehung ausserordentliche Geschicklichkeit zugestehen muss, so wird doch sogar die hierin bekundete Geschicklichkeit nur schlecht mit dem grossen Stil übereinstimmen. Ihre Farbengebung ist nicht nur zu leuchtend, sondern — ich wage dies auszusprechen — auch zu harmonisch, um jene echte, einfache und kräftige Wirkung hervorzubringen, welche erhabene Stoffe erfordern, und die nur einfache, ernste Farben einem Werke verleihen können. Dass Jene, welche den Ehrgeiz haben, den grossen Weg der Geschichte zu gehen, die

Venezianer immerhin mit Eifer studieren müssen, wird bestätigt, wenn
es noch der Bestätigung bedarf, durch den grössten Gewährsmann.
Michel-Angelo. Dieser wunderbare Mann sagte, nachdem er ein
Bild Tizians gesehen hatte, zu Vasari, der ihn begleitete: sein
Kolorit und seine Manier gefielen ihm sehr gut; aber es sei Schade,
dass man in Venedig nicht von Anfang an gut zeichnen lerne und
dass jene Meister nicht in einer besseren Weise ihre Studien machten.[32])

Daraus erhellt, dass die Venezianer nach Michel-Angelos Meinung
bis zur Vernachlässigung der idealen Schönheit der Form und
des richtigen Ausdruckes ihr Hauptaugenmerk auf das Studium der
Farben richteten. Wenn nun die Schule schon auf Grund eines
Tizianischen Bildes allgemein getadelt wurde, um wieviel schwerer
und gerechter würde dieser Tadel auf Paolo Veronese oder gar auf
Tintoretto gefallen sein? Ich kann mir nicht versagen, hier eine
Ansicht Vasaris über Tintorettos Stil und Manier anzuführen. Er
sagt: „ — In der Malerei aber war er ausschweifend, sonderbar,
rasch entschlossen und der tollste Kopf, der sich je der Kunst gewidmet hat, wie man dies an allen seinen Werken sehen kann, an
der phantastischen Zusammenstellung seiner Bilder, die er verschiedenartig und von der bei Malern üblichen Weise ganz abweichend ausführte;
ja er war mehr als wunderlich in neuen tollen Einfällen und seltsamen Erfindungen und arbeitete nach Laune, ohne Zeichnung, fast
als wollte er sagen, die Kunst sei ein Scherz."[33])

Ich für meinen Teil wünsche, wenn ich von den Malern Venedigs
rede, so verstanden zu werden, dass ich Paolo Veronese und Tintoretto
mit Ausschluss Tizians meine; denn wenn sein Stil auch nicht so
rein ist wie der so mancher anderer italienischer Künstler, so hat
er doch eine Art reifer Würde an sich, die ihm, so ungeschickt sie
sich auch bei seinen Nachahmern macht, doch ausserordentlich wohl
ansteht. Schon seine Porträts, denen er immer eine schlichte Grösse
zu geben wusste, machen ihn der höchsten Achtung wert, wie er denn
gerade in diesem Zweige der Kunst zweifellos in erster Reihe steht.

Also keineswegs vor Tizian, sondern vor den verführerischen
Eigenschaften der beiden Anderen möchte ich Sie warnen, damit Sie
sich nicht davon zu sehr einnehmen lassen. Von ihnen kann man
sagen, dass sie alle Kraft blumenreicher Beredtsamkeit erschöpft
haben, um die Jungen und Unerfahrenen zu verlocken, und sie sind
auch zweifellos die Ursache, dass sich die Aufmerksamkeit des
Kenners, des Kunstförderers, sowie auch des Malers, von jenen
höheren Vorzügen, deren die Malerei fähig ist, abgewendet hat, von

jenen Vorzügen, welche von jedem bedeutenderen Werke verlangt werden sollten. Durch sie und ihre Nachahmer wurde ein rein ornamentaler Stil über ganz Europa verbreitet. Rubens trug ihn nach den Niederlanden, Vouet[34]) nach Frankreich und Luca Giordano[35]) nach Spanien und Neapel.

Die venezianische Schule ist tatsächlich die glänzendste unter den Schulen, welche ihr Hauptaugenmerk auf gefällige Vortragsweise gerichtet haben; und nicht ohne Grund werden die besten Leistungen dieser niedrigeren Schule höher geschätzt als die Leistungen zweiten Ranges der über ihr stehenden: denn jedes Bild ist wertvoll, wenn es einen bestimmten Charakter hat und in seiner Art hervorragend ist. Aber der Schüler muss sich hüten, von diesem Glanze so sehr geblendet zu werden, dass er sich versucht fühlt nachzuahmen, was schliesslich von der Vollkommenheit ablenken muss. Poussin, dessen Auge unverwandt auf das Erhabene gerichtet war, sagte oft, dass ein nur auf die Farbengebung gerichtetes Bemühen ein Hindernis wäre, das vom wahren Ziele der Malerei ablenke, und dass Derjenige, welcher sich an die Hauptsache halte, schon durch Übung eine recht gute Malweise erwerben könne.[36])

Obwol zugestanden werden mag, dass ausgesuchte Farbenharmonie, Leuchtkraft der Tinten, ein sanfter allmählicher Übergang von einer zur anderen dem Auge sind, was die Harmonie der Töne für das Ohr bedeutet, so muss doch daran erinnert werden, dass die Malerei nicht nur allein dazu bestimmt ist, das Auge zu erfreuen. Denn, wie sehr man sich auch darum bemühen mag, sofern es sich nur um äussere Vorzüge handelt, so ist dies doch ohne Bedeutung und wertlos dort, wo eine grosse und erhabene Wirkung angestrebt wird.

Dieselben Gründe, welche man dagegen geltend gemacht hat, dass eine Mischung des venezianischen Stiles mit dem hohen Stile diesen nicht zu vervollkommnen vermag, sind auch für die niederländische und holländische Schule maassgebend. Die niederländische Schule, mit Rubens an der Spitze, hat sich — wie wir wissen — nach dem Muster der venezianischen entwickelt; sie nahm, wie diese, ihre Gestalten durchwegs aus dem Volke, zu Gunsten der Venezianer sei es aber betont, dass jene derber war als ihr Vorbild und alle seine irrigen Methoden ins Übermaass getrieben hat. In der venezianischen Schule selber, wo Alle aus derselben Ursache irren, besteht doch ein Unterschied in Dem, womit man zu wirken sucht. Paolo Veronese und Bassano[37]) weichen darin von einander ab, dass Jener venezianische

Edelleute. Dieser Bauern aus der Umgebung von Bassano unter dem Namen von Patriarchen und Propheten in seinen Bildern vorführt.

Die Maler der holländischen Schule befleissigen sich noch mehr eines gewissen Lokaltones. Für sie ist ein Historienbild geradezu ein Bildnis ihrer selbst; sie mögen das Innere oder das Äussere ihrer Häuser darstellen, immer sehen wir ihr Volk bei den ihm eigentümlichen Beschäftigungen, arbeitend oder trinkend, spielend oder streitend. Die Zufälligkeiten, die sich auf diesen Bildern finden, sind so weit davon entfernt, einen allgemeinen Einblick in das menschliche Leben zu bieten, dass sie vielmehr all die intimen Eigenheiten eines bestimmten Volkes darstellen, welche der übrigen Menschheit vielfach fremd sind. Doch gebührt den Malern immerhin Lob, da sie in ihrer Weise auch ausgezeichnet sind; sonderbar berührt es nur, wenn sie sich aus ihrem engen Gesichtskreise heraus an die Weltgeschichte wagen und grosse Ereignisse dadurch herabziehen, dass sie spiessbürgerliche Gestalten zu ihren Trägern machen.

Eine gewisse Geschicklichkeit, eine über das übliche Maass hinausgehende mechanische Fertigkeit ist augenscheinlich Das, worin sie sich auszuzeichnen suchen. So sehen wir, dass diese Schule allein die Gewohnheit hat, Kerzenlicht nicht so darzustellen, wie es uns wirklich des Nachts erscheint, sondern rot, wie es dem Beschauer bei Tage die Gegenstände beleuchten würde. Solche Stückchen, wenn man sie auch beim niederen Stile, wo kleinliche Effekte der einzige Zweck sind, entschuldigen kann, sind beim höheren unverzeihlich, wo die Aufmerksamkeit nie durch Kleinigkeiten abgezogen, sondern durch den Gegenstand selbst vollkommen in Anspruch genommen werden sollte.

Dieselbe Lokalstimmung,[38]) welche der holländischen Schule ihr Gepräge verleiht, erstreckt sich selbst auf die Landschaftsmalerei, und sogar Rubens, der viele Landschaften gemalt hat, ist hierin sehr weit gegangen. Ihre Bilder dieser Art sind, wie mich bedünkt, immer Ansichten eines bestimmten Fleckchens Erde, und allesamt in ihrer Art treue, aber sehr einseitige Porträts. Claude-Lorrain hingegen war davon überzeugt, dass es selten schön wirkt, wenn man die Natur nimmt, wie man sie eben findet. Seine Bilder sind aus einer Reihe von Zeichnungen zusammengestellt, welche er vorher nach verschiedenen schönen Naturszenen und Ansichten angefertigt hatte. Rubens suchte freilich in gewissem Maasse die gerügten Fehler dadurch gut zu machen, dass er sich bemühte, seine Bilder, die sonst nicht gewirkt hätten, durch Einführung von Regenbogen,

Sturm oder von irgend einem zufälligen Lichteffekte zu heben und zu beleben. Dass Claude-Lorrains wählerisches Verfahren von den Landschaftsmalern im Gegensatze zu dem der niederländischen und holländischen Schulen nachgeahmt werden sollte, kann keinem Zweifel unterliegen, da es auf demselben richtigen Grundsatze beruht, durch dessen Beobachtung die Gestalten des Historienmalers zu vollkommenen werden. Ob aber andererseits die Landschaftsmalerei berechtigt ist, so weit zu gehen, dass sie Alles, was sie Zufälle der Natur nennt, zurückweist, ist nicht leicht zu bestimmen. Sicher ist, dass Claude-Lorrain sich selten, wenn überhaupt je, solcher zufälliger Effekte bediente; sei es, dass er der Meinung war, solche Eigentümlichkeiten wären dem von ihm erwählten Stile, der das Typische in der Natur[30]) aufsucht, entgegen, oder dass er glaubte, sie zögen die Aufmerksamkeit zu sehr auf sich und würden jene Ruhe und Friedlichkeit zerstören, welche er für diese Art der Malerei als nötig erachtet hat.

Auch ein Porträtmaler, der sich an die Geschichtsmalerei wagt, kommt, wenn er nicht sehr auf seiner Hut ist, leicht dazu, sich zu sehr in Einzelheiten zu verlieren. Er macht aus seinen historischen Köpfen nur zu oft Porträts, wie dies einst bei jenen alten Malern üblich war, welche die Kunst wiederbelebt haben, ehe man ihre Grundregeln kannte und übte. Der Historienmaler malt Typen;[40]) der Porträtmaler Individuen[41]) und folglich ein Modell mit all seinen Fehlern.

So kann gewohnheitsmässige Übung niederer Kunstfertigkeiten Viele von der Erreichung höherer Ziele abhalten. Aber Diejenigen von uns, die sich in diesen bescheidenen Bahnen unseres Berufes bewegen, wissen wohl, dass sie es um so mehr nötig haben, ihrem Gegenstande durch Anbringung kleiner ausschmückender Einzelheiten aufzuhelfen, je geringerer Wert ihm von Natur aus innewohnt. Es wäre für Einen, der häusliche Szenen, Porträts, Landschaften, Tierstücke oder Stillleben malt, lächerlich, wollte er sagen, dass er jene Eigenschaften verachte, welche die mehr untergeordneten Schulen so berühmt gemacht haben. Die Kunst der Farbengebung, die geschickte Anordnung von Licht und Schatten sind wesentliche Erfordernisse seiner eng begrenzten Arbeiten. Wenn wir noch tiefer steigen, was ist der Frucht- und Blumenmaler ohne die äusserste Kunst des Kolorites und ohne Das, was die Maler Behandlung[42]) nennen, nämlich jene Leichtigkeit des Pinsels, die grosse Übung erfordert und den Eindruck erweckt, als ob Alles mühelos gemacht

wäre? Mancher wird sich hier an einen Blumenmaler erinnern, der
damit prahlte, dass er es verachte, für die „Million" zu malen; er
behauptete vielmehr, im wahren italienischen Stile zu malen und,
die Menge geringschätzend, berief er sich mit Vorliebe auf die Bewunderung Weniger. Seine Vorstellung vom italienischen Geschmacke
war, so schwarz und schmutzig als möglich zu malen und Klarheit
und Leuchtkraft der Farben Denen zu überlassen, welchen Geld
lieber war als Unsterblichkeit. Die Folge war vorauszusehen. Diese
unbedeutenden Vorzüge sind hier wesentliche Schönheiten, und ohne
Verdienst hierin wird das Werk des Künstlers nur von kürzerer
Dauer sein als seine Objekte.

Nach dem Gesagten geht nun unsere Überzeugung dahin, dass
es zwei verschiedene Stile der Historienmalerei giebt: den grossen,
und den glänzenden oder ornamentalen.

Der hohe Stil steht auf eigenen Füssen und bedarf einer
Hinzufügung geringerer Schönheiten nicht, ja er lässt sie vielleicht
nicht einmal zu. Der ornamentale Stil besitzt auch seine besonderen
Verdienste. Wenn nun auch die Vereinigung dieser beiden eine Art
zusammengesetzten Stiles geben könnte, so würde dieser wahrscheinlich unvollkommener sein als jeder einzelne von denen, welche
die Verbindung eingehen. Beide Arten sind verdienstlich und können,
wenn auch in verschiedener Art, ausgezeichnet sein, soferne die Gleichmässigkeit gewahrt und das Allgemeine und Besondere in der Natur
nicht vermischt wird. Selbst die geringere von ihnen ist schwer
genug zu erreichen, da aber auf beiden Seiten bereits grosse Künstler
den ersten Platz eingenommen haben, so waren Manche von den
Nachfolgern der Ansicht, dass hier kein Raum für sie sei; der Ehrgeiz, der Drang nach Neuem in ihrer Seele, und vielleicht auch der
Wunsch, den kürzesten Weg zu gehen, trieb sie zu einem Mittelwege
zwischen beiden, den sie in einer Vereinigung beider Richtungen
suchten. Aber, wie der ernste, majestätische Stil durch die Verquickung mit einem reichen und heiteren leiden musste, so wurde
auch die ornamentale Kunst der Venezianer in mancher Hinsicht
durch den Versuch beeinträchtigt, ihm Einfachheit zu gesellen.

Wol kann man behaupten, dass der hohe Stil durch eine Beimischung jenes geringeren immer mehr oder minder verlieren wird,
während dieser allerdings in manchen Fällen durch eine Anleihe bei
jenem gewinnen mag. So besitzt der Porträtmaler, wenn er seinen
Gegenstand zu erhöhen und zu veredeln anstrebt, kein anderes Mittel,
als dass er ihn einem Typus[43]) nähert. Er lässt alle unbedeutenden

Furchen und Eigentümlichkeiten im Gesichte weg und ändert das moderne Kleid in eines, das dem Wechsel der Mode nicht unterliegt und uns nicht allzu vertraut und alltäglich erscheint. Wenn freilich die genaue Ähnlichkeit des darzustellenden Individuums als höchster Zweck gilt, dann wird der Maler durch eine der allgemeinen Natur entnommene Veredlung[44]) mehr verlieren als gewinnen. Denn es ist schwer, den Charakter eines Gesichtes auf andere Weise zu veredeln, als auf Kosten der Ähnlichkeit, welche von Denen, die dem Maler sitzen, fast durchwegs verlangt wird.

Von Denen, welche jene Stilmischung geübt und bei diesem gefährlichen Beginnen Erfolg erzielt haben, ist Correggio vielleicht der bedeutendste. Sein Stil beruht auf einer Verquickung von Liebreiz und Anmut mit der Einfachheit des grossen Stiles. Breite des Lichtes und der Farbe, idealistische Behandlung des Faltenwurfes,[45]) ununterbrochener Fluss der Umrisslinien — Alles strebt nach dieser Wirkung. Nächst ihm (vielleicht gleich ihm) hat Parmegianino[46]) die weichliche Anmut, welche zu seiner Zeit auf der Tagesordnung war, durch Verbindung mit der Einfachheit der Alten und mit Michel-Angelos Grösse und Strenge geadelt. Man muss nichtsdestoweniger gestehen, dass diese beiden ausserordentlichen Männer in ihrem Eifer, den höchsten Grad von Liebreiz darzustellen, manchmal vielleicht die erlaubten Grenzen überschritten haben und in den hassenswertesten aller Fehler verfallen sind, in Affektation. Es ist wirklich ein eigentümliches Merkmal genialer Männer, sich vor Kälte und Schalheit zu fürchten und zu glauben, dass sie sich davon nicht weit genug entfernt halten können. Besonders diesen grossen Meistern des Liebreizes und der Anmut geschieht dies. Sie gehen keck bis dicht an den Rand des Lächerlichen; der Beschauer erschrickt, aber bewundert zugleich ihre Kraft und Kühnheit.

> „Seltsamen Reizes, aller Launen voll,
> — — — — — — — — — — — —
> Hat leidenschaftlicher uns nie bewegt
> Als nah an Allem, was uns Hass erregt."[47])

Die Irrtümer des Genies sind jedoch verzeihlich und selbst von den höchst gepriesenen Malern war keiner völlig frei von ihnen; aber sie haben uns durch die allgemeine Richtigkeit ihres Verfahrens gelehrt, ihre eigenen bewussten oder unbewussten Abweichungen zu verbessern. Selbst die Allerbesten waren nicht immer auf ihrer Hut und es giebt vielleicht keinen Fehler, der nicht gerade unter dem Schutze einer der maassgebendsten Autoritäten stände; doch nur jener

Stil ist vollkommen, in welchem die besten Grundsätze vertreten sind, und nur jene Meister stehen in unserer Achtung mit Recht an erster Stelle, welche die Grenzen der Kunst erweitern und sie zu ihrer äussersten Stufe der Vollendung erheben, indem sie das Höchste, was die Natur bietet, darstellen.

Kurz, es giebt, scheint mir, nur einen herschenden Grundsatz, welcher jede Kunst regelt und ihre Dauer verbürgt. Nur jene Werke, mögen sie von Dichtern, Malern, Moralisten oder Historikern herrühren, sind unsterblich, die dem allgemeinen Charakter der Natur Rechnung tragen; während jene, die ihr Dasein vereinzelten Gebräuchen und Gewohnheiten, einseitiger Anschauung der Natur oder den Strömungen der Mode verdanken, nur so lange leben, wie jener, der sie aus der Dunkelheit hervorgezogen hat. Gegenwart und Zukunft stehen sich feindlich gegenüber; wer der einen anhängt, hat von Seiten der anderen nur Geringschätzung zu erwarten.

V. Rede

an die Schüler der Königlichen Akademie gerichtet bei der Preisverteilung am 10. Dezember 1772.

Im Streben nach Vereinigung verschieden gearteter Vorzüge ist Vorsicht nötig. — Man unternehme nicht, eine Mischung von Leidenschaften auszudrücken. — Beispiele aus der Reihe jener Künstler, welche sich im hohen Stile ausgezeichnet haben; Raffael, Michel-Angelo. Diese beiden ausserordentlichen Männer werden miteinander verglichen. — Der charakteristische Stil. Salvator Rosa als Vertreter dieses Stiles; sein Gegensatz zu Carlo Maratti. — Charakterisierung von Poussin und Rubens, welche, einander durchwegs unähnlich, doch Beide in gleicher Weise mit sich selbst übereinstimmen. Diese Übereinstimmung in allen Teilen der Kunst ist notwendig.

Meine Herren!

Ich beabsichtige in dieser Rede den Gegenstand, welchen ich in meiner letzten begonnen habe, fortzusetzen. Es war damals mein Wunsch, Sie zur Verfolgung der höchsten Ziele der Kunst anzueifern. Aber ich fürchte in diesem Punkte misverstanden worden zu sein. Manche mögen sich dadurch tief herabgesetzt gefühlt haben, dass eine oder die andere der von ihnen mit Vorliebe geübten Fertigkeiten den ihr zukommenden Platz angewiesen erhielt. Das wäre eine sehr irrige Auffassung, denn nichts kann ins richtige Licht gesetzt werden, sofern es nicht auf dem richtigen Platze steht. Was in seiner Sphäre höchst achtenswert ist, gilt nichts und wird zum Gespötte, wenn man es in eine höhere drängt, die ihm nicht zusagt; und es wird hier zweifach zu einer Quelle der Unordnung, da es eine Stellung einnimmt, die ihm nicht natürlich ist, und Das vom ersten Platz herunterdrückt, was in Wirklichkeit von zu grosser Bedeutung ist, um sich mit Anmut und Geschick in jene untergeordnete Rolle zu fügen, für welche etwas von geringerem Werte sich weit eher eignen würde.

Mein Rat ist mit einem Worte der: richten Sie Ihre besondere Aufmerksamkeit auf die höchsten Vorzüge. Haben Sie diese bezwungen, und weiter nichts, so stehen Sie immerhin in der vordersten Reihe der Künstler. Vielleicht haben wir zu bedauern, das Ihnen noch zahllose Schönheiten fehlen, Sie können noch sehr unvollkommen sein, aber Sie sind doch immerhin ein unvollkommener Künstler der höchsten Art.

Gelingt es Ihnen, nachdem Sie es so weit gebracht, ausserdem auch noch einige oder alle jener untergeordneten Fertigkeiten zu

erwerben, so wünsche und rate ich Ihnen, sie nicht zu vernachlässigen. Aber dies verlangt wenigstens eben so viel Vorsicht und
Behutsamkeit als anhaltenden Eifer.

Wir lassen uns leicht durch eine Fülle von Gegenständen zerstreuen, und jene folgerichtige Entwickelung, die zur Vollkommenheit
führt, und welche ich immer gewahrt wissen möchte, läuft grösste
Gefahr, in völlige Unordnung zu geraten, ja sogar aufgehoben zu
werden.

Manche Vorzüge lassen sich vereinen und können dabei nur
gewinnen; andere schliessen sich aus, und der Wunsch, sie zu ver-
quicken, bringt nur heftigen Widerstreit unvereinbarer Grundsätze
hervor. Der Versuch, entgegengesetzte Vorzüge (der Gestalt z. B.)
in einer einzigen Figur zu vereinen, kann der Ausartung ins Unge-
heuerliche nur durch Verflachung entrinnen, indem man durch Ab-
schwächung des Ausdruckes auf die Ausprägung des Charakteristischen
verzichtet.

Diese Bemerkung gilt in gewissem Maasse auch von den Leidenschaften. Wenn Sie die vollkommenste Schönheit in ihrem vollkommensten Zustand erhalten wollen, dürfen Sie keine Leidenschaften darstellen, welche sämmtlich selbst die schönsten Gesichter
mehr oder minder verzerren und entstellen.

Dem Guido[48]) mislang in dieser Beziehung so Manches, teils
weil er die seinen künstlerischen Begriffen und Kräften entsprechenden Gegenstände nicht sorgfältig auszuwählen verstand, teils weil
er versuchte, Schönheit zu bewahren, wo sie sich nicht bewahren
liess. Seine Figuren sind oft in Vorgänge verwickelt, welche grossen
Ausdruck erheischen; dennoch haben seine Gemälde: Judith und
Holofernes, die Tochter der Herodias mit dem Haupte des Täufers,
die Andromeda, und selbst einige unter den Müttern der Unschul-
digen nicht viel mehr Ausdruck als seine Venus, die von den
Grazien geschmückt wird.

So einleuchtend diese Bemerkungen auch zu sein scheinen, es
giebt doch viele Kunstschriftsteller, die, weil sie nicht vom Berufe
sind und daher nicht wissen, was geleistet werden kann und was
nicht, bei der Beschreibung ihrer Lieblingsbilder sehr freigebig mit
ungereimtem Lobe sind. Sie finden immer Das, was sie finden
wollen, sie loben Vorzüge, die kaum nebeneinander bestehen können
und beschreiben vor Allem gerne mit grosser Genauigkeit den Ausdruck einer gemischten Gemütsbewegung, welche mir ganz besonders
ausser dem Bereich unserer Kunst zu liegen scheint.

In dieser Richtung bewegen sich viele mir bekannter Untersuchungen über einige Kartons und andere Bilder von Raffael,
worin die Kritiker ihre eigenen Phantasien beschreiben. In manchen
dieser Werke hat freilich der vortreffliche Meister selbst sich im
Ausdrucke seelischer Vorgänge versucht, welche darzustellen nicht
in der Macht der Kunst liegen, und die unklare und unvollkommene
Andeutung, welche er giebt, räumt das Recht ein, mit der gleichen
Wahrscheinlichkeit jede beliebige Gemütsbewegung darin zu finden.
Was in der Kunst getan wurde und getan werden kann, ist
schwer genug; wir haben nicht nötig, uns beschämt oder entmutigt
zu fühlen, weil wir nicht fähig sind, die Einfälle einer romantischen
Einbildungskraft auszuführen. Die Kunst hat ihre Grenzen, wenn
auch die Einbildungskraft keine hat. Wir mögen mit den Alten
annehmen, dass Jupiter all jene Kräfte und Vollkommenheiten besass,
mit welchen die niederen Gottheiten einzeln begabt waren; stellten
sie ihn jedoch in der Kunst dar, so beschränkten sie sich darauf,
ihm das Merkmal des Majestätischen zu geben. Plinius, dem wir
allerdings für die Nachrichten über die Werke der alten Künstler
sehr verpflichtet sind, irrt darin gar häufig, wenn er von ihnen,
wie er dies des Öfteren tut, im Stile vieler moderner Kunstkenner
spricht. Er bemerkt, dass an einer Statue des Paris von Euphranor[49])
gleichzeitig drei verschiedene Charaktere zu erkennen waren: die
Würde eines Richters der Göttinnen, der Liebhaber Helenas und
der Besieger des Achilles.[50]) Einer Statue jedoch, welche stattliche
Würde, jugendlichen Liebreiz und rauhe Tapferkeit zugleich ausdrücken soll, wird gewiss nichts davon in hervorragendem Maasse
eigen sein.

Daraus erhellt, dass es schwierig und gefährlich zugleich ist,
in einem Gegenstande mannigfaltige Eigentümlichkeiten vereinigen
zu wollen, die, von verschiedenen Punkten ausgehend, sich daher
auch nach verschiedenen Richtungen bewegen.

Der Gipfel der Vollkommenheit scheint in einer, freilich derart
abgewogenen, Vereinigung entgegengesetzter Eigenschaften zu liegen,
dass kein Teil dem anderen entgegenwirkt. Wie schwer es ist,
dies in jeder einzelnen Kunst zu erreichen, wissen nur Jene, die
es in ihrem Berufe selbst am Weitesten gebracht haben.

Um zu beenden, was ich über diesen Teil unseres Gegenstandes,
den ich für sehr wichtig halte, vorzubringen habe, möchte ich nur
betonen, dass ich die jüngeren Schüler nicht von dem edlen Versuche abschrecken will, alle Vorzüge der Kunst zu vereinen; aber

ich mache Sie aufmerksam, dass neben den Schwierigkeiten, die jeden mühevollen Versuch begleiten, noch eine besondere Schwierigkeit in der Wahl der Vorzüge liegt, welche vereinigt werden dürfen. Nehmen Sie sich vor, sobald Sie zu diesem Versuche fähig sind, sich selbst zu prüfen, was Sie leisten können und was nicht, und wählen Sie, statt Ihre natürlichen Anlagen über das riesige Feld möglicher Erfolge zu zersplittern, einen bestimmten Weg, auf dem Sie all ihre Kräfte entfalten können, damit Jeder von Ihnen in seiner Art der Erste zu werden vermöge. Wenn nun Jemand Herr über ein solch vorzügliches, Achtung gebietendes und lenksames Talent geworden ist, das ihn befähigt, sich wie zum höchsten Fluge der Kunst zu erheben, so auch auf ihre Niederungen herabzusenken und über Allem ungehindert und sicher zu schweben, dann ist er auf dem Punkte, eher selbst als Vorbild zu dienen, als dass er noch der Unterweisung bedürftig wäre.

Da ich nun so viel über die Vereinigung der Vorzüge gesprochen habe, will ich zunächst von der Unterordnung handeln, in welcher verschiedene Vorzüge zu halten sind.

Ich bin der Meinung, dass der ornamentale Stil, den als vornehmsten zu betrachten ich Sie in meiner vorjährigen Rede gewarnt habe, selbst der Beachtung Derer nicht ganz unwert sein mag, die den grossen Stil anstreben, sofern er nur den richtigen Platz und das richtige Maass bewahrt.

Doch wird dieses Studium weit mehr Erfolg haben, wenn man sich seiner Lehren bedient, um dem grossen Stile die Härte zu nehmen und seine Strenge zu mildern, als wenn es mit dem Anspruche auf durchwegs selbständige und in sich selbst ruhende Vorzüge auftritt. So hat es Lodovico Carracci, den ich Ihnen früher als Muster empfahl, gehalten. Er war mit den Werken Correggios und denen der venezianischen Meister vertraut, und er kannte die Mittel, durch welche sie so erfreuliche, uns auf den ersten Blick so ganz einnehmende Wirkungen erzielt haben; er nahm jedoch von Jedem nur so viel, als er zur Hebung, nicht aber zur Aufhebung der männlichen Kraft und Energie des Stiles bedurfte, der sein eigentümliches Merkmal war.

Da ich mich schon früher und auch jetzt wieder so weitläufig über die Stilarten und das Charakteristische der Malerei verbreitet habe, wird es ganz wohl zu meinem Gegenstande passen, wenn ich Ihnen einige Einzelheiten über die leitenden Grundsätze und Hauptwerke Jener vortrage, die sich im grossen Stil ausge-

zeichnet haben, und Sie derart wieder von der Theorie zur Praxis
hinüberführe, und, indem ich meine Behauptungen durch Beispiele erhärte, Ihnen klar verständlich mache, was ich beweisen
möchte.

Die Hauptwerke der modernen Kunst liegen auf dem Gebiete
des F r e s k o, einer Malweise, welche, die Schönheitswirkung mit
kleinen Mitteln ausschliessend, doch jene Arbeiten umfasst, von
denen der Ruhm der grössten Maler herrührt. Hierher gehören
die Bilder Michel-Angelos und Raffaels im Vatikan; auch die
Kartons können wir dazu rechnen, welche, wenngleich strenge genommen nicht Fresko zu nennen, doch auch mit zu dieser Ordnung
gezählt werden können. Dazu gehören ferner auch die Werke Giulio
Romanos in Mantua. Mit der Zerstörung dieser Werke würde der
beste Teil des Ruhmes jener hervorragenden Künstler verloren gehen,
denn man hält diese Arbeiten mit Recht für die grössten Kunstleistungen, deren die Welt sich rühmen kann. Auf sie sollten wir
daher, wenn es das Höchste gilt, unsere Aufmerksamkeit hauptsächlich richten. Was die niedrigeren Kunstfertigkeiten betrifft, so
sind sie, einmal entdeckt, von Jenen, die im Besitz der höheren
Vorzüge sind, leicht zu erfassen.

Raffael, der allgemein genommen, an der Spitze jener Maler
stand, verdankt seinen Ruhm, wie bemerkt, seiner Vortrefflichkeit
in der hohen Kunst. Daher sollten seine F r e s k e n der erste
Gegenstand unseres Studiums und unserer Aufmerksamkeit sein.
Seine S t a f f e l e i b i l d e r hingegen stehen auf einer niedrigeren Stufe;
denn obwol er seine Darstellungen Zeit seines Lebens mehr und mehr
mit jenem ornamentalen Beiwerke zu schmücken bemüht war, worin
viele Maler ausschliesslich ihr Verdienst suchen, brachte er es doch
hierin nie zu nachahmungswürdiger Vollkommenheit. Er war nie
imstande jene Trockenheit, ja man darf sagen jene Kleinlichkeit
der Manier vollkommen zu überwinden, welche er von seinem
Lehrer geerbt hatte. Er besass nie jenen feinen Geschmack in der
Wahl der Farben, jene Breite von Licht und Schatten, jene Kunst
und Anordnung der Verbindung von Licht zu Licht, von Schatten
zu Schatten, wodurch der Gegenstand sich, wie wir es bei Correggios
Werken so sehr bewundern können, besonders wirkungsvoll vom
Hintergrund abhebt. Malt er in Öl, so scheint seine Hand derart
schwerfällig und unbiegsam zu werden, dass er nicht nur die Leichtigkeit und den Geist, sondern ich glaube sogar auch die Form-
richtigkeit verliert, welche seine Fresken so vollkommen und be-

wundernswert macht. Ich erinnere mich an keines seiner Bilder jener Art, ausgenommen etwa die Transfiguration,[51]) worin sich nicht einige in der Zeichnung etwas schwache Partien fänden. Dass dies nicht eine notwendige Folge der Ölmalerei ist, beweisen zahlreiche Beispiele jüngerer Maler. Lodovico Carracci zum Beispiel bewahrte in seinen Ölmalereien denselben Geist, dieselbe Kraft und Genauigkeit, die er im Fresko hatte. Nicht dass ich Raffael von der hohen Stellung, die er verdientermaassen einnimmt, herabzusetzen wünschte; doch vergleiche ich ihn mit sich selbst, so scheint er als Ölmaler nicht Derselbe zu sein, der er als Freskomaler ist.

Die nächstgrösste Beachtung von Seiten Derer, welche den Ehrgeiz haben, diese grosse Bahn der Kunst zu wandeln, verlangt Michel-Angelo. Er besass nicht so viele Vorzüge wie Raffael, aber die, welche ihm eigen waren, gehörten zur höchsten Art. Er war der Ansicht, dass unsere Kunst in nicht viel mehr beruhe, als darin, was auch durch die Skulptur erreicht werden kann: Formenrichtigkeit und kraftvolle Charakteristik. Wir dürfen von einem Werke nicht mehr erwarten als der Künstler damit bezweckt. Michel-Angelo strebte nie nach jenen geringfügigeren Reizen und Feinheiten in der Kunst. Vasari berichtet, dass Michel-Angelo, der nur ein einziges Bild in Öl gemalt hat,[52]) beschloss, nie wieder ein solches in Angriff zu nehmen, indem er sagte, diese Beschäftigung tauge nur für Frauen und Kinder.

Wenn irgend Jemand ein Recht hat, auf die niedrigeren Vorzüge, als der Beachtung unwert, herabzusehen, so war es gewiss Michel-Angelo; auch kann es nicht seltsam erscheinen, dass solch ein Geist all jenen Reizen und Verschönerungsmitteln, welche über die Werke anderer Maler einen solchen Glanz verbreiten, geringschätzig die gebührende Achtung versagt.

Immerhin muss man zugeben, dass er ausser diesem Schmucke, den wir gerne mehr von ihm beachtet gesehen hätten, jenen falschen, wenn auch scheinbar guten, verworfen hat, der die Werke selbst sehr geschätzter Künstler entwürdigt; und ich wage es auszusprechen dass, wenn jene höheren Vorzüge bei Künstlern und Kunstfreunden bekannter und mehr gepflegt sein werden, sein Ruhm und Ansehen mit unserem Verständnisse wachsen wird. Sein Name wird dann verehrt werden, wie es in dem erleuchteten Zeitalter Leos X. der Fall war. Es ist nämlich bemerkenswert, dass der Ruf dieses wahrhaft grossen Mannes fortwährend zugleich mit der Kunst selbst abgenommen hat. Denn ich muss bekennen, dass sie lange Zeit sehr im Abnehmen war und dass unsere einzige Hoffnung auf ihre Wiederbelebung darin besteht, dass man ihre Entartung und ihren Verfall aufs Tiefste empfindet. Michel-Angelo ist es, dem wir selbst das Dasein Raffaels danken; er ist es, dem Raffael die Grossartigkeit seines Stiles dankt. Von ihm lernte er, seine Gedanken zu erheben und seine Stoffe würdig zu erfassen. Sein Genie, wie sehr auch darnach geartet zu strahlen und zu leuchten, wäre wie das Feuer im Brennstoffe vielleicht für immer im Schlummer gelegen, hätte es nicht durch die Berührung mit Michel-Angelo einen Funken aufgefangen. Und wenn es auch nicht mit s e i n e r ausserordentlichen Hitze und Heftigkeit ausbrach, so muss man doch zugestehen, dass es eine reinere, gleichmässigere und keuschere Flamme gewesen ist. Muss sich unser Urteil also im Ganzen auch zu Gunsten Raffaels neigen, so nimmt er uns doch nie so ganz in Besitz und Gefangenschaft, dass uns nichts zu wünschen übrig bliebe und uns kein Mangel mehr fühlbar würde. Die Wirkung der Hauptwerke Michel-Angelos passt vollkommen zu Dem, was Bouchardon[53]) nach eigener Aussage beim Lesen Homers empfunden hat, nämlich als ob seine ganze Gestalt gewachsen sei, während die umgebende Natur sich zu Atomen verkleinerte.

Vergleichen wir diese grossen Künstler miteinander, so zeigt Raffael mehr Geschmack und Phantasie,[54]) Michel-Angelo mehr Genie und Erfindungskraft.[55]) Der Eine zeichnet sich in schöner, der Andere in kräftiger Darstellungsweise aus. Michel-Angelo besass mehr poetische Eingebung, seine Entwürfe sind gewaltig und erhaben, seine Menschen eine höhere Art von Wesen. Nichts von ihnen, weder in ihrem Tun noch in ihrem Benehmen oder selbst in der Art und Bewegung ihrer Mienen, erinnert daran, dass sie zu unserer Gattung gehören. Raffaels Erfindungskraft ist nicht so stark; seine Gestalten stehen unserem kleinen Geschlechte nicht so ferne, obwol seine Entwürfe keusch, vornehm und ihren Gegenständen sehr angepasst sind. Michel-Angelos Werke haben einen starken, eigentümlichen und ausgeprägten Charakter: sie scheinen ganz seinem Geist entsprungen zu sein, der so voll überquellenden Reichtumes gewesen ist, dass er nie nach fremder Hilfe auszuschauen brauchte, welche er zu verachten schien. Raffaels Stoffe sind gewöhnlich überlieferte, obwohl die edlere Anordnung sein Eigen ist. Die Vortrefflichkeit dieses ausserordentlichen Mannes lag in Anstand, Schönheit und Majestät seiner Gestalten, in der verständnisvollen Anlage der Komposition, in der Richtigkeit der

Zeichnung, der Reinheit des Geschmackes und der geschickten Art, die Entwürfe Anderer für seine Zwecke zu verwerten. Niemand übertraf ihn an Feinheit des Urteiles, womit er seine eigenen Naturbeobachtungen mit der Kraft Michel-Angelos und der Schönheit und Einfachheit der Antike zu verbinden wusste. Daher muss auf die Frage, wer von Beiden, Michel-Angelo oder Raffael, den ersten Platz verdiene, geantwortet werden: wenn er Dem zugesprochen werden soll, in welchem sich die besten künstlerischen Eigenschaften in denkbar höchstem Maasse vereinigten, so ist zweifellos Raffael der Erste. Erblicken wir aber mit Longinus⁵⁶) im Erhabenen die höchste Vollkommenheit, welche in Werken des Menschen erreicht werden kann, und die, indem sie den Mangel an jeder anderen Schönheit reichlich aufwiegt, alle anderen Schwächen gut macht – dann verdient Michel-Angelo den Vorzug.

Diese zwei ausserordentlichen Männer haben einige der wesentlichsten Vorzüge der Kunst zu einem solchen Grade der Vollkommenheit erhoben, wie es nie zuvor geschehen war, und sie sind auch seitdem keineswegs erreicht, geschweige denn übertroffen worden. Viele ihrer Nachfolger glaubten diese grosse Strasse als einen ausgetretenen Weg verlassen zu sollen und bemühten sich, durch etwas Neues und Ungewöhnliches zu gefallen. Entstand dieser Wunsch nach Neuem aus blosser Eitelkeit oder Laune, so ist er der Mühe der Kritik nicht wert; war er jedoch die Frucht eines geschäftigen Geistes von eigenartiger Färbung, so wird er immer Eindruck machen und Aufmerksamkeit erregen, niemals aber abgeschmackt sein.

Solcher Art ist der grosse Stil, wie er in Denen erscheint, die ihn seinem ganzen Umfange nach beherschen: in seinem Rahmen findet die Sucht nach Neuheit in Entwurf und Durchführung des Gegenstandes keinen Platz.

Aber es giebt noch einen anderen Stil, der, wenn auch dem früheren untergeordnet, dennoch grosse Verdienste hat, da er uns zeigt, dass Jene, die ihn pflegten, eine lebhafte und starke Erfindungsgabe besessen haben. Diesen nenne ich den urwüchsigen⁵⁷) oder charakteristischen Stil; er hält sich nämlich weniger an die allgemeinen oder an die individuellen Züge der Natur, sondern er muss seine Stütze vielmehr in der Übereinstimmung der vom Maler angenommenen Grundsätze suchen und in der Einheitlichkeit und Harmonie seines ganzen Planes. Die Vortrefflichkeit jedes Stiles, besonders aber der untergeordneten Stilarten, beruht zum grossen Teil auf der Beobachtung dieser harmonischen Vereinigung aller

Bestandteile des Ganzen, so zwar, dass sie fest verbunden und wie aus einem Gusse zu sein scheinen. Mit den Werken der Kunst ist es wie mit den Charakteren der Menschen. Manchem stehen seine Fehler oder Mängel gut, wenn sie den Eindruck hervorbringen, dass sie aus seiner Natur heraus erwachsen sind und ein Stück seines ganzen Wesens bilden. Wenn sich in einem Bilde, zwar regellos, ohne Maass und Genauigkeit und auch nicht einmal in besonderer Vollendung, aber mit grosser Treue, eine abgerundete Persönlichkeit widerspiegelt, wie es eben genialen Werken eigentümlich ist, so wird ein solches Bild die Aufmerksamkeit mehr auf sich ziehen und fesseln, als eine Verbindung unzusammenhängender Vorzüge, ja selbst als ein Werk, das sogar alle Vorzüge, aber nur in mässigem Grade besitzt.

Zu den charakteristischen Erscheinungen dieser Art gehört Salvator Rosa, der bekanntlich nicht auf der Höhe des grossen Stiles stand. Er giebt uns ein eigentümliches Bild der Natur, zwar arm an Liebreiz, Anmut und Schlichtheit und ohne die edle Würde des grossen Stiles, aber erfüllt von der eigenartigen Erhabenheit einer wilden, ungezähmten Natur. Was wir an ihm am Meisten bewundern, das ist die völlige Übereinstimmung zwischen den von ihm gewählten Stoffen und seiner Art, sie zu behandeln. Alles ist aus einem Gusse: seine Felsen, Bäume, sein Himmel, selbst seine Pinselführung, Alles hat denselben rauhen, wilden Charakter, der in seinen Gestalten lebt.

Ihm können wir Carlo Maratti entgegensetzen, der meiner Ansicht nach weder grosse Geistesanlagen noch urwüchsige Kraft besessen hat. Er wirkt selten auf unsere Phantasie durch die Darstellung höherer Vorzüge, auch fesselt er uns nicht durch jene Originalität, die dem selbstdenkenden Maler eigen ist. Er kannte und übte alle Kunstregeln und bildete aus einer Verbindung Raffaels, Carraccis und Guidos[58]) einen Stil, dessen einziger Fehler darin besteht, dass er keine augenscheinlichen Fehler und keine auffallenden Schönheiten besitzt — und dass die Elemente seiner Komposition nie so völlig mit einander verschmolzen sind, um ein einziges ebenmässiges Ganze zu bilden, das von besonderer Art oder in irgend einer Richtung ausgezeichnet wäre.

Ich will zweier anderer Maler Erwähnung tun, die an sich zwar nicht miteinander zu vergleichen sind, doch gerade infolge ihrer Abgeschlossenheit in sich und wegen ihrer ganz eigentümlichen Malweise, wenn auch in völlig entgegengesetztem ·Sinne grossen

Ruhm geerntet haben. Ich meine Rubens und Poussin. Ich erwähne Rubens als das merkwürdige Beispiel eines Geistes, der
sich in den verschiedensten Richtungen der Kunst bewegt hat.
Bei ihm steht Alles so sehr im Einklange, dass man fast glauben
könnte, seine Arbeiten würden nicht so vollendet erscheinen, wenn
eine ihrer Eigenschaften genauer ausgeprägt und vollkommener
wäre. Würden wir ihm eine grössere Reinheit und Genauigkeit in
der Zeichnung zuerkennen, so würde uns sein Mangel an Einfachheit in der Erfindung, Farbengebung und Draperie grösser
erscheinen.

Bei seinen Kompositionen fällt das Kunstvolle zu sehr in die
Augen. Seine Gestalten sind ausdrucksvoll und haben Kraft und
Bewegung, aber es fehlt ihnen an Einfachheit und Würde. Seine
Farbengebung ist zwar ausserordentlich geschickt, aber doch immerhin zu sehr Das, was wir saftig[59]) nennen. In allen seinen Werken
fehlt es in gewissem Grade an feinsinniger Abwägung und durch-
geistigter Anmut, welche die höher entwickelte Malerei erfordert;
und diesem Mangel ist es zum Teile zuzuschreiben, dass die trefflichen Eigenschaften dieses untergeordneteren Stiles bei ihm in
ihrem höchsten Glanze erscheinen. Tatsächlich blendet die Leichtigkeit seiner Erfindung, die glänzende Harmonie und Leuchtkraft
seiner Farben und die Üppigkeit seiner Komposition die Augen so
sehr, dass wir bei andauernder Betrachtung seiner Werke nicht
anders denken können, als dass alle seine Fehler hierdurch vollkommen aufgewogen sind.[60])

Zu dieser übermütig nachlässigen und sorglosen Malweise
scheint die einfache, sorgfältige, reine und strenge Art Poussins
in völligem Gegensatze zu stehen. Aber so verschieden ihre
Charaktere auch waren, darin trafen sich Beide, dass Jeder in
seiner Art alle Teile seiner ihm eigentümlichen Malweise in völlige
Übereinstimmung zu setzen wusste, und dies ist in solchem Maasse
der Fall, dass man fürchten müsste, die Wirkung des Ganzen zu
zerstören, wenn man ändern wollte, was Einem an Jedem von
ihnen fehlerhaft dünkt.

Poussin lebte in so regem Verkehre mit der Antike, dass sie
ihm wol besser bekannt war, als seine nächste Umgebung. Und
oft musste ich mir denken, seine Hochachtung für jene sei so weit
gegangen, dass er wünschte, seinen Werken das Ansehen antiker
Bilder zu geben. Gewiss ist, dass er mehrere der antiken Gemälde
kopiert hat, besonders die Hochzeit im Pallazzo Aldobrandini in

Rom,[61]) die ich für das Beste halte, was bis jetzt aus jenen fernen Zeiten aufgefunden worden ist.

Es giebt keine modernen Werke, die so sehr das Ansehen antiker Gemälde hätten, als jene von Poussin. Seine besten Leistungen haben eine auffallende Trockenheit der Manier, die wol keinesfalls zur Nachahmung zu empfehlen ist, die aber völlig mit jener Einfachheit der Antike übereinstimmt, welche seinen Stil auszeichnet. Wie Polidoro[62]) studierte er die Alten so gründlich, dass er sich ihre Art zu denken angewöhnte und genau zu wissen schien, welcher Bewegungen und Stellungen sie sich bei jeder Gelegenheit bedient haben würden.

In späterer Zeit ging Poussin von seiner trockenen Manier zu einer viel weicheren und reicheren über, und strebte mehr Verbindung zwischen den Gestalten und dem Hintergrund an, wie bei den sieben Sakramenten in der Sammlung des Herzogs von Orleans;[63]) aber weder dieses noch irgend ein anderes Bild dieser späteren Art ist mit vielen, in seiner trockenen Manier gemalten, zu vergleichen, welche wir in England besitzen.

Poussins Lieblingsstoffe waren antike Sagen, und er eignete sich besser dafür als irgend ein anderer Maler, nicht nur infolge seines ausserordentlichen Wissens in Sachen der Zeremonien, Gewohnheiten und Gebräuche der Alten, sondern auch wegen seiner genauen Kenntnis der verschiedenen Merkmale, welche Diejenigen ihren allegorischen Figuren gaben, die sie eingeführt hatten. Obwol Rubens in seinen Satyrn, Silenen und Faunen grosse Phantasie zeigt, so sind sie bei ihm doch nicht jene abgeschlossene, besondere Klasse von Wesen, als welche die Alten und Poussin sie sorgfältig dargestellt haben. Wenn solche antike Dinge vorgeführt werden, darf gewiss nichts im Bilde uns an die Gegenwart erinnern. Hat sich der Geist ins Altertum versenkt, so muss Alles ausgeschlossen bleiben, was die Illusion stören könnte.

Poussin schien zu glauben, dass Stil und Sprache, in denen solche Geschichten vorgetragen werden, nicht verlieren, wenn sie etwas von der alten Malweise beibehalten, welche dem Ganzen eine allgemeine Einheitlichkeit zu verleihen scheint, so dass der Geist wie durch den Gegenstand so auch durch die Ausführung in das Altertum zurückgeführt werde.

Wenn Poussin in seiner Nachahmung der Antike die aufgehende Sonne durch Apollo darstellt, der seinen Wagen aus dem Meere führt, wenn er Seen und Flüsse personizifiert, ist es bei ihm keineswegs anstössig, sondern stimmt vollkommen zu dem allgemeinen Aussehen des Bildes. Wären im Gegenteile die Gestalten. die seine Bilder beleben, modern in Erscheinung und Benehmen, sähen sie wie unsere Landleute aus, wären die Draperien dem Tuch oder der Seide, wie wir sie anfertigen, ähnlich, machte die Landschaft den Eindruck einer modernen Gegend, wie lächerlich würde dann Apollo statt der Sonne und ein alter Mann oder eine Nymphe mit einer Urne erscheinen, welche einen Fluss oder See darstellen sollen!

Ich kann nicht umhin hier eines Umstandes beim Porträtmalen zu gedenken, der zur Bestätigung des Gesagten beitragen kann. Wenn ein Porträt im historischen Stile gemalt wird und daher weder eine genaue, umständliche Wiedergabe der betreffenden Persönlichkeit, noch ein völliges Idealbild ist, so hat man darauf zu sehen, dass jeder Zug dieser doppelten Aufgabe entspreche. Die Einfachheit der antiken Erscheinung und Haltung, so bewundernswert sie sein mag, ist lächerlich bei einer Gestalt in neumodischer Kleidung. Es entspricht meinem Zwecke nicht, mich jetzt darauf einzulassen, ob man sich diesen gemischten Stil aneignen soll oder nicht; wird er aber gewählt, so ist es notwendig, dass er vollständig und aus einem Gusse sei: der Unterschied der Kleiderstoffe zum Beispiele soll in demselben Grad angedeutet sein, als der Kopf vom Idealtypus abweicht. Ohne diese Gleichmässigkeit, welche ich schon so oft anempfohlen habe. kann ein Werk nie den bestimmt ausgeprägten Charakter haben, welcher der eigentümliche und klare Beweis des Genies ist. Ist dies aber in vollendeter Weise gelungen, so wird das Werk gewissermaassen mit jenem Stile wetteifern, den wir als den höchsten bezeichnet haben.

So habe ich die Eigenart des Rubens und Salvator Rosa skizziert und gezeigt, wie sie mir die grösste Einheitlichkeit des Geistes in all ihrem Schaffen zu haben scheinen. Hierzu können wir alle jene Künstler von Michel-Angelo bis zu Watteau herab rechnen, die als Häupter einer bestimmten Richtung eine Schule von Nachahmern herangebildet haben. Im Ganzen giebt es also, vom ornamentalen Stil abgesehen, zwei verschiedene Weisen, deren jede ein Schüler annehmen kann, ohne die Würde seiner Kunst zu erniedrigen. Die erste besteht darin, die höheren Vorzüge zu vereinigen und in vorteilhafter Weise zu verschönern; die andere, einen dieser Vorzüge auf die höchste Spitze zu treiben. Die aber, welche keines von Beiden vermögen, müssen zu Jenen gerechnet werden, welche Shakespeare Menschen nennt, die nichts gelten und nichts versprechen.

Ich präge Ihnen ein, so oft ich kann, sich nach grossen Grundsätzen und grossen Mustern auszubilden. Es hiesse Ihre Zeit vergeuden, wollten Sie sich in anderer Weise betätigen. Kleine Vorzüge mögen Sie ins Auge fassen, nicht aber studieren; Sie sollen sie ins Auge fassen, weil nichts der Aufmerksamkeit des Malers entgehen darf, aber aus keinem anderen Grunde.

Ich möchte Ihrer Vorsicht noch etwas anempfehlen. Seien Sie ebenso wählerisch bezüglich Jener, denen Sie gefallen wollen, als in Hinblick auf Die, welche nachzuahmen Sie sich bemühen. Ohne Verlangen nach Ruhm können Sie nie etwas Ausserordentliches leisten, aber durch übermässige Begier danach, die keinen Unterschied kennt, werden Sie zu niedriger Auffassung herabsinken; Sie werden Ihren Stil herabwürdigen und Ihr Geschmack wird ganz verdorben werden. Sicherlich wird der niedrigste Stil der populärste sein, da er ja so weit reicht als die Unwissenheit und mit ihr zusammenfällt; und der Masse wird immer gefallen, was im beschränkten und misverstandenen Sinne des Wortes natürlich ist.

Man möchte wünschen, dass solche Entartung des Geschmackes mit dem männlichen Stolze zurückgewiesen werde, welchen Euripides bewies, da er den Athenern, die seine Werke tadelten, zurief: „Ich mache meine Werke nicht um von Euch verbessert zu werden, sondern um Euch zu belehren."⁶⁴) Freilich muss man, um ein Recht auf solche Sprache zu haben, ein Euripides sein. So viel darf jedoch eingeräumt werden: wenn ein Künstler überzeugt ist, auf festem Grunde zu stehen, und er sich auf die Autorität seiner berühmtesten Vorgänger stützt, dann darf er sich die Kühnheit und Zuversicht des Genies anmaassen. Keinesfalls darf er sich aber in irgend einer Weise durch den Reiz der Popularität, die stets die niederen Richtungen der Malerei begleitet, vom rechten Wege abdrängen lassen.

Ich erwähne dies, weil unsere Ausstellungen, die so bewundernswerte Erfolge erzielen, indem sie den Wetteifer wecken und das Genie anregen, auch einen schädlichen Einfluss üben, da sie den Maler zu dem Ehrgeize verführen, unterschiedslos der bunt um ihn geschaarten Menge gefallen zu wollen.

VI. Rede

an die Schüler der Königlichen Akademie gerichtet bei der Preisverteilung am 10. Dezember 1774.

Nachahmung. — Das Genie beginnt, wo die Regeln aufhören. — Erfindung; sie wird erworben durch die Beschäftigung mit den Erfindungen Anderer. — Die richtige Methode der Nachahmung. — In welchem Maasse Entlehnung statthaft ist. — Aus jeder Schule ist irgend etwas zu gewinnen.

Meine Herren!

Wenn ich mir die Freiheit genommen habe, mich in Sachen des Laufes und der Ordnung Ihrer Studien an Sie zu wenden, so beabsichtige ich doch nie, in alle Einzelheiten der Kunstübung einzugehen. Dies habe ich immer den verschiedenen Professoren anheimgestellt, welche die Ziele unserer Anstalt verfolgen, sich zur höchsten Ehre und den Schülern zum grössten Nutzen.

Der Zweck der Reden, welche ich in der Akademie gehalten habe, ist, gewisse allgemeine Begriffe festzustellen, welche mir für die Ausbildung eines gesunden Geschmackes geeignet scheinen — Grundsätze, die nötig sind, um die Schüler vor jenen Fehlern zu bewahren, zu welchen der Sanguinismus ihres Alters sie leicht verleiten kann, und welche die Hoffnungen einer ganzen Reihe vielversprechender junger Leute überall in Europa vereitelt haben. Ich wünschte auch jene Vorurteile zu zerstreuen und zu unterdrücken, welche dann besonders überhand nehmen, wenn das Handwerksmässige in der Malerei zur höchsten Vollendung gedeiht, und die, wenn sie die Oberhand gewinnen, die höheren und wertvolleren Teile dieses edlen und hohen Berufes zweifellos gänzlich zerstören.

Das waren meine zwei Hauptzwecke, und sie sind noch ebensosehr meine Sorge wie ehedem. Wenn ich nun meine eigenen Bemerkungen über diesen Gegenstand wiederhole, so werden Sie mich leicht entschuldigen, da Sie ja wissen, wie leicht Irrtum und Vorurteil, wenn man sie nicht beachtet, der Wahrheit und Vernunft

den Boden abgewinnen. Ich versuche nur, dieselbe Sache von den
verschiedensten Seiten zu beleuchten.

Das Thema dieser Rede wird die Nachahmung sein, soweit
sie den Maler betrifft. Darunter verstehe ich nicht Nachahmung
im weitesten Sinne, sondern einfach die Nachfolge anderer Meister
und den Vorteil, welchen man aus dem Studium ihrer Werke
ziehen kann.

Diejenigen, welche es unternommen haben, über unsere Kunst
zu schreiben, und die sie als eine Art Eingebung, als ein
Geschenk darstellen, das auserwählte Lieblinge bei ihrer Geburt
erhalten, scheinen viel sicherer auf geneigte Leser rechnen zu
können und sie nehmen viel mehr für sich ein und machen eher
den Eindruck der Einsicht als Der, welcher es unternimmt, kühl
zu prüfen, ob es Mittel giebt, diese Kunst zu erwerben, wie
es möglich ist, die geistigen Fähigkeiten zu stärken und zu erweitern, und welche Führer den Weg zur Vortrefflichkeit zu zeigen
vermöchten.

Es ist sehr natürlich, dass Jene, denen die Ursache eines
aussergewöhnlichen Vorganges unbekannt ist, über dessen Wirkung
staunen und sie für eine Art Zauberei halten. Wer nie beobachtet
hat, wie jede Kunst in stufenweiser Entwickelung erworben wird,
wer nur den fertigen Erfolg langer Arbeit und der Anwendung
einer Unzahl verschiedenartiger Tätigkeiten sah, der wird geneigt
sein, aus seiner völligen Unfähigkeit, Dasselbe auf einmal zu tun,
den Schluss zu ziehen, dass es nicht nur für ihn unerreichbar ist,
sondern auch, dass dies überhaupt nur Jene vermögen, denen
höhere Eingebung als Geschenk der Natur zuteil geworden ist.

Die Orientreisenden erzählen, dass die ungebildeten Einwohner
jener Gegenden, über die Herkunft der Trümmer jener stattlichen
Gebäude befragt, die sich unter ihnen als traurige Denkmale
einstiger Grösse und längstverlorener Kenntnisse erheben, stets
zur Antwort gäben, Zauberer hätten sie gebaut. Der Unwissende
findet eben eine tiefe Kluft zwischen seiner eigenen Kraft und
solchen Werken vorgeschrittener Kunst, welche Kluft zu ergründen
er ganz unfähig ist, und er setzt voraus, dass sie nur mit Hilfe
übernatürlicher Mächte zu überbrücken ist.

Es liegt keineswegs im Interesse des Künstlers selbst, solche
Beurteiler über die ihm wohlbekannten und ganz natürlichen Mittel
aufzuklären, durch welche ausserordentliche Leistungen erzielt
werden, obwol unsere Kunst wesentlich eine nachahmende ist und

mehr vielleicht als alle anderen Künstler diese Vorstellung einer Eingebung zurückweist.

Anscheinend um dieses einfache Wahrheitsgeständnis zu vermeiden, ist gegen die Nachahmer der Meister, ja fast gegen jede Nachahmung, welche eine regelrechte und fortschreitende Methode beansprucht, um die Ziele der Malerei zu erreichen, von alten und neuen Schriftstellern immer mit besonderer Schärfe zu Felde gezogen worden.

Alles von angeborenen Fähigkeiten abzuleiten, einander keinen Dank schuldig zu sein, ist das Lob, welches Menschen, die nicht viel bedenken, was sie sprechen, Anderen und zuweilen auch sich selbst spenden; und ihre eingebildete Würde fühlt sich natürlich gehoben durch die anmaassende Kritik, die sie an dem niedrigen, dem unfruchtbaren, dem kriechenden, dem knechtischen Nachahmer üben. Es wäre kein Wunder, wenn der Schüler durch diese abschreckenden und entehrenden Beinamen, mit denen die armen Nachahmer so oft belegt werden, in Angst versetzt, den Pinsel in heller Verzweiflung fallen liesse, im Bewusstsein Dessen, wie viel er den Arbeiten Anderer schuldig ist, wie wenig, wie sehr wenig von seiner Kunst ihm angeboren ist, und in der Überzeugung, dass er nicht hoffen dürfe, Das durch Nachahmung irgend welcher Meister erreichen zu können, was er gelehrt wird, als eine Sache himmlischer Eingebung zu betrachten.

Alles was diese Schriftsteller im Übereifer ihrer Rede sagen, ist freilich nicht wörtlich zu nehmen. Wir können nicht voraussetzen, dass Jemand die Nachahmung Anderer im Ernst ausschliessen möchte; eine so seltsame Behauptung würde kaum eine ernsthafte Antwort verdienen. Denn es ist ja einleuchtend, dass, wenn es uns verboten wäre, die Vorteile auszunützen, welche unsere Vorgänger uns überliefert haben, die Kunst immer wieder von vorn anfangen müsste und folglich stets in ihrem kindlichen Zustande verbleiben würde; und es ist eine gewöhnliche Beobachtung, dass keine Kunst zugleich mit ihrer Erfindung auf die Höhe der Vollkommenheit geführt worden ist.

Um uns aber ganz vernünftig und nüchtern zu machen, mag bemerkt werden, dass der Maler nicht nur notwendig ein Nachahmer der Werke der Natur sein muss, was allein genügt, das Phantom der Eingebung zu verscheuchen, sondern ebenso notwendig die Werke anderer Maler nachzuahmen hat. Dies mag noch demütigender sein, aber es ist ebenso wahr; und Niemand, wie

immer er sich das auch denken mag. kann unter anderen Bedingungen ein Künstler werden.

Immerhin geben die anscheinend Gemässigteren und Vernünf-
tigeren zu, dass das Studium mit Nachahmung zu beginnen habe,
dass wir uns jedoch nicht mehr der Gedanken unserer Vorgänger
bedienen dürften, wenn wir fähig geworden wären, für uns selbst
zu denken. Sie halten dafür, dass Nachahmung für den vorge-
schritteneren Schüler ebenso nachteilig ist, als sie dem Anfänger
vorteilhaft war.

Ich für meinen Teil gestehe, dass ich nicht nur geneigt bin,
darauf zu beharren, dass die Nachahmung auf den ersten Stufen
der Kunst unumgänglich notwendig ist, sondern auch die Ansicht
hege, das Studium anderer Meister, das ich hier Nachahmung nenne,
könnte durch unser ganzes Leben hindurch fortgeführt werden, ohne
dass — wie ihm zur Last gelegt wird — zu befürchten wäre, es
könne den Geist schwächen oder uns verhindern, unseren Arbeiten jene
Originalität aufzuprägen, welche jedes Werk ja zweifellos haben soll.

Ich bin im Gegenteil überzeugt, dass nur aus Nachahmung
Mannigfaltigkeit, ja sogar Originalität der Erfindung entspringt.
Ich gehe weiter; sogar Genie, wenigstens Das, was im Allgemeinen
so genannt wird, ist das Kind der Nachahmung. Aber da dies der
allgemeinen Ansicht zu widersprechen scheint, muss ich diese Behauptung erklären, ehe ich ihre Annahme verlange.

Es wird angenommen, dass das Genie eine Kraft sei, welche
Vorzüge hervorbringen könne, die ausser dem Bereiche der Kunstregeln liegen, eine Kraft, welche durch keine Vorschriften gelehrt
und durch Fleiss nicht erworben werden könne.

Diese Ansicht von der Unmöglichkeit der Erlernung jenes
Schönen, welches dem Werke das Gepräge des Genies aufdrückt,
würde zur Voraussetzung haben, dass es sich um etwas Bestimmteres
handle, als wirklich der Fall ist, und dass wir darüber einig seien
und immer gewesen wären, was als Merkmal des Genies zu betrachten ist. Aber in Wahrheit ist jenes Ausmaass hervorragender
Eigenschaften, welches als Genie gilt, zu verschiedenen Zeiten und
an verschiedenen Orten verschieden, und der Beweis, dass dies sich
so verhält, liegt darin, dass die Menschen ihre Meinung über diese
Sache oft geändert haben.

In der Kindheit der Künste wurde schon das blosse Abzeichnen
eines Gegenstandes als eine der grössten Leistungen betrachtet.
Das ungebildete Volk spricht in seiner Unkenntnis der Grundsätze

der Kunst bis zum heutigen Tage noch ebenso. Als man jedoch
fand, dass Jeder durch die blosse Beachtung gewisser Vorschriften
gelehrt werden konnte, Das und noch viel mehr zu leisten, da
wechselte der Name Genie seine Bedeutung und wurde nur Jenem
zuteil, welcher den eigentümlichen Charakter der Gegenstände
seiner Darstellung wiederzugeben vermochte, Jenem, welcher Erfindung, Ausdruck, Anmut und Würde, kurz, jene Eigenschaften
und Vorzüge aufwies, die hervorzubringen d a m a l s nicht durch
bekannte und verbreitete Regeln gelehrt werden konnte.

Wir sind vollkommen davon überzeugt, dass die Schönheit der
Form, der Ausdruck der Gemütsbewegungen, die Kunst der Komposition, selbst das Vermögen, einem Werke für alle Beschauer den
Eindruck der Grösse zu verleihen, gegenwärtig in hohem Maasse
unter der Herschaft von Regeln steht. Diese Vorzüge wurden
dazumal nur als Wirkungen des Genies betrachtet, und dies mit
Recht, wenn Genie nicht für Eingebung, sondern für das Ergebnis
genauer Beobachtung und Erfahrung gehalten wird.

Wer zuerst einige dieser Beobachtungen gemacht und sie zu
einem unveränderlichen Grundsatz ausgearbeitet hat, um sich selbst
danach zu richten, hatte dieses Verdienst, aber wahrscheinlich wird
Niemand auf einmal sehr weit gekommen sein; gewöhnlich wusste
Derjenige, welcher zuerst den Wink gab, nicht, wie er ihn stetig
und methodisch ausbilden sollte, wenigstens nicht zu Anfang. Er
selbst arbeitete daran und verbesserte ihn, Andere arbeiteten mehr
und verbesserten weiter, bis das Geheimnis entdeckt und die Übung
so allgemein geworden war, als geläuterte Übung es überhaupt
werden kann. Wie viele Grundsätze noch aufgestellt und gesichert
werden können, vermögen wir nicht zu sagen; aber da die Kritik
wahrscheinlich mit der Kunst, die ihr Gegenstand ist, Hand in
Hand gehen wird, so können wir wol behaupten, dass mit dem
Fortschritte der Kunst ihre Leistungskraft mehr und mehr durch
Regeln festgestellt werden wird.

Aber wie immer die Kritik fortschreiten und an Boden gewinnen mag, wir brauchen doch nicht anzunehmen, dass die Erfindung unterdrückt oder vernichtet werden oder geistige Kraft
ganz unter den Bann geschriebener Gesetze geraten könnte. Das
Genie wird nich immer Raum genug haben, sich auszubreiten und
sich gleich weit entfernt zu halten von einseitiger Auffassung und
handwerksmässiger Ausführung.

Was wir heute Genie nennen, fängt nicht dort an, wo die Regeln,
abstrakt genommen, zu Ende sind, sondern dort, wo gewöhnliche
und abgedroschene Regeln nicht mehr am Platze sind. Es ist notwendig, dass selbst die Werke des Genies, wie jede andere Wirkung,
ihre Regeln haben, wie sie auch ihre Ursache haben müssen. Es
kann nicht Zufall sein, dass Vorzüge beständig und zuverlässig
hervorgebracht werden, denn das ist nicht die Natur des Zufalles;
aber die Regeln, nach denen aussergewöhnlich befähigte Menschen,
welche man genial nennt, arbeiten, sind entweder Früchte ihrer eigentümlichen Beobachtungen, oder von solcher Zartheit, dass sie nicht
leicht in Worten ausgedrückt werden können, besonders da Künstler
nur selten die Fähigkeit haben, ihre Ideen in dieser Weise mitzuteilen. Aber wie abstrakt diese Regeln immer scheinen mögen,
und wie schwer sie sich schriftlich darstellen lassen, so sieht und
fühlt die Seele des Künstlers sie dennoch und arbeitet mit solcher
Sicherheit, als ständen sie, man möchte sagen auf dem Papiere verkörpert, vor ihr. Es ist wahr, diese verfeinerten Grundsätze können
nicht immer so greifbar gemacht werden, wie die gröberen Gesetze
der Kunst; daraus folgt aber nicht, dass der Geist nicht dennoch
in einen Zustand versetzt werden könnte, in welchem er durch eine
Art wissenschaftlicher Erkenntnis [65]) erfasst, was durch Worte, besonders so ungeübter Schriftsteller, wie wir es sind, nur sehr
schwach angedeutet werden kann.

Erfindung ist eines der grossen Hauptmerkmale des Genies;
aber wenn man die Erfahrung befragt, wird man finden, dass man
durch den Verkehr mit den Erfindungen Anderer selbst erfinden
lernt, wie man durch das Lesen der Gedanken Anderer denken lernt.

Wer seinen Geschmack so weit ausgebildet hat, um die Schönheiten in den Werken der grossen Meister zu empfinden und zu
geniessen, hat in seinen Studien einen grossen Schritt vorwärts
getan, denn das blosse Bewusstsein von der Berechtigung dieses
Entzückens erfüllt den Geist mit innerlichem Stolz und ergreift ihn
so mächtig, als ob er selbst geschaffen hätte, was er bewundert.
Der häufige Verkehr mit Denen, welchen wir zu gleichen wünschen,
erwärmt unsere Seele und zweifellos nimmt sie etwas von der
Denkweise Jener an, indem wir wenigstens die Strahlen ihres Feuers
und Glanzes auffangen. Diese bei Kindern so mächtige Empfäng-
lichkeit, unwillkürlich Art und Weise Derer anzunehmen, mit denen
sie am Meisten verkehren, bleibt uns auch im späteren Leben, nur
mit dem Unterschiede, dass die junge Seele natürlich schmiegsamer

und aufnahmsfähiger ist, in späterer Zeit jedoch verhärtet, so dass sie erst der Erwärmung und mildernder Einflüsse bedarf, um bleibende Eindrücke aufzunehmen.

Aus dieser Überlegung, die Sie mit ein wenig eigenem Nachdenken leicht viel weiter führen können, erhellt, von welch grosser Bedeutung es ist, dass unser Geist an die Betrachtung vortrefflicher Vorbilder gewöhnt werde, und dass wir, weit davon entfernt, dies nur als Studium unserer Jugend anzusehen, bis zum letzten Augenblick unseres Lebens den innigen Umgang mit allen wahrhaft grossen Vorbildern fortsetzen. Ihre Erfindungen sind nicht nur die Nahrung unserer Kindheit, sondern auch die Mittel, welche unserer Manneskraft zur vollsten Reife verhelfen.

Der Geist ist nur ein dürrer Boden, ein Boden, der bald erschöpft ist und keine Ernte mehr giebt, oder doch nur eine schlechte, sofern er nicht fortwährend bearbeitet und durch fremden Zusatz bereichert wird.

Wenn wir die grossen Werke der Kunst immer vor Augen gehabt und unseren Geist mit verwandten Vorstellungen erfüllt haben, dann, aber nur dann sind wir imstande etwas Ähnliches hervorzubringen. Indem wir Alles um uns mit den Augen jener scharfsichtigen Beobachter, deren Werke wir in uns aufnehmen, betrachten und unseren Geist daran gewöhnen, die Gedanken der edelsten und erleuchtetsten Geister mitzudenken, lernt er all Das, was in der Natur gross und edel ist, in richtiger Wahl ausfindig zu machen. Das grösste natürliche Genie kann nicht von seinem eigenen Vermögen allein zehren. Wer sich damit bescheidet, nur aus sich selbst zu schöpfen, wird bald, infolge seiner Dürftigkeit, zur allerärmlichsten Nachahmung gezwungen sein; er wird sich selbst nachahmen, und wiederholen müssen was er schon vorher oft und oft wiederholt hat. Wenn wir den Gegenstand kennen, den solche Männer sich erwählt haben, wird es nie schwer sein zu erraten, welche Art Arbeit sie hervorbringen werden.

Maler und Dichter werden sich vergeblich mit Erfindungen abmühen, wenn es ihnen an Stoffen fehlt, die der Geist verarbeiten kann und aus denen die Erfindung hervorgehen muss. Aus Nichts kann nichts entstehen.

Man schreibt dem Homer alles Wissen seiner Zeit zu; und wir sind überzeugt, dass Michel-Angelo und Raffael sich alles Kunstwissen, das in den Werken ihrer Vorgänger sich offenbarte, angeeignet hatten.

Ein alle Schätze der alten und neuen Kunst umfassender
Geist wird sich durch seine Hilfsmittel um so höher erheben und
um so fruchtbarer sein, je grösser die Zahl der von ihm sorgsam
gesammelten und gründlich verarbeiteten Begriffe ist. Es kann
kein Zweifel darüber obwalten, dass Der, welcher über den grössten
Vorrat an Stoff verfügt, auch die grössten Mittel zur Erfindung
besitzt, und hat er nicht die Fähigkeit sie auszunützen, so rührt
dies von Mangel an Verständnis oder von dem ungeordneten
Zustande her, in welchem jene Begriffe sich in seinem Geiste aufgespeichert befinden.

Die Zutat fremden Urteiles ist, entgegen einer vielverbreiteten
Meinung, so weit entfernt unser eigenes abzustumpfen, dass sie
vielmehr dazu dient, unsere Begriffe von Dem, was vortrefflich ist,
auszugestalten und zu befestigen, und sie, die im Keime schwächlich, gestaltlos und unklar erscheinen, durch die Autorität und die
praktische Unterweisung jener Männer, deren Werke sozusagen
durch das Zeugnis der Jahrhunderte geheiligt sind, zu ordnen und
zu läutern.

Geist oder Genie hat man mit einem Feuerfunken verglichen,
der durch einen Haufen Brennstoff erstickt und verhindert werde,
in Flammen aufzulodern. Dieses Gleichnis, dessen der jüngere
Plinius sich bedient,[66]) kann leicht fälschlich als Gegenbeweis aufgefasst werden. Doch es ist keine Gefahr, dass der Geist mit
Wissen überbürdet oder das Genie durch einen Zuwachs an Bildern
erstickt werden könnte. Im Gegenteile, diese Erwerbungen möchten,
wenn Vergleiche bei ernsthaften Erörterungen überhaupt etwas be-
deuteten, ebensogut oder vielleicht etwas besser mit der Zuführung
glühender Kohlen zu vergleichen sein, welche dazu beitragen, den
Funken, der ohne diese weitere Zuführung von Brennstoff ver-
glimmen würde, erst recht zu kräftigen. In Wahrheit muss Der,
welcher so schwächlich ist, dass ihm die Gedanken Anderer hinderlich sind, keine grosse Kraft des Geistes oder des Genies zu eigen
haben, die zerstört werden könnte, so dass im schlimmsten Falle
nicht viel Schaden erwachsen kann.

Dem Plinius können wir die grössere Autorität Ciceros entgegensetzen, der immer die Notwendigkeit dieser Art des Studiums
betont hat. In seinem Dialog über die Beredtsamkeit lässt er
Crassus sagen, dass es eine der ersten und bedeutsamsten Regeln
sei, ein passendes Vorbild zur Nachahmung zu wählen. „Hoc sit
primum in praeceptis meis, ut demonstremus quem imitemur."[67])

Wenn ich von einer zur Gewohnheit gewordenen Nachahmung und von unablässigem Studium der Meister spreche, soll das nicht so verstanden werden, als ob ich die peinliche Nachahmung der eigentümlichen Färbung und Schattierung Anderer empfehlen wollte; der Erfolg eines solchen Versuches müsste dem gleichen, welcher erzielt wird, wenn man Art, Benehmen und Bewegung Dessen nachmacht, den man bewundert. Das Vorbild mag vortrefflich sein, aber die Kopie wird lächerlich erscheinen, und diese Lächerlichkeit besteht nicht darin, dass es sich um Nachahmung, sondern dass es sich um eine falsche Art derselben handelt.

Der Stolz, der uns verbietet, knechtisch hinter irgend einer noch so hochstehenden Persönlichkeit herzulaufen, ist notwendig und berechtigt. Doch der rechtmässige und freie Boden der Nachahmung ist ein offenes Feld, auf dem Sie, obwol der Vorgänger den Vorteil hat, vor Ihnen aufgebrochen zu sein, ihn einzuholen sich allzeit vornehmen können. Es genügt, seinen Weg zu verfolgen, man braucht nicht eben in seine Fusstapfen zu treten; jedenfalls hat man aber auch das Recht, wenn möglich ihn zu überholen.

Wenn ich aber nun auch empfehle, die Kunst an Künstlern zu studieren, so darf daraus nicht geschlossen werden, dass das Studium der Natur darüber zu vernachlässigen sei; ich nehme dieses Studium zu Hilfe ohne das andere auszuschliessen. Die Natur ist und muss sein die Quelle, welche allein unerschöpflich bleibt und aus der alle Vortrefflichkeit entspringt.

Der grosse Nutzen des Studiums unserer Vorgänger liegt darin, dass es unseren Sinn öffnet, unsere Arbeit verkürzt, und dass es uns das Ergebnis der Prüfung zuteil werden lässt, welcher jene grossen Geister Alles unterzogen haben, was in der Natur gross und schön ist; ihre reichen Schätze liegen vor uns ausgebreitet, aber es ist eine Kunst, und keine leichte, zu wissen, wie und was zu wählen und wie der Gegenstand unserer Wahl zu erreichen und sicher zu stellen ist. So muss das höchste Schönheitsgebilde der Natur entnommen werden, aber es bedarf der Kunst langen Studiums und grosser Erfahrung, um zu wissen, wo es zu finden ist. Wir dürfen uns mit dem blossen Bewundern und Geniessen nicht zufrieden geben; wir müssen auf die Grundsätze eingehen, auf denen das Werk sich aufbaut; sie schwimmen nicht auf der Oberfläche und sind daher den oberflächlichen Beobachtern nicht zugänglich.

Die Kunst in ihrer Vollkommenheit ist nicht prahlerisch; sie liegt versteckt und schafft, selbst ungesehen, ihre Wirkungen. Die

Arbeit und das eigentliche Studium des Künstlers besteht darin, die
verborgene Ursache sichtbarer Schönheit aufzuspüren und zu ent-
rätseln, und daraus Grundsätze für sein eigenes Verfahren zu bilden;
eine solche Prüfung ist eine fortwährende Geistesübung, vielleicht
eine eben so grosse, als die jenes Künstlers war, dessen Werke
man auf diese Art studiert.

Ein scharfsinniger Nachahmer begnügt sich nicht mit der einfachen Beobachtung Dessen, was die verschiedene Art und Begabung
jedes Meisters auszeichnet; er dringt in den Plan der Komposition
ein, er untersucht die Verteilung der Lichtmassen, die Mittel, durch
welche die Wirkung erzielt wird, wie kunstvoll sich einige Teile
im Grunde verlieren, andere wieder kühn hervorgehoben sind, und
wie all Das sich gegenseitig hebt und verändert, je nach Absicht
und Plan des Werkes. Er bewundert die Farbengebung nicht nur,
er prüft auch den Kunstgriff, durch welchen die eine Farbe zur
Folie der benachbarten wird. Er vertieft sich in die Schattierungen
und untersucht, aus welchen Farben sie zusammengesetzt sind, bis
er sich klare, deutliche Begriffe gebildet und sehen gelernt hat,
worin Harmonie und gute Farbengebung bestehen. Was in solcher
Weise von den Werken Anderer gelernt wird, wird wirklich unser
Eigentum, prägt sich tief ein und wird nie vergessen; ja, in Befolgung dieser Methode fortschreitend, kommen wir in der Entwickelung unserer Grundsätze und in der Veredelung unserer
künstlerischen Fertigkeit immer weiter und weiter.

Kein Zweifel, dass die Kunst leichter an den Werken selbst
zu lernen ist, als durch die Regeln, welche nach ihnen gebildet
sind; aber wenn es schwer ist, die richtigen Vorbilder zur Nachahmung zu wählen, so erfordert es nicht weniger Umsicht zu
unterscheiden und zu sondern, was wir an diesen Vorbildern nachzuahmen haben.

Obwol es gegenwärtig nicht meine Absicht ist, mich in die
Kunst und Methode des Studiums einzulassen, so kann ich doch
nicht umhin, hier eines Fehlers zu gedenken, in welchen Anfänger
nur zu leicht verfallen. Wer sich auszubilden sucht, betrachte mit
Vorsicht und Behutsamkeit jene auffallenden Eigentümlichkeiten,
welche zuerst ins Auge springen, die Kennzeichen oder wie man es
nennt, die Manier, welche jeden Künstler von anderen unterscheidet.

Ich halte besonders auffallende Merkmale im Allgemeinen, wenn
auch nicht immer, für Fehler, so schwer es auch sein mag, sich
ihrer völlig zu entschlagen.

Besonderheiten an Kunstwerken gleichen denen an der menschlichen Gestalt; sie sind Kennzeichen und Unterscheidungsmittel, aber doch immer eben so viele Mängel, Mängel freilich, welche im Leben wie in der Kunst aufhören, Denen unschön zu erscheinen, die sie immerfort vor Augen haben. Gerade dem aufgeklärtesten Geiste wird es mehr und mehr widerstreben, dort Fehler zuzugestehen, wo Schönheit der höchsten Art ihn entzückte, ja seine Begeisterung wird ihn dazu führen, selbst diese Fehler für schön und nachahmenswert zu halten.

Man muss bekennen, dass eine Besonderheit des Stiles entweder ihrer Neuheit oder einer besonderen Geistesrichtung halber, aus der sie zu entspringen scheint, oft dem Tadel entgeht und im Gegenteile manchmal fesselt und gefällt; aber es ist vergebliche Mühe solches Besondere nachahmen zu wollen, denn ist Neuheit und Eigentümlichkeit sein einziges Verdienst, so verliert es seinen Wert, sobald es aufhört neu zu sein.

Ist Manier also ein Fehler und hat jeder noch so vortreffliche Maler seine Manier, so scheint daraus zu folgen, dass die Aneignung von Fehlern, ebenso wie von Vorzügen aller Art, das Gewicht der grössten Autoritäten für sich in Anspruch nehmen kann. Selbst der grosse Namen Michel-Angelos kann als Deckmantel für Mangel oder besser für Vernachlässigung der Farbe und jedes künstlerischen Schmuckes gebraucht werden. Hat der junge Schüler eine harte und trockene Manier, Poussin hat sie gleichfalls. Sieht seine Arbeit unfertig und nachlässig aus, so stützt er sich auf den grössten Teil der venezianischen Schule. Ist er hinsichtlich seiner Gegenstände nicht wählerisch, sondern nimmt er die individuelle Natur gerade wie er sie findet, dann gleicht er Rembrandt. Ist er in den Verhältnissen seiner Gestalten nicht genau — Correggio war gleichfalls ungenau. Sind seine Farben nicht harmonisch verschmolzen — Rubens' Malweise war eben so roh. Kurzum, es giebt keinen Fehler, der nicht zu entschuldigen wäre, wenn es eine genügende Entschuldigung ist, dass man ihn auch an bedeutenden Künstlern findet. Aber man sollte nicht vergessen, dass es nicht diese Fehler sind, denen sie ihren Ruhm verdanken, Fehler, die mit Recht verziehen aber nicht bewundert werden dürfen.

Jedenfalls wird Der am ehesten geneigt sein, Seltsamkeiten nachzuahmen und Fehler für Schönheiten zu halten, der sich immer auf einen Lieblingsmeister beschränkt. Wenn er auch den Besten wählt und fähig ist, die wirklichen Vorzüge seines Vorbildes zu erkennen, so ist doch bei solch engherzigem Vorgehen Genie und Meisterschaft in der Kunst nimmermehr zu erreichen. Man kann sich ebenso wenig einen richtigen Begriff Dessen, was in der Kunst vollkommen ist, durch das Studium eines einzelnen Künstlers bilden, als man imstande ist, eine vollkommen schöne Gestalt darzustellen, wenn man nur irgend ein bestimmtes lebendes Modell genau nachbildet. Und wie der Maler, der alle Schönheit in ein Ganzes zusammenfasst, die sich in zahllosen Einzelwesen verstreut findet, dadurch eine Gestalt hervorbringt, welche schöner ist, als man sie in der Natur antreffen kann, so wird der Künstler, der in sich die Vorzüge der verschiedenen grossen Maler vereinigt, der Vollkommenheit näher kommen, als irgend einer seiner Meister. Wer sich auf die Nachbildung eines einzigen Individuums beschränkt und sich nicht vorsetzt, es zu übertreffen, der wird den Gegenstand seiner Nachahmung nicht einmal erreichen. Er nimmt sich nur vor, zu folgen, wer aber nur folgt, muss notwendig zurückbleiben.

Wir sollten das Vorgehen der grossen Künstler im Verlauf ihrer Studien ebenso nachahmen, wie die Werke, welche sie schufen, als sie völlig ausgebildet waren. Raffael begann damit, die Manier des Pietro Perugino, dessen Schüler er war, unbedingt nachzuahmen, so dass seine ersten Werke von denen seines Lehrers kaum zu unterscheiden sind. Da er bald höhere und weitere Ziele ins Auge fasste, ahmte er die grossen Entwürfe Michel-Angelos nach, lernte von den Werken des Lionardo da Vinci und Fra Bartolommeo die Verwendung der Farben, verband damit die Betrachtung aller Überreste des Altertumes, deren er habhaft werden konnte, und verwendete Andere dazu, ihm abzuzeichnen, was sich in Griechenland und anderen fernen Orten befand. Dank all dieser vielen Vorbilder wurde er selbst, immer nachahmend und doch immer frei schöpferisch, für alle nachfolgenden Maler ein Vorbild.

Wer also den Ehrgeiz hat, Raffael zu gleichen, muss tun, was Raffael tat: viele Vorbilder nehmen und nicht einmal i h n mit Ausschluss aller Anderen zum einzigen Führer wählen.[68]) Und doch ist die Zahl Derer unendlich gross, welche nach ihrem Stile zu schliessen, keine anderen Werke als die ihres Meisters oder irgend eines Lieblingskünstlers gesehen zu haben scheinen, auf deren M a n i e r sie ihr ganzes Streben richten.

Ich will Einige, wie sie mir eben in den Sinn kommen, nennen, die zu dieser engherzigen, beschränkten, unfreien, unkünstlerischen und knechtischen Art von Nachahmern gehören. Solche dürftige

Nachbeter hatte Guido Reni an Elisabetta Sirani[69]) und Simone Cantarini,[70]) Poussin an Verdier[71]) und Cheron,[72]) Parmegianino an Jeronimo Mazzuoli; Paolo Veronese und Jacopo Bassano[73]) fanden an ihren Brüdern und Söhnen solche Nachahmer. Pietro da Cartona[74]) wurde von Ciro Ferri[75]) und Romanelli[76]) gefolgt, Rubens von Jacob Jordaens[77]) und Diepenbeeck,[78]) Guercino[79]) von seiner eigenen Familie, den Gennari[80]). Carlo Maratti wurde von Giuseppe Chiari[81]) und Pietro da Pietri[82]) nachgeahmt, und Rembrandt von Bramer[83]) Eeckhout[84]) und Flinck.[85]) Sie Alle, denen man noch ein langes Verzeichnis von Malern beifügen könnte, und deren Werke bei Laien für die ihrer Meister gelten mögen, sind mit Recht ihrer Unfruchtbarkeit und knechtischen Abhängigkeit wegen zu tadeln.

Um dieser Liste Einige entgegenzusetzen, die sich einer freieren Art der Nachahmung beflissen, seien genannt: Pellegrino Tibaldi,[86]) Rosso[87]) und Primaticcio,[88]) welche Michel-Angelo nicht schwunglos, sondern mit etwas von jenem Feuer nachahmten, das seine Werke belebt. Die Carracci bildeten ihren Stil nach Pellegrino Tibaldi, Correggio und der venezianischen Schule. Domenichino, Guido Reni, Lanfranco,[89]) Albani,[90]) Guercino, Cavedone,[91]) Schidone,[92]) Tiarini[93]) machen, obwol es klar genug zu sehen ist, dass sie aus der Schule der Carracci hervorgegangen sind, doch den Eindruck von Männern, die ihren Blick weiter als nur auf ihr Vorbild richteten; sie haben gezeigt, dass sie eigene Ansichten besassen und selbständig dachten, nachdem sie sich der allgemeinen Grundsätze ihrer Schulen bemeistert hatten.

Lesueurs anfängliche Manier ähnelt sehr derjenigen seines Meisters Vouet, aber als er ihn sehr bald übertraf, unterschied er sich in jeder Hinsicht von ihm. Dass Carlo Maratti bessere Erfolge als die Vorgenannten erzielt und mehr Bedeutung erlangt hat, verdankt er zweifellos einer Erweiterung seines Gesichtskreises dadurch, dass er neben seinem Lehrer Andrea Sacchi[94]) auch Raffael, Guido Reni und die Carracci nachahmte. Carlo Maratti fesselt freilich nicht sehr, aber das liegt an einem Mangel, für den es keinen ausreichenden Ersatz giebt, nämlich am Mangel kräftiger Anlagen. Darin sind die Menschen gewiss nicht gleich, und Jeder kann eben nur so viel Waare vom Markte heimbringen, als seine Mittel es erlauben. Carlo Maratti nützte seine Fähigkeiten durch Fleiss aufs Höchste aus; aber es hing ihm unstreitig eine Schwerfälligkeit an, welche sich gleichmässig auf Erfindung, Ausdruck, Zeichnung, Farbengebung und allgemeine Wirkung seiner Bilder erstreckte. Er hat tatsächlich nie eines seiner Muster in irgend einer Richtung erreicht und aus Eigenem nur wenig hinzugefügt.

Mit diesem Studium der modernen Meister dürfen wir uns aber nicht ausschliesslich zufrieden geben; wir müssen die Kunst bis zu ihrem Ursprunge, bis zu jener Quelle, aus welcher sie ihre höchsten Schönheiten geschöpft hat, bis zu den Denkmalen der reinen Antike zurückverfolgen. Alle Erfindungen und Gedanken der Alten, ob sie uns nun in Statuen, Basreliefs, Intaglios, Cameen oder Münzen erhalten sind, müssen wir sorgfältig aufsuchen und studieren; der Geist, welcher diese ehrwürdigen Überlieferungen umschwebt, mag der Vater der modernen Kunst genannt werden.

Diese Reste der alten Kunst haben die neue belebt, und aus ihnen muss sie ein zweites Mal erneuert werden. Wie es auch unsere Eitelkeit verletzen mag, wir müssen zugeben, dass die Alten unsere Meister sind und wir können die Voraussage wagen, dass, wenn man aufhören wird, sie zu studieren, die Künste nicht länger blühen und wir in Barbarei zurücksinken werden.

Das dem Genie des Künstlers eigene Feuer verarbeitet diese emsig gesammelten Vorräte zu neuen Verbindungen und bringt vielleicht Höheres hervor, als die Kunst bis dahin besass, wie beim Brande von Korinth, der Sage zufolge, aus dem Zusammenrinnen und Verschmelzen einer Menge von Metallen ein neues, bis dahin unbekanntes Metall entstand, dessen Wert dem jedes einzelnen gleichkam, das zu der Zusammensetzung beigetragen hatte. Wenn ein geschickter Chemiker mit seinen Schmelztiegeln es auch hätte analysieren und in seine verschiedenen Teile trennen können, so würde dieses Korinthische Erz dennoch seine Stelle unter den schönsten und wertvollsten Metallen behauptet haben.

Wir haben bis jetzt die Vorteile der Nachahmung betrachtet, insoferne sie dazu dient, den Geschmack zu bilden, ein Verfahren, bei dem ein Funke jenes Genies aufgefangen werden kann, das jene edlen Werke erleuchtet und uns in Gedanken immer gegenwärtig sein soll.

Wir wenden uns jetzt zu einer anderen Art der Nachahmung, zur Entlehnung eines bestimmten Gedankens, einer Handlung, Stellung oder Gestalt, und ihrer Übertragung in das eigene Werk. Dies wird entweder als Plagiat verurteilt oder gilt als empfehlenswerth, je nach der Geschicklichkeit, mit welcher man dabei zu Werke geht. Man muss auch unterscheiden, ob diese Entlehnung bei alten oder neueren Meistern vorgenommen wird. Allgemein wird zugegeben, dass

Niemand sich einer Nachbildung der Alten zu schämen hat; ihre
Werke gelten als Gemeingut, das stets Allen zur Verfügung steht
und wovon Jeder nehmen darf, was ihm gefällt. Hat Einer zudem
die Fertigkeit es zu benützen, so ist es in jeder Beziehung und für
jeden Zweck sein Eigentum. Die Sammlung alter Vorbilder, die
Raffael sich mit so viel Mühe anlegte, ist ein Beweis seiner Ansicht
über diesen Gegenstand. Solche Sammlungen sind jetzt durch ein
Mittel, das zu seiner Zeit fast unbekannt war, viel leichter zu erlangen; ich meine das Stechen, wodurch Jeder sich jetzt billig in
den Besitz der Werke des Altertumes setzen kann.

Man muss zugeben, dass die Werke der heutigen Zeit mehr
das Eigentum ihrer Schöpfer sind; wer jedoch einen Gedanken von
einem alten, ja selbst von einem modernen Künstler, der nicht sein
Zeitgenosse ist, entlehnt und seinem eigenen Werke so anpasst, dass
es einen Teil davon bildet und man weder Fuge noch Naht sieht,
Der kann kaum des Plagiates beschuldigt werden; Dichter üben diese
Art des Entlehnens ohne jede Scheu. Aber damit allein darf ein
Künstler sich nicht zufrieden geben; er muss mit seinem Vorbilde
wetteifern und sich bemühen, noch zu verbessern, was er sich an-
eignet. Solche Nachahmung ist von gemeiner Aneignung so weit
entfernt, dass sie vielmehr eine fortwährende Geistesübung, ein
ununterbrochenes Erfinden ist. Mit solcher Kunst und Vorsicht
Borgen oder geradezu Stehlen hat Anspruch auf dieselbe milde Beurteilung, wie die Lakedämonier sie übten, die nicht den Diebstahl
bestraften, sondern den Mangel an Geschicklichkeit ihn zu verbergen.

Um sie zur Nachahmung im weitesten Umfange anzuspornen,
sei beigefügt, dass auch sehr gute Künstler, welche es nur in den
Niederungen der Kunst sehr weit gebracht haben, beitragen können,
den Geist zu bereichern und Winke zu geben, deren der geschickte
Maler sich richtig zu bedienen wissen wird, wenn er fühlt, was
ihm fehlt, und sich nicht der Gefahr aussetzt, durch die Berührung
mit fehlerhaften Vorbildern beeinflusst zu werden. Er wird aus
Abfällen sammeln, was sich durch feine chemische Bearbeitung auf
dem Wege durch seinen eigenen Geist in reines Gold verwandelt
und in roh altertümlichen Versuchen[95]) wird er eigenartige, vernünftige und sogar erhabene Gedanken finden.

Die Werke von Albrecht Dürer, Lucas von Leyden,[96]) die unzähligen Kompositionen von Tobias Stimmer[97]) und Jost Amman[98])
enthalten eine ergiebige Menge vollwertigen Stoffes, dessen Durch-
arbeitung und anmutige Verschönerung Dem eine Fülle von Ideen

bietet. der ohne diese Hilfe vielleicht nur nach regelrechter Genauigkeit streben würde.

Die üppige Malweise Paolo Veroneses. die wunderlichen Launen Tintorettos werden seine Erfindung beleben und ihm Stützpunkte bieten, von denen aus seine Einbildungskraft sich zum Fluge erheben kann. soferne der Gegenstand blendende Wirkungen mit Recht zulässt.

In jeder Schule, sei es die venezianische, französische oder holländische, findet er entweder geistreiche Kompositionen, ausserordentliche Effekte, eine eigene Art des Ausdruckes oder irgend einen technischen Vorzug, die der Aufmerksamkeit und in gewissem Maasse auch der Nachahmung wol würdig sind; selbst bei den untergeordneten französischen Malern sieht man neben grossen Fehlern oft grosse Schönheiten. So liess Coypel[99]) z. B. Einfachheit des Geschmackes vermissen und er verwechselte Anmaassung und Prahlerei mit Grösse und Erhabenheit; aber es mangelte ihm doch zuweilen keineswegs an richtigem Sinn und Urteil in seiner Darstellungsweise, an grosser Geschicklichkeit in der Komposition und an beträchtlicher Kraft im Ausdrucke der Gemütsbewegungen. Man kann sagen. dass die moderne gezierte Anmut in seinen Arbeiten, sowie in jenen von Boucher und Watteau, nur durch eine sehr dünne Scheidewand von dem einfacheren und reineren Liebreize Correggios und Parmegianinos[100]) getrennt ist.

Unter den niederländischen und holländischen Malern ist es die fehlerfreie, feste und bestimmte Pinselführung Bamboccios[101]) und Johann Miels.[102]) welche, statt auf niedrige und geringfügige, unverändert auf die höchsten Gegenstände angewendet werden könnte, für welche sie sich auch eigentlich besser eignet. So würde der grösste Stil in seiner Anwendung auf solch kleine Figuren, wie Poussin sie zu malen pflegte. durch die Feinheit und Zierlichkeit des Pinsels. den wir in Teniers' Arbeiten bewundern. neuen Reiz empfangen; und wenngleich diese Schule in technischer Vollendung ihren Ruhm suchte. so brachte sie doch auch so manche Künstler hervor, die weit mehr auszudrücken imstande waren. als was nur eben eine geschickte Hand vermag. An den Werken eines Franz Hals kann der Porträtmaler die Komposition eines Gesichtes und was man in der Malersprache wohlgefügte Züge nennt[103]) lernen. in denen in auffallendem, von keinem Maler erreichtem Maasse der scharf ausgeprägte Charakter des Dargestellten in seiner ganzen. eigenartigen Natur zum Ausdrucke kommt. Hätte er ausser der Meisterschaft in diesem so schwierigen Punkt auch noch die Geduld

besessen, auszuführen, was er richtig entworfen hatte, dann könnte
er wol Anspruch auf den Platz erheben, den Alles in Allem genommen, van Dyck mit Recht als erster Porträtmaler einnimmt.

Andere aus dieser Schule haben grosse Kraft im Ausdrucke des
Charakters und der Leidenschaften des gemeinen Volkes besessen,
das sie zum Gegenstand ihrer eifrigen Studien machten. Unter
ihnen war Jan Steen[104]) einer der fleissigsten und gewissenhaftesten
Beobachter solcher Volksszenen, die er aufsuchte, und die für ihn
die Rolle einer Akademie spielten. Ich kann mir leicht vorstellen,
dass dieser aussergewöhnliche Mann, hätte er das Glück gehabt in
Italien statt in Holland geboren zu werden, in Rom statt in Leyden
zu leben und sich der Unterweisung Michel-Angelos und Raffaels
statt der Brouwers und van Goyens[105]) zu erfreuen, denselben durch-
dringenden Scharfblick, mit welchem er das Charakteristische der
verschiedenen Volkstypen herausfand, auch in Wahl und Nachahmung Dessen, was in der Natur gross und erhaben ist, an den
Tag gelegt hätte; er würde darin ebensolche Erfolge erzielt haben
und er würde jetzt zu den Säulen und Stützen unserer Kunst
gehören.

So haben Männer, die derart durch die fast unüberwindliche
Macht der Gewohnheit niedergehalten wurden, in ihrem engen, bescheidenen Kreise dennoch ausserordentliche Fähigkeiten entwickelt
und sie haben, Dank der natürlichen Kraft ihres Geistes, ihren
Schöpfungen so fesselnden Ausdruck und grosse Gewalt und Energie
verliehen, dass sie den Künstler, wenn er sie auch nicht gerade
nachahmen wird, einladen, etwa in parodierender Weise[106]) ihre
Vorzüge auf seine eigenen Werke zu übertragen. Wer die Fähigkeit hat, die niederländische, die französische und die venezianische
Schule auf diese Art auszunützen, der ist ein echtes Genie und ihm
stehen Quellen der Belehrung zu Gebote, wie sie den bedeutenden
Künstlern, die im grossen Zeitalter der Malerei gelebt haben, nicht
zugänglich waren.

Verstreute Vorzüge herauszufinden, unter einer Menge von
Fehlern verborgene Schönheiten zu entdecken, vermag nur Jener,
der, mit offenen Sinnen für die Kunst begabt, seinen Blick auf alle
Zeiten und Schulen richtet und aus der Fülle des so erworbenen
Wissens einen vollkommenen und gründlich verarbeiteten Begriff
von seiner Kunst sich angeeignet hat, auf den Alles zurückführt.
Wie ein umumschränkter Gebieter und Schiedsrichter der Kunst
besitzt er die Macht, die Vorzüge jeder Schule gesondert an sich

zu ziehen; er wählt aus dem Grossen wie aus dem Kleinen; er sammelt Kenntnisse aus Ost und West; er macht sich das Weltall dienstbar und verpflichtet es, seinen Geist zu bereichern und seine Werke mit Originalität und den verschiedenartigsten Erfindungen auszustatten.

So habe ich meine Meinung über die echte und einzige Methode abzugeben gewagt, durch welche der Künstler zum Meister in seinem Berufe werden kann, und die nach meinem Dafürhalten in fortgesetzter, erst mit seinem Leben endender Nachahmungstätigkeit besteht.

Wer im Drange der Geschäfte oder aus Gleichgiltigkeit, Einbildung und Eitelkeit es unterlässt, Umschau zu halten, der hört, so weit meine Erfahrung und Beobachtung reicht, von diesem Augenblick an nicht nur auf, Fortschritte zu machen und sich zu vervollkommnen, sondern er macht auch Rückschritte, er ist einem Menschen zu vergleichen, der von seinem Kapitale gezehrt hat, bis er zum hilflosen Bettler geworden ist.

Ich kann daher keinen besseren Rat erteilen, als dass Sie sich bemühen sollten, ihren Werken mitzuteilen, was Sie an denen Anderer gelernt haben. Dies scheint ein nutzloser und überflüssiger Rat zu sein, aber ich weiss aus eigener Erfahrung, dass Künstler, obwol sie ihre Kunst aufrichtig geliebt, grosse Freude an guten Bildern empfunden haben und auch unterscheiden konnten, was an diesen gut und fehlerhaft war, doch in ihrer Manier fortarbeiteten, ohne sich die Mühe zu nehmen, etwas von jenen Schönheiten, die sie an Anderen bewunderten, auch ihren Werken zu verleihen. Es ist schwer zu begreifen, wie die italienischen Maler der Gegenwart inmitten aller Kunstschätze an ihrem eigenen Stile Gefallen finden können. Sie arbeiten darauf los, ohne es der Mühe wert zu halten, die Werke der grossen Künstler zu betrachten, die sie umgeben.

Ich erinnere mich, vor einigen Jahren in Rom mit einem Künstler von grossem, europäischem, Rufe gesprochen zu haben; er verfügte über ein beträchtliches Maass von Fähigkeiten, die aber keineswegs die Meinung rechtfertigten, welche er von ihnen hatte. Aus dem Rufe, den er sich erworben, schloss er nur zu bereitwillig, dass er seinen Vorgängern gegenüber dieselbe Stellung einnehme, welche er im Vergleiche mit seinen elenden zeitgenössischen Nebenbuhlern innehatte. Im Gespräch über einige Einzelheiten der Werke Raffaels schien er sich nur dunkel daran zu erinnern oder wollte diesen Schein erwecken. Er erzählte mir, dass er durch volle fünfzehn Jahre keinen Fuss in den Vatikan gesetzt habe; dass er tatsächlich wegen einer Kopie eines hervorragenden Bildes Raffaels in Unterhandlung gewesen sei, dass sich das Geschäft aber zerschlagen habe, dass seine Kopie jedoch, wenn es dazu gekommen wäre, das Original weit übertroffen haben würde. Das Verdienst dieses Künstlers, so hoch wir es auch anschlagen mögen, wäre gewiss weit grösser und seine Anmaassung wäre weit geringer gewesen, wenn er, wie er es vernünftigerweise hätte tun sollen, den Vatikan mindestens einmal in jedem Monate seines Lebens besucht hätte.

Ich widme diese Worte Ihnen, meine Herren, die Sie einige Fortschritte in der Kunst gemacht haben und künftig der Leitung Ihres eigenen verständigen Urteiles überlassen sein werden. Sie sind so weit vorgeschritten, um für sich selbst zu denken und annehmen zu dürfen, dass Jedermann fehlbar ist; um die Meister unter dem Vorbehalte zu studieren, dass auch grosse Männer nicht immer frei von grossen Fehlern sind; um zu kritisieren, zu vergleichen und deren Werke nach Ihrer eigenen Wertschätzung zu ordnen, je nachdem sie sich dem Maasstabe der Vollkommenheit nähern oder sich davon entfernen, den Sie sich selbst gebildet haben. Diesen Maasstab aber, daran muss erinnert werden, zu schaffen, haben jene Meister Sie erst gelehrt, von ihrem Studium hängt seine Richtigkeit ab, durch ihre Vorzüge haben Sie ihre Fehler kennen gelernt.

Ich wollte, Sie könnten vergessen, wo Sie sind und wer zu Ihnen spricht. Ich verweise Sie nur an höhere Vorbilder und bessere Ratgeber. Wir können Sie hier nur wenig lehren; von jetzt ab müssen Sie Ihre eigenen Lehrer sein. Aber lassen Sie der englischen Akademie die Gerechtigkeit widerfahren, dessen eingedenk zu sein, dass Ihnen an diesem Orte keine engherzigen Gewohnheiten, keine falschen Begriffe eingeprägt und Sie nicht zur Nachahmung irgend eines lebenden Meisters veranlasst wurden, der vielleicht der begünstigte Liebling des Tages ist. Wie Sie nicht gelehrt wurden uns zu schmeicheln, so lernen Sie auch nicht sich selbst zu schmeicheln. Wir haben uns bemüht, Sie ausschliesslich zur Bewunderung dessen anzuleiten, was wirklich bewundernswert ist. Wenn Sie niedere Vorbilder wählen oder Ihre eigenen Werke aus früherer Zeit zum Muster für Ihre späteren nehmen, dann ist es Ihre eigene Schuld.

Der Sinn dieser Rede und in der Tat auch der meisten meiner übrigen ist, Sie vor der falschen, unter Künstlern nur zu sehr vorherschenden Meinung von eingebildeter künstlerischer Begabung zu warnen, die zu grossen Werken ausreichen soll. Diese Ansicht, der natürlichen Neigung des Geistes entsprechend, dem sie entspringt, hat stets entweder eitles Selbstvertrauen oder dumpfe Verzweiflung zur Folge, die beide jeden Fortschritt hindern.

Studieren Sie daher jederzeit die grossen Werke grosser Meister. Studieren Sie so genau Sie können in der Reihenfolge, in der Art, nach den Grundsätzen, wie Jene studierten. Studieren Sie die Natur sorgfältig, aber immer in Gesellschaft solcher Meister. Betrachten Sie sie als Vorbilder, welche Sie nachzuahmen, und zugleich als Nebenbuhler, mit denen Sie zu wetteifern haben.

VII. Rede

an die Schüler der Königlichen Akademie gerichtet bei
der Preisverteilung am 10. Dezember 1776.

Es giebt einen Maasstab für Geschmack und körperliche Schönheit. — Neben
einem unwandelbar Wahren giebt es hier auch secundäre, dem Wechsel unterworfene Wahrheiten; sie beanspruchen die Aufmerksamkeit des Künstlers umsomehr je beständiger oder einflussreicher sie sind.

Meine Herren!

Seit ich mich zum erstenmale von dieser Stelle aus an Sie gewendet habe, ist es mein unablässiges Bestreben gewesen, Ihnen einen leitenden Gedanken auf das Tiefste einzuprägen. Ich hatte den Wunsch, Sie davon zu überzeugen, dass der Erfolg Ihrer Kunsttätigkeit fast ganz von Ihrem eigenen Fleiss abhänge; aber der Fleiss, den ich Ihnen hauptsächlich anempfahl, ist nicht der Fleiss der H ä n d e, sondern der des G e i s t e s.

Wie unsere Kunst nicht eine Gabe des Himmels ist, so ist sie auch kein handwerksmässiges Gewerbe. Ihre Grundlage ist tüchtiges Wissen, und durch Übung allein, so notwendig diese zur Vervollkommnung auch sein mag, wird man niemals das Ziel erreichen, wenn sie nicht unter der Leitung von Grundsätzen steht.

Einige Kunstschriftsteller gehen darin zu weit und halten eine solche Masse allgemeinen und gründlichen Wissens für notwendig, dass die blosse Aufzählung der Gattungen genügen würde, einen Anfänger zu erschrecken. Nachdem Vitruvius die verschiedenen natürlichen Fähigkeiten und alle durch Studium zu erwerbenden Eigenschaften durchgenommen hat, die für einen Architekten notwendig sind, behauptet er mit vollem Ernste, dass dieser Künstler auch mit den bürgerlichen Gesetzen wohlvertraut sein müsse, damit er nicht um seine Rechtsansprüche auf den von ihm benützten Boden betrogen werden könne. Von solchen Übertreibungen abgesehen, müssen wir allerdings behaupten, dass ein Maler mehr Kenntnisse braucht, als er auf seiner Palette zu finden oder seinem Vorbilde, sei es ein lebendes oder gemaltes, abzusehen vermag. Wer wirklich ungebildet ist, kann nie ein grosser Künstler sein.

Jeder, der sich zu Schilderungen berufen fühlt, sollte sich mit

den dichterischen Erzeugnissen irgend einer Sprache vertraut machen,
um poetischen Geist in sich aufzunehmen und seinen Vorrat an
Vorstellungen zu erweitern; er sollte sich gewöhnen seine Begriffe
zu vergleichen und zu verarbeiten; er darf mit jenem Teil der
Philosophie nicht ganz unbekannt sein, der ihm einen Einblick in
die menschliche Natur verschafft und sich auf Sitte, Charakter,
Leidenschaften und Gemütsbewegungen bezieht; er muss etwas
von der Seele und sehr viel vom Körper des Menschen wissen.
Zu diesem Behufe ist es nicht nötig sich so ins Lesen zu vertiefen,
dass dadurch die Aufmerksamkeit abgezogen wird und man, für die
praktische Seite seines Berufes untüchtig gemacht, vom ausübenden
Künstler zum Kritiker herabsinkt. Schon wenn das Lesen nur zur
Lieblingsbeschäftigung der Mussestunden gemacht wird, wird es den
Geist erweitern und veredeln, ohne die Selbsttätigkeit zu behindern.
Und was solch flüchtige und einseitige Beschäftigung mit den Lit-
teraturen an Lücken hinterlässt, suche man durch den Verkehr mit
unterrichteten und geistvollen Männern auszufüllen, immer der
beste Ersatz für Jene, die weder Mittel noch Gelegenheit zu gründ-
lichem Studium haben. Unsere Zeit besitzt viele solche Männer,
denen es Freude macht ihre Gedanken wissensdurstigen, empfäng-
lichen Künstlern mitzuteilen, sofern Diese ihnen die verdiente Achtung und Verehrung entgegenbringen. Junge Künstler, die ihren
Ehrgeiz darein setzen, werden nach und nach Eingang in solche
Gesellschaft finden. Dort werden sie sich unwillkürlich daran gewöhnen, zu fühlen und zu denken wie ihre Umgebung; unbemerkt
wird sich in ihrem Geiste systematisch ein vernünftiger Geschmack
herausbilden, der ihnen bei der Anwendung der allgemein giltigen
Wahrheiten auf ihre besonderen Zwecke vielleicht besser zur Richtschnur dienen wird, als Jenen, denen sie diese Art zu fühlen ursprünglich zu danken haben.

Die erwünschte, natürliche Folge dieses geistigen Verkehres
ist die Fähigkeit, das Richtige vom Unrichtigen zu unterscheiden,
ein Vermögen das in Hinsicht der Kunst Geschmack genannt
wird. Lassen Sie mich jetzt ohne weitere Einleitung untersuchen,
ob das, was man Geschmack nennt, so hoch über unserem Fassungs-
vermögen steht, dass wir es trotz aller Mühe nicht erreichen können,
oder ob es etwa so unbestimmt und widerspruchsvoll ist, dass es
sich gar nicht verlohnt, danach zu streben.

Es war zu allen Zeiten das Schicksal der Kunst, in eine so
geheimnisvolle und unverständliche Sprache gehüllt zu werden, als

ob man es für nötig hielte, dass selbst die Bezeichnungen jene Unsicherheit und Wandelbarkeit an sich tragen, welche den von ihnen
ausgedrückten Regeln anhaftet.

Genie und Geschmack mit Vernunft und gesundem Menschenverstand in Verbindung zu setzen, erscheint manchen hervorragenden
Schriftstellern, wie wenn Jemand über diese Dinge urteilen wollte,
ohne sie je besessen, ohne je Begeisterung empfunden zu haben,
oder, um in ihrer eigenen hochtrabenden Sprache zu reden, ohne
von jenem prometheischen Feuer erwärmt worden zu sein, das die
Leinwand belebt und den Marmor beseelt.

Wenn ich, um verstanden zu werden, die Kunst scheinbar dadurch erniedrige, dass ich sie von ihrem geträumten Wolkensitze
herabführe, so geschieht es nur um ihr hier auf Erden eine festere
Wohnung anzuweisen. Es ist notwendig, dass wir die Dinge von
Zeit zu Zeit so sehen, wie sie wirklich sind, und uns nicht selbst
durch jene falsche Grösse teuschen, welche sie annehmen, wenn
wir sie undeutlich, wie durch einen Nebelschleier erblicken.

Wir können dem Dichter erlauben, wenn er selbst nicht genau
weiss, was er meint, sich mit einer gewissen Dunkelheit auszudrücken, welche ja eine der Quellen des Erhabenen ist. Aber wenn
man in schlichter Prosa ernsthaft davon spricht, in schattigen
Lauben um die Muse zu werben, auf den Ruf und die Eingebung
des Genius zu warten, zu entdecken wo er wohnt und wo man ihn
am erfolgreichsten anruft; die Tages- und Jahreszeiten zu prüfen
um zu wissen, wann die Einbildungskraft die kräftigsten Blüten
treibt, zur Sommersonnenwende oder zur Frühlingsnachtgleiche;
scharfsinnig zu beobachten, wie die ungezügelte Freiheit und Ungebundenheit der Einbildungskraft durch den Zwang aufgestellter Regeln
gefesselt wird und wie dieselbe Einbildungskraft mit zunehmendem
Alter ermattet, gleichsam erstickt und abgestumpft durch ein Übermaass von Einsicht -- wenn man eine solche Sprache spricht und
derartige Gefühle pflegt, dann lässt man sich gewöhnlich mit den
blossen Worten genügen, oder nährt bestenfalls Vorstellungen, welche
nicht nur unklar, sondern sogar gefährlich sind.

Sollte damit freilich nur gemeint sein, wie es ja möglicherweise
ursprünglich beabsichtigt war, dass man sich zu bestimmten Zeiten
vom Getümmel der Welt auf das Land zurückziehen solle, um die
Kunst zu pflegen; oder dass zu gewissen Zeiten des Jahres der
Körper gesünder und daher der Geist geeigneter für das Geschäft
ernsten Denkens sei, als zu anderen Zeiten; oder dass der Geist

durch zu lange ununterbrochene Arbeit müde und verwirrt werde
— wenn das damit gemeint ist, so kann ich es verstehen. Ich
kann auch begreifen, dass Einer, der in seiner Jugend aussergewöhnliche poetische Kraft besass, dadurch, dass er einen anderen Weg
einschlug, ihre Pflege so vernachlässigt hat, dass sich in seinem
späteren Leben hiervon nur mehr wenig zeigen wird. Doch bin
ich überzeugt, dass es von Homer bis Dryden kaum einen Dichter
gegeben hat, der, soferne es ihm gelang Geist und Körper gesund
zu erhalten und seinen Beruf bis zum Lebensende fortzusetzen, in
späteren Werken nicht das gleiche Feuer der Einbildungskraft bewiesen hätte, welches die Werke seiner Jugend erfüllt hat.

Es wäre eben so lächerlich diese Metaphern und dichterischen
Ausdrücke wörtlich zu nehmen, als zu glauben, dass, weil die Dichter
in der Malerei oft mit Flügelknaben und Genien dargestellt werden,
diese ihnen wirklich zuflüsterten, was sie schreiben sollen, während
sie selbst zur blossen Maschine werden, die sich der Handlungen
des eigenen Geistes nicht bewusst ist.

Es ist natürlich, dass wir allgemein anerkannte und die Welt
beherrschende Meinungen aufnehmen und sie uns aneignen, sie
mögen wahr oder falsch sein; sie können als eine Art Erbschaft
betrachtet werden, die wir antreten, unser Lebelang behalten und
in nahezu unverändertem Zustand unseren Nachkommen hinterlassen,
da es kaum in der Macht irgend eines Menschen liegt, sie zu be-
richtigen und zu verbessern. Den grössten Teil dieser Ansichten
müssen wir wie gangbare Münze hinnehmen, ohne zu wägen und
zu prüfen; aber infolge dieser unvermeidlichen Unachtsamkeit erhalten wir auch manches falsche Geldstück, das wir bei genauer
Abschätzung unseres Vermögens wegwerfen müssen. So muss, wer
allgemeine Meinungen sammelt, wenn er sein Wissen ordnen und
in ein System bringen will, unbedingt die richtigen von den nur
wahrscheinlichen Meinungen absondern. Und es ist die eigenste
Pflicht der Lehrer keine dieser Ansichten über die Kunst ungeprüft
hingehen zu lassen. Wir werden gleich Gelegenheit haben, von der
Achtsamkeit und Umsicht zu sprechen, die bei solcher Prüfung erforderlich ist.

Genie und Geschmack scheinen nach der gewöhnlichen Annahme
sehr nahe miteinander verwandt zu sein; der Unterschied liegt nur
darin, dass sich dem Genie Übung und Fähigkeit der Ausführung
zugesellen, oder auch, dass Geschmack, wenn dieses Vermögen hin-
zukommt, seinen Namen ändert und zum Genie wird. Die Volks-

meinung nimmt für Beide eine Ausnahmsstellung gegenüber allem
Regelzwang in Anspruch. Es wird ihnen die Fähigkeit unmittel-
barer Anschauung[107]) zugeschrieben und man nimmt an, dass das
Genie grosse Werke hervorbringt und der Geschmack Urteile fällen
kann, ohne dass wir wissen warum, völlig unabhängig von Verstand,
Vorschriften und Erfahrung.

Man kann von diesen Ansichten kaum sprechen, ohne sie der
Lächerlichkeit preiszugeben, trotzdem sind sie in Jedermanns, besonders der Künstler Munde. Wer über diesen Gegenstand ernstlich nachgedacht hat, geht nicht so weit; aber ich bin überzeugt,
dass selbst bei diesen wenigen Denkenden die herschende Meinung
dem Verstande weniger Spielraum lässt, als es der Fall sein sollte,
und dass die Grundsätze des Geschmackes, die allen Kunstregeln
zu Grunde liegen, für schwankender und unsicherer gehalten werden,
als sie es in der Tat sind, wie wir auch bei näherer Prüfung
finden werden.

Das bekannte Wort, über den Geschmack lasse sich nicht
streiten, verdankt seinen Einfluss und seine allgemeine Geltung
demselben Irrtume, welcher uns zu dem Glauben verleitet, diese
Fähigkeit sei von zu hohem Ursprunge, als dass sie dem Urteil
eines irdischen Richterstuhles unterworfen werden könnte. Dies
stimmt auch mit jener Auffassung, die ihn für ein blosses Hirn-
gespinst hält, welches so wesenlos sei, dass es jeder Kritik ent-
schlüpfe. Anscheinende Meinungsverschiedenheiten beruhen oft nur
auf der Ungenauigkeit des Ausdruckes, soferne wir nicht gezwungen
sind mit voller Überlegung zu sprechen. Dies rührt zum Teile von
dem Wortmangel der von uns gesprochenen Sprache her, welcher
sich dort besonders fühlbar macht, wo es sich um feinere Unterscheidungen handelt, die erst bei tieferer Untersuchung zu Tage
treten. Ein grosser Teil dieser Irrtümer verschwindet aber, sobald
jede Meinung durch beharrlichen und genauen Gebrauch der bezeich-
nenden Ausdrücke leidlich erklärt und verstanden wird.

Wir wenden die Bezeichnung G e s c h m a c k auf jenen geistigen
Vorgang an, durch welchen uns etwas gefällt oder misfällt, auf
welchen Gegenstand immer sich dies auch beziehe. Unser Urteil
über ein luftiges Nichts, eine grundlose Laune bezeichnen wir mit
demselben Namen, den wir auch unserer Entscheidung über jene
Wahrheiten beilegen, welche sich auf die allgemeinsten und unver-
änderlichsten Gesetze der menschlichen Natur beziehen, und über
Werke, welche nur die höchste Anstrengung menschlichen Verstandes

hervorzubringen vermag. So nachteilig dies auch sein mag, so
müssen wir doch die Worte nehmen, wie wir sie finden; alles was wir
tun können ist nur, die Dinge zu unterscheiden, welche sie bezeichnen.

Die Dinge, welche zugleich Gegenstand des Geschmackes und
der Sinne sind, können wir übergehen, da sie ebensoviel Zuver-
lässigkeit besitzen, als die Sinne selbst, und daher zu Frage und
Streit keinen Anlass bieten. Der menschliche Geist hat ein natürliches Verlangen nach Wahrheit, er hat Geschmack an ihr, ob
sie nun aus tatsächlicher Übereinstimmung und Gleichheit der Ur-
begriffe untereinander hervorgeht, ob sie in der Übereinstimmung
der Vorstellung mit dem dargestellten Gegenstande oder in dem
entsprechenden Verhältnisse der in irgend einer Anordnung befindlichen einzelnen Teile untereinander liegt. Es ist ganz derselbe
Geschmack, der an einem geometrischen Beweise Wohlgefallen findet,
der sich über die Ähnlichkeit eines Bildes mit dem Original freut,
und den die Harmonieen der Musik ergreifen.

All diese Dinge haben ihre feststehende, unveränderliche Begründung in der Natur und können sowohl durch die Vernunft erforscht, als durch das Studium erkannt werden, die einen mit mehr,
die anderen mit weniger Klarheit, aber alle auf demselben Wege.
Ein unähnliches Bild ist falsch. Ein Misverhältnis in der Anordnung der Teile ist ein Fehler und zwar insoferne, als sich daraus,
dass die Teile in keiner Beziehung zum Ganzen stehen. ein Widerspruch ergiebt. Die Farbengebung ist richtig, sobald sie sich dem
Auge durch Licht, Weichheit, Harmonie und Ähnlichkeit als natürlich darstellt; denn das Alles stimmt mit seinem Gegenstande
Natur überein und ist darum wahr, so wahr, wie mathematische
Beweise, wenn dies auch nur von Denen als wahr erkannt wird,
welche diese Dinge studieren.

Aber neben der wirklichen [108]) giebt es auch noch eine
scheinbare Wahrheit, oder Meinung oder Vorurteil. Mit Bezug
auf die wirkliche Wahrheit, soferne sie erfasst ist, kann und wird
es nur einen Geschmack geben, in welchem Alle übereinstimmen;
die zweite Art von Wahrheit, die wir die Wahrheit der Duldung
und des Übereinkommens nennen könnten, steht nicht fest, sondern
sie ist unbeständig. Wie dem auch sei, so lange die Meinungen
und Vorurteile auf welche sie sich stützt, bestehen, gilt sie für
Wahrheit und die Kunst, deren Aufgabe es ist, Lust zu erregen
und zu belehren, muss sich nach den Meinungen richten oder sie
kann ihren Zweck nicht erreichen.

Je nachdem nun diese Vorurteile einer allgemeinen Verbreitung entsprechen und seit Langem Geltung besitzen, nähert sich der Geschmack, der ihnen Rechnung trägt, mehr der Gewissheit und einer der Erkenntnis ähnlichen Art von Wissen,[109]) selbst wo diese Meinungen nichts Anderes sind, als Vorurteile. Und da sie mit Rücksicht auf Dauer und Verbreitung als wirklich wahr betrachtet zu werden verdienen, so werden sie, Dank ihrem beständigen und einheitlichen Charakter, eines nicht geringen Grades von Stätigkeit und Bestimmtheit fähig.

Je beschränkter, einseitiger und flüchtiger diese Vorurteile werden, desto launenhafter wird dieser Geschmack zweiter Ordnung. Er entfernt sich von der Erkenntnis des Tatsächlichen, findet bei der Vernunft weniger Beifall und wird in der Ausübung wenig befolgt, obgleich er wol in keinem Falle völlig vernachlässigt werden sollte, wenn er sich nicht, wie es auch öfters vorkommt, in unmittelbaren Widerspruch zu den von der Menschheit am höchsten verehrten Meinungen setzt.

Nach dieser Darlegung meines Standpunktes werde ich weiterhin weniger methodisch verfahren, da bei seiner Erklärung und Anwendung auch weniger genügen wird.

Wir halten es für ausgemacht, dass die Vernunft unveränderlich und in der Natur der Dinge fest begründet ist. Ohne uns der Mühe zu unterziehen bis auf ihre letzten Ursachen zurückzugehen, welche sich allzeit unserer Nachforschung entziehen werden, können wir schliessen, dass, was immer unter dem Namen Geschmack gehen mag, den wir leicht unter die Herschaft der Vernunft bringen können, gleichfalls von allem Wechsel ausgenommen zu betrachten ist. Wenn wir daher im Laufe dieser Untersuchung zeigen können, dass es feste und unwandelbare Regeln für den Künstler giebt, so folgt daraus, dass die Kunstkennerschaft, oder mit anderen Worten der Geschmack, gleichfalls unveränderlichen Grundsätzen unterworfen ist.

Wenn wir unser Urteil über den Vorzug einer Kunstrichtung vor der anderen abgeben und begründen sollen, so ist es leicht, ausweichend zu antworten, dass wir nach unserem Geschmack urteilen; wenn diese Antwort auch dem gewöhnlichen Beschauer genügen mag — nicht Jeder fühlt sich ja verpflichtet, den Ursachen des Gefallens und Misfallens nachzuspüren — so folgt doch nicht daraus, dass es keine bessere Antwort gäbe.

Die Künste würden durchwegs der Laune und dem Zufalle

preisgegeben sein, wenn Die, welche ihre Vorzüge zu beurteilen haben, nicht feste Grundsätze hätten, die ihre Entscheidung regelten, und wenn Verdienst und Mangel der Darstellung je nach Laune und Willkür zu bestimmen wäre. Wir können ruhig behaupten, dass für den Künstler wie für den Kenner dasselbe speculative[110]) Wissen unumgänglich notwendig ist.

Der erste Begriff, welchem man bei der Betrachtung des in Kunst oder Geschmack Feststehenden begegnet, ist jener leitende Grundsatz, von dem ich in früheren Reden so häufig gesprochen habe: die allgemeine Idee der Natur.[111]) Anfang, Mitte und Ende jedes dem Geschmacke wertvollen Gegenstandes ist bedingt durch die Kenntnis dessen, was wirklich Natur ist; denn alle Vorstellungen, welche mit denen der Natur oder der allgemeinen Anschauung nicht übereinstimmen, sind mehr oder minder willkürlich.

Meine Vorstellung von der Natur umfasst nicht nur die Formen, welche die Natur hervorbringt, sondern auch, wie ich es nennen möchte, Eigenart, inneren Bau und Einrichtung des menschlichen Geistes und der Einbildungskraft. Die Bezeichnungen Schönheit oder Natur, welche allgemeine Begriffe sind, drücken, wenngleich in verschiedener Art doch dasselbe aus, ob wir sie nun auf Sculptur, Dichtkunst oder Malerei anwenden. Hässlichkeit ist nicht in der Natur begründet, sondern sie ist eine zufällige Abweichung von jenem Wege, den diese gewöhnlich einschlägt. Jenem allgemeinen Begriffe kommt daher der Name Natur zu, und genau genommen hat nichts anderes ein Recht auf diese Bezeichnung. Aber wir sind so weit davon entfernt beim gewöhnlichen Sprechen mit Sorgfalt zu verfahren, dass wir vielmehr sagen, wenn wir Rembrandt oder sonst einen holländischen Maler besprechen, der sich bei seinen historischen Bildern der genauesten Darstellung der einzelnen Gegenstände mit all ihren Mängeln befleissigte: es ist zwar nicht geschmackvoll, aber es ist natürlich.

Diese falsche Anwendung der Bezeichnungen muss den Anfänger sehr oft verwirren. Ist die Kunst denn, wird er fragen, nicht die Nachbildung der Natur? Muss daher nicht Derjenige der beste Künstler sein, der sie mit der grössten Treue nachahmt? Dieser Schlussfolgerung gemäss steht Rembrandt höher als Raffael. Aber bei einigem Nachdenken wird sich zeigen, dass die Vorführung von Besonderheiten nicht natürlich sein kann: denn wie kann die Natur des Menschen darin bestehen, worin nicht zwei Individuen einander gleichen?

Daraus folgt, dass ein Werk, je nach dem Einflusse, welchen
mehr oder minder allgemein giltige Begriffe darauf ausgeübt haben,
als Leistung eines guten oder eines schlechten Geschmackes zu betrachten ist.

Wie also Schönheit nicht darin besteht, dass man sich mit
dem Zunächstliegenden zufrieden giebt, so sind auch in Hinsicht des
Geschmackes die Ansichten, welche wir zuerst empfangen und aufnehmen, nicht die besten und die unserem Geiste und unserer Einbildungskraft natürlichsten. In der Kindheit unseres Erkennens
greifen wir gierig nach dem Gut, das uns erreichbar ist; erst
spätere Ueberlegung und Erziehung lehren uns das unmittelbar vor
uns liegende im Hinblick auf fernes, höheres Gut zurückzuweisen.
Adel und Würde jeglicher Kunst, ja selbst die auszeichnende Eigenschaft der Tugend besteht in der Annahme dieses erweiterten und
umfassenden Begriffes; und alle Kritik, die sich auf die beschränktere Ansicht dessen, was natürlich ist, gründet, hat man eigentlich
eher s e i c h t e als falsche Kritik zu nennen; ihr Fehler besteht
darin, dass das Wahre in ihr nicht genügend verallgemeinert ist.

Es ist vorgekommen, dass selbst sehr grosse Künstler in Folge
einer solchen beschränkten Auffassung in Irrtümer geraten sind.
Poussin kann im Grossen und Ganzen gewiss als ein Künstler
gelten, welcher jenem erweiterten und umfassenden Begriffe von der
Natur besondere Beachtung geschenkt hat; aber auch er hat, da
er hierin keine festen Grundsätze besass, wenigstens in einem Falle,
wie ich glaube, die Wahrheit einem Vorurteile geopfert. Man sagt,
dass er Giulio Romano gegen den Vorwurf, dass er der Verteilung
von Licht und Schatten und der Anordnung der Figuren in seiner
C o n s t a n t i n s s c h l a c h t [112]) zu wenig Aufmerksamkeit zugewandt
hätte, in Schutz genommen und behauptet habe, der Maler hätte
dies absichtlich vernachlässigt, um dadurch den Eindruck der Eile
und Verwirrung einer Schlacht hervorzurufen. Poussins eigenes
Verfahren bei sehr vielen seiner Bilder macht diese Mitteilung noch
mehr glaubhaft. Dass er, nur zu oft, es auch so zu halten pflegte,
dafür mögen als Beispiele gelten sein O p f e r v o r S i l e n, sein
T r i u m p h z u g d e s B a c c h u s u n d d e r A r i a d n e; i n s e i n e m P e r-
s e u s m i t d e m M e d u s e n h a u p t tritt aber diese Auffassung noch
deutlicher, ja man kann sagen, mit noch grösserer Aufdringlichkeit
zu Tage. Dies ist zweifellos ein Gegenstand der sehr viel Unruhe
und ein Übermaass an Bewegung enthält, und damit der erste Eindruck des Gemäldes seinem Gegenstand entspreche, mussten alle

Regeln der Komposition umgestossen werden: da giebt es keine Hauptfigur, kein Hauptlicht, keine Gruppe. Alles ist zerstreut und in solchem Durcheinander, dass das Auge nirgends einen Ruhepunkt gewahrt. Ich erinnere mich, dass ich in Folge dieses abschreckenden Anblickes mich mit Abscheu von diesem Bilde abgewandt habe und es nicht ein zweites Mal besehen haben würde, wäre ich nicht zu eingehender Betrachtung zurückgerufen worden. Da fand ich nun indertat, was an Poussins Werken zu finden wir immer erwarten dürfen: richtige Zeichnung, wirksamen Ausdruck und gute Charakteristik, kurz all die Vorzüge, welche die Werke dieses kundigen Malers auszeichnen.

Diesen Vorgang Poussins halte ich zur Nachahmung durchaus ungeeignet. Ein Gemälde soll auf den ersten Blick gefallen und den Beschauer zu näherer Betrachtung gleichsam einladen; wenn hingegen die Hauptwirkung desselben das Auge beleidigt, so unterlässt man in der Regel eine neuerliche Prüfung, was immer für wesentliche innere Vorzüge das Werk auch besitzen mag.

Vielleicht sollte keine Entschuldigung für ein Vergehen angenommen werden, das sich gegen eines der Mittel richtet, welches unserem Geiste Genüsse zuführt, handle es sich nun um den Gesichtsinn oder um den Gehörsinn. Wir müssen das Auge mit gleicher Sorgfalt davor hüten, von einem Durcheinander gleicher Teile und gleichen Lichtes zerstreut und verwirrt, als von einer unharmonischen Farbenmischung verletzt zu werden, wie wir unser Ohr davor schützen würden von unharmonischen Klängen beleidigt zu werden. Wir können uns der Wahrheit dieser Bemerkung mit um so grösserem Vertrauen zuwenden, als auch Shakespeare bei ähnlicher Gelegenheit durch Hamlet[113]) den Schauspielern eine Vorschrift derselben Art empfehlen lässt, nämlich das Ohr nie durch rauhe Töne zu verletzen: „Denn mitten in dem Strom, Sturm und, wie ich sagen mag, Wirbelwind Eurer Leidenschaft müsst Ihr Euch eine Mässigung zu eigen machen, die ihr Geschmeidigkeit giebt." Und doch bemerkt er zu gleicher Zeit sehr richtig: „Der Zweck des Schauspiels, sowohl anfangs als jetzt, war und ist, der Natur gleichsam den Spiegel vorzuhalten." Niemand kann leugnen, dass heftige Gemütsbewegungen natürlicherweise in rauhen und unangenehmen Tönen ausströmen; aber der grosse Dichter und Kritiker hielt diese Nachahmung der Natur für zu teuer erkauft um den Preis unangenehmer Empfindungen oder dadurch, dass man sie „in die Ohren donnere", wie er sich ausdrückt.

Dichter und Schauspieler, wie der geniale Maler, der die Mannigfaltigkeit und die Quellen der Genüsse des Verstandes und der
Einbildungskraft genau kennt, nehmen wenig Rücksicht auf die ge-
gewöhnliche Natur und beugen sich nicht dem gemeinen Menschen-
verstande. Diese engen Schranken überspringend, erfassen sie die
ganze Seele mit grösserer Gewalt und machtvoller erfüllen sie
hierdurch ihre Zwecke. Dieser Erfolg wird von unwissender Seite
der Misachtung aller Regeln zugeschrieben und man betrachtet ihn
als der Vernunft und dem Urteil abgetrotzt, während er in Wahrheit mit den besten Regeln und der richtigsten Vernunft übereinstimmt.

Wer meint, dass die Natur im engen Sinne des Wortes ausschliesslich zu befolgen ist, der wird der Einbildungskraft nur eine
kärgliche Unterhaltung bieten; während doch alles getan werden
soll, was dem Geist auf natürliche Weise Genuss verschafft, ob
dieser nun aus Einfachheit oder Mannigfaltigkeit, Gleichmässigkeit
oder Unregelmässigkeit hervorgehe, ob nun Vertrautes oder Fremdes,
Rauhes und Wildes oder Üppiges und Verfeinertes vorgeführt
werde; denn es ist dem Geist natürlich, bald an diesem, bald an
jenem abwechselnd Gefallen zu finden. Kurz, Alles was gefällt,
enthält etwas dem Geiste Gleichartiges und ist darum im höchsten
und besten Sinne des Wortes natürlich.

Dieses Gefühl für Natur oder Wahrheit sollte von den Lehrern
der Kunst ganz besonders gepflegt werden. Man bemerkt, dass viele
kluge, gelehrte Männer, deren Geist gewöhnt ist nichts für wahr
zu halten, was nicht durch mathematische Beweise dargetan werden
kann, selten Wohlgefallen an jenen Künsten finden, welche sich an
die Phantasie wenden und deren Richtigkeit und Wahrheit nur
durch eine andere Art von Beweisführung erkannt wird; wir können
hinzufügen, dass die Erwerbung dieses Wissens ebensoviel Umsicht
und Klugheit erfordert, als deren jene Wahrheiten bedürfen, welche
leichter erweislich sind. Der Verstand muss schliesslich bei jeder
Gelegenheit unsere Wahl beeinflussen. Aber er kann sich auch erfolglos betätigen, wenn man ihn auf Grundsätze des Geschmackes
anwendet, welche, wenn auch an sich richtig, doch nicht bis an
den Gegenstand heranreichen. Niemand kann zum Beispiel auf den
ersten Blick leugnen, dass es sehr vernünftig scheint, eine Statue,
die bestimmt ist, das getreue Abbild einer Persönlichkeit der Nachwelt zu überliefern, in das der Mode entsprechende Gewand zu
hüllen; dies wäre sicherlich richtig, wenn das Kleid zum Menschen

gehörte. Aber nach einiger Zeit ist das Kleid nur mehr von anti-
quarischem Interesse und wenn es den allgemeinen Eindruck des
Ganzen stört, wird es vom Künstler misbilligt. Hier muss der gewöhnliche Menschenverstand einem höheren Verständnisse Platz
machen. Der Unterschied zwichen einem und dem anderen Künstler
ist hauptsächlich darin zu erkennen, wie sie die nackte Gestalt behandeln und die Draperie anordnen. Ist er aber an das zeitgemässe
Kleid gebunden, so ist die nackte Gestalt fast ganz verhüllt und
die Draperie ist bereits durch die Kunst des Schneiders geordnet.
Wäre ein Phidias gezwungen gewesen, sich an so törichte Vorschriften zu halten, so würde er nicht besser gefallen, als irgend ein
gewöhnlicher Bildhauer, da sich der Kundige mit dem Unkundigen
in den Nebendingen der Kunst fast auf einer Stufe befindet.

Das war wahrscheinlich die Ursache, warum der Bildhauer
jener wunderbaren Gestalt des Laokoon denselben nackt darstellte,
obwohl er während der Opferhandlung für Apollo überrascht wurde
und daher in priesterlichen Gewändern hätte gezeigt werden müssen,
wenn jene höheren Gründe nicht überwogen hätten. Die Kunst
steht bei uns nicht in so hohem Ansehen, dass man ihr solche
Opfer brächte, wie die Alten, besonders die Griechen es taten,
welche sich nackt darstellen liessen, ob sie nun Feldherren, Gesetz-
geber oder Könige waren.

Unter diesem Gesichtspunkte des Abwägens und Wählens zwischen
zwei Gründen, oder dem Wählen des geringeren von zwei Übeln ist
auch Rubens' Verfahren in der Luxemburger Gallerie zu betrachten.
Er vermischte dort allegorische Gestalten mit Darstellungen wirklicher Personen, was allerdings als Fehler angenommen wird, aber
er hielt sich verpflichtet diese Gallerie mit dem reichsten, mannigfaltigsten und prächtigsten Schmucke zu versehen, und das konnte
nicht geschehen, in einem solchem Grade wenigstens nicht, ohne
Luft und Wasser mit diesen allegorischen Gestalten zu bevölkern;
er hat damit Alles erfüllt, was er bezweckte. In diesem Falle
mussten alle geringeren Rücksichten, welche geeignet waren den
grossen Plan des Werkes zu stören, zurückstehen und den Platz
räumen.

Die Mannigfaltigkeit, welche Porträts und moderne Kleidung in
gemeinsamer Darstellung mit allegorischen Figuren hervorbringen,
darf man nicht aus spitzfindiger Erwägung leichtsinnig aufgeben, soferne diese Erwägung die Kunst gewissermaassen ihres eigentlichen
Wesens entkleiden würde. Nie darf vergessen werden, dass es der

Beruf eines grossen Malers ist, grosse Bilder hervorzubringen, und dass es seine Sorge sein muss, sich nicht durch oberflächliche Bedenken zum Aufgeben seines eigentlichen Gebietes verleiten zu lassen.

Was man so oft zum Nachteile allegorischer Dichtung gesagt hat, dass sie nämlich langweilig und uninteressant sei, kann nicht mit der gleichen Berechtigung auf die Malerei angewendet werden, an welcher ein Interesse anderer Art genommen wird. Wenn allegorische Bilder eine grössere Mannigfaltigkeit idealer Schönheit, eine reichere, mehr abwechslungsvolle und reizende Composition hervorbringen und dem Künstler mehr Gelegenheit bieten, seine Geschicklichkeit zu zeigen, so ist alles Interesse erregt, welches er nur wünschen kann; solch ein Bild zieht die Aufmerksamkeit nicht nur auf sich, sondern es hält sie auch fest.

Wirft man ein, dass Rubens von Anfang an irrte, wenn er meinte, sein Werk so überreich schmücken zu müssen, so bringt das die Frage auf ein anderes Gebiet. Es war sein besonderer Stil, er konnte in keinem anderen malen; und er wurde wahrscheinlich für diese Arbeit gewählt, w e i l es sein Stil war. Es mag allerdings unbestritten bleiben, dass einige der besten Künstler aus der römischen oder bologneser Schule ein edleres und reiferes Werk hervorgebracht haben würden.

Das führt uns auf ein anderes wichtiges Gebiet des Geschmackes, den Wert der verschiedenen Kunstgattungen abzuwägen und sie dem entsprechend zu schätzen.

Alle Künste enthalten die Mittel, sich mit Erfolg an unsere geistige wie an unsere sinnliche Natur zu wenden. Vorausgesetzt dass diese Mittel mit gleicher Geschicklichkeit angewendet werden, kann kein Zweifel darüber obwalten, welchem Künstler der Vorzug zu geben ist, Dem welcher die heroischen Handlungen und mehr würdevollen Gemütsbewegungen der Menschen darstellt, oder Jenem, der mit Hülfe unechten, wenn auch zierlichen und anmutigen Schmuckes die Sinnlichkeit unseres Geschmackes, wie man es nennen möchte, gefangen nimmt. So werden die Schulen von Rom und Bologna den venezianischen, niederländischen und · holländischen Schulen vorgezogen, weil sie sich an unsere besten und edelsten Fähigkeiten wenden.

Abgerundete Perioden in der Beredtsamkeit, oder Harmonie des Versmaasses in der Poesie, welche für diese Künste sind, was die Farbengebung in der Malerei ist, können, so hoch wir sie auch schätzen mögen, niemals als gleichbedeutend mit der Kunst betrachtet

werden, welche darin besteht, Wahrheiten zu offenbaren, die der
Menschheit nützlich sind und uns besser und weiser machen. Auch
können Werke, welche uns an die Armut und Niedrigkeit unserer
Natur mahnen, nicht gleich jenen hochgehalten werden, die in uns
Gedanken der Grösse erregen, die Menschheit erheben und adeln
oder mit den Worten eines neueren Dichters den Betrachtenden
„sich selbst als Menschen verehren lehren."[114])

Es ist sonach Sache des Verstandes und der Vernunft, jede
Kunst und jeden ihrer Teile je nach ihrer Bedeutung abzuschätzen
und einzuordnen, von der Darstellung der lebenden bis zur unbe-
lebten Natur herab. Wir werden Niemandem, der den niedrigeren
Stil vorzieht, gestatten, zu sagen, das sei sein Geschmack; Geschmack
hat mit dieser Frage nichts zu tun, oder sollte wenigstens nichts
damit zu tun haben. Es ist nicht Geschmack, was ihm fehlt, sondern Verständnis und gesundes Urteil.

Freilich darf Vollkommenheit in einem untergeordneten Stile
der Mittelmässigkeit in den höchsten Gebieten der Kunst vernünftigerweise vorgezogen werden. Eine Landschaft von Claude Lorrain
kann einem Historienbild von Luca Giordano[115]) vorgezogen werden;
aber eben daraus erhellt die Notwendigkeit, dass der Kenner wisse,
worin die Vorzüge jeder Klasse bestehen, um zu beurteilen, wie
sehr sie sich der Vollkommenheit nähert.

Selbst in Werken derselben Art, wie in der Historienmalerei,
die aus verschiedenen Teilen besteht, kann die Vortrefflichkeit einer
untergeordneten Gattung so hoch entwickelt sein, dass sie dem
Werke Wert verleiht und gewissermaassen den Mangel eines höheren
Verdienstes ausgleicht. Es ist die Pflicht des Kenners, jeden Teil
der Malerei nach Verdienst zu kennen und zu schätzen; er wird
dann selbst Bassano[116]) seiner Beachtung nicht unwert finden, der,
wiewol es ihm an Ausdruck, Empfindung, Anmut und Vornehmheit
vollkommen fehlte, doch Anerkennung verdient um seines bewun-
dernswerten Sinnes für Farben willen, welche in seinen besten
Werken nur wenig hinter denen Tizians zurückbleiben.

Da ich nun Bassano schon erwähnt habe, will ich ihm auch die
Gerechtigkeit widerfahren lassen, zuzugestehen, dass, wenn er
auch nicht nach dem Ruhme strebte Charaktere und Gemütsbewegungen der Menschen auszudrücken, doch nur Wenige ihn in Bezug auf die Wahrheit und Leichtigkeit übertroffen haben, mit welcher
er Tiere aller Art dargestellt und ihnen gegeben hat, was die
Maler Charakteristik nennen.

Neben Bassano können wir in Bezug auf ihre völlige Nicht-
achtung dessen, was mit Recht als das Wesentlichste in der Kunst
hochgehalten wird, nämlich des Ausdruckes der Gemütsbewegungen,
Paolo Veronese und Tintoretto nennen. Trotz dieser offenbaren
Mängel schätzen wir ihre Werke nach Billigkeit; aber es muss
daran erinnert werden, dass sie nicht infolge dieser Mängel, sondern
wegen ihrer grossen Vorzüge anderer Art, und trotz dieser Fehler
gefallen. Diese Vorzüge sind gleichfalls, wo immer wir ihnen begegnen, auf die Wahrheit der allgemeinen Natur gegründet; sie
sprechen Wahrheit, wenn auch nicht die ganze Wahrheit.

Durch diese Erwägungen, welche gar nicht tief genug eingeprägt werden können, wird zwei Fehlern begegnet, welche früher
wenigstens, wie ich bemerkt habe, am meisten vorgeherscht haben
und den Künstlern besonders nachteilig gewesen sind: dem einen,
welcher darin bestand zu glauben, dass Geschmack und Genie
nichts mit dem Verstande zu tun hätten, und dem anderen, Indivi-
duelles für Natur zu nehmen.[117])

Ich werde jetzt etwas über jenen Teil des Geschmackes
sagen, der sich, wie ich Ihnen schon früher angedeutet habe, nicht
so sehr auf die äussere Gestalt der Dinge bezieht, als dass er sich
an den Geist wendet, mit dessen ureigener Anlage, oder um den
Ausdruck zu gebrauchen, mit dessen Organisation er zusammenhängt, ich meine Einbildungskraft und Gemütsbewegungen. Die
Grundsätze dieses Teiles sind eben so unveränderlich, als die des
anderen, und sind auf dieselbe Weise zu erkennen und zu untersuchen, durch Berufung auf die Entscheidung des gewöhnlichen Menschenverstandes über die gewöhnlichen Empfindungen der Menschen.
Diesem Verstande und diesen Empfindungen ist, wie mir scheint,
die gleiche Autorität und Beweiskraft zuzumessen. Diese Berufung
schliesst eine durchwegs gleichmässige und übereinstimmende Meinung der Menschen in sich. Sonst würde es ein eitles und vergebliches Bemühen sein, Kunstregeln festzustellen; es hiesse einem
Phantome nachjagen, wollte man versuchen, Empfindungen zu erregen, mit denen wir völlig unbekannt sind. Wir haben keinen
Grund anzunehmen, dass zwischen unseren Geistern ein grösserer
Unterschied bestehe, als zwischen unseren Körpern, welche, wenn
sich auch nicht zwei ganz gleichen, doch eine das ganze Menschen-
geschlecht beherschende, allgemeine Ähnlichkeit besitzen; und Jene,
welche ihren Geschmack gebildet haben, können zwischen schön
und hässlich unterscheiden, oder mit anderen Worten, das erkennen,

was unter allen Umständen mit der allgemeinen Idee der Natur übereinstimmt oder nicht.

Da die inneren Vorgänge der Seele, sowie die äussere Gestalt des Körpers, sich überall ziemlich gleich sind, so scheint daraus natürlich zu folgen, dass auch die Einbildungskraft, wie die Sinne aller Menschen übereinstimmen müsse, denn die Einbildungskraft ist unfähig etwas ursprünglich aus sich heraus zu schaffen und kann nur die Begriffe, welche die Sinne ihr liefern, verändern und verbinden. Aus dieser Übereinstimmung folgt, dass wir in allen Fällen, bei der leichtesten Unterhaltung, wie bei den ernstesten Handlungen und Beschäftigungen des Lebens, alle unsere Neigungen nach denen der Anderen zu richten haben. Der wohlgeschulte Geist erkennt diese Autorität an und unterwirft seine eigene Meinung der allgemeinen Stimme. Durch die Kenntnis der allgemeinen Gefühle und Gemütsbewegungen der Menschen erwerben wir die richtige Auffassung dessen, was Einbildungskraft ist, obwohl es scheint, als ob wir nur unsere eigenen besonderen Empfindungen zu befragen hätten, und als ob diese genügen könnten, um uns vor allem Irrtum und Fehler zu bewahren.

Kenntnis der Anlagen und des Charakters des menschlichen Geistes können wir nur durch Erfahrung erwerben. Ich gebe zu, dass durch die Gewohnheit zu beobachten, was in unserer eigenen Seele vorgeht, was die Motive unserer Handlungen und welcher Art die Gefühle sind, deren wir uns bei jeder Gelegenheit bewusst werden, viel gelernt werden kann. Wir können Gleichmässigkeit voraussetzen und schliessen, dass dieselben Ursachen auch in den Seelen Anderer die gleiche Wirkung hervorbringen werden. Diese Prüfung wird dazu beitragen uns mit Untersuchungsmaterial zu versehen; aber wir können nie sicher sein, dass unsere Empfindungen wahr und richtig sind, wenn sie nicht durch weitere Beobachtungen bestätigt werden. Ein Einzelner gegen einen Anderen bedeutet nichts; aber die allgemeine Vereinigung der Geister, wie die allgemeine Verbindung aller menschlichen Kraft wird zu einer unwiderstehlichen Macht. Indertat, wie Der, welcher sich selbst nicht kennt, auch Andere nicht zu kennen vermag, mit ebensolcher Richtigkeit kann man sagen, dass Der, welcher Andere nicht kennt, auch sich selbst nur sehr unvollkommen kennt.

Wer sich dadurch vor Vorurteilen zu hüten meint, dass er sich der Autorität Anderer widersetzt, lässt der Eigenheit, der Eitelkeit, dem Selbstbetrug, dem Eigensinn und vielen anderen Lastern Tür

und Tor offen, welche alle dazu führen, sein Urteil abzulenken und
die natürliche Wirksamkeit seiner Fähigkeiten zu behindern. Diese
Unterordnung unter Andere ist eine Nachgiebigkeit, die wir schuldig und zu zollen unwillkürlich veranlasst sind. Wir sind tatsächlich nie mit unseren Ansichten zufrieden, bis sie nicht durch den
Beifall der übrigen Menschen bestätigt und gebilligt sind. Wir
streiten und hadern ohne Unterlass und bemühen uns, Menschen
auf unsere Seite zu bringen, wenn wir nicht zu ihnen übergehen
wollen.

Wer daher mit den Werken bekannt ist, die verschiedenen
Zeitaltern und verschiedenen Ländern gefallen haben, und seine
Anschauungen nach ihnen bildet, hat mehr Material und mehr
Mittel zu erkennen was dem menschlichen Geist entspricht, als Der,
welcher nur mit den Werken seiner eigenen Zeit und seines eigenen
Landes vertraut ist. Was gefallen hat und fortfährt zu gefallen,
wird wahrscheinlich auch künftighin gefallen; davon werden die
Kunstregeln abgeleitet und auf diesem unerschütterlichen Grunde
müssen sie für alle Zeiten stehen.

Aber dies Studieren und Untersuchen der Geschichte des menschlichen Geistes darf sich nicht auf eine Kunst allein beschränken.
Durch Analogie einer Kunst mit einer anderen wird Vieles sicher-
gestellt, was nur unklar gesehen oder vielleicht gar nicht entdeckt
worden wäre, wenn der Erfinder nicht die ersten Winke durch das
Verhalten einer verschwisterten Kunst empfangen hätte.[118] Die
Anlehen, welche bei anderen Künsten zu machen ein Jeder häufig
gezwungen ist, wenn er eine von ihnen besprechen will, um seine
Grundsätze zu beleuchten und zu erweisen, genügen um zu zeigen,
wie eng verbunden und wie nahe verwandt sie untereinander sind.

Alle Künste verfolgen denselben allgemeinen Zweck, nämlich
zu gefallen, und sie wenden sich durch das Mittel der Sinne an
dieselben Fähigkeiten; daraus ergiebt sich, dass ihre Regeln und
Grundsätze einander so eng verwandt sein müssen, als die verschiedenen Stoffe, Organe oder Mittel, welche sie dem Geiste zuführen,
es nur immer gestatten.[119]

Wir können daraus schliessen, dass sozusagen das wahre Wesen
dessen, was unter dem Namen Geschmack geht, in der Natur der
Dinge dauernd begründet ist, dass es gewisse regelmässige Ursachen
giebt, durch welche Einbildungskraft und Gemüt der Menschen ergriffen werden; und dass die Kenntnis dieser Ursachen durch
fleissige und eifrige Erforschung der Natur und durch ein gleich

langsames Eindringen, wie bei jedem Wissen und Erkennen anderer
Art, erworben werden kann, und sobald sie nur einmal errungen
ist, unmittelbar wirksam erscheint.

Es ist oft bemerkt worden, dass dieses echten und rechten
Genusses selbst an Werken der Kunst nur ein guter und edler
Mann teilhaft werden kann. Diese Ansicht wird nicht ganz unbe-
gründet erscheinen, wenn wir bedenken, dass dieselbe Geistesbe-
schaffenheit, welche wir im Suchen nach Wahrheit in den ernsteren
Lebenspflichten erwerben, hier auf die Verfolgung heiterer Lebens-
freuden übertragen wird. Hier besteht dieselbe Neigung, derselbe
Wunsch, etwas Stetiges, Festes und Dauerhaftes zu finden, woran
der Geist sich lehnen und worauf er sich mit Sicherheit stützen
mag. Nur der Gegenstand ist ein anderer. Wir verfolgen, ob wir
nach dem Begriffe des Schönen oder dem des Vollkommenen suchen,
dieselbe Methode; bei der Tugend, indem wir über uns hinaus auf
die Gesellschaft und auf das Ganze sehen, bei den Künsten, indem
wir unseren Blick in derselben Weise auf alle Zeiten richten.

Jede Kunst hat, wie die unsere, in ihrer Zusammensetzung sowohl schwankende als feste Grundsätze. Aufmerksame Untersuchung
ihrer Unterschiede wird es uns ermöglichen, festzustellen, wie weit
wir von Gewohnheit und Gebrauch beeinflusst sind, und was in der
Natur der Dinge selbst ruht.

Um zu erkennen, was eine feste Grundlage hat, können wir
die Hülfe jener Probe in Anspruch nehmen, durch welche, wie man
behauptet, der echte Witz geprüft wird: ob er nämlich übersetzt
werden kann. Er ist lahm, wenn er nur in einer Sprache existieren
kann; und das Bild, welches nur einem Zeitalter oder einer bestimmten Nation gefällt, verdankt seine Aufnahme irgend einer örtlichen oder zufälligen Gedankenverbindung.

Wir können dies auf jeden Brauch und jede Gewohnheit des
Lebens anwenden. So waren die allgemeinen Grundsätze der Höf-
lichkeit, Artigkeit und Lebensart bei allen Völkern immer dieselben;
aber die Form, in die man sie kleidet, wechselt fortwährend. Der
Gedanke, Ehrfurcht zu zeigen, indem man sich selbst erniedrigt, ist
allgemein. Aber die Art wie dies geschieht, ob durch Beugen des
Körpers, Knieen, Niederwerfen, Abnehmen der Kopfbedeckung oder
Ablegen der Fussbekleidung,[120]) das ist Sache des Gebrauches.

Es wäre unrichtig zu folgern, dass aller Schmuck, weil er
früher willkürlich ersonnen wurde, darum unserer Aufmerksamkeit
unwert wäre; im Gegenteil, wer die Pflege dieses Schmuckes ver-

nachlässigt, handelt der Natur und Vernunft entgegen. Wie das Leben ohne seinen höchsten Schmuck, die Künste, unvollkommen wäre, so wären diese Künste selbst wieder ohne i h r e n Schmuck unvollkommen. Wenn wir diesen Schmuck auch keineswegs mit positiven und wesentlichen Schönheiten in eine Reihe stellen dürfen, so muss doch zugestanden werden, dass die Kenntnis beider zur Bildung eines ganzen, vollständigen und vollkommenen Geschmackes unbedingt nötig ist. In Wirklichkeit erhalten die Künste von diesem Schmucke ihren eigentümlichen Charakter und ihre eigene Färbung; wir können hinzufügen, dass wir in ihnen das charakteristische Gepräge eines volkstümlichen Geschmackes erkennen, wie wir besser erkennen, woher der Wind weht, wenn wir eine Feder, als wenn wir einen schwereren Gegenstand in die Luft werfen.

Der auffallende Unterschied zwischen den Werken der römischen, bologneser und venezianischen Schule besteht mehr in dem allgemeinen, durch die Farben hervorgebrachten Eindrucke, als in den tiefer liegenden Vorzügen der Kunst; wenigstens unterscheidet und erkennt man dadurch jedes auf den ersten Blick. So unterscheidet man die verschiedenen Bauarten auch auf den ersten Blick eher an den Ornamenten, als an den architektonischen Verhältnissen; die dorische Ordnung an ihren Triglyphen, die jonische an ihren Voluten, und die korinthische an ihrem Akanthus.

Was die Beredtsamkeit vom kühlen Erzählerton unterscheidet, ist eine freigebigere, wenn auch zurückhaltende Anwendung jenes Schmuckes der Rede, welcher unter dem Namen des bildlichen oder metaphorischen Ausdruckes bekannt ist; und die Dichtkunst unterscheidet sich durch noch heissere und glühendere Worte und Ausdrücke von der Beredtsamkeit. Was die Dichtkunst aber noch mehr absondert und trennt, ist besonders der Schmuck des V e r s e s; er ist für sie charakteristisch und ihr wesentlichster Bestandteil, ohne den sie nicht bestehen kann. Der Gebrauch hat den verschiedenen Dichtungsarten verschiedenes Metrum zugewiesen, worin die Welt nicht völlig übereinstimmt. In England ist der Streit, was vorzuziehen sei, gereimte oder ungereimte Verse, noch nicht entschieden. Aber wie weit wir in der Meinung über die Art dieses metrischen Schmuckes auch auseinander gehen, dass ein Metrum wesentlich notwendig ist, wird allgemein zugegeben.

Es ist die Aufgabe des Geschmackes, zu bestimmen, wie weit die bildliche oder metaphorische Sprache in der Dichtkunst wie in der Beredtsamkeit gehen darf und wann sie gekünstelt und unwahr zu sein beginnt, wobei wir nicht vergessen dürfen, dass dieser Geschmack durch die herschenden Gefühle der Menschen und durch jene Werke, welche sich den Beifall aller Zeiten und Menschen erworben haben, geregelt und gestaltet wird. Die Beredtsamkeit hat zweifellos ihren wesentlichen inneren Wert und ihre unerschütterlichen, allen Sprachen gemeinsamen Grundsätze, die in der Natur unserer Leidenschaften und Gemütsbewegungen begründet sind; dennoch hat sie ihre Zierate und Ausdrucksformen, die völlig willkürlich sind. Was den östlichen Völkern als grossartig und majestätisch gefällt, würden die Griechen und Römer für schwülstig und übertrieben halten, und ihre Ausdrucksweise würde wieder den Orientalen kalt und matt erscheinen.

Wir können zum Lobe dieses Schmuckes gleichfalls hinzufügen, dass er es ist, wodurch die Kunst selbst ihren Zweck erreicht. Fresnoy nannte die Farbengebung eine der Hauptzierden der Malerei, „lena sororis,“[121]) das was den höheren Vorzügen der Kunst Liebhaber und Bewunderer verschafft.

Es scheint ein und dieselbe in sich gerechtfertigte Geistesrichtung[122]) zu sein, welche zur Erkenntnis der Wahrheit oder klaren Vorstellung des Richtigen führt, sowohl was den Schmuck als was die beständigeren Grundsätze der Kunst betrifft. Immer besteht derselbe Mittelpunkt für die Vollkommenheit, wenn auch der dazu gehörige Kreis ein kleinerer ist.

Dies kann an den Kleidermoden erläutert werden, die ja guten und schlechten Geschmack zulassen. Die einzelnen Teile der Kleidung wechseln fortwährend zwischen gross und klein, kurz und lang, aber die allgemeine Form bleibt doch bestehen, es ist immer dieselbe, allgemeine Bekleidung, die verhältnismässig fest steht, wenn sie auch nur an einem schwachen Faden zusammenhängt; aber an diesen muss die Mode sich halten. Wer nun Kleider mit dem grössten Erfolge zusammenstellt, oder sich mit dem besten Geschmacke kleidet, würde wahrscheinlich, wenn er seinen Scharfsinn an grössere Zwecke gewendet hätte, die gleiche Geschicklichkeit und denselben richtigen Geschmack auch in den höchsten Arbeiten der Kunst gezeigt und entwickelt haben.

Ich habe von Geschmack in Sachen der Bekleidung gesprochen, was gewiss eines der niedrigsten Dinge ist, auf welche dieses Wort angewendet wird; dennoch kommt er auch hier zu seinem Rechte, so beschränkt dieses immerhin in Bezug auf die Mode jedes besonderen Volkes sein mag. Aber wir haben noch geringere Mittel zu bestimmen, welchem der verschiedenen Gebräuche der verschiedenen Zeiten und Länder wir den Vorzug geben sollen, da sie alle gleich weit von der Natur entfernt zu sein scheinen. Stellen wir uns einen Europäer vor, der seinen Bart abgeschnitten hat, der falsches Haar auf dem Kopfe trägt oder sein eigenes natürliches Haar in regelmässige, harte Knoten geschlungen hat, die so unnatürlich sind, wie nur möglich, der diese Knoten mit Hülfe von Schweinefett ganz steif gemacht und das Ganze zum Schlusse mit Mehl bedeckt hat, welches auf künstliche Weise höchst regelmässig darüber ausgestreut wurde; stellen wir uns vor, dass er in diesem Aufputze einem Irokesen begegne, der ebensoviel Zeit auf seine Toilette verwendet hat, der mit derselben Sorgfalt und Aufmerksamkeit seinen gelben und roten Ocker auf verschiedene Stellen seiner Wangen und Stirn aufgelegt hat, wie er es für das Vorteilhafteste hält. Wer von diesen Beiden den Anderen wegen dieser Beachtung der Sitten seines Landes verachtet, wer von diesen Beiden sich zuerst veranlasst fühlt zu lachen, der ist der Barbar.

All diese Gebräuche sind sehr unschuldig, weder der Untersuchung noch irgend welcher Bemühung sie zu verändern wert, da die Veränderung sie wahrscheinlich der Natur nicht eben näher bringen würde. Nur dann kann man sich vernünftigerweise dagegen empören, wenn sie mit schmerzhaften oder gesundheitsschädlichen Maassnahmen verbunden sind, wie es in Otaheiti der Fall ist, und wie es das enge Schnüren der englischen Damen mit sich bringt, von welch letzterem der Fachlehrer der Anatomie vor einigen Tagen hier in der Akademie Gelegenheit nahm zu sprechen, und zu beweisen, wie schädlich es auf Gesundheit und langes Leben wirke.

Wie mit der Bekleidung, so ist es auch mit Dingen von grösserer Bedeutung. Die Moden nehmen ihren Ausgang von Jenen, welche die hohen und mächtigen Vorteile des Ranges, der Geburt und des Reichtums voraus haben. Viel von dem äusseren Schmucke der Kunst, wenigstens jener Teil für welchen kein Grund angegeben werden kann, ist nur im Hinblicke auf die Gesellschaft, in der wir gewohnt waren, ihn zu sehen, auf uns übergegangen, von uns angenommen und für bedeutend gehalten worden. Da Griechenland und Rom die Quellen sind, aus denen uns künstlerische Vorzüge aller Art zugeströmt sind, so erstrecken wir die Verehrung, auf die sie zum Dank für alle uns verschafften Genüsse und Kenntnisse ein Recht haben, unwillkürlich auch auf jeden Schmuck und jeden ihrer

Gebräuche, ja selbst auf ihre Tracht. Denn es mag bemerkt werden, dass wir uns nicht genügen lassen, diese Tracht an ihrem Platze zu sehen, sondern dass wir auch keine Schwierigkeit darin erblicken, die Statuen unserer modernen Helden und Ratsherren in die Rüstung oder das Friedenskleid Roms zu hüllen, ja wir gehen so weit, dass wir es kaum ertragen, eine Statue anders bekleidet zu sehen.

Die Gestalten der grossen Männer jener Völker sind durch die Sculptur auf uns gekommen. In der Sculptur blieben uns fast alle vortrefflichen Muster antiker Kunst bewahrt. Wir sind so gewöhnt die Vorstellung persönlicher Würde mit den so dargestellten Personen und die der Kunstwahrheit mit der Art ihrer Darstellung zu verbinden, dass es nicht mehr in unserer Macht steht diese Dinge zu trennen. Nicht so bei der Malerei; da wir keine vortrefflichen antiken Porträts haben, wurde niemals eine solche Verbindung hergestellt. Wir könnten ebensowenig wagen, einen General in römischem Kriegsgewande zu malen, als wir eine Statue in der gegenwärtigen Uniform aufstellen dürften. Da wir aber keine antiken Porträts haben, um daran zu erweisen, wie bereit wir sind, derartige Vorurteile anzunehmen, machen wir die ersten Autoritäten der neueren Zeit demselben Zwecke dienstbar. Wir begnügen uns nicht damit, die grosse Fülle vortrefflicher Porträts mit denen van Dyck unser Volk beschenkt hat, ihrer wirklichen Vortrefflichkeit halber zu bewundern, sondern wir erstrecken unsere Anerkennung selbst auf das Kleid, das zufällig in jener Zeit Mode gewesen ist. Wir erinnern uns sehr wohl, wie allgemein es noch vor wenigen Jahren war, sich in jenem phantastischen Kleide malen zu lassen, und dieser Gebrauch ist noch immer nicht ganz abgekommen. Man muss zugeben, dass auf diese Weise sehr gewöhnliche Bilder etwas von der Art und Wirkung der Werke van Dycks annahmen, und daher auf den ersten Eindruck bessere Bilder zu sein schienen, als sie es indertat waren. Sie scheinen jedoch nur Jenen so, die im Stande waren, jene Ideenverbindung herzustellen; war dies der Fall, so wirkte es unwiderstehlich. Aber diese Association gehört zur Natur und bezieht sich auf jene secundäre Wahrheit, die sich von der Übereinstimmung mit dem allgemeinen Vorurteil und der öffentlichen Meinung herleitet, sie ist daher nicht blos Sache der Einbildung. Neben dem Vorurteile, das wir zu Gunsten antiker Kleidung hegen, können vielleicht noch andere Ursachen mitwirken, unter denen mit Recht vor Allem ihre Einfachheit zu nennen ist, da sie aus wenig mehr als aus einem einzigen Stücke Draperie besteht, ohne alle jene launenhaften, sonderbaren Formen, mit welchen alle anderen Kleider überladen sind.

So haben wir auch in Folge des Vorurteiles, welches wir zu Gunsten der Alten hegen, die uns die Baukunst lehrten, ihre Ornamente angenommen, und wenn wir auch der Meinung wären, dass die Schönheiten, welche wir in dieser Kunst zu sehen glauben, ihre Grundlage weder in Natur noch Vernunft besitzen, so würden uns doch, wenn irgend Jemand, überzeugt von dieser Wahrheit, neue Bauordnungen von gleicher Schönheit erfände, (was wir einmal als möglich annehmen wollen) diese keineswegs gefallen, und er dürfte sich darob auch nicht beklagen, da es dem Alten zu grossem Vorteile gereicht, Gewohnheit und Vorurteil auf seiner Seite zu haben. In diesem Falle verlassen wir etwas, was jedes günstige Vorurteil auf seiner Seite hat, um eines anderen Willen, das keinen anderen Vorzug vor Jenem besitzt, als die Neuheit, die sich bald selber zerstört, und unter allen Umständen der Gewohnheit nur schwachen Widerstand entgegensetzt.

Alte, herschende Weisen der Ausschmückung sollten nur verdrängt werden, um demjenigen Platz zu machen, was hierauf nicht nur höheren, sondern so viel Anspruch erheben kann, um den Schaden und die Verwirrung auszugleichen, welche eine Neuerung immer im Gefolge hat.

Man kann noch hinzufügen, dass auch die Dauerhaftigkeit des verwendeten Stoffes dazu beiträgt, einem Gegenstande den Vorrang vor einem anderen einzuräumen. Architektonische Ornamente, auf die sich der Geschmack vornehmlich bezieht, bestehen aus Materialien, welche länger dauern als die Bestandteile eines Kleides; sie stellen daher an unser Wohlwollen und unser Vorurteil höhere Ansprüche.

Gewiss sind wir demjenigen einige Beachtung schuldig, wovon wir uns ebensowenig losmachen können, als wir im Stande sind, uns selbst zu entfliehen. Wir sind dem Vorurteil unterworfene Geschöpfe, wir können und sollen es nicht ausrotten, wir müssen es nur durch Vernunft regeln; diese Regelung besteht eigentlich in nicht viel mehr, als darin, die geringeren örtlichen und zeitlichen Vorurteile zu zwingen, den dauerhafteren und beständigeren den Platz zu räumen.

Wer daher beim Porträtmalen seinen Gegenstand zu veredeln wünscht (nehmen wir an, es handle sich um eine Dame), der wird sie nicht in ihrem modernen Kleide malen, das durch seine Ver-

trautheit allein schon genügte, um alle Würde zu nehmen. Er bemüht sich sein Werk mit jenen Begriffen und Vorstellungen in Einklang zu bringen, von denen er weiss, dass sie das Urteil der Anderen beherschen; darum wird er der Kleidung seiner Gestalt um
der Würde willen etwas von dem allgemeinen Charakter der Antike geben und um der Ähnlichkeit willen etwas vom Modernen bewahren. Auf diese Weise bringt er sein Werk mit unserem Vorurteile zu Gunsten dessen, was wir immer vor uns sehen, in Einklang; und das Wohlgefällige antiker Schlichtheit entspricht dem,
was wir ein mehr auf Kenntnis und Wissen beruhendes Vorurteil
nennen.

Es ist nicht lange her, dass eine Statue von Voltaire gemacht
wurde, welche der Künstler, der nicht die nötige Achtung vor
den Vorurteilen der Menschheit besass, ganz nackt und so mager
und abgezehrt darstellte, wie es das Original gewesen sein mochte.
Die Folge war, wie zu erwarten gewesen; die Statue blieb in der
Werkstatt des Bildhauers, obwohl sie von Voltaires geistreichen Zeitgenossen und Bewunderern, die sie auch bezahlt hatten, für ein
öffentliches Denkmal ihm zu Ehren bestimmt worden war.

Wer immer den in einem Volke etwa vorherschenden schlechten
Geschmack verbessern will, wird sein Ziel nicht dadurch erreichen,
dass er geradenwegs gegen den Strom ihrer Vorurteile schwimmt.
Der menschliche Geist muss darauf vorbereitet werden, etwas ihm
Neues aufzunehmen; Umbildung bedarf der Zeit. Ein volkstümlicher
Geschmack, so unrichtig er sein mag, kann nicht auf einmal völlig
umgeändert werden; wir müssen der Voreingenommenheit, die sich
des Geistes bemächtigt hat, etwas nachgeben und dann erst können
wir das Volk vielleicht dazu bringen, das anzunehmen, wogegen es
sich empören würde, wenn man es im Sturmlauf einführen wollte.
Da Battista Franco[128]) im Vereine mit Tizian, Paolo Veronese und
Tintoretto beschäftigt war, die Bibliothek von San Marco zu
schmücken, fand seine Arbeit, wie Vasari berichtet, weniger Beifall,
wie die aller Anderen; die trockene Manier der römischen Schule
war wenig geeignet, Augen zu gefallen, die an Üppigkeit, Pracht
und Reichtum des venezianischen Colorits gewöhnt waren. Wären
die Beurteiler dieses Werkes Römer gewesen, dann würde die Entscheidung wahrscheinlich gerade entgegengesetzt ausgefallen sein,
denn in den edleren Richtungen der Kunst stand Battista Franco
vielleicht keinem seiner Rivalen nach.

Meine Herren! Es war der Hauptzweck und die vorzüglichste

Absicht meiner Rede, Ihnen die Existenz eines Maasstabes des Geschmackes sowie der körperlichen Schönheit zu beweisen, zu beweisen, dass ein falscher oder entarteter Geschmack so leicht zu
erkennen und zu entdecken ist, wie irgend etwas Unschönes, Mis-
gestaltetes oder Unrichtiges in unserer äusseren Gestalt; und dass
diese Erkenntnis aus der Einheitlichkeit der menschlichen Empfindungen abzuleiten ist, aus welcher auch die Erkenntnis der habituellen
Beschaffenheit der Natur[124]) entspringt, woraus sich der Begriff
vollkommener Schönheit ergiebt.

Wenn das Vorgebrachte richtig ist, dass neben der auf den
gleichförmigen, ewigen und unveränderlichen Naturgesetzen be-
ruhenden Schönheit oder Wahrheit, die notwendigerweise nur eine
sein kann, dass, sage ich, neben dieser einen, unveränderlichen Wahrheit auch noch, wie wir sie genannt haben, scheinbare oder secundäre Wahrheiten bestehen, welche aus örtlichen und zeitlichen Vorurteilen, aus Launen, Moden oder zufälligen Begriffsver-
bindungen hervorgehen; wenn es sich weiter findet, dass diese letzteren ihre wenn auch noch so schwache Begründung in der ursprünglichen Beschaffenheit unseres Geistes haben — so folgt daraus, dass
alle diese Wahrheiten und Schönheiten die Beachtung des Künstlers
verdienen und erfordern, im Verhältnisse zu ihrer Dauer und Be-
ständigkeit oder zu ihrem mehr oder minder ausgebreiteten Einflusse. Lassen Sie mich hinzufügen, dass diese Wahrheiten und
Schönheiten, sofern ein wohlausgebildeter Geschmack sie ihre bestimmten Grenzen nicht überschreiten lässt, nicht im geringsten
hindernd oder abschwächend auf den Einfluss der Hauptgrundsätze
wirken, welche allein der Kunst ihre wahre und dauernde Würde
zu geben vermögen.

Es liegt unzweifelhaft in Ihrer eigenen Macht, diesen richtigen
Geschmack auszubilden, aber Sie müssen Vernunft und Philosophie
zu Hülfe nehmen; von ihnen müssen Sie die Waage borgen, mittelst
welcher Sie den Wert jedes Anspruches zu wägen und zu schätzen
haben, der sich Ihrer Beachtung aufdrängt.

Der gewöhnliche Einwurf, den man gegen die Einführung der
Philosophie in das Bereich des Geschmackes erhebt, besteht darin,
dass sie den Flug der Phantasie hemme und zurückhalte und jene
Zaghaftigkeit zur Folge habe, welche aus der übertriebenen Sorge,
zu irren oder gegen die Vernunft zu handeln, gemeinhin hervorgeht.
Dem ist jedoch nicht so. Furcht ist weder Vernunft noch Philosophie. Der wahre Geist der Philosophie giebt mit der Erkenntnis

auch männliche Zuversicht und ersetzt eitle Vermessenheit durch
vernünftige Gewissheit. Wer echten Geschmack besitzt, urteilt
auch in anderen Dingen immer richtig; und jene Gebilde, welche
die Vernunft entweder verachten oder scheuen, sind gewöhnlich, wie
ich fürchte, eher den Träumen eines zerrütteten Gehirns, als der
schwärmerischen Begeisterung eines gesunden und echten Genies
verwandt. Die Vernunft sollte von Anfang bis zu Ende über den
höchsten Flug der Phantasie oder Einbildungskraft wachen, wiewohl
zugegeben werden mag, dass sie noch mächtiger auf dem Gebiete
der reinen Verstandestätigkeit zu wirken im Stande ist.

Lassen Sie mich noch beifügen, dass einige der grössten Männer
des Altertumes, die sich gerade am meisten in Werken des Genies
und der Einbildungskraft ausgezeichnet haben, ihrer kritischen Er-
fahrenheit halber gleichfalls berühmt gewesen sind. Plato, Aristoteles, Cicero und Horaz und unter den Neueren Boileau, Corneille,
Pope und Dryden sind Beispiele dafür, dass dem Genie zum Mindesten kein Abbruch geschieht, wenn man Regeln und Wissen beachtet und sich ihnen unterwirft. Ich spreche daher die Hoffnung
aus, das Gesagte möge zur natürlichen Folge haben, dass auch in
Ihnen der Wunsch nach Kenntnis der Grundsätze und des Verfahrens
der grossen Meister unserer Kunst und sonach auch Verehrung und
Achtung für sie lebendig werde.

VIII. Rede

an die Schüler der Königlichen Akademie gerichtet bei der Preisverteilung am 10. Dezember 1778.

Die Kunstgesetze der Poesie und Malerei haben ihre Grundlage im Geiste; dahin gehören Neuheit, Mannigfaltigkeit und Contrast; im Übermaasse werden sie zu Fehlern. — Einfachheit; ihre Übertreibung wirkt unangenehm. — Die Regeln sind nicht immer buchstäblich zu nehmen; es genügt, den Geist des Gesetzes zu wahren. — Bemerkungen über die preisgekrönten Bilder.

Meine Herren!

ch habe in früheren Reden[125]) den Künstlern empfohlen, sich in ihrem Berufe dadurch auszubilden, dass sie sich bestreben, aus den in den verschiedenen Malerschulen verstreuten vielfältigen Vorzügen eine Vorstellung zu gewinnen von dem was vollkommen ist. Hiebei wird es immer schwierig sein zu erkennen, was Schönheit ist und wo man sie finden kann; man möchte nicht gezwungen sein, sie nur auf ihren Ruf hin anzunehmen, obwohl zugestanden werden muss, dass die jüngeren Schüler unvermeidlich hierauf angewiesen sind. Jeder Gedanke an die Möglichkeit sich zu teuschen, wird ihren Fortschritt mehr hemmen als ein enthusiastisches Vertrauen auf die Vollkommenheit ihrer Vorbilder. Aber wer in der Kunst weiter vorgeschritten ist, wer auf festerem und mehr sicherem Grunde stehen und seine Grundsätze auf einem stärkeren Boden aufbauen will, als auch die ehrwürdigste und mächtigste Autorität es ist, dem kann man ruhig sagen, dass es noch einen höheren Richterstuhl giebt, vor welchem selbst jene grossen Meister sich beugen müssen, und vor den jede Vortrefflichkeit in der Kunst in letzter Instanz zu verweisen ist. Wer den Ehrgeiz hat, die Grenzen seiner Kunst zu erweitern, muss seinen Blick über die Vorschriften, welche man in Büchern findet oder die aus dem Verfahren der Vorgänger abgeleitet werden können, hinweg und auf die Erkenntnis jener Gebote richten, welche in der Seele begründet sind, jener Vorgänge geistiger Natur, denen Alles, was zu gefallen strebt, sich anpassen und nach denen es sich bilden muss.

Reynolds, Akad. Reden.   9

Die Dichtkunst, deren Macht ausgedehnter ist, als die unserer Kunst, übt ihre Wirkung fast auf alle Gemütsbewegungen aus; unter diese kann eine der in uns am meisten vorherschenden Stimmungen gerechnet werden, die Sorge um das Kommende. Die Dichtkunst wirkt, indem sie unsere Neugier weckt, in uns allmälig Interesse an dem Vorgange erregt und die Entwickelung hemmt, um uns schliesslich mit einer unerwarteten Entscheidung zu überraschen.

Die Kunst des Malers ist beschränkter und besitzt nichts, was dem Vorteil und der Macht, den Geist weiterzuführen bis seine Aufmerksamkeit ganz gefesselt ist, gleichkommen oder entsprechen würde. Was die Malerei zu tun hat, muss auf einmal getan sein; die Neugier hat sofort alle Befriedigung gefunden, die sie finden kann. Es giebt jedoch andere geistige Eigenschaften und Neigungen, welche der Maler ebenso mächtig ergreifen und befriedigen kann, wie der Dichter; zu diesen ist unsere Vorliebe für Neuheit, Mannigfaltigkeit und Contrast zu rechnen. Diese Eigenschaften beziehen sich, wie man bei näherer Prüfung finden wird, auf eine gewisse Regsamkeit und Ruhelosigkeit des Geistes, welcher Vergnügen und Genuss darin findet, geübt und in Bewegung gesetzt zu werden; die Kunst kommt daher nur diesen Bedürfnissen und Wünschen des Geistes entgegen.

Es bedarf keiner langen Untersuchung, um nachzuweisen, dass die Neigungen, deren ich Erwähnung getan habe, tatsächlich im menschlichen Geiste vorhanden sind. Mannigfaltigkeit belebt aufs Neue die Aufmerksamkeit, welche bei fortwährender Gleichförmigkeit leicht erlahmen würde. Neuheit macht einen tieferen Eindruck auf den Geist, als durch die Darstellung dessen erzielt werden kann, was wir schon oft vorher gesehen haben, und Gegensätze fordern dadurch, dass sie sich widersprechen, die Fähigkeit des Vergleichens heraus. All dies ist augenscheinlich; aber andererseits muss bedacht werden, dass der Geist, obwohl er ein tätiges Element ist, dennoch auch eine Neigung zur Indolenz in sich trägt, und dass er, wenn er es liebt, sich zu üben, dies doch nur bis zu einem gewissen Grade liebt, über welchen hinaus er sich nicht gern führen oder treiben lässt. Das Streben nach Neuheit und Mannigfaltigkeit kann daher übertrieben werden. Wenn die Mannigfaltigkeit ganz das Wohlgefällige der Gleichmässigkeit und Wiederholung zerstört, und wenn die Neuheit das Wohlgefällige alter Gebräuche und Gewohnheiten ausschliesst und dagegen wirkt, dann widerstreben sie der Indolenz unserer Anlagen zu sehr; der Geist erträgt daher nur einen kleinen Teil Neuheit auf einmal mit Wohlgefallen. Der Hauptteil des Werkes muss in einer unserer Gewohnheit entsprechenden Weise ausgeführt sein. Anhänglichkeit an alte Gewohnheiten und Gebräuche halte ich für eine vorherschende Eigenheit des Geistes, und Neuheit bildet eine Ausnahme; wo Alles Neuheit ist, dort ist die Anstrengung und Spannung des Geistes zu heftig. Ebenso ist der Gegensatz, wenn er gewisse Grenzen überschreitet, so unangenehm wie heftiger, fortgesetzter Widerspruch; er veranlasst die sich entwickelnden Gefühle zu einem plötzlicheren Wechsel als sich mit dem Wohlgefallen vereinigen lässt.

Es leuchtet daher ein, dass jene Eigenschaften, so viel sie auch zur Vervollkommnung der Kunst beitragen, wenn sie in bestimmten Schranken gehalten werden, zu Fehlern werden und Tadel verdienen, wenn man sie übertreibt; ein Werk wird folglich nicht besser, je mehr Abwechslung man hineinträgt; Abwechslung kann nie Grundlage und Anfang einer Sache sein, sie darf nur verwendet werden um zu erfreuen und zu ergötzen.

Diese allgemeinen Beobachtungen, welche für alle Künste in gleicher Weise gelten, mögen nun auf unsere Kunst insbesondere angewendet werden. Von einer Komposition, auf der alle Gegenstände zerstreut und in viele gleiche Teile getrennt sind, wird das Auge verwirrt und ermüdet, da es keinen Ruhepunkt, nicht die Haupthandlung oder die Hauptperson herausfinden kann; denn wo Alles gleiche Anforderungen an die Beachtung stellt, ist Alles in gleicher Gefahr, nicht beachtet zu werden.

Bei solchen Gelegenheiten gebraucht man sehr häufig den Ausdruck, es fehle dem Stück an Ruhe, ein Wort, das vollkommen die Befreiung des Geistes von jenem Zustande der Hast und Verworrenheit ausdrückt, in welchen er beim Anblick eines Werkes jener Art gerät.

Andererseits würde absolute Einheit, nämlich ein grosses, aus einer einzigen Gruppe oder Lichtmasse bestehendes Werk ebenso fehlerhaft sein, als ein Heldengedicht ohne Episode oder irgendwelche nebenher laufende Vorgänge, welche den Geist durch jene Abwechslung ergötzen, deren er immer bedarf.

Als Beispiel fallen mir zwei Maler, Rembrandt und Poussin, ein, deren Charaktere in jeder Beziehung vollkommen entgegengesetzt waren, aber in nichts so sehr als in ihrer Art der Komposition und in der Behandlung von Licht und Schatten. Rembrandts Weise ist absolute Einheit. Er hat oft nur eine Gruppe, und bringt wenig mehr als eine leuchtende Stelle in der Mitte grosser Schattenmassen an; ist eine zweite Masse vorhanden, so steht diese in keinem Verhältnisse zur Hauptsache. Hingegen zeigt Poussin überhaupt kaum je eine Hauptlichtmasse, und er zerstreut seine Gestalten oft zu sehr, ohne auf ihre Anordnung in Gruppen die nötige Sorgfalt zu wenden.

Das Verfahren dieser beiden Maler ist gerade das Gegenteil von dem, was man nach ihrem allgemeinen Stil und Charakter erwarten sollte, da Poussins Werke sich ebensosehr durch ihre Einfachheit, als jene Rembrandts durch ihre Kombination auszeichnen. Selbst dieses Verfahren Poussins mag aus übergrosser Vorliebe für eine Einfachheit anderer Art hervorgegangen sein, nämlich aus dem zu lebhaften Wunsche jene absichtliche Hervorhebung von Licht und Schatten zu vermeiden, worauf Rembrandt die Aufmerksamkeit zu ziehen so sehr gewünscht hat. Wie dem auch sei, Beide gerieten in entgegengesetzte Extreme und es ist schwer zu entscheiden, welches von diesen mehr zu tadeln ist, da Beide sich von dem, was die Natur fordert und die Kunst anstrebt, gleich weit entfernt haben.

Dasselbe weise Maasshalten ist hinsichtlich der Ausschmückung zu beobachten; nichts kann mehr zur Störung der Ruhe beitragen, als Überfluss jeglicher Art, mag er nun in der Fülle der Gegenstände oder in der Vielfältigkeit und dem Glanze der Farben bestehen. Hingegen erweckt ein Bild ohne Ausschmückung, anstatt den beabsichtigten Eindruck der Einfachheit zu erregen, eher den Anschein der Armut. Das Ausmaass, in welchem diese Ausschmückung zulässig ist, findet sein Gesetz in dem erklärten Stile des Werkes; aber das Eine steht fest, der ornamentale Stil im weitesten Sinne erfordert schon deshalb Ruhe, um seinen Schmuck vorteilhaft hervorzuheben. Ich kann nicht umhin, hier ein Beispiel der Ruhe anzuführen, welches sich bei jenem treuen und genauen Naturmaler, Shakespeare, findet, ich meine den kurzen Dialog zwischen Duncan und Banquo, während sie sich den Toren von Macbeths Schloss nähern.[126]) Dieses Gespräch wendet sich sehr natürlich auf die Schönheit der Umgegend und die angenehme Luft, und Banquo, die Nester der Mauerschwalben in allen Nischen des Gesimses bemerkend, sagt, dass überall wo diese Vögel nisten, die Luft köstlich sei. Der Gegenstand dieses ruhigen und leichten Gespräches giebt dem Geiste die nach dem Getümmel der vorhergegangenen Scenen so nötige Ruhe und contrastiert vollkommen mit dem schrecklichen

Auftritte der unmittelbar darauf folgt. Es scheint, als hätte Shakespeare sich gefragt, was ein Fürst seinem Gefolge bei dieser Gelegenheit wol sagen würde. Unsere heutigen Schriftsteller scheinen im
Gegenteil immer nach neuen Gedanken zu suchen, die Niemandem
in der betreffenden Lage einfallen würden. Jenes war auch häufig
Homers Brauch, der inmitten von Schlachten und Gräueln die Seele
des Lesers oft durch Einführung irgend eines ruhigen, ländlichen
oder traulich häuslichen Bildes erquickt und erfreut. Die Schriftsteller aller Länder und Zeiten, in denen der Geschmack sich im Sinken
befand, haben jeden Gegenstand, welchen sie berührten, immer aus-
gemalt und ausgeschmückt; sie sind in fortwährender Anspannung,
sie weichen keinen Augenblick vom Prunkenden und Glänzenden ab.
Lucan,[127] Statius[128] und Claudian[129] sind, wie ein gelehrter Kritiker bemerkt hat, Beispiele dieses schlechten Geschmackes und
dieses Mangels an richtigem Urteile; sie mildern ihre Töne nie, sie
steigen nie zur Natürlichkeit herab, Alles ist Übertreibung und fort-
währendes Prahlen, nirgends wird Ruhe gegönnt.

Da wir von Übertreibungen sprechen, liegt es nahe, einige
Worte über die Einfachheit zu sagen, welche in gewissem Sinn
als die allgemeine Correctur der Übertreibung betrachtet wird.
Wir werden hier unterlassen sie unter dem Gesichtspunkte zu betrachten, als umfasste sie das genaue Verfahren, das sich aus in-
timer Kenntnis der einfachen, unverfälschten Natur ergiebt, da sie
dann nur ein anderes Wort für Vollkommenheit wäre, die keinen
Schritt weniger und keinen mehr tut, als Wirklichkeit und Wahrheit.

In unserer Untersuchung der Einfachheit, wie in vielen anderen
derartigen Untersuchungen, kann man am Besten erklären was
richtig ist, indem man zeigt was falsch ist; und wirklich scheint
dies hier unumgänglich nötig zu sein, da die Einfachheit als nur
negative Tugend weder beschrieben noch definirt werden kann.
Wir müssen ihre Natur daher erklären, und die durch sie gewon-
nenen Schönheiten und Vorteile zeigen, indem wir auf das Hässliche
hinweisen, das durch ihre Vernachlässigung entsteht.

Wenngleich man erwarten mag, Beispiele dieser Vernachlässigung in der Praxis zu finden, so liegt doch die Voraussetzung nicht
nahe, dass man auch in den Schriften der Kritiker Vorschriften
finden könne, die sich gegen Einfachheit und Alles was damit zusammenhängt, richten würden. De Piles[130] empfiehlt uns Porträt-
malern, der Charakterisirung Derer, die wir malen, Anmut und
Würde beizufügen; so weit hat er zweifellos recht, aber unglück-

licherweise geht er auf Einzelheiten ein und giebt seiner eigenen
Vorstellung von Anmut und Würde Ausdruck. „Wenn Ihr," sagt
er, „Personen von hohem Ansehen oder Rang darzustellen habt, so
sollen diese in solcher Stellung gemalt werden, dass das Porträt
von selbst zu uns zu sprechen scheine und z. B. sagen würde:
„Halt, betrachte mich, ich bin jener unüberwindliche König, von
Majestät umgeben;" „Ich bin jener tapfere Feldherr, der überall
Schrecken verbreitete;" „Ich bin jener grosse Minister, der alle
Triebfedern der Politik kannte;" „Ich bin jener Ratsherr von vollendeter Weisheit und Ehrenhaftigkeit."" Er fährt in dieser Weise
fort, alle Charaktere aufzuführen, die ihm in den Sinn kommen.
Wir können die Aufgeblasenheit dieses anspruchsvollen Hochmutes
zum Vergleiche neben die ungezwungene, ungekünstelte Art Tizi-
anischer Porträts stellen, deren anscheinend angeborene und natürliche Würde unwillkürliche Verehrung hervorruft und, anstatt voll
eitler Anmaassung zu erscheinen, den Eindruck macht, als ob sie
mit ihren Trägern untrennbar zusammenhienge; während solch prunk-
hafter und absichtlicher Schein der Grösse, weit entfernt davon,
Achtung zu gebieten, eher Gemeinheit, Niedrigkeit und erst jüngst
erworbene Bedeutung verrät.

Die Maler, wenigstens viele unter ihnen, haben nicht verfehlt
die in diesen Vorschriften enthaltenen Bemerkungen anzunehmen
Die Porträts von Rigaud[131]) sind vollkommene Beispiele unbedingter
Befolgung dieser Regeln De Piles', so dass, obwohl er in vielen Beziehungen ein Maler von grossem Verdienste war, dieses Verdienst
durch die gänzliche Abwesenheit jeder Einfachheit völlig verdunkelt
wurde.

Um für den vorliegenden Zweck die Beispiele, die auch aus
der Historienmalerei beigebracht werden können, nicht zu sehr zu
häufen, will ich nur eines Bildes von Coypell[132]) Erwähnung tun,
das ich gesehen habe und welches das höchste Wesen darstellt.

Die römisch-katholischen Maler haben sich die Freiheit genommen, diesen Gegenstand darzustellen, so ungeziemend ein solches
Wagnis auch sein mag und so sehr die Unmöglichkeit einer auch
nur annähernd entsprechenden Darstellung auch in die Augen
springt. Aber hier ist die Charakteristik, die der Maler zweifellos
so erhaben durchführt, als es ihm nur möglich ist, durch ein
Haschen nach Würde, wie De Piles sie empfiehlt, so erniedrigt,
dass wir über die Torheit und Anmaassung des Künstlers empört
sind und sie für nicht viel weniger als Entweihung halten.

Da wir uns um Beispiele für den Mangel an Einfachheit bei einer benachbarten Nation umgesehen haben, müssen wir doch zugestehen, dass dieselbe auch grosse Beispiele gerade dieser Eigenschaft in Poussin und Le Sueur besitzt. Aber da wir von der geläutertsten und höchsten Auffassung von Vollkommenheit reden, dürfen wir da nicht fragen, ob ein neugieriges Auge selbst an diesen grossen Männern nicht einige Fehler entdecken könnte? Ich kann mir vorstellen, dass Poussin, in seinem Abscheu gegen jene Künstelei und jenen Mangel an Einfachheit, die er bei seinen Landsleuten fand, in gewissen Einzelheiten dem entgegengesetzten Fehler verfallen ist, indem er sich einer gewissen Geziertheit näherte, die man in der Schriftstellerei Schulmeisterstil nennen würde.

Wenn die Einfachheit, anstatt nur richtigzustellen, als Selbstzweck auftritt, das heisst, wenn ein Künstler sich auf diese Eigenschaft allein etwas zu Gute tut, dann wirkt eine auffallende Schaustellung der Einfachheit ebenso unangenehm und widerlich, wie jede andere Art der Unnatürlichkeit. In diesem Falle jedoch wird der Künstler wol meistens mit seinem Werke zufrieden sein; denn wenn er auch findet, dass die Welt diesem jede gefällige, herzerfreuende Eigenschaft abspricht, und es mit Gleichgiltigkeit oder Misfallen betrachtet, so tröstet er sich damit, dass es in seiner Einfachheit eine Schönheit von zu reiner und keuscher Natur besitze, um der Menge zu gefallen.

In der Kunst ist es wie in der Moral: kein Charakter würde uns mit schwärmerischer Bewunderung für seine Tugend erfüllen, wenn seine Tugend nur in der Abwesenheit des Lasters bestände; es wird etwas mehr verlangt, ein Mann muss mehr als seine blosse Pflicht tun, um ein Held zu sein.

Jene Werke der Alten, welchen die höchste Bewunderung gezollt wird, bieten mehr als blosse Einfachheit. Der Apollo, die Venus, der Laokoon, der Gladiator besitzen eine gewisse Komposition der Bewegung und genügende Gegensätze, um einen hohen Grad von Anmut und Energie zu betätigen; aber man muss zugestehen, dass der allgemeine Charakter der vielen Tausend antiker Statuen, die wir besitzen, wenigstens an der Grenze der Ausdruckslosigkeit stehe.

Ist die Einfachheit so kunstlos, dass sie den Schwierigkeiten der Kunst auszuweichen scheint, so ist sie eine sehr verdächtige Tugend.

Dessenungeachtet möchte ich die Einfachheit nicht aus der angesehenen Stellung verdrängen, die sie bis jetzt mit Recht immer

eingenommen hat. Sie dient als Schranke gegen die grosse Feindin
der Wahrheit und Natur, gegen die Affektation, die sich immer an
den Pinsel heftet und bereit ist, auf Alles einzudringen und Alles
zu vergiften, was sie berührt.

Unsere Vorliebe und Neigung für Einfachheit geht grösstenteils
aus unserer Abneigung gegen jede Art von Künstelei hervor. Es
giebt noch eine Ursache, warum auf diese Tugend so viel Nachdruck
gelegt wird, nämlich der Hang der Künstler in das entgegengesetzte
Extrem zu verfallen. Wir schützen daher die Seite am Meisten,
welche der grössten Gefahr ausgesetzt ist. Wenn man einem jungen
Künstler zum ersten Male sagt, dass er in seiner Komposition und
in den Stellungen seiner Gestalten Gegensätze ausdrücken, dass er
den Kopf in eine Richtung wenden muss, welche derjenigen des
Körpers entgegengesetzt ist, um Anmut und Lebendigkeit hervorzubringen; dass die Umrisse wellenartig und geschwungen sein
müssen, um Grösse zu zeigen; dass das Auge mit einer Fülle von
Farben zu erfreuen sei; — wenn man ihm das Alles mit gewissen
aneifernden Worten sagt, indem man von Geist, Würde, Kraft, Anmut, Grösse des Stiles und Farbenpracht spricht, dann wird er plötzlich auf all sein neu erworbenes Wissen stolz und glaubt, diese
Regeln nie weit genug treiben zu können. Dann ist es an der Zeit
die Einfachheit zu Hülfe zu rufen, um das Übermaass jugendlichen
Feuers einzudämmen.

Dasselbe gilt vom Colorit, eine Bezeichnung, die hauptsächlich
auf die Fleischfarbe angewendet wird. Ein Maler wird bei seinem
ersten Versuche die Natur nachzuahmen, die ganze Masse mit einer
einzigen Farbe anlegen, wie es die ältesten Maler taten, bis man
ihn lehrt, nicht nur die Verschiedenheit der dem Gegenstand eigentümlichen Töne, sondern auch die Unterschiede zu betrachten, welche
durch das stufenweise Abnehmen des Lichtes zum Schatten veranlasst werden; er wird das Gelernte dann sofort anwenden und eine
Fülle verschiedener Farben einführen. Sodann muss er wieder
darin unterwiesen werden, dass trotz dieser Mannigfaltigkeit die
Wirkung des Ganzen auf das Auge doch einheitlich und einfach
sein muss, wie das Colorit der Natur.

Und hier können wir bemerken, dass der Fortschritt eines einzelnen Schülers mit dem Fortschritt und der Entwickelung der
Kunst selbst eine grosse Aehnlichkeit hat. Wahrscheinlich würde
Mangel an Einfachheit nicht zu den Fehlern eines Künstlers gehören, welcher nur die Natur studiert hat, wie er auch nicht der

Fehler der alten Meister war, die zu der Zeit lebten, welche der grossen Kunst der Malerei vorangegangen ist; ihre Werke sind im Gegenteile zu einfach und zu kunstlos.

Die Kunst war in ihrer Kindheit, wie die erste Arbeit eines Schülers, trocken, hart und einfach. Aber diese Art barbarischer Einfachheit wäre besser Dürftigkeit zu nennen, da sie aus blossem Mangel hervorgeht, aus Mangel an Wissen, Mangel an Hülfsmitteln, Mangel an Fähigkeit anders zu sein; diese Einfachheit entsprang nicht freier Wahl, sondern der Notwendigkeit.

Auf der zweiten Stufe wurden sie ihrer Armut inne, und wer den Mangel am Meisten fühlte, urteilte am Besten über das nötige Maass des Ersatzes. Es gab Maler, die sich aus der Armut aufschwangen, ohne in Verschwendung zu verfallen. Ihr Erfolg verleitete Andere, die von selbst wol nie die Geisteskraft gefunden hätten, den ursprünglichen Fehler zu entdecken, das Heilmittel im Übermaasse zu gebrauchen; und sie verfielen in das entgegengesetzte Extrem. Aber wie sehr sie auch fehl gehen mögen, wir können ihnen nicht empfehlen, zu jener Einfachheit zurückzukehren, von welcher sie sich mit Recht abgewendet haben, sondern wir werden ihnen nur raten, ihren Überfluss mit sparsamerer Hand zu verteilen, mit jener Würde, die weder mit ihren Schätzen noch mit ihrer Kunst prahlt. Es ist nicht leicht, eine Regel aufzustellen, welche gerade die richtige Mitte einhält; denn kaum dass wir diese Mittelstrasse als allgemeinen Grundsatz festgestellt oder beinahe festgestellt haben, veranlassen uns oft die Umstände, jene entweder nach der Seite der Einfachheit oder nach der Seite der Mannigfaltigkeit und Ausschmückung hin wieder zu verlassen.

Als ich in einer früheren Rede von dem Unterschiede des erhabenen und des ornamentalen Stiles in der Malerei sprach, hielt ich es für nötig, einen vielleicht zu geringschätzigen Eindruck von der ornamentalen Kunstrichtung zurückzulassen, um derentwillen manche sich selbst schätzen und die in vielen Werken hoch und wert gehalten wird; ich verfolgte damit die Absicht, Ihre Aufmerksamkeit mehr auf die männlichere, vornehmere und würdevollere Richtung zu lenken.

Ich sagte damals, was ich zu jener Zeit für angemessen hielt zu sagen; ich vermutete die jungen Leute mehr zu genialer Nachlässigkeit geneigt, als zu ernster Ausdauer und mühsamer Genauigkeit, und tat daher, was man tut um Krummes gerade zu machen, indem man es, damit es schliesslich gerade bleibe, nach der entgegengesetzten Richtung ausbiegt.

Zu diesem Zwecke, und um jede Übertreibung und Nachlässigkeit auszuschliessen, will ich hier noch beifügen, dass es nicht genügt, wenn eine Arbeit regelrecht ist, sie muss auch wohlgefällig sein; der Maler muss die Kraft mit Anmut paaren, wenn er wünscht, dass der erste Eindruck zu seinen Gunsten ausfalle. Unser Geschmack hat nebst der Neigung zum Erhabenen eine Art von Sinnlichkeit an sich; jeder dieser beiden Eigenschaften des Geistes muss Rechnung getragen werden, insoferne sie einander nicht widersprechen; denn das wäre ein grosser Fehler, der mit aller Sorgfalt zu vermeiden ist.

Es giebt Regeln, deren unbedingte Autorität wir, wie die unserer Wärterinnen, nur so lange anerkennen, als wir uns im Zustande der Kindheit befinden. Eine der ersten Regeln z. B., welche jeder Lehrer, wie ich glaube, seinem jungen Schüler in Hinsicht der Anordnung und Behandlung von Licht und Schatten geben wird, ist die, welche Lionardo vorschrieb, dass man nämlich einen lichten Grund der Schattenseite der Gestalt und einen dunklen der Lichtseite entgegensetzen müsse.[133]) Hätte Lionardo noch jene ausserordentliche Leuchtkraft und Wirkung sehen können, welche man seither durch das genau entgegengesetzte Verfahren erzielt hat, indem man Licht neben Licht und Schatten neben Schatten stellt, würde er es zweifellos bewundert haben; aber er würde es wahrscheinlich mit Recht nicht zur ersten Regel gemacht haben, mit welcher der Unterricht zu beginnen ist.

Weiter wird gelehrt, dass bei der künstlerischen Anordnung der Figuren dieselben von einander contrastieren sollen; dass wenn eine dem Beschauer das Gesicht zuwendet, die andere ihm den Rücken zukehren muss, und dass die Glieder jeder einzelnen Gestalt contrastieren sollen, das heisst, wenn das rechte Bein nach vorn gestellt ist, der rechte Arm zurückgezogen sein muss.

Es ist sehr richtig, dass solche Regeln an der Akademie gelehrt werden; es ist richtig, dass die jungen Schüler erfahren, dass Untersuchungen anzustellen sind, und dass sie daran gewöhnt werden, jede Vortrefflichkeit auf Grundsätze zurückzuführen. Ausserdem ist es der natürliche Gang des Unterrichtes, erst zu lehren was in die Augen springt und sinnfällig ist, und von da allmälig zu höheren, freieren und weiteren Gesichtspunkten überzugehen, welche die grossen und edlen Vorzüge der Kunst umfassen. Aber wenn die

Schüler weiter vorgeschritten sind, werden sie finden, dass die höchsten Schönheiten des Charakters und Ausdruckes ohne Gegensatz hervorgebracht werden, ja dass dieser Gegensatz jene natürliche Energie zerstören und verderben würde, welche dem Menschen eigentümlich ist, wenn er ohne Rücksicht auf Anmut sich in wirklicher Bewegung befindet. Der den Athenern predigende Paulus auf einem der Cartons[134]) steht, weit entfernt nach Art der akademischen Manierirtheit die Glieder in Contrast zu bringen, gleichmässig auf beiden Füssen und hält beide Hände in derselben Stellung; denken Sie sich Contrastwirkung dazu und alle Kraft und ungekünstelte Anmut der Gestalt ist zerstört. Der Zauberer Elymas hält beide Hände in derselben Richtung nach vorn ausgestreckt, was vollkommen den beabsichtigten Eindruck macht. Man kann in der Tat in Raffaels Werken nichts von jenen schülerhaft gesuchten Gegensätzen finden. Wenn irgend ein Contrast sich zeigt, so scheint er ohne sichtbares Zutun der Kunst durch den natürlichen, zufälligen Sachverhalt entstanden zu sein.

Was hier den verschiedenartigen Übertreibungen Übles nachgesagt wurde, ob es sich nun auf Einfachheit, Mannigfaltigkeit oder Gegensatz beziehe, veranlasst den Maler natürlich zur näheren Untersuchung der wahren Bedeutung und Ursache der Regeln und ihrer Wirkung auf jene Eigenschaften, auf welche sie sich beziehen. Durch die Erkenntnis ihres allgemeinen Zweckes und ihrer eigentlichen Bedeutung, wird er oft finden, dass er sich nicht buchstäblich an das Gesetz zu halten hat, sondern nur an den Geist desselben.

Kritische Bemerkungen sind ohne Beispiele oft unverständlich; es mag daher nicht unzweckmässig sein, Fälle vorzuführen, in welchen eine ganz allgemein angenommene Regel falsch ist oder wo eine zu enge Auffassung derselben den Künstler zu grossen Irrtümern verleiten kann.

Es gilt bei Du Fresnoy als Regel, die Hauptfigur des Gegenstandes in die Mitte des Bildes und in das stärkste Licht zu stellen, damit sie sich von den übrigen unterscheide.[135]) Ein Maler, der sich gezwungen hielte, diese Regel genau zu befolgen, würde sich mit nutzlosen Schwierigkeiten belasten; er würde auf grosse Einförmigkeit in der Komposition beschränkt und vieler Schönheiten beraubt sein, welche sich damit nicht vereinigen lassen. Die Bedeutung dieser Regel geht nicht oder sollte nicht weiter gehen, als dass die Hauptfigur sofort auf den ersten Blick als solche erkannt werde; dazu muss aber auf sie weder das

stärkste Licht fallen, noch muss sie sich in der Mitte des Bildes
befinden. Es genügt, dass sie sich durch ihren Platz oder durch
die Aufmerksamkeit der anderen Figuren auszeichne, wodurch sie
dem Beschauer auffällig wird. Jene Regel ist so entbehrlich, dass
sie sehr selten beobachtet wird, weil andere Rücksichten von
grösserer Bedeutung häufig im Wege stehen. Beispiele eines Wider-
spruches zu dieser Regel findet man in den Raffaelschen Cartons:
Christus und Petrus, Pauli Predigt, Zauberer Elymas, welcher zweifellos der Hauptgegenstand in jenem Bilde ist.[136]) In keiner dieser
Kompositionen steht die Hauptfigur in der Mitte des Bildes. In
Lebruns wunderbarer Composition Alexander im Zelte des Darius[137])
steht Jener weder in der Mitte des Bildes, noch fällt das Hauptlicht auf ihn, aber die Aufmerksamkeit aller anderen Figuren zeichnet
ihn unmittelbar und in bedeutender Weise aus; das stärkste Licht
fällt auf die Tochter des Darius, die sich in der Mitte des Bildes
befindet, wo das Hauptlicht notwendiger ist.

Es ist sehr seltsam, dass Felibien[138]) in seiner eingehenden
Beschreibung des Bildes, die freilich eher eine Lobschrift als eine
Kritik zu nennen ist, in der Überzeugung, dass, nach Du Fresnoys
Vorschrift, Alexander das stärkste Licht haben müsse, es ihm auch
tatsächlich zuspricht; er hätte ebenso gut sagen können, dass er
in der Mitte des Bildes stände, da er entschlossen war, diesem
Werke jede Art von Vorzüglichkeit zuzuschreiben, welche ihm zur
Vollkommenheit notwendig dünkte. Verhielte es sich so, wie Feli-
bien in übel angebrachter Grossmut annimmt, so wäre die Schönheit der Komposition zum grossen Teile zerstört.

Mir fällt noch ein Umstand ein, welcher ähnliche Freiheiten
in der Anordnung des Lichtes gestattet. Obwohl es die gewöhnliche Weise ist, eine grosse Lichtmasse etwa in die Mitte des
Bildes zu setzen und diese mit Schatten zu umgeben, kann auch
das Umgekehrte geschehen und der Geist der Regel dennoch gewahrt bleiben. So findet man in den Werken der venezianischen
Schule häufig Beispiele der Umkehrung jenes Lehrsatzes. In der
grossen Komposition Paolo Veroneses, die Hochzeit von Cana,[139])
ist der grösste Teil der Figuren im Halbschatten, das starke Licht
hat der Himmel; und indertat beruht die allgemeine Wirkung
dieses so überraschenden Bildes auf nichts Anderem, als auf dem,
was wir oft in Landschaften und kleinen Bildern von Jahrmärkten
und ländlichen Festen sehen. Aber dadurch, dass diese Grundsätze
von Licht und Schatten auf so grossen Maasstab, auf einen Raum

übertragen sind, welcher fast hundert lebensgrosse Figuren enthält, dadurch, dass sie dem Ascheine nach mit derselben Leichtigkeit und mit derselben rücksichtsvollen Aufmerksamkeit für das einheitliche Ganze durchgeführt sind, als handle es sich um ein kleines Bild, welches man unmittelbar ins Auge fassen kann, dadurch erregt das Werk mit Recht unsere Bewunderung, da ja die Schwierigkeit mit der Ausdehnung wachsen musste.

Es giebt zahllose verschiedene Arten der Komposition: manchmal soll sie aus einer grossen Gruppe in der Mitte des Bildes und kleineren Gruppen an den Seiten bestehen, dann wieder aus einem leeren Raum in der Mitte, um den die Figuren der Gruppen sich ordnen.

Ob nun die breite Hauptmasse des Lichtes sich im Mittelgrunde befindet, wie in der Schule von Athen, oder am Himmel, wie in der Hochzeit von Cana, in der Andromeda[140]) und den meisten Bildern Paolo Veroneses; oder ob das Licht auf den Gruppen liegt, eine Art der Komposition welche auch gewählt wird — jede Änderung und jede Freiheit ist erlaubt, nur Folgendes ist unstreitig notwendig: dass, um das Auge vor Verwirrung und Zerstreuung durch eine Fülle gleichwertiger Dinge zu bewahren, diese Dinge, ob sie nun aus Licht, Schatten oder Figuren bestehen, in grosse Massen und Gruppen richtig verteilt und einander entgegengestellt werden; dass bei einer gewissen Masse von Handlung ein entsprechend freier Raum zur Verfügung steht; dass das Licht genügend von Schatten unterstützt wird; und dass, können wir hinzufügen, eine gewisse Menge kalter Farben vorhanden ist, um den warmen Farben Glanz und Wert zu verleihen. Wie diese Verhältnisse sein sollen, kann nicht so sehr aus Vorschriften als durch Beobachtung von Bildern gelernt werden, und in dieser Beziehung sind schlechte Bilder ebenso lehrreich als gute. Unsere Untersuchung, warum Bilder einen schlechten Eindruck machen, kann ebenso vorteilhaft sein, als unsere Untersuchung, warum sie einen guten Eindruck machen; jede von ihnen wird die Grundsätze bestätigen, welche die andere gelehrt hat.

Wiewohl es nicht meines Amtes ist, auf die Einzelheiten unserer Kunst einzugehen, möchte ich doch die Gelegenheit benützen, um eines, wie ich glaube, nicht allgemein beachteten Mittels Erwähnung zu tun, mit welchem die venezianischen Maler jene grosse Wirkung hervorgebracht haben, die wir an ihren Werken sehen. Es sollte nämlich meiner Ansicht nach ausnahmslos beobachtet werden,

dass die Lichtmassen eines Bildes einen warmen, weichen Ton
haben, einen gelben, roten, oder gelblichweissen; und dass die
blauen, grauen oder grünen Farben von diesen Massen fast ganz
auszuschliessen und nur zu verwenden sind, um die warmen Farben zu
stützen und zu heben, für welchen Zweck auch eine kleine Menge
kalter Farben genügen wird.

Dieses Verfahren werde umgekehrt; man lasse das Licht kalt
und die umgebenden Farben warm sein, wie man es oft in den
Werken der florentinischen und römischen Maler sieht, und es
wird ausser der Macht der Kunst selbst eines Tizians oder Rubens
liegen, ein prächtiges und harmonisches Bild zu Stande zu bringen.

Lebrun und Carlo Maratti waren zwei Maler von grossem Verdienste, besonders was man akademisches Verdienst nennen kann,
aber ihnen Beiden fehlte die Ökonomie der Farben; die Ausserachtlassung dieser Regel ist eine der Ursachen jenes Eindruckes der
Schwere, welcher in ihren Bildern so sehr auffällt. Das stärkste
Licht in Lebruns oben erwähntem Bilde fällt auf Statira, die sehr
unverständigerweise in ein blassblaues Gewand gekleidet ist. Es
ist wahr, er hat dieses Blau durch Gold gehoben, aber das ist nicht
genug; das ganze Bild hat etwas Schweres und entspricht keineswegs den durch den Stich erregten Erwartungen. Poussin verwendete oft ein Stück blauer Draperie, wenn die allgemeine Färbung
des Bildes sich zu Braun oder Gelb neigte, was ein hinreichender
Beweis dafür ist, dass Farbenharmonie nicht jener Teil der Kunst
war, welcher die Aufmerksamkeit dieses grossen Künstlers besonders
in Anspruch genommen hat.

Der Vorgang Tizians in seinem Bilde Bacchus und Ariadne[141])
ist mit Recht wegen der Harmonie des Colorits so berühmt. Nach der
Ansicht der Kritiker ist der Gestalt Ariadnes desshalb eine rote Schärpe
gegeben, damit sie sich von dem dahinterliegenden Meere abhebe.
Aber dies ist nicht allein aus diesem, sondern vielmehr aus einem
Grunde von weit grösserer Bedeutung geschehen, nämlich um der
allgemeinen harmonischen Wirkung des Bildes willen. Die von der
grossen Gruppe getrennte Gestalt der Ariadne ist blau gekleidet
und giebt zusammen mit der Farbe des Meeres gerade jene Menge
kalter Farbe, welche Tizian zur Hebung der Leuchtkraft der grossen
Gruppe für nötig hielt; diese besteht mit geringer Ausnahme wieder
ganz aus weichen Tönen. Aber da das Bild unter diesen Umständen
deutlich in zwei verschiedene Hälften zerfallen wäre, in eine kalte
und in eine warme, war es notwendig, etwas von den milden Far-

ben der grossen Gruppe in den kalten Teil des Bildes und einen Teil der kalten Farben in die grosse Gruppe zu übertragen; Tizian gab Ariadnen daher eine rote Schärpe und einem der Bacchanten eine kleine blaue Draperie.

Das Licht des Bildes soll, wie ich bemerkt habe, warm im Tone sein; denn wenn auch, wie die holländischen und niederländischen Maler es taten, für das stärkste Licht Weiss genommen werden kann, so ist es doch besser sich jenes Weiss von den gelben Strahlen der untergehenden Sonne beleuchtet zu denken, wie es Tizians Weise war. Die Überlegenheit dieser Manier ist niemals so überzeugend, als wenn man zufällig in einer Bildersammlung ein Portrait Tizians neben einem niederländischen Bildnisse, und wäre es selbst von Van Dycks Hand, hängen sieht; dieses wird, trotz aller anderweitigen Vorzüge, im Vergleiche zu jenem kalt und grau erscheinen.

Die beleuchteten Stellen der Gegenstände sind in der Natur von wärmerer Färbung als die, welche sich im Schatten befinden; was ich empfohlen habe, ist daher nichts Anderes, als dasselbe Verfahren im Ganzen zu beobachten, was bei jedem einzelnen Teile ohnehin als nötig erkannt ist. Dem Auge wird derselbe Eindruck geboten, welchen es zu empfangen gewöhnt ist, was in diesem, wie in jedem anderen Falle, immer Schönheit hervorbringen wird; kein Grundsatz unserer Kunst steht daher fester oder ist aus reinerer Quelle geschöpft.

Was ich gerade jetzt als die wahrscheinliche Ursache bezeichnet habe, die zu Ariadnes roter Draperie Veranlassung gegeben, bietet mir Gelegenheit zu bemerken, dass der beliebte Vorgang, die einzelnen Figuren scharf herauszuheben, welchen De Piles und alle Kritiker für ein Erfordernis von höchster Wichtigkeit hielten, Tizians Beachtung nicht sonderlich in Anspruch genommen hat. Untergeordnetere Maler haben ihn in der Hervorbringung dieser Wirkung weit übertroffen. In der Kindheit der Kunst war es ein Gegenstand besonderer Aufmerksamkeit und ist es auch jetzt noch für die grosse ungebildete Menge, welche die höchste Befriedigung darin findet, eine Gestalt zu sehen, welche, wie sie sagt, aussieht, als ob man rund um sie herum gehen könnte. Aber so gering ich das Vergnügen an solcher Art von Teuschung auch schätze, so würde ich dennoch nichts dagegen einzuwenden haben, wenn sie sich nicht einem Vorzuge weit höherer Art entgegenstellte, indem sie jener so schwer in Worten auszudrückenden vollen Einheitlichkeit geradezu

entgegenwirkt, welche man in ihrer Vollendung in Correggios und
wir können hinzufügen auch in Rembrandts besten Werken findet.
Diese Wirkung wird durch das Verbinden und Verschmelzen der
Schatten mit dem noch dunkleren Hintergrunde hervorgebracht,
während das Hervorheben der Gestalten darin besteht, dass man sie
durch Licht, Schatten oder Farbe vom Grunde trennt und löst.
Diese Art, die Figuren, wie man sagen könnte, in den Hintergrund
einzulegen, um Relief hervorzubringen, finden wir bei den alten
Malern, wie Andrea Mantegna, Pietro Perugino und Albrecht
Dürer. Hierzu gehört auch die erste Malweise des Lionardo
da Vinci, Giorgione und selbst jene des Correggio; doch gehörten die genannten Maler mit zu den Ersten, welche anfingen,
diese Trockenheit des Stiles zu verbessern, indem sie das Relief
nicht länger als Hauptsache betrachteten. Da diese beiden
Eigenschaften, Relief und wirkungsvolle Einheitlichkeit, nicht
neben einander bestehen können, ist es nicht sehr schwer zu entscheiden, welcher wir den Vorzug zu geben haben. Der Künstler
muss immer die Wage in der Hand halten, um den Wert der verschiedenen Eigenschaften zu bestimmen, damit er, wenn irgend ein
Fehler begangen werden muss, den geringeren wähle. Jene Maler,
welche es am Besten verstanden haben, eine gute Wirkung hervorzubringen, haben einen Grundsatz angenommen, der ganz mit der
Vernunft übereinstimmt, nämlich den, dass ein Teil zum Besten des
Ganzen geopfert werden dürfe. So ist es notwendig, dass die
Massen, ob sie nun aus Licht oder Schatten bestehen mögen, compact und von gefälliger Form sind; zu diesem Zwecke dürfen
manche Teile dunkler, andere lichter gehalten und die Reflexe
stärker gemacht werden, als es in der Natur der Fall ist. Paolo
Veronese nahm sich in dieser Richtung grosse Freiheiten. Man erzählt, dass er einmal gefragt wurde, warum gewisse Figuren im
Schatten gemalt wären, da doch in dem betreffenden Bilde selbst
keine Ursache dafür zu sehen sei; er entgegnete auf diese Frage:
„una nuevola che passa", eine Wolke zieht vorüber, welche ihren
Schatten auf sie wirft.

    Aber ich kann für dieses Vorgehen kein besseres Beispiel an-
führen als ein Bild von Rubens, welches ich besitze; es stellt eine
Mondnacht dar. Rubens hat nicht nur mehr Licht, als es in der
Natur vorkommt, über das Bild verbreitet, sondern er hat ihm auch
jene warmen glühenden Farben gegeben, welche seine Werke so
sehr auszeichnen. Es ist so verschieden von der Art, wie andere

Maler Mondlicht dargestellt haben, dass es leicht für einen schwächeren Sonnenuntergang gehalten werden könnte, hätte der Maler nicht auch Sterne hinzugefügt. Rubens dachte, dass vor Allem das Auge in diesem Falle befriedigt werden müsse; er hätte es freilich natürlicher machen können, aber auf Kosten dessen, was er für weit wichtiger hielt, nämlich auf Kosten der Harmonie, welche aus dem Gegensatz und der Fülle der Farben hervorgeht.

Dasselbe Bild bietet uns noch ein anderes Beispiel dafür, wann man die Natur um eines grösseren Vorteiles willen zu verlassen habe. Der Mond auf dem Bilde ist in Betreff der Lichtstärke den Gegenständen, welche er beleuchtet, nicht um so viel überlegen, als es der Wirklichkeit entsprechen würde; dies ist ebenfalls und aus demselben Grunde eine absichtliche Abweichung von der Natur. Hätte Rubens das wirkliche Verhältnis der Abstufung des Lichtes zwischen dem Mond und den Gegenständen bewahrt, wie man es in der Natur findet, so würde das Bild nur aus einem einzigen kleinen Lichtfleck inmitten dunkler Massen bestanden haben, und aus einiger Entfernung würde man nichts sehen als diesen kleinen Fleck. Man kann freilich sagen, dass der Gegenstand in diesem Falle ein derartiger ist, dass er nicht gemalt werden sollte. Aber dann dürfte man aus demselben Grunde auch Rüstungen oder sonstige glänzende Dinge nicht malen; denn wenn man auch für das höchste Licht glänzender Gegenstände reines Weiss verwendet, so wird es doch im Bilde nicht dasselbe Übergewicht über die Fleischfarbe haben, wie in der Natur, wenn man diese nicht in sehr dunklen Tönen hält. Rembrandt, welcher das Licht für wichtiger hielt als die Gegenstände die man dabei sieht, hat sich bei einem Bilde des Achilles, das ich besitze, danach gerichtet. Der Kopf ist in sehr tiefen Tönen gehalten, um die genaue Abstufung und Unterscheidung zwischen Rüstung und Gesicht zu wahren; die Folge ist, dass das Bild im Ganzen zu schwarz geraten ist. Gewiss ist hier, um sich eng an die Natur zu halten, zu viel geopfert worden; wird zugestanden, dass das Gegenteil ein Fehler wäre, so muss doch zugegeben werden, dass es ein geringerer Fehler gewesen wäre, als das Bild so dunkel zu halten, dass man es nur bei besonderem Licht und selbst dann nur mit Schwierigkeit sehen kann. Wert oder Unwert des verschiedenen Vorgehens von Rubens und Rembrandt in den angeführten Beispielen ist nicht auf Grund engherziger Auffassung dessen, was natürlich ist, und ohne Rücksicht der Wirkung auf den menschlichen Geist zu bestimmen. Verstand und Vernunft

sagen uns, es stehe vor und über aller anderen Rücksicht, dass
ein Werk nicht nur ohne Mühe und Unbequemlichkeit sondern auch
mit Vergnügen und Befriedigung gesehen werden müsse, und dass
jedes Hindernis welches diesem Vergnügen und dieser Bequemlich-
keit im Wege stände, zu entfernen sei.

Die Absicht dieser Rede und der gegebenen Beispiele zielt
weniger dahin, den Künstler über die Regeln zu stellen, als ihm
vielmehr ihre Begründung nachzuweisen, ihn vor einer zu eng begrenzten Auffassung der Kunst zu warnen, und seinen Geist vor
einer verwirrenden Menge von Regeln und deren Ausnahmen zu be-
freien, indem seine Aufmerksamkeit auf eine genauere Kenntnis der
Gemütsbewegungen und Neigungen des Geistes gelenkt wird, von
welchen alle Regeln ausgehen und auf welche sie alle zurückzuführen sind.   Durch sie erfüllt die Kunst ihren Zweck; eine genaue
Kenntnis der Regungen und Neigungen des Geistes ist folglich
Demjenigen notwendig, der sie auf sichere und dauerhafte Weise zu
erregen wünscht.

Eine vollständige Abhandlung und Untersuchung über das Verhältnis zwischen den Kunstregeln und der ewigen und unveränderlichen Beschaffenheit unserer Gemütsbewegungen würde sofort bis
auf den Grund der Kritik führen; aber ich weiss nur zu wohl, welch
ausgedehntes Wissen, welch feines und durchdringendes Urteil erforderlich ist, um sich auf ein solches Unternehmen einzulassen.[142])
Es würde mir genügen, einen Teil dieser umfangreichen Arbeit in
der Sprache der Maler leicht skizzirt zu haben, sofern ich nur deutlich genug geworden bin, um den Nutzen und die Ausführbarkeit
einer solchen Theorie zu zeigen.

Bevor ich schliesse kann ich nicht umhin eine Bemerkung über
die Bilder zu machen, welche wir jetzt vor uns haben.   Ich habe
bemerkt, dass jeder Candidat die berühmte Komposition von Timantes
nachgebildet hat, der Agamemnon das Gesicht in seinen Mantel
hüllen liess.[143])   Indertat sind solch verschwenderische Lobreden
auf diesen Gedanken gewendet worden, und das auch von Männern,
deren Beurteilungskunst den höchsten Ruhm geniesst — Cicero[144])
Quintilian,[145]) Valerius Maximus[146]) und Plinius[147]) und diese Lobreden sind seither von fast jedem modernen Kunstschriftsteller
wiederholt worden, dass es weder zu verwundern noch zu tadeln
ist, wenn Sie sich an dieses Vorgehen gehalten haben.   Es scheint
jetzt mit dem Gegenstande so eng verbunden zu sein, dass der
Beschauer vielleicht enttäuscht sein würde, wenn er nicht im

Bilde vereint fände, was er im Geiste immer zu vereinen gewöhnt
worden ist und für untrennbar vom Gegenstande gehalten hat. Aber
es mag beachtet werden, dass Die welche diesen Umstand lobten,
keine Maler waren. Sie gebrauchten ihn nur als eine Erläuterung
ihrer eigenen Kunst; er diente ihrem Zweck und sie waren gewiss
nicht berufen, sich auf Einwürfe einzulassen, welche in einer anderen
Kunst dagegen zu erheben waren. Jch fürchte wir besitzen nur
sehr geringe Mittel, um jene Macht über die Einbildungskraft auszu-
üben, welche einen so bedeutenden und edlen Teil der Dichtkunst
ausmacht. Ich zweifle sogar daran, ob wir es überhaupt versuchen
sollen. Die hauptsächliche, wenn nicht die einzige Veranlassung,
welche der Maler für einen derartigen Kunstgriff hat, ergiebt sich,
wenn der Gegenstand sich nicht zu vollständiger Darstellung eignet,
sei es aus Gründen des Anstandes, oder um etwas zu vermeiden,
was unangenehm zu sehen wäre; und dies geschieht dann nicht, um
die Gemütsbewegungen zu erhöhen und zu verstärken, was als der
Grund für dieses Verfahren angegeben wird, sondern im Gegenteile
um ihre Wirkung zu vermindern.

Es ist wahr, dass Skizzen und solche Entwürfe, wie die Maler
sie gewöhnlich für ihre Werke machen, der Einbildungskraft dieses
Vergnügen in hohem Grade gewähren. Eine flüchtige, unbestimmte
Zeichnung, welche die Gedanken und die Art der Komposition so
zu sagen nur andeutet, wird von der Einbildungskraft vielleicht
besser ergänzt, als möglicherweise der Maler selbst die Arbeit hätte
ausführen können, und wir finden daher oft, dass das fertige Werk
die Erwartungen entteuscht, welche die Skizze erregt hat. Und
diese Betätigung der Einbildungskraft ist eine der Ursachen des
grossen Genusses, welchen wir darin finden, eine Sammlung von
Zeichnungen grosser Meister zu betrachten. Diese allgemeinen, in
Skizzen ausgedrückten Gedanken entsprechen der in der Poesie an-
gewendeten Kunst sehr wohl. Ein grosser Teil der Schönheit
jener berühmten Beschreibung Evas in Miltons Verlorenem Paradies
besteht darin, dass nur allgemeine, undeutliche Ausdrücke gebraucht
sind und es jedem Leser überlassen bleibt, sich die Einzelheiten in
seiner Phantasie selbst auszumalen, je nach seiner eigenen Vorstellung von Schönheit, Anmut, Ausdruck, Würde oder Lieblichkeit.
Aber ein Maler, welcher Eva auf der Leinwand darstellt, ist gezwungen, ihr eine bestimmte Gestalt zu geben, und seinen eigenen
Begriff von Schönheit deutlich auszudrücken.

Wir können weder aus diesem noch aus irgend einem anderen

10*

Anlass eine verschwommene Weise, oder schwankende Begriffe irgendwelcher Art bei einem vollständigen, fertigen Bilde empfehlen. Die
Auffassung, dass irgend etwas der Phantasie zu überlassen sei, widerspricht einer festgestellten und unumstösslichen Regel unserer Kunst,
dass Alles so sorgfältig und deutlich ausgedrückt werden müsse,
als kenne der Maler Gestalt und Eigentümlichkeit Alles dessen,
was er auf seinem Bilde darstellt, auf das Genaueste und Sicherste.
Das ist es, was wir Wissenschaft und Kenntnis[148]) nennen, und was
nicht für eine unbestimmte und zweifelhafte Schönheit geopfert und
aufgegeben werden darf, welche, da sie nicht ursprünglich unserer
Kunst zugehört, wahrscheinlich ohne Erfolg gesucht werden wird.

　　Mr. Falconet[149]) sagte in einer Anmerkung zur hierhergehörigen
Stelle seiner Übersetzung des Plinius: der Umstand, dass Agamemnon
sein Gesicht verhülle, wäre wahrscheinlich nicht die Frucht der Phantasie des Malers, was er für Erfindung der Kritiker halte, sondern
blos der Beschreibung der Opferung nachgebildet, wie man sie bei
Euripides findet.[150]) Die Worte, an die das Bild sich der Voraussetzung nach hält, sind diese: „Agamemnon sah Jphigenie sich dem
verhängnisvollen Altare nähern; er stöhnte, er wandte das Haupt
ab, er vergoss Tränen, und verhüllte sein Gesicht mit seinem
Kleide."

　　Falconet stimmt gar nicht mit jenem dem Timantes gespendeten
Lob überein; nicht nur, weil es nicht seine Erfindung ist, sondern
weil er von dem Kunstgriff, etwas zu verbergen, gering denkt, ausgenommen wenn es sich um Blut handelt, wenn die Gegenstände
zu fürchterlich sind um gesehen zu werden. „Aber," sagt er, „in
einem betrübten Vater, in einem König, in Agamemnon, entziehst
Du, der Du ein Maler bist, mir den interessantesten Gegenstand,
und fertigst mich sophistisch mit einem Schleier ab. Du bist," fügt
er hinzu, „nur ein schwacher Maler ohne Hülfsmittel; du kennst
nicht einmal diejenigen Deiner Kunst; es kümmert mich nicht was
für ein Schleier es ist, ob gefaltete Hände, erhobene Arme oder
welche Handlung sonst mir das Antlitz des Helden entzieht; Du
denkst Agamemnon zu verhüllen und enthüllst Deine eigene Unwissenheit. Ein Maler, welcher Agamemnon verhüllt darstellt, ist ebenso
töricht, als ein Dichter es wäre, der in einem bedeutsamen Augenblicke, um meine Erwartungen zu befriedigen und die Mühe selbst
los zu werden, sagen würde, dass die Gefühle des Helden so weit
über Allem stehen, was immer bei dieser Gelegenheit gesagt werden
könne, dass er nichts sagen werde."

Zu dem was Falconet sagte, können wir hinzufügen: vorausgesetzt, dass diese Methode den Ausdruck des Schmerzes der Phantasie zu überlassen, wie man annahm, die Erfindung des Malers
wäre, und dass dieselbe alles ihr gespendete Lob verdiene, bleibt
es doch nur ein Kunstgriff, dessen man sich nur einmal bedienen
durfte; wer es ein zweites Mal tut, dem wird es nicht nur an Neuheit fehlen, sondern man wird ihn auch mit Recht verdächtigen,
den Schwierigkeiten künstlich aus dem Wege gegangen zu sein.
Wenn die Überwindung von Schwierigkeiten einen grossen Teil des
Verdienstes in der Kunst ausmacht, so verdient die Umgehung
von Schwierigkeiten nur geringes Lob.

IX. Rede

gehalten bei der Eröffnung der königlichen Akademie
auf Somerset-Place am 16. October 1780.

Die Übersiedlung der königlichen Akademie nach Somerset-Place. — Über die
Vorteile, welche die Gesellschaft aus der Pflege geistiger Genüsse zieht.

Meine Herren!

Die Ehre, welche den Künsten dadurch widerfährt, dass es ihnen gestattet wird, von diesen vornehmen Räumen Besitz zu ergreifen, ist eine der bedeutendsten unter den vielen Gunstbezeugungen, welche wir von Seiner Majestät erhalten haben, und der stärkste Beweis für Seinen Wunsch, die Akademie in der allgemeinen Achtung zu heben.

Nichts blieb ungeschehen, was dazu beitragen konnte, unser Streben anzueifern und das bisher Erreichte zu belohnen. Wir haben bereits das Glück, unsere Künste auf einer Stufe zu sehen, welche sie noch nie zuvor in unserem Volk erreicht hatten. Dieses Gebäude, in welchem wir jetzt versammelt sind, wird für lange künftige Zeiten ein glorreiches Zeugnis von der Geschicklichkeit des Architekten[151]) ablegen. Es ist unsere Pflicht, uns zu bemühen, dass Jene, welche das Äussere dieses Baues mit Bewunderung betrachten, nicht entteuscht werden, wenn sie die Innenräume besuchen.

Es wäre kein geringer Zuwachs zu dem Ruhme, welchen unser Volk durch die Hervorbringung ausserordentlicher Männer auf allen Gebieten der Wissenschaft sich bereits erworben hat, wenn es nun auch imstande wäre, Dank dieser Institution, eine Schule englischer Künstler zu schaffen. Die Achtung, die wir bei unseren Nachbarn geniessen, wird in dem Maasse wachsen oder sinken, in welchem wir sie an Errungenschaften geistiger Vorzüge übertreffen oder ihnen nachstehen, jenen Errungenschaften, zu welchen, wie

zugestanden wird, der Handel und die daraus folgenden Reichtümer
die Mittel liefern. Aber eine Nation deren ganze Aufmerksamkeit
sich in diesen Mitteln erschöpft, und welche den Endzweck ver-
gisst, kann nicht viel höher gestellt werden als ein Volk von Bar-
baren. Jede Einrichtung, welche dazu dient, geistige Genüsse im
Gegensatz zu den materiellen zu pflegen, mag als eine Vorschule
der Sittlichkeit betrachtet werden, in welcher der Geist für höhere
Vervollkommnung gebildet und vorbereitet wird.

Lassen sie uns einen kurzen Überblick halten über das Fortschreiten des Geistes in dem, was der wahre Gegenstand seiner
Beachtung ist oder sein sollte. Der Mensch hat auf seiner niedrigsten
Stufe keine anderen Genüsse als die der Sinne, keine anderen Bedürfnisse, als die seiner Triebe; später, wenn die Gesellschaft sich in verschiedene Stände teilt und die Einen angewiesen sind, für die Erhaltung
der Anderen zu arbeiten, beginnen Diejenigen, welche durch ihre Überlegenheit von der Arbeit befreit sind, sich nach geistiger Unterhaltung umzusehen. So machten Diejenigen, welche die Bewachung
ihrer Heerden Schäfern anvertrauen konnten, die ersten astronomischen
Beobachtungen; so soll die Musik ihren Ursprung von einem müssigen
Manne herleiten, der den Schlägen eines Hammers lauschte.

Während die Sinne im niedrigsten Naturzustande nötig sind,
um uns zu unserem Unterhalt anzuleiten, so ist es gefährlich, ihnen
weiter zu folgen, wenn dieser Unterhalt einmal gesichert ist. Wer
kein anderes Gesetz im Handeln anerkennt, als die Befriedigung
der Sinne, für den ist Überfluss immer gefährlich. Es ist für das
Glück der Individuen daher notwendig, und für die Sicherheit der
Gesellschaft noch notwendiger, dass der Geist zu der Vorstellung
von allgemeiner Schönheit und zu der Betrachtung allgemeiner Wahrheit sich erhebt; durch dieses Trachten wird der Geist im Suchen
nach etwas Höherem, als er es findet, immer weiter vorwärts getragen, und erreicht so seine Überlegenheit über die das gemeine
Leben beherschenden Sinne, indem er fühlen lernt, dass er höheren
Strebens und edlerer Genüsse fähig ist. In dieser stufenweisen Er-
höhung der menschlichen Natur liefert jede Kunst ihren Beitrag zur
allgemeinen Summe geistiger Freuden. Was immer die Gedanken
von der Befriedigung der Sinnlichkeit ablenkt, was uns lehrt, das
Glück in uns selbst zu suchen, muss die Würde unseres Wesens
in gewissem Maasse erhöhen.

Es giebt vielleicht keinen höheren Beweis von der hervor-

ragenden Stellung des Menschen, als den, dass einem wohlausgebil-
deten Geiste alles klein erscheint, was Grenzen hat. Der Geist
arbeitet sich Schritt für Schritt immer weiter vorwärts, durch verschiedene Grade der Vortrefflichkeit hindurch der Vervollkommnung
zu, welche uns in grosser, aber nicht hoffnungsloser Entfernung
nebelhaft vorschwebt, und die wir immer verfolgen müssen, da wir
sie nie ganz erreichen können; aber das Streben belohnt sich selbst,
eine Wahrheit lehrt die andere, und unser Vorrat nimmt immer zu,
ohne dass die Natur je erschöpft werden könnte. Unsere Kunst
wendet sich, wie alle Künste, die sich an die Einbildungskraft richten,
an eine etwas niedrigere Fähigkeit des Geistes, welche der Sinnlichkeit näher steht; aber durch die Sinne und die Phantasie hindurch muss sie ihren Weg zum Verstande finden. Denn das ist
die Entwickelung des Denkens, dass wir durch die Sinne aufnehmen,
durch die Phantasie combiniren und durch den Verstand unterscheiden;
und ohne unsere Kunst aus ihrer natürlichen und echten Eigenart
herauszuführen, steigern wir ihren Nutzen und ihre Würde im
gleichen Verhältnisse, indem wir sie von allem Derb-Sinnlichen
läutern; und wir verderben ihre Natur und erniedrigen sie unter
ihre Stellung als freie Kunst in demselben Maasse als wir sie zum
bloss Sinnlichen herabdrücken. Das sollte von jedem Künstler wohl
beachtet werden. Er möge bedenken, dass er vom Staate gerade
in dem Maasse Förderung zu erwarten hat, als er sich ihm als
edles Mitglied nützlich macht und in seiner Sphäre zu den
allgemeinen Zwecken und zur Vervollkommnung der Gesellschaft
beiträgt.

Die Kunst, welcher wir uns gewidmet haben, hat die Schönheit
zum Gegenstande; diese zu entdecken und auszudrücken ist unser
Beruf. Aber die Schönheit nach der wir suchen, ist allgemeiner
und geistiger Natur; sie ist ein Begriff, der nur im Geiste besteht,
das Auge hat sie nie erblickt, die Hand nie dargestellt, sie ist eine
in der Brust des Künstlers lebende Idee, welche mitzuteilen er sich
immerfort bemüht; aber er stirbt zuletzt, ohne sie mitgeteilt zu
haben. Doch ist er so weit fähig, sie dem Beschauer verständlich
zu machen, dass sie die Gedanken desselben erhöht und seinen Blick
erweitert. Durch die Entwickelung der Kunst könnte dies so sehr
ausgedehnt werden, dass ihre Wirksamkeit sich unbemerkt zum
öffentlichen Wohle ausbreiten und zu den Mitteln zählen würde, welche
den Geschmack des ganzen Volkes zu veredeln bestimmt sind.
Diese Errungenschaft, wenn sie auch nicht geradewegs zur Sitten-

reinheit führt, verhütet wenigstens die grösste Entartung, indem sie
den Geist von seinen Begierden loslöst und die Gedanken durch
eine Stufenleiter der Vortrefflichkeit hindurch leitet, bis jene Betrachtung allgemeiner Wahrheit und Harmonie, welche im Geschmack ihren Ursprung hat, in veredelter und erhöhter Form zur
Tugend wird.

X. Rede

an die Schüler der Königlichen Akademie gerichtet bei
der Preisverteilung am 11. Dezember 1780.

Die Plastik. — Sie hat nur einen Stil. — Ihre Gegenstände, ihre Form, ihr Charakter. — Vergebliche Versuche neuerer Bildhauer, diese Kunst weiter zu entwickeln. — Der schlechte Eindruck, welchen moderne Kleidung in der Sculptur hervorruft.

———

Meine Herren!

Ich will Ihnen nun wieder, wie es an diesem Tage zum Brauche geworden ist, jene Beobachtungen mitteilen, die ich über die Theorie der Kunst angestellt habe.

Wenn sich diese Bemerkungen bis jetzt hauptsächlich auf die Malerei bezogen haben, so bedenken Sie, dass diese Kunst viel ausgedehnter und verwickelter ist, als die Bildhauerei, und der Kritik ein viel weiteres Feld bietet. Da das Grössere das Kleinere mit einschliesst, sind die leitenden Grundlehren der Sculptur in denen der Malerei inbegriffen.

Ich wünsche jedoch jetzt auch einige Bemerkungen mit besonderer Beziehung auf die Bildhauerei zu machen, zu überlegen, in welcher Weise ihre Grundsätze mit denen der Malerei übereinstimmen oder von ihnen abweichen, und was auszuführen in ihrer Macht liegt, oder ein vergebliches und ungeeignetes Wagnis wäre. Daraus wird klar und deutlich hervorgehen, auf welches Ziel der Bildhauer hinarbeiten soll.

Die Sculptur ist eine Kunst von viel grösserer Einfachheit und Gleichförmigkeit als die Malerei; bei vielen Gegenständen eignet sie sich nicht zu wirksamer Anwendung. Das Ziel ihres Strebens kann in zwei Worten ausgedrückt werden: Form und Charakter. Und diese Eigenschaften werden nur in einer Art, nur in einem Stile geboten; während das Vermögen der Malerei, welches viel abwechslungsreicher und ausgedehnter ist, auch eine viel grössere Mannigfaltigkeit der Darstellungsarten zulässt. Die römische, lombardische, venezianische, florentinische und niederländische Schule, sie alle verfolgen mit verschiedenen Mitteln dasselbe Ziel.

Aber die Bildhauerei, welche nur einen Stil besitzt, kann nur
mit einem Stile der Malerei verwandt sein; und mit diesem,
welcher allerdings der höchste und würdigste ist, dessen die
Malerei sich rühmen kann, ist sie so eng verwandt, dass man
fast sagen kann, es sei ein und dieselbe Kunst, die nur in verschiedenen Stoffen arbeite. Die Bildhauer der letzten Zeit sind dadurch,
dass sie nicht genug auf diese Unterscheidungen der verschiedenen
Stile der Malerei geachtet haben, in viele Fehler verfallen. Obgleich sie wol wussten, dass es ihnen erlaubt sei, den grossen Stil
der Malerei nachzubilden oder von ihm Ideen zur Vervollkommnung
ihrer eigenen Kunst zu entlehnen, so waren sie sich doch dessen
nicht bewusst, dass es ihnen nicht gestattet sei, in gleicher Weise
von dem ornamentalen zu borgen. Wenn sie sich bemühen, malerische Effecte, Contraste oder kleinliche Vorzüge irgend einer Art
nachzuahmen, welche in den untergeordneten Zweigen der Kunst
ihren passenden Platz finden, bilden sie sich zweifellos ein, durch
diese Nachahmung die Grenzen ihrer Kunst zu erweitern und sie
zu vervollkommnen; aber in Wirklichkeit verletzen sie den eigentlichen Charakter ihrer Kunst, indem sie ihrem Schaffen eine neue
Richtung geben und sich entweder Unerreichbares oder im besten
Falle niedrigere Ziele ihres Strebens vorsetzen. Der ernste und
strenge Charakter der Sculptur verlangt den höchsten Grad von Feier-
lichkeit in der Komposition; malerische Contraste finden hier keinen
Raum; alles muss sorgfältig abgewogen und abgemessen sein, und
jede Seite muss der anderen das genaue Gegengewicht halten. Ein
Kind ist kein passendes Gegengewicht für die Gestalt eines Er-
wachsenen, noch eine sitzende oder gebeugte Figur ein passendes
Gegenstück für eine aufrechtstehende.

Die Vortrefflichkeit jeder Kunst muss in der vollständigen Erfüllung ihres Zweckes liegen, und wenn durch verfehlte Nachahmung
der Natur, oder durch den kleinlichen Ehrgeiz malerische Wirkungen
oder Teuschung irgendwelcher Art hervorzubringen, alle Grösse der
Gedanken, welche diese Kunst erregen soll, erniedrigt und zerstört
wird, dann dürfen wir uns erkühnen, einer solchen Neuerung Widerstand entgegenzusetzen. Wenn das Hervorbringen einer Teuschung
der Gipfel dieser Kunst ist, so lasst uns nur gleich den Statuen
auch Farbe geben,[152] was zu diesem Zwecke mehr beitragen wird,
als alle jene Kunstgriffe, welche eingeführt und offen verteidigt
wurden und sich doch auf keinen anderen Grund stützten, als den,
die Arbeit natürlicher zu machen. Aber da die Farbe allgemein zurück-

gewiesen wird, muss mit ihr auch jeder derselben Einwendung unterliegende Kunstgriff fallen. Wäre es die Aufgabe der Bildhauerei, der Unwissenheit zu gefallen, und den Sinnen eine Unterhaltung zu bieten, dann würde die Venus von Medici durch Bemalung jedenfalls gewinnen; aber die Eigenart der Bildhauerei macht es ihr zur Pflicht, einen Genuss anderer und vielleicht höherer Art zu schaffen, welcher aus der Betrachtung vollkommener Schönheit hervorgeht. Und dieser Genuss, in Wahrheit eine geistige Freude, ist in vieler Hinsicht unvereinbar mit dem, was sich bloss an die Sinne wendet und was Ungebildete und Oberflächliche als Formenschönheit bewundern.

Dem Bildhauer darf ruhig zugestanden werden, sich aller Mittel zur Teuschung zu bedienen, welche in der Macht seiner Kunst liegen, vorausgesetzt, dass dieses Verfahren keine höheren Vorzüge behindert und zerstört. Unter diesen Bedingungen wird er wider Willen gezwungen sein, zuzugeben, dass die Schranken seiner Kunst längst festgestellt sind und dass alle Mühe umsonst sein wird, welche weiter zu dringen hofft, als die besten der uns aus der Antike überlieferten Werke der Sculptur.

Nachahmung ist das Mittel, nicht der Zweck der Kunst; der Bildhauer verwendet sie um seine Gedanken dem Geiste des Beschauers zu vermitteln. Dichtung und Beredtsamkeit jeder Art bedienen sich gewisser Zeichen; aber diese Zeichen sind überliefert und willkürlich. Der Bildhauer verwendet die Darstellung des Dinges selbst, aber immer noch bloss als ein Mittel zu höherem Zwecke, als Vorbedingung zur Erreichung tadelloser Gestalt und vollkommener Schönheit. Auf den ersten Blick wäre anzunehmen, dass selbst diese Form, so vollkommen sie immer dargestellt sein mag, auch nur um eines noch höheren Zweckes willen Wert und Bedeutung hat, nämlich Empfindung und Charakter darzustellen, wie sie sich in der Stellung und beim Ausdrucke der Gemütsbewegungen offenbaren. Aber die Erfahrung hat uns davon überzeugt, dass die Formenschönheit, ohne der Unterstützung eines anderen Vorzuges zu bedürfen, für sich allein schon ein grosses Werk bilden kann, und mit Recht unsere Achtung und Bewunderung herausfordert. Als Beweis für den hohen Wert, den wir auf die blosse Vortrefflichkeit der Form legen, mag der grösste Teil der Werke Michel-Angelos in der Malerei wie in der Sculptur dienen; ebenso die meisten der antiken Statuen, welche mit Recht hoch geschätzt werden, wenn in ihnen auch kein sehr auffallender und eigentümlicher Charakter und kein Ausdruck irgendwelcher Art dargestellt ist.

Aber um ein noch stärkeres Beispiel dafür anzuführen, dass
diese Vortrefflichkeit auch für sich allein die Seele bewegen kann,
frage ich: welcher Künstler hat je den Torso angeblickt, ohne
warme Begeisterung zu fühlen, wie bei den höchsten Leistungen der
Dichtkunst? Woher kommt dies? Worin sonst besteht die Wirkung dieses Fragmentes als in der vollendeten Kenntnis der
reinen Form?

Ein Geist, der sich an der Betrachtung des Vortrefflichsten
gebildet hat, erkennt in diesem entstellten, zerschlagenen Bruchstücke, „disjecti membra poetae"[153]), die Spuren erhabenen Genies,
die Reste eines Werkes, welches die nachfolgenden Zeiten nicht
genug bewundern können.

Man mag sagen, dass dieser Genuss nur jenen vorbehalten ist,
welche ihr ganzes Leben dem Studium und der Betrachtung dieser
Kunst gewidmet haben; aber indertat würden Alle diese Wirkung
fühlen, wenn sie sich davon losmachen könnten, eine T e u s c h u n g
zu erwarten, wo nichts Anderes vorliegt als eine t e i l w e i s e Darstellung der Natur. Das einzige Hindernis welches ihrem Urteile
im Wege steht, liegt dann nur in ihrer Unsicherheit zu entscheiden,
welche Stufe, oder besser welche Art des Vorzuges angestrebt und
welches Maass von Beifall verdient wird. Dieser Zustand von Unklarheit
ist zweifellos jedem Geiste lästig; aber durch aufmerksame Betrachtung derartiger Werke kommt die Erkenntnis dessen, was damit
bezweckt wird, von selbst, ohne gelehrt und fast ohne bemerkt zu
werden.

Die Kunst des Bildhauers ist im Vergleiche mit anderen Künsten
eng begrenzt, aber sie hat ihre Abwechslung und ihre Verwickelung
innerhalb ihrer eigenen Schranken. Ihr eigentlichstes Wesen ist
Genauigkeit[154]); paart sich Schmuck der Anmut, Würde des
Charakters und geeigneter Ausdruck mit Richtigkeit und Vollkommenheit in der Form, wie beim Apollo, bei der Venus, dem
Laokoon, dem Moses des Michel-Angelo und vielen anderen Werken,
dann kann man sagen, dass diese Kunst ihren Zweck erfüllt habe.

Was Anmut ist, wie sie zu erreichen oder aufzufassen ist, sind
im Wege der Speculation schwer zu ergründende Fragen; aber
„causa latet, res est notissima"[155]), ohne jede verwickelte Untersuchung
tritt die Wirkung fortwährend zu Tage. Ich will nur bemerken,
dass sie ihre natürliche Grundlage in der Genauigkeit der Zeichnung
hat, denn wenn die Anmut sich auch manchmal mit Ungenauigkeit
vereinen mag, so kann sie doch nicht daraus hervorgehen.

Aber wir wollen uns wieder unserem eigentlichen Gegenstande zuwenden. Man hat gesagt, dass die Anmut des Apollo[156]) in einer gewissen Unregelmässigkeit liege, dass der Kopf nicht anatomisch richtig zwischen den Schultern sässe, und dass die untere Hälfte der Gestalt länger wäre als das Verhältnis es gestattet. Ich weiss, dass Correggio und Parmegianino[157]) oft als gewichtige Stützen dieser Meinung angeführt werden; aber eine selbst geringe Aufmerksamkeit wird uns überzeugen, dass die Ungenauigkeit, die wir in manchen Teilen ihrer Bilder finden, nicht zur Anmut beiträgt, sondern eher dazu führt, dieselbe zu zerstören. Parmegianinos Madonna mit dem schlafenden Kinde und der wunderschönen Engelgruppe im Palazzo Pitti[158]) würde nichts von ihrer Vorzüglichkeit verloren haben, wenn Hals, Finger und selbst die ganze Gestalt der Jungfrau, anstatt gar so lang und ungenau zu sein, die gebührenden Verhältnisse erhalten hätten.

In Widerspruch zur ersten dieser Bemerkungen steht die Autorität eines sehr tüchtigen Bildhauers unserer Akademie, der jene Figur[159]) copirt und sie daher gemessen und sehr genau geprüft hat, und welcher erklärt, dass dieses Urteil nicht richtig sei. In Bezug auf die zweite Bemerkung muss daran erinnert werden, dass Apollo sich hier in der Ausübung einer der ihm eigentümlichen Kräfte befindet, nämlich der Schnelligkeit; er hat daher jenes Verhältnis, welches am besten zu dieser Eigenart passt. Das ist nicht unrichtiger, als wenn einem Herkules ungewöhnlich schwellende und kräftige Muskeln gegeben werden.

Die Kunst, Anmut zu entdecken und auszudrücken, ist an sich schwer genug, als dass man sich noch mit Unverständlichem verwirren sollte. Die Voraussetzung einer solchen Widernatürlichkeit, wie es die Entstehung der Anmut aus dem Misgestalteten wäre, ist Gift für die Seele eines jungen Künstlers, und könnte ihn veranlassen, das Wichtigste in seiner Kunst, die Richtigkeit der Zeichnung, zu vernachlässigen, um einem Phantome nachzujagen, welches nur der zur Affectation und Übertreibung neigenden Einbildungskraft eines Grüblers seine Existenz verdankt.

Ich kann mich nicht von diesem Apollo abwenden, ohne eine Bemerkung über die Eigenart seiner Gestalt zu machen. Man setzt voraus, dass er gerade den Pfeil gegen die Pythische Schlange gesendet habe, und mit dem gegen die rechte Schulter zurückgezogenen Haupte scheint er dessen Wirkung aufmerksam zu beobachten. Was ich bemerken möchte, ist der Unterschied dieser Aufmerksam-

keit von jener des Diskuswerfers, der sich im gleichen Falle befindet, da er die Wirkung seines Diskus verfolgt. Die anmutig
nachlässige und doch belebte Stellung des Einen, und der gewöhnliche Eifer des Anderen liefern einen deutlichen Beweis dafür, wie
die antiken Bildhauer Charaktere fein zu unterscheiden wussten.
Beide Statuen sind gleich naturwahr und gleich bewundernswert.

Es mag bemerkt werden, dass Anmut, Charakteristik und Ausdruck wol, soferne es sich um Werke der Malerei handelt, aber
nicht wenn von Sculptur die Rede ist, der Verschiedenheit ihres
Sinnes und ihrer Bedeutung entsprechend genommen werden; diese
Ungenauigkeit können wir auf die unbestimmte Wirkungsweise dieser
Kunst selbst zurückführen; jene Eigenschaften werden in der Sculptur eher durch Gestalt und Haltung als durch die Mienen vermittelt
und können daher nur ganz im Allgemeinen zum Ausdrucke gelangen.

Obwol der Laokoon und seine beiden Söhne mehr Ausdruck in
den Mienen zeigen, als vielleicht irgend eine andere antike Statue,
ist es doch nur der allgemeine Ausdruck des Schmerzes; und dieses
Leiden ist vielleicht noch stärker in den Windungen und Krüm-
mungen des Körpers als in den Zügen ausgedrückt.

Es wurde in einer neuen Schrift erwähnt, dass, wenn der Vater
mehr mit dem Schmerze seiner Kinder als mit dem eigenen Leiden
beschäftigt wäre, dies eine weit höhere Teilnahme beim Beschauer
erregen würde. Wenn diese Bemerkung auch von einer Persönlichkeit herrührt, deren Ansicht in Allem, was die Kunst betrifft, von
grösstem Gewichte ist, so kann ich doch nicht umhin, die Vermutung auszusprechen, dass mir solch verfeinerter Ausdruck kaum
innerhalb des Bereiches dieser Kunst zu liegen scheint; bei einem
solchen Versuche würde der Künstler grosse Gefahr laufen, den
Ausdruck abzuschwächen und ihn dem Beschauer minder verständlich zu machen.

Da von der Hauptfigur mehr sichtbar ist als die Züge, müssen
wir auch ausser ihnen nach Ausdruck und Charakter suchen: „patuit
in corpore vultus";[100]) und in dieser Beziehung ist die Kunst des
Bildhauers der des Tanzens nicht unähnlich, bei welcher die Aufmerksamkeit des Zuschauers hauptsächlich durch Stellung und Bewegung des Darstellers in Anspruch genommen wird und jener
darin auch jeden Ausdruck zu suchen hat, dessen diese Kunst überhaupt fähig ist. Die Tänzer selbst geben dies zu, indem sie oft
Masken tragen, welche nur geringe Veränderung des Ausdruckes

zulassen. Das Gesicht steht in einem so unbedeutenden Verhältnisse zur Wirkung der ganzen Gestalt, dass die antiken Bildhauer
es unterliessen, die Gesichtszüge selbst mit dem allgemeinen
Ausdrucke der Gemütsbewegungen zu beleben. Die Gruppe der
Ringer[161]) ist hierfür ein bemerkenswertes Beispiel; sie sind im
lebhaftesten Handeln begriffen, während sich die grösste Ruhe auf
den Gesichtern zeigt. Dies ist nicht zur Nachahmung zu empfehlen,
denn es kann keinen Grund dafür geben, warum das Gesicht nicht
mit Haltung und Ausdruck der Gestalt übereinstimmen sollte; aber
ich erwähne es um damit zu beweisen, dass dieser häufige Mangel
der antiken Sculptur aus nichts anderem als aus der Gewohnheit
hervorgehen konnte, das zu vernachlässigen, was als verhältnismässig
unbedeutend angesehen wurde.

Wer meint, dass die Bildhauerei mehr ausdrücken kann, als
was wir zugestanden haben, könnte fragen, auf welche Weise wir
auf den ersten Blick die Persönlichkeit erkennen, welche eine Büste,
eine Camee,[162]) ein Intaglio[163]) darstellt? Ich denke bei genauer
Prüfung wird Einer der nicht entschlossen ist, mehr zu sehen, als
er wirklich sieht, finden, dass die Figuren sich durch ihre Attribute
mehr unterscheiden, als durch irgend eine Verschiedenheit der Form
oder Schönheit. Nehmt Apollo seine Leier, Bacchus seinen Thyrsus
und seine Weinblätter, Meleager sein Eberhaupt, und es wird
wenig oder keine Unterscheidung ihrer Eigenart zurückbleiben.
In einer Juno, Minerva oder Flora scheint die Idee des Künstlers
nicht weiter als nach Darstellung vollkommener Schönheit gestrebt
zu haben, der später die passenden Attribute beigegeben wurden.
So hat Giovanni da Bologna, da er eine Gruppe gemacht hatte, die
einen jungen Mann, ein junges Weib auf den Armen tragend, darstellt, zu deren Füssen sich ein alter Mann befindet, seine Freunde
zusammenberufen, um sie zu fragen, welchen Namen er der Arbeit
geben solle, und man beschloss sie „Raub der Sabinerinnen“ zu
nennen; dies ist die berühmte Gruppe, welche jetzt vor dem alten
Palast in Florenz steht.[164]) Die Gestalten haben denselben allgemeinen Ausdruck, den man bei den meisten Werken antiker Sculptur findet. Und doch wäre es nicht zu verwundern, wenn spätere
Kritiker eine Feinheit des Ausdruckes herausfänden, die nie beabsichtigt war, und so weit gingen, im Gesichte des alten Mannes
genau das Verwandtschaftsverhältnis ausgedrückt zu finden, in
welchem er zu dem Weibe steht, das von ihm fortgenommen zu
werden scheint.

Wenn Malerei und Sculptur von denselben allgemeinen Grundsätzen geleitet werden wie viele andere Künste, so scheint doch in
den Einzelheiten, oder in dem, was man die Nebenregeln jeder
Kunst nennen könnte, keinerlei weitere Verbindung zwischen ihnen
zu bestehen. Die verschiedenen Stoffe, mit welchen diese beiden
Künste es zu tun haben, müssen unfehlbar einen entsprechenden
Unterschied in ihrer Ausführung herbeiführen. Es giebt viele kleine
Vorzüge, welche der Maler spielend erreicht, die aber für den Bildhauer unerreichbar sind, und welche, selbst wenn man sie zu erreichen
vermöchte, nichts zum echten Wert und zur Würde des Werkes
beitragen könnten.

Von den erfolglosen Verbesserungsversuchen, welche die modernen
Bildhauer gemacht haben, scheinen diese die hauptsächlichsten
zu sein:

Der Vorgang, die Gewandung von den Figuren abzulösen, um
ihnen den Anschein zu geben, als flögen sie in der Luft; —

Verschiedene Tiefenabstände in einem und demselben Basrelief
zu schaffen; —

Die Hervorbringung perspectivischer Wirkungen zu versuchen.
Hierzu können wir noch den Misgriff rechnen, die Figuren neumodisch
zu kleiden.

Die Torheit des Versuches, Stein in der Luft spielen und
flattern zu lassen, ist so augenfällig, dass sie sich selbst richtet;
und doch schien es der Ehrgeiz vieler neuerer Bildhauer, besonders
Berninis zu sein, dies durchzuführen; er hatte sich die Überwindung
dieser Schwierigkeit so in den Kopf gesetzt, dass er nicht aufhörte,
sie zu versuchen, obwol er dabei Alles aufs Spiel setzte, was in
der Kunst wertvoll ist.

Bernini steht in der ersten Reihe der neueren Bildhauer und
es ist daher die Aufgabe der Kritik die schlechten Wirkungen eines
so mächtigen Beispieles zu bekämpfen.

Nach seinem sehr frühen Werke Apollo und Daphne,[165]) er-
wartete die Welt mit Recht, dass er mit den besten Werken der
alten Griechen wetteifern würde; aber er wich bald vom rechten
Wege ab. Und wenn auch in seinen Werken immer etwas ist,
was ihn von der gewöhnlichen Menge unterscheidet, so scheint er in
seinen späteren Werken doch auf Irrwege geraten zu sein. Statt
das Studium jener idealen Schönheit weiter zu verfolgen, welches
er so erfolgreich begonnen hatte, jagte er unverständig nach Neuheit, versuchte, was nicht im Bereiche seiner Kunst lag, und strengte

sich an, die Sprödigkeit und Härte seines Materiales zu überwinden. Aber selbst vorausgesetzt, dass es ihm so weit gelungen wäre, jene Art von Draperie natürlich darzustellen, so hätte die schlechte Wirkung und Verwirrung allein, welche durch derartige Loslösung der Stoffe von der dazugehörigen Figur entstanden wäre, genügen sollen, um ihn von diesem Verfahren abzuhalten.

Ich glaube nicht, dass wir in unserer Akademie irgend ein anderes Werk Berninis haben, als den Abguss von dem Kopfe seines Neptun;[166]) dieser wird das Unheil genügend erweisen, welches der Versuch anrichtet, die Wirkung des Windes darzustellen. Die Locken seines Haares fliegen nach allen Richtungen, so dass man bei oberflächlicher Betrachtung nicht entdecken kann, was der Gegenstand vorstellt, und die fliegenden Locken von den Gesichtszügen nicht zu unterscheiden vermag, da alles von derselben Farbe und von gleicher Festigkeit ist und daher gleich kräftig hervorragt.

Dieselbe wirre Unklarheit, welche hier die Haare verursachen, veranlasst der fortfliegende Faltenwurf, welchen das Auge aus demselben Grunde unfehlbar mit den Hauptteilen der Gestalt verwechseln und vermengen muss.

Es ist eine allgemeine Regel, welche bei beiden Künsten zutrifft, dass Gestalt und Haltung der Figur deutlich zu erkennen sein müssen, und zwar ohne Zweideutigkeit, beim ersten Anblicke. Das kann der Maler leicht mit der Farbe bewerkstelligen, indem er manche Teile sich im Grunde verlieren lässt, oder sie so dunkel hält, dass sie den wichtigeren Gegenständen keinen Eintrag tun können. Der Bildhauer hat kein anderes Mittel, diese Verwirrung zu vermeiden, als dass er das Gewand zum grössten Teile dicht an die Figur anschliesst und dessen Falten, wo immer die Draperie sichtbar ist, der Form der Glieder folgen lässt, so dass das Auge zugleich Form und Haltung der Figur überblicken kann.

Die Draperie des Apollo wird, obwol sie eine grosse Masse bildet, die sich von der Gestalt loslöst, von dieser Frage nicht berührt, eben deshalb weil sie so ganz abgetrennt ist. Durch die Regelmässigkeit und Einfachheit ihrer Form ist sie nicht im Geringsten einer klaren Ansicht der Gestalt im Wege; sie ist indertat nicht mehr ein Teil derselben, als ein Piedestal, ein Baumstumpf oder ein Tier, welche Dinge wir oft in Verbindung mit einer Statue sehen.

Der Hauptnutzen solcher Nebendinge ist es, die Statue zu stützen, und vor Beschädigung zu bewahren, und viele sind der Ansicht, dass der Mantel, welcher von Apollos Arm herabfällt, aus derselben Ursache angebracht ist. Aber er dient sicherlich einem höheren Zwecke, indem er die Trockenheit der Wirkung zu verhüten hat, welche bei einem fast in ganzer Länge ausgestreckten, nackten Arme nicht ausbleiben würde. Wir können hinzufügen, dass auch der Eindruck des rechten Winkels, welchen Körper und Arm bilden würden, ein unangenehmer wäre.

Die Apostel in der Lateran-Kirche San Giovanni scheinen mir wegen unverständiger Nachahmung der Malerei Tadel zu verdienen; die Draperie dieser Figuren, welche in grossen Partien angeordnet ist, giebt ihnen zweifellos jenes grossartige Ansehen, welches Grösse und Masse immer mit sich bringen. Aber wenn man auch zugeben muss, dass die Stoffe mit viel Verstand und Geschick verteilt sind und dass alle Sorgfalt angewendet ist, um sie so leicht erscheinen zu lassen, als das Material es gestattet, so war die Schwere und Festigkeit des Steines doch nicht zu bewältigen.

Diese Gestalten haben viel vom Stile Carlo Marattis, und wie wir uns vorstellen können, würde er in dieser Art gearbeitet haben, wenn er sich in der Bildhauerei versucht hätte. Und wenn wir erfahren, dass er diese Arbeit zu überwachen hatte und ein vertrauter Freund eines der Hauptmitarbeiter gewesen ist, so können wir annehmen, dass sein Geschmack von einigem Einflusse darauf war, selbst wenn er nicht die Entwürfe geliefert haben sollte. Niemand kann diese Gestalten sehen, ohne Carlo Marattis Weise zu erkennen. Sie haben denselben Fehler, den seine Werke so oft haben; sie sind mit Draperie überladen und diese ist zu künstlich angeordnet. Wenn Rusconi,[168] Le Gros,[169] Monnot[170] und die übrigen Bildhauer, welche an dem Werke beschäftigt waren, sich das einfache Gewand, wie wir es an den antiken Statuen der Philosophen sehen, zum Muster genommen hätten, so zweifle ich nicht daran, dass sie ihren Gestalten mehr echte Grösse gegeben haben würden, und solche Gewänder hätten der Eigenart der Apostel jedenfalls auch besser entsprochen.

Obwol es keine Hülfe gegen den schlechten Eindruck der massiv vorspringenden Teile giebt, welchen fliegende Stoffe aus Stein bei Statuen immer hervorbringen müssen, so ist das beim Basrelief doch etwas ganz anderes. Über die losgelösten Gewandteile hier hat der Bildhauer dieselbe Gewalt, wie der Maler; er kann sie mit dem

Grunde vereinen und verschmelzen, so dass sie die Figur nicht im
Geringsten unklar machen und verwirren.

Aber der Bildhauer, nicht zufrieden mit solcher erfolgreichen
Nachahmung (wenn man dies so nennen kann), geht auch hier wieder
weiter, indem er Figuren und Gruppen in verschiedenen Tiefenab-
ständen darstellt, nämlich einige im Vordergrunde, andere in grösserer
Entfernung, in der Weise, wie die Maler es bei Historienbildern
tun. Um dies zu bewerkstelligen, hat er kein anderes Mittel, als
die entfernten Figuren in kleineren Dimensionen darzustellen und
sie weniger von der Oberfläche abzuheben. Aber das entspricht der
Absicht nicht; sie werden doch nur als Gestalten von kleinerem
Maassstabe, aber dem Auge eben so nah erscheinen, wie jene in den
Vordergrund gestellten.

Auch bleibt das Unheil dieses Versuches, der seinen Zweck
nie erreicht, hierbei nicht stehen; durch diese Sonderung des Werkes
in viele unbedeutendere Partien wird auch die Grossartigkeit seiner
allgemeinen Wirkung unfehlbar zerstört.

Die einzige Beziehung vielleicht, in welchen die modernen die
antiken Bildhauer übertroffen haben, ist die Behandlung einer einzelnen Gruppe in Basrelief, die Kunst, die Gruppe allmälich von
der flachen Oberfläche zu erheben, so dass sie unmerklich ins Hoch-
relief übergeht. Es ist uns kein antikes Beispiel überliefert, das
auch nur annäherungsweise jene Geschicklichkeit aufwiese, welche
Le Gros an einem Altare der Jesuitenkirche in Rom zeigt.[171]) Verschiedene Tiefenabstände oder Grade des Reliefs in derselben Gruppe
machen also, wie wir an diesem Beispiele sehen, gute Wirkung,
während das Gegenteil der Fall ist, wenn die Gruppen getrennt
sind und sich in einiger Entfernung hintereinander befinden.

Diese Vervollkommnung in der Kunst eine Basreliefgruppe zu
komponieren, rührt wahrscheinlich von dem Verfahren der modernen
Maler her, welche ihre Figuren oder Gruppen in derselben sanften
Abstufung vom Hintergrund ablösen; man führt dies auch in jeder
Beziehung nach denselben allgemeinen Grundsätzen durch. Da jedoch
der Marmor keine Farbe besitzt, ist es die Komposition selbst, die
ihm Licht und Schatten verleihen muss. Die antiken Bildhauer
konnten diesen Vorteil der Malerei nicht entlehnt haben, denn dies
war eine Kunst, mit welcher sie völlig unbekannt gewesen zu sein
scheinen;[172]) und in den Basreliefs von Lorenzo Ghiberti, deren Ab-
güsse wir in der Akademie haben, wird diese Kunst nicht weiter
angestrebt, als es bei den Malern seiner Zeit der Fall gewesen ist.

Die nächste, eingebildete, Vervollkommnung der neueren Künstler besteht in der Darstellung perspectivischer Wirkung im Basrelief. Darüber ist nicht viel zu sagen; jeder erinnert sich, wie erfolglos der Versuch moderner Bildhauer war, die Gebäude, welche sie darstellten, als wenn man sie im Winkel erblickte, vor dem Auge perspektivisch zurückweichen zu lassen. Wenn dies auch ihren Eifer Schwierigkeiten zu überwinden, kennzeichnet, so zeigt es doch zugleich, wie ungeeignet ihr Material selbst für dieses bescheidene Streben ist.

Mit richtigem Verständnisse stellten die Alten nur jene Teile der Architectur dar, welche nicht viel von den senkrechten oder wagerechten Linien abweichen, da die Unterbrechung gekreuzter Linien und Alles, was die Vielfältigkeit der untergeordneten Teile bedingt, jene Regelmässigkeit und Deutlichkeit der Wirkung aufhebt, von welcher die Grossartigkeit des Stiles so sehr abhängt.

Wir kommen jetzt zu der letzten Betrachtung: in welcher Weise Statuen, wie sie zu Ehren jetzt lebender oder kürzlich verstorbener Männer errichtet werden, zu bekleiden sind.

Das ist eine Frage, welche für sich allein einer langen Rede bedürfte; ich will für jetzt nur bemerken, dass, wer dem Künstler nicht hinderlich sein und ihn nicht davon abhalten will, seine Fähigkeiten so vorteilhaft als möglich zu verwerten, gewiss nicht ein modernes Kleid verlangen kann.

Der Wunsch, der Nachwelt den Schnitt eines modernen Kleides zu überliefern, ist, wie man zugestehen muss, zu einem verschwenderischen Preis erkauft, um den Preis alles dessen, was in der Kunst wertvoll ist.

Es ist ein sehr ernstes Geschäft, in Stein zu arbeiten; und es scheint kaum der Mühe wert zu sein, solch dauerhaftes Material zu verwenden, um der Nachwelt eine Mode zu bewahren, die selbst kaum ein Jahr lang währt.

So sehr es auch den Grundsätzen von Gleichberechtigung und Dankbarkeit bei einem Altertumsfreunde entsprechen mag, dass er den künftigen Altertumsfreunden dieselbe Befriedigung gönnt, welche er in der Betrachtung der Kleidermoden vergangener Zeiten findet, so können Bilder eines geringeren Stiles oder Stiche hiefür als völlig ausreichend betrachtet werden, ohne dass die grosse Kunst zu solch ärmlichen Zwecken erniedrigt werden müsste.

In unserer Stadt ist eine Reiterstatue in moderner Kleidung zu sehen,[173]) welche genügt, künftige Künstler von einem derartigen

Versuche abzuhalten; selbst wenn kein anderer Einwurf zu machen wäre, so stimmt doch unsere Vertrautheit mit dem modernen Kleide keineswegs zu der Würde und dem Ernste der Sculptur.

Die Bildhauerei ist an die Form gebunden, sie ist regelmässig und streng; sie verachtet alle alltäglichen Dinge als unvereinbar mit ihrer Würde, und ist ein Feind jeder Art von Geziertheit oder von scheinbar akademischer Behandlung. Jeder Gegensatz einer Figur zur anderen, oder der Glieder einer einzelnen Figur oder selbst der Falten der Draperie — muss daher sparsam angewendet werden. In Kürze, was Teil an Laune und Phantasie hat, oder unter dem Namen des Malerischen geht, ist (so sehr es an seinem richtigen Platze zu bewundern ist) unvereinbar mit der Mässigung und dem Ernste, die das besondere Kennzeichen dieser Kunst sind.

Kein anderer Umstand zeichnet einen wolgeleiteten und gesunden Geschmack so sehr aus, als feste Einheitlichkeit des Entwurfes, welche alle Teile compact und in richtiger Weise aneinander gefügt erscheinen lässt und Alles wie aus einem Gusse formt. Dieser Grundsatz erstreckt sich, wie auf alle Gebräuche des Lebens, so auch auf alle Kunstwerke. Auf diesem allgemeinen Boden können wir daher ruhig auszusprechen wagen, dass die Gleichförmigkeit und Einfachheit des Materiales (das ja nur in weissem Marmor besteht) mit dem der Bildhauer arbeitet, seiner Kunst Grenzen zieht und ihn lehrt, sich auf eine entsprechende Einfachheit des Entwurfes zu beschränken.

XI. Rede

an die Schüler der Königlichen Akademie gerichtet bei
der Preisverteilung am 10. Dezember 1782.

Genie. — Das Genie besteht hauptsächlich im Erfassen eines G a n z e n; im aus-
schliesslichen Aufnehmen allgemeiner Ideen.

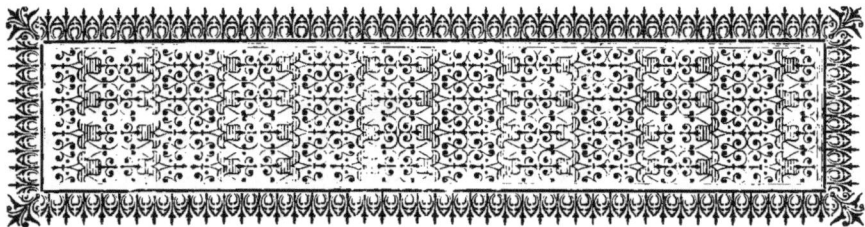

Der höchste Ehrgeiz eines Künstlers besteht darin, für ein Genie gehalten zu werden. Soferne seinem Namen nur diese schmeichelhafte Bezeichnung beigefügt wird, erträgt er ruhig den Vorwurf der Nachlässigkeit, Ungenauigkeit und von Mängeln aller Art.

Genie ist indertat so weit davon entfernt alle Fehler auszuschliessen, dass Viele sogar meinen, Fehler seien mit Genie unzertrennlich verbunden. Manche gehen so weit, die Fehler als Zeichen des Genies zu betrachten, und diese nicht nur um seinetwillen zu verzeihen, sondern auch aus der Gegenwart gewisser Fehler auf Genie zu schliessen.

Es ist gewiss richtig, dass ein Werk trotz vieler Fehler mit Recht auf Genialität Anspruch erheben kann; und es ist ebenso richtig, dass es fehlerlos sein kann, ohne den kleinsten Funken von Genie zu zeigen. Dies veranlasst natürlich eine Untersuchung oder wenigstens den Wunsch zu untersuchen, welche Eigenschaften eines Werkes und dessen Schöpfers dem Maler ein Anrecht auf diesen Namen geben.

In einer früheren Rede[174]) habe ich mich bemüht, Ihnen die feste Überzeugung beizubringen, dass eine umfassende Kenntnis und Beurteilung der Werke der Natur die einzige Quelle von Schönheit und Erhabenheit sei. Aber wenn wir zu Malern sprechen, müssen wir immer diese und alle übrigen Regeln mit Bezug auf die mechanische Ausübung ihrer eigenen besonderen Kunst betrachten. Es ist nicht eigentlich das Wissen, der Geschmack und der Wert der Vorstellungen, auf welchen das Genie eines Malers zu beruhen

scheint. Es ist eine eigene, und so zu sagen seinem besonderen
Geschäfte entsprechende Form von Genialität, die sich von allen
anderen unterscheidet. Denn jene Geisteskraft, welche den Künstler
befähigt seinen Gegenstand würdig aufzufassen, ist vielleicht mehr
Sache der allgemeinen Bildung, und dahin gehört ebensowol die
Begabung des Dichters oder des Meisters in irgend einer anderen
freien Kunst, oder sogar die eines guten Kritikers einer dieser
Künste, als die eines Malers. Welche erhabenen Ideen seinen Geist
auch erfüllen mögen, er ist nur dann Maler, wenn er es versteht,
diese Gedanken auszuführen und durch sichtbare Darstellung
mitzuteilen.

Wenn ich hiermit das, was ich meine, richtig ausdrücke, so
möchte ich eine derartige Vortrefflichkeit dadurch kennzeichnen,
dass ich sie das Genie mechanischer Ausführung[175]) nenne. Dieses
Genie besteht meiner Auffassung nach in der Fähigkeit, das, was
Ihren Pinsel beschäftigt, als ein Ganzes auszudrücken, was es
auch sei, so, dass die allgemeine Wirkung und Kraft des Ganzen
den Geist gefangen zu nehmen und ihn für eine Zeitlang von der
Betrachtung der untergeordneten einzelnen Schönheiten zurückzu-
halten vermag.

Was ich jetzt besonders zu beweisen wünschte, ist der Vorteil,
welchen diese Methode bei Betrachtung der Gegenstände bietet.
Dabei vergesse ich nicht, dass der Maler im Stande sein muss,
seinen Blick zu erweitern und zu beschränken. Denn wer gar keine
Einzelheiten darstellt, drückt nichts aus; doch steht fest, dass sorgfältige Unterscheidung kleinlicher Umstände und genaue Ausführung
derselben von welcher Vorzüglichkeit immer (und ich will dieselbe
nicht schmälern) einem Künstler nie das Gepräge des Genies verliehen haben.

Ausser diesen kleinlichen Unterschieden in Dingen, welche oft
überhaupt nicht bemerkt werden, und die, wenn sie bemerkt werden,
nur geringen Eindruck machen, giebt es bei allen wichtigen Gegenständen bedeutende, charakteristische Eigentümlichkeiten, die stark
auf die Sinne einwirken und daher die Einbildungskraft fesseln.
Diese sind keineswegs, wie man öfters meint, eine Aneinander-
reihung all jener kleinen eigenartigen Einzelheiten, auch könnte
eine derartige Anhäufung von Einzelheiten die charakteristischen
Eigentümlichkeiten niemals ausdrücken. Diese entsprechen dem,
was ich berühmte Rechtsgelehrte die Symptome eines Falles[176]) oder
die hierauf bezüglichen entscheidenden Umstände nennen hörte.

Die Ausmalung von Einzelheiten, welche den Ausdruck des Charakteristischen nicht fördern, ist schlimmer als nutzlos, sie ist geradezu schädlich, da sie die Aufmerksamkeit zerstreut, und von der Hauptsache ablenkt. Hierzu ist noch zu bemerken, dass der Eindruck, den selbst uns wohlbekannte Gegenstände in unserem Geiste hinterlassen, selten mehr als ein ganz allgemeiner ist, über welchen unsere Erwartung beim Wiedererkennen solcher Dinge nicht hinausgeht. Diesen in der Malerei auszudrücken, heisst auszudrücken was dem menschlichen Geiste verwandt und natürlich ist und was ihm seine eigene Auffassung wiederspiegelt. Andere Darstellung hat Genauigkeit und Spitzfindigkeit zur Voraussetzung, welche nur Sache des Neugierigen und Grüblers ist, und daher nicht den Sinn der Allgemeinheit anspricht, in dessen Gemeinsprache, ich möchte sagen Muttersprache, alles Grosse und Inhaltvolle gesagt werden muss.

Es ist nicht meine Absicht den Grad von Sorgfalt vorzuschreiben, welcher auf die unbedeutenden Einzelheiten zu wenden ist; das ist schwer festzustellen. Ich bin indessen überzeugt, dass es die Darstellung des allgemeinen Eindruckes des Ganzen ist, welche allein den Dingen ihren echten bestimmten Charakter zu geben vermag; wo immer dies beobachtet wird, ist die Hand des Meisters zu erkennen, was auch sonst vernachlässigt sein möge. Wir können sogar weiter gehen und bemerken, dass, wenn uns nur der allgemeine Eindruck von geschickter Hand geboten wird, dies uns den betreffenden Gegenstand in lebendigerer Weise darzustellen scheint, als die genaueste Nachahmung es täte.

Diese Beobachtungen führen zu sehr tiefen Fragen, welche ich hier nicht zu erörtern beabsichtige. Unter Anderem könnten sie zu der Frage führen, warum uns die denkbar genaueste Ähnlichkeit einer Nachbildung mit dem Originale nicht immer gefällt. Es kann Fälle geben, in welchen solch eine Ähnlichkeit sogar unangenehm wirkt. Ich verweise nur darauf, dass die Wirkung von Wachsfiguren, welche gewiss eine genauere Darstellung zulassen, als Malerei oder Sculptur, ein genügender Beweis dafür sind, dass die Freude an der Nachahmung nicht blos im Verhältnisse mit der genauen, realistischen Treue[177]) zunimmt; im Gegenteil gefällt es uns, durch scheinbar unzulängliche Mittel einen Zweck erreicht zu sehen.

Hervorstehendes durch wirkliches Relief, die Weichheit des Fleisches durch die Weichheit des Wachses darzustellen, macht einen rohen und kunstlosen Eindruck, und erweckt keine angenehme

Überraschung. Aber Tiefen auf einer Fläche, Weichheit durch harte Körper, und besondere Färbung durch Mittel auszudrücken, welche an sich diese Farbe nicht haben, bringt jenen Zauber hervor, welcher Preis und Triumph der Kunst ist.

Erweitern wir diesen Grundsatz noch, setzen wir voraus, dass der Zweck der Nachbildung durch noch ungeeignetere Mittel völlig erreicht werden könnte; nehmen wir an, dass einige gut gewählte Striche im Stande wären, durch wohlüberlegte Anordnung jene Arbeit zu ersetzen und einen vollständigen Eindruck alles dessen hervorzubringen, was der Geist von einem Gegenstande nur irgend verlangen kann, so sind wir von solch unerwartet glücklicher Ausführung entzückt und fangen an, des überflüssigen Fleisses müde zu werden, welcher vergeblich ein bereits gestilltes Verlangen erregt.

Allen Gegenständen, soweit sie den Maler angehen, sind Umriss oder Zeichnung, Farbe, Licht und Schatten eigentümlich. Die Zeichnung liefert die Form, die Farbe macht diese sichtbar, und Licht und Schatten verleihen ihr Körperlichkeit.

Kein Künstler wird je in irgend einer dieser Richtungen Vorzügliches leisten, wenn er sich nicht gewöhnt hat, die Dinge im Grossen anzusehen[178]) und die Wirkung zu beachten, welche sie auf das Auge ausüben, wenn es sich voll auf das Ganze richtet,[179]) ohne irgend welche Einzelheiten herauszuheben. Hiedurch nehmen wir das Charakteristische in uns auf und lernen, es rasch und treffend nachzubilden. Ich verstehe unter Treffsicherheit keinen Kunstgriff, keine handwerksmässige Fertigkeit, die man sich durch Zufall und blosse Übung aneignen kann, sondern jenes Wissen, welches durch gründliche Kenntnis der Zwecke und Mittel den kürzesten und sichersten Weg zu ihrem eigentlichen Ziele entdeckt.

Wenn wir mit kritischem Auge die Weise jener Maler prüfen, welche uns mustergiltig erscheinen, so finden wir, dass ihr grosser Ruhm nicht daraus entspringt, dass sie ihre Werke weiter ausgeführt haben, als andere Künstler, oder dass sie den Einzelheiten sorgfältigere Aufmerksamkeit widmeten, sondern dass ihr Ruhm jenem umfassenden Überblick entspringt, welcher den ganzen Gegenstand auf einmal in sich aufnimmt, und jener künstlerischen Kraft, welche durch entsprechende Ausdrucksweise gleichartige Wirkung mitzuteilen vermag.

Raffael und Tizian sind zwei Namen, welche in unserer Kunst den ersten Rang einnehmen, der eine des Zeichnens, der andere

des Malens wegen. Die bedeutendsten und geschätztesten Werke
Raffaels sind seine Cartons und Fresken im Vatikan; wie wir alle
wissen, sind diese weit davon entfernt, sorgfältig ausgeführt zu
sein: seine Hauptsorge und Aufmerksamkeit scheint sich auf die
Anordnung des Ganzen gerichtet zu haben, sowol in Bezug auf die
Komposition im Allgemeinen, als auf die jeder einzelnen Gestalt,
denn jede Figur kann man ein kleineres Ganzes nennen, wenn sie
auch in Beziehung auf das ganze Werk, zu dem sie gehört, nur
ein Teil ist; dasselbe kann von Kopf, Händen und Füssen gesagt
werden. Wenn er auch die Kunst, das Ganze zu sehen und zu
erfassen, besass, soweit es die Form betrifft, so erstreckte sich
diese Fähigkeit doch nicht auf jene allgemeine Wirkung, welche
sich dem Auge in Farbe, Licht und Schatten darbietet. Die
Unzulänglichkeit seiner Ölbilder, wo diese Vorzüge noch mehr zu
fordern wären, als an den Fresken, sind ein genügender Beweis hiefür.

Wir müssen uns an Tizian halten, um in Bezug auf Farbe,
Licht und Schatten in höchstem Grade Vorzügliches zu finden. Er
war zugleich der erste und grösste Meister in dieser Kunst. Durch
ein paar Striche wusste er das allgemeine Bild und den Charakter
jedes Gegenstandes, den er zu malen unternahm, auszudrücken,
und brachte dadurch allein eine getreuere Darstellung hervor als
sein Meister Giovanni Bellini[180]) oder irgend einer seiner Vorgänger,
welche jedes Haar ausgeführt haben. Seine grösste Sorgfalt war
darauf gerichtet, den vorherschenden Farbenton[181]) wiederzugeben,
die Licht- und Schattenseiten auseinander zu halten und durch
Contrastwirkung den Eindruck jener Körperlichkeit hervorzubringen,
welche von natürlichen Gegenständen untrennbar ist. Wenn dies
Beachtung findet, dann übt das Werk am richtigen Platze seine
volle Wirkung, sollte es auch sonst kein Verdienst besitzen; wenn
Eines hiervon jedoch fehlt, wird das Bild, trotz genauester Ausführung der Einzelheiten, ein unechtes und sogar unfertiges Aussehen haben, in welcher Entfernung und bei welchem Licht es
auch immer gezeigt werden mag.

Es ist umsonst, die verschiedenen Abstufungen der Farbe zu
beachten, wenn bei dieser Beachtung die allgemeine Farbe des
Fleisches verloren geht, oder die Einzelheiten noch so genau auszuführen, wenn dabei die Massen nicht beachtet werden und die
Zusammensetzung des Ganzen keine gute ist.

Vasari scheint keine grosse Zuneigung für die venezianischen
Maler gehabt zu haben, aber er lobt überall mit Recht „il modo

di fare", „la maniera", „la bella pratica"; das ist die bewundernswerte Manier und die Fertigkeit jener Schule. Auf Tizian insbesondere wendet er die Beiworte „giudicioso, bello e stupendo" an.

Diese Manier war der Welt damals neu, aber die unerschütter-
liche Wahrheit, auf die sie gegründet ist, hat sie allen nach-
kommenden Malern als Muster hingestellt; und wer ihre Kunstgriffe
untersucht, wird finden, dass sie in der Fähigkeit zu verallgemeinern
und in der sparsamen und einfachen Anwendung der Mittel bestehen.

Viele Künstler, wie auch Vasari bemerkt, haben in ihrer
Unwissenheit geglaubt, sie ahmten Tizians Weise nach, wenn sie
ihre Farben derb auftrügen und alle Einzelheiten vernachlässigten;
aber da sie nicht mit seinen Grundsätzen arbeiteten, brachten sie
hervor, was er „goffe pitture" nennt: abgeschmackte, unsinnige Bilder;
das wird immer dort der Fall sein, wo man wahllos, ohne Wissen
und ohne feste Grundsätze mit seiner Fertigkeit prahlen will.

Raffael und Tizian scheinen bei Betrachtung der Natur von
verschiedenen Absichten geleitet worden zu sein. Beide hatten die
Kraft, ihren Blick auf das Ganze zugleich zu richten; aber der
Eine sah nur nach der allgemeinen Wirkung, welche von der Form,
der Andere auf jene, welche durch die Farbe hervorgebracht wird.

Wir können Tizian indessen das Verdienst nicht ganz absprechen,
neben der Farbe auch die allgemeine Form seiner Gegenstände beachtet zu haben. Aber sein Fehler war (wenigstens war es ein
Fehler im Vergleich zu Raffael), dass er nicht wie dieser die
Fähigkeit besass, die Gestalt seines Modells durch irgend einen
allgemeinen Schönheitsbegriff seines eigenen Geistes[182]) zu vervollkommnen. Davon ist sein Hl. Sebastian[183]) ein besonderes Beispiel.
Diese Gestalt scheint eine höchst genaue Darstellung der Form
sowol als der Farbe des Modells zu sein, welches er damals zufällig
vor sich hatte; sie hat alles Kräftige der Natur und das Colorit ist
echtes Fleisch; aber unglücklicherweise war das Modell nicht gut
gebaut, besonders in den Beinen. Tizian hat mit derselben Sorgfalt,
mit der er die Schönheit und Leuchtkraft der Farben nachahmte,
auch diese Fehler beibehalten. So gross und allgemein er die
Farbengebung hielt, so kleinlich und zerstückelt war er in der
Zeichnung; in dem einen war er ein Genie, in dem anderen nicht
viel mehr als ein Copist. Ich spreche hier jedoch nicht von allen
seinen Bildern; es können genug Beispiele aus seinen Werken angeführt werden, bei denen man keine Veranlassung hätte, dies zu
rügen; aber in der Manier oder der Sprache, wie es genannt werden

mag, in welcher Tizian und Andere aus dieser Schule sich ausdrücken, liegt ihr Hauptvorzug. Diese Manier ist in der Malerei
wirklich, was die Sprache in der Dichtkunst ist; wir wissen Alle,
wie verschieden die Einbildungskraft durch denselben Gedanken
berührt werden kann, soferne dieser in verschiedenen Worten ausgedrückt wird, und wie unbedeutend oder wie grossartig derselbe
Gegenstand, von verschiedenen Malern dargestellt, uns erscheint.
Es giebt nichts, ob es nun die menschliche Gestalt, ein Tier oder
selbst ein unbelebter Gegenstand ist, so wenig versprechend es
auch erscheinen mag, das nicht zur Würde erhoben werden,
Empfindung mitteilen und innere Bewegung hervorrufen könnte,
wenn es in die Hand eines genialen Malers gelangt. Was von
Virgil behauptet wird, dass er sogar den Dünger mit einem gewissen
Anstand auf den Boden streute, kann auch auf Tizian angewendet
werden: was er berührte, so unbedeutend es auch von Natur und
so alltäglich und gewöhnlich es sein mochte, er wusste ihm, wie
durch Zauberei, Grösse und Bedeutung zu verleihen.

Ich muss hier bemerken, dass ich keine Vernachlässigung der
Nebensachen anempfehle; es wäre wirklich schwer, wenn nicht
unmöglich, gewisse Grenzen vorzuschreiben und zu sagen, wie
weit und wann sie zu beachten oder zu vernachlässigen sind; vieles
muss zuletzt dem Geschmack und Urteile des Künstlers überlassen
bleiben. Ich weiss wol, dass klug angebrachtes Detail dem Werke
manchmal die Kraft der Wahrheit verleiht und folglich den Beschauer
fesselt.[184]) Ich wünschte nur, Ihnen die richtige Unterscheidung
zwischen den wesentlichen und unwesentlichen Wirkungsweisen
einzuprägen und zu zeigen, welche Eigenschaften in der Kunst
Ihre besondere Aufmerksamkeit erfordern und welche vernachlässigt
werden dürfen, ohne dass hiebei Ihr Ruf, mehr als notwendig,
Schaden leidet. Etwas muss vielleicht immer vernachlässigt werden;
da muss denn das Geringere dem Grösseren weichen. Jedem Werke
kann nur eine beschränkte Zeit gewidmet werden, denn selbst vorausgesetzt, dass einem Bilde ein ganzes Leben geweiht würde, so
ist dies doch immerhin auch eine beschränkte Zeit. Da erscheint
es nun viel vernünftiger, diese Zeit möglichst vorteilhaft anzuwenden,
indem man verschiedene Arten der Komposition für das Werk ersinnt,
verschiedene Licht- und Schattenwirkungen versucht, und die Mühe
der Verbesserung dazu verwendet, durch wohlüberlegte Richtigstellung
der Teile die Wirkung des Ganzen zu heben, als dass die Zeit
damit ausgefüllt würde, diese Teile aufs Genaueste auszuführen.

Aber es giebt noch eine andere Art feiner Ausführung, welche ruhig verurteilt werden darf, da sie ihrem eigenen Zweck entgegenzuarbeiten scheint; diese findet statt, wenn der Künstler um die Härte zu vermeiden, welche da entsteht, wo der Umriss sich vom Grunde trennt, die Farben übermässig weich und verschwommen werden lässt. Das ist es, was der Unwissende fein ausgeführt[185]) nennt, was aber dazu dient, die Leuchtkraft der Farben und den Eindruck der Echtheit in der Darstellung zu zerstören, welcher zum grossen Teile darin besteht, dass dasselbe Verhältnis der Schärfe und Stumpfheit bewahrt bleibt, das man in den natürlichen Gegenständen findet. Dieses übertriebene Vermalen[186]) giebt, statt den Eindruck der Weichheit hervorzurufen, dem Bilde das Aussehen von Elfenbein oder sonst eines harten, fein polirten Stoffes.

Die Porträts von Cornelius Jansen[187]) haben diesen Fehler augenscheinlich und daher mangelt ihnen jene Geschmeidigkeit, welche das Merkmal des Fleisches ist, während wir in van Dycks Arbeiten jene richtige Mischung von Weichheit und Härte genau beobachtet finden. Derselbe Fehler ist in der Manier van der Werffs[188]) im Gegensatze zu derjenigen Teniers' zu finden; und so verhält sich, wie wir beifügen können, auch Raffaels Malweise in seinen Ölbildern im Vergleich zu jener Tizians.

Wir dürfen behaupten, dass Raffael seinen Namen als erster aller Maler, den er mit Recht trägt, nicht durch diese fleissige Ausarbeitung erworben hat. Man kann ihn damit entschuldigen, dass es die Malweise seines Landes war; hätte er aber seine Ideen mit Tizians Leichtigkeit und Beredtsamkeit, wie man es nennen könnte, ausgedrückt, dann wären seine Werke sicherlich nicht weniger ausgezeichnet gewesen und das Lob, mit welchem alle Zeiten und Völker ihn wegen seines Genies in den höheren Vorzügen der Kunst überschütteten, hätte sich auf alle erstreckt.

Wer in Kunstwerken nicht bewandert ist, staunt oft über den Wert, den Kenner scheinbar nachlässigen und in jeder Beziehung unfertigen Zeichnungen beilegen; aber diese sind wirklich wertvoll, und ihr Wert besteht darin, dass sie die Vorstellung eines Ganzen geben; und dieses Ganze ist oft mit einer Leichtigkeit und Gewandtheit ausgedrückt, worin sich die wahre Kraft des Malers offenbart, wenn sie auch nur roh geäussert ist, und ob sie sich nun in der allgemeinen Komposition, in der allgemeinen Gestaltung jeder Figur oder in anmutiger, vornehmer Wendung und Haltung zeigt. Zu all dem finden wir vollkommene Beispiele in den höchst

geschickten Zeichnungen von Parmegianino[189]) und Correggio. Aus
welchem Grunde immer wir diese Zeichnungen schätzen mögen,
gewiss ist feine Ausführung und sorgfältige Beachtung der Einzelheiten nicht die Ursache dieser Schätzung. Von dieser Fähigkeit,
die Aufmerksamkeit auf einmal über das Ganze zu erstrecken, ist
die Vorzüglichkeit in jedem Teile und in jedem Bereich unserer
Kunst abhängig, vom höchsten historischen Stile bis zur Darstellung
des Stilllebens hinab; ohne diese Fähigkeit ist der grösste Fleiss
vergeblich.

Sie mögen bedenken, dass ich, wenn ich von einem Ganzen
spreche, nicht einfach ein Ganzes in Hinblick auf Komposition
meine, sondern ein Ganzes in Bezug auf allgemeinen Stil der
Farbengebung, ein Ganzes in Hinsicht auf Licht und Schatten,
ein Ganzes in Allem, was an sich der Hauptgegenstand des Malers
werden könnte.

Ich erinnere mich eines Landschaftsmalers in Rom, der wegen
seiner Geduld in der Feinheit der Ausführung unter dem Namen
„Studio“ bekannt war; in dieser Ausführung, meinte er, bestehe
die ganze Vortrefflichkeit der Kunst, so dass er sich einmal bemühte, wie er erzählte, jedes einzelne Blatt eines Baumes nach-
zumalen. Ich sah dieses Bild nie; aber ich bin überzeugt, dass
ein Künstler, welcher nur auf den allgemeinen Charakter der Gattung,
auf die Anordnung der Zweige und auf die Massen des Laubwerks
gesehen hätte, in wenig Minuten ein treueres Abbild des Baumes
geschaffen hätte, als dieser Künstler in ebensovielen Monaten.

Gewiss sollte ein Landschaftsmaler alle Gegenstände, welche
er malt, anatomisch studieren, wenn ich diesen Ausdruck gebrauchen
darf; wenn er aber seine Studien wirklich verwerten will, dann
muss er als Mann von Genie seine Geschicklichkeit in der allgemeinen Wirkung zeigen, welche den Grad von Härte und Weichheit
wahren muss, den die Gegenstände in der Natur besitzen; denn er
wendet sich an die Einbildungskraft, nicht an die Wissbegierde,
und arbeitet nicht für den Curiositätensammler, sondern für den
gewöhnlichen Beobachter des Lebens und der Natur. Wenn er seinen
Gegenstand kennt, wird er nicht nur wissen, was er darzustellen,
sondern auch, was er auszulassen hat; und diese Geschicklichkeit
im Auslassen macht in allen Dingen einen grossen Teil unseres
Könnens und Wissens aus.

Dieselbe vortreffliche Malweise, welche Tizian in der Historienmalerei und in der Porträtmalerei entfaltet, fällt ebensosehr in

seinen Landschaften auf, ob sie nun Selbstzweck sind oder nur als
Hintergrund dienen. Eine der vorzüglichsten dieser letzteren Art
findet sich auf seinem Bilde St. Pietro Martire.[190]) Die mächtigen
Bäume, welche hier dargestellt erscheinen, sind durch die mannig-
fache Art, mit welcher die Zweige aus dem Stamme herauswachsen,
sowie durch ihr abwechslungsreiches Laubwerk deutlich von einander unterschieden, und das Unkraut im Vordergrunde ist in
derselben Weise mannigfaltig behandelt, gerade so viel als die
Abwechslung es verlangt und nicht mehr. Wenn Algarotti,[191])
indem er von diesem Bilde spricht, es wegen der sorgfältigen Aus-
einanderhaltung der Blätter und Pflanzen lobt und sagt, sie errege
selbst die Bewunderung des Botanikers, so war es zweifellos seine
Absicht, selbst auf Kosten der Wahrheit zu loben; denn er muss
gewusst haben, dass dies nicht der Charakter des Bildes sei. Aber gewisse Kenner werden immer dasjenige in Bildern finden, was sie glauben
darin finden zu sollen; er war sich nicht bewusst, dass er damit
eine dem Rufe Tizians nachteilige Beschreibung geliefert hat.

Solche Schilderungen können jungen Künstlern, die nie Gelegenheit hatten, das beschriebene Werk zu sehen, sehr nachteilig
sein, und sie könnten möglicherweise daraus schliessen, dass der
grosse Künstler den Namen des „Göttlichen" durch seine ausserordentliche Sorgfalt in solch unbedeutenden Nebensachen erworben
habe, welche ihn in Wirklichkeit nicht über den Rang der gewöhn-
lichsten Maler erheben würde.

Wir können diese Betrachtung selbst auf das erstrecken, was
nur einen einzigen und noch dazu individuellen Gegenstand behandelt.
Die Vortrefflichkeit, und wir können sogar hinzufügen, die ähnliche
und charakteristische Gesichtsbildung der Porträts sind, wie ich
bereits an anderer Stelle bemerkt habe, mehr von dem durch den
Maler hervorgebrachten allgemeinen Eindruck abhängig, als von
der genauen Darstellung der Besonderheiten oder der sorgfältigen
Unterscheidung der einzelnen Teile. Die Hauptaufmerksamkeit des
Künstlers hat sich damit zu beschäftigen, die Gesichtszüge richtig
hinzustellen, was so sehr die Wirkung erhöht und zum richtigen
Eindruck des Ganzen beiträgt. Die eigentlichen Besonderheiten
können auf Classen und allgemeine Gattungen zurückgeführt werden
und daher lässt sich selbst auf diesem eng umschriebenen Gebiete
eine hohe Auffassung finden. Der Künstler mag nachher einzelne
Züge, bis zu welchem Grade er es gut findet, ausarbeiten, aber
er darf nicht vergessen, fortwährend zu prüfen, ob er bei der

Ausführung der Einzelheiten nicht die allgemeine Wirkung zerstöre.

Es ist gewiss wünschenswert, dass man all seine Kraft daran wende, interessante und merkenswerte Gegenstände künstlerisch zu verherlichen; indessen kann die Hälfte der Gegenstände aller Bilder der Welt nur als Gelegenheit geschätzt werden, welche den Künstler in Arbeit setzt, und doch zeigt unsere hohe Wertschätzung solcher Bilder, ohne Beachtung oder vielleicht ohne Kenntnis des Gegenstandes, wie sehr unsere Aufmerksamkeit durch die Kunst an sich gefesselt wird.

Nichts von Allem, was wir sagen können, vermag vielleicht so sehr den Vorteil und Vorzug dieser Fähigkeit zu zeigen, als dass sie Werken das Gepräge des Genies verleiht, welche auf kein anderes Verdienst Anspruch erheben, und die weder etwas ausdrücken, noch Charakter, noch Würde besitzen, und deren Gegenstand Niemandes Teilnahme erregt. Wir können der Hochzeit[192]) von Paolo Veronese das Zeugnis des Genies nicht versagen, ohne dem Urteile der Allgemeinheit zu widersprechen; grosse Autoritäten haben sie den Triumph der Malerei genannt. Dasselbe gilt von Rubens Altar des St. Augustin[193]) zu Antwerpen, welcher das gleiche Zeugnis aus demselben Grunde verdient. Keines dieser Bilder wird von einer interessanten Geschichte gehalten. Paolo Veroneses Bild ist nur die Darstellung einer grossen Ansammlung von Menschen bei einer Mittagstafel; der von Rubens dargestellte Vorgang — wenn überhaupt Vorgang genannt werden kann, wobei nichts vorgeht — ist eine Versammlung verschiedener Heiliger, die zu verschiedenen Zeiten gelebt haben. Der ganze Vorzug dieser Bilder besteht in mechanischer Geschicklichkeit, welche jedoch unter dem Einflusse jener oft erwähnten, verständnisvollen Auffassung steht.

Dadurch, und dadurch allein, wird die mechanische Fertigkeit veredelt und weit über ihren natürlichen Rang emporgehoben. Und mir scheint, dass sie mit Recht dieses Zeugnis erwirbt, als Beweis jener Überlegenheit, mit welcher der Geist die Materie beherrscht, indem er in ein einziges Ganze zusammenzieht, was die Natur mannigfaltig gestaltet hat.

Der grosse Vorteil dieser Auffassung von einem Ganzen besteht darin, dass man sagen kann, in wenigen Linien und Strichen sei eine grössere Menge von Wahrheit enthalten und ausgedrückt, als in den mit grösstem Fleiss ausgeführten Einzelheiten, wo dies nicht beachtet wird. Auf dieser Grundlage beruht jener Vorteil; und die

Richtigkeit dieser Bemerkung würde selbst von den in der Kunst
Ungebildeten bestätigt werden, wenn ihre Meinung von schiefer
Auffassung dessen unbeeinflusst bleiben könnte, was sie sich ein-
bilden, in einem Bilde sehen zu sollen. Da es eine Kunst ist, glauben
sie umsomehr Wohlgefallen empfinden zu müssen, je auffälliger sie
diese Kunst entfaltet sehen; von solcher Voraussetzung ausgehend,
werden sie saubere, feine Ausführung und bunte Farbengebung der
Wahrheit, Einfachheit und Einheitlichkeit der Natur vorziehen.
Vielleicht wird der völlig ungebildete Beschauer, wie der ungebildete
Künstler, ein Ganzes nicht erfassen können, geschweige denn seine
Bedeutung. Aber wer fähig ist zu beobachten, wessen Auffassung
nicht durch falsche Begriffe voreingenommen ist und wer ohne
Anspruch auf Sachkenntnis nur geradeaus blickt, der wird Lob und
Tadel in dem Maasse verteilen, in welchem dem Künstler die
Wirkung des Ganzen gelungen ist. Hier kann allgemeine Zu-
friedenheit oder allgemeines Misfallen dem Künstler helfen, sein
Verfahren zu regeln, ob er dies Urteil auch, als hervorgegangen
aus Unkenntnis der Kunstgrundsätze, verachten mag; es kann seine
Aufmerksamkeit auf dasjenige zurückleiten, was sein Hauptzweck
sein sollte, und wovon er um minderer Schönheiten willen ab-
gewichen ist.

Ein Beispiel dieses richtigen Urteiles sah ich einst an einem
Kinde bei einem Gange durch eine Gallerie, in welcher viele Porträts
der letzten Zeiten sich befanden, die, obwol fein durchgeführt, doch
sehr schlecht komponirt waren. Das Kind schenkte der feinen Ausführung und Natürlichkeit jedes Stückes der Kleidung keine Aufmerksamkeit, sondern schien nur die Anmutlosigkeit der dargestellten
Personen zu bemerken und ahmte die Stellung jeder Figur nach,
welche es in einer gezwungenen und ungeschickten Haltung sah.
Der Tadel eines ungelehrten, natürlichen Wesens fiel auf den grössten
Fehler, welchen ein Bild haben kann, auf jenen nämlich, der sich
auf den Charakter und die Anordnung des Ganzen bezieht.

Ich würde bedauern, wenn das Gesagte so verstanden würde,
als ob es darauf abzielte, zu jener Nachlässigkeit zu ermutigen,
welche das Werk in unfertigem Zustande belässt. Ich empfehle
nicht, der Genauigkeit überhaupt zu entraten; ich beabsichtige
vielmehr, jene Art von Genauigkeit anzuempfehlen, welche die beste
ist und allein wirklich geschätzt zu werden verdient. Weit entfernt
davon, in meiner Untersuchung die Trägheit zu unterstützen, giebt
es nichts in unserer Kunst, was solch ununterbrochene Anstrengung

und Umsicht erforderte, als die Beachtung der allgemeinen Wirkung
des Ganzen. Sie erfordert viel Studium und Übung; sie erfordert den
ganzen Geist des Malers, während hingegen die Einzelheiten durch feine
Striche ausgeführt werden können, wobei sein Geist auch mit anderen
Dingen beschäftigt sein kann. Er kann sogar dem Vorlesen eines Theater-
stückes oder einer Novelle zuhören, ohne sehr gestört zu sein. Der
Künstler, der seiner eigenen Trägheit schmeichelt, wird fortwährend
bemüht sein, dieser anstrengenden Tätigkeit auszuweichen; er wird
seine Gedanken der leichten und bequemen Art feinster Ausarbeitung
der Einzelheiten widmen, und wird zuletzt das hervorbringen, was
Cowley[194]) „mühsame Leistungen der Trägheit" nennt.

Kein Werk kann zu sehr ausgeführt sein, vorausgesetzt, dass
der angewendete Fleiss dem richtigen Gegenstande zu Teil wird;
aber ich habe beobachtet, dass übermässiger Fleiss in den Einzelheiten der allgemeinen Wirkung in neun Fällen von zehn geschadet
hat, selbst wenn es die Arbeit grosser Meister war. Er kennzeichnet
eine schlechte Wahl, die bei jedem Unternehmen ein böser Anfang ist.

Mein Hauptzweck in dieser Rede war, Ihrem Fleisse die beste
Richtung zu geben. Es ist meine Überzeugung, dass darin oft der
Unterschied zwischen zwei Schülern von gleichen Fähigkeiten und
gleichem Fleisse besteht. Während der Eine nämlich seinen Fleiss
an kleine Dinge von geringer Bedeutung wendet, erwirbt und vervollkommnet der Andere die Kunst und die Gewohnheit, die Natur
mit weitem Blicke zu erfassen und sie in ihren richtigen Verhältnissen und mit gebührender Unterordnung der Einzelheiten zu
sehen.

Ehe ich schliesse, muss ich noch eine Bemerkung machen, welche
mit dem gegenwärtigen Thema hinlänglich in Beziehung steht.

Dieselbe Erweiterung des Geistes, welche der Theorie und
mechanischen Ausübung der Kunst die Vortrefflichkeit des Genies
verleiht, wird den Künstler auch zum Teil in der Art seines Studiums
leiten und ihm Überlegenheit über Jene verschaffen, welche den be-
schränkteren Spuren einseitiger Nachahmung kleinmütig folgen. Wer
zur Vollendung seiner Ausbildung nach Italien reist und dort seine
ganze Zeit damit zubringt Bilder zu copieren und Statuen und Gebäude abzumessen, der würde nur mit kleinem Gewinn zurückkehren,
obwol auch diese Dinge nicht ganz zu verachten sind. Wer die
Iliade nachahmt, sagt Dr. Young,[195]) ahmt darum noch nicht Homer
nach. Durch das Aufstapeln von Einzelheiten grosser Kunstwerke
im Gedächtnisse wird man noch nicht ein grosser Künstler, wenn

man nicht auch weiter geht und sich der Grundsätze bemächtigt,
nach welchen diese Werke entstanden sind. Wer hofft, mit Jenen
wetteifern zu können, die er bewundert, der muss ihre Werke als
Mittel betrachten, welche ihn die wahre Kunst lehren: die Natur
zu betrachten. Wem das gelungen ist, der kann sagen, dass er
sich ihre Fähigkeiten oder wenigstens die Grundlage ihrer Fähigkeiten angeeignet hat; das Übrige hängt von seinem eigenen Fleisse
und seiner Ausdauer ab. Die grosse Aufgabe des Studiums besteht
darin, einen Geist zu bilden, der allen Zeiten und allen Gelegenheiten sich anpasst und ihnen angemessen ist, für welchen die
ganze Natur sodann offen liegt, und von dem man dann sagen kann,
er besitze den Schlüssel zu ihren unerschöpflichen Reichtümern.

XII. Rede

an die Schüler der Königlichen Akademie gerichtet bei
der Preisverteilung am 10. Dezember 1784.

Besondere Studienmethoden sind von geringer Bedeutung. — Es kann nur wenig
in der Kunst gelehrt werden. — Vorliebe für eine Methode ist oft Liebe zur
Trägheit. Die Neigung der Pittori improvisatori zur Nachlässigkeit und Ungenauigkeit; sie sind selten originell und überraschend, was seinen Grund darin
hat, dass sie die Werke anderer Meister nicht studieren.

Meine Herren!

n Folge der Stellung, welche ich an dieser Akademie einzunehmen die Ehre habe, ist es mir oft vorgekommen,
dass junge Schüler, die einige Jahre in Italien zuzubringen
beabsichtigten, mich um Rat gefragt haben, nach welcher Methode
sie ihre Studien einrichten sollten. Es ist mein aufrichtiger Wunsch
und meine Pflicht, das vollständige Ergebnis meiner Erfahrungen
und Beobachtungen mitzuteilen; und wenn auch der Umstand, dass
ich meine Ansichten so gern und offenherzig ausspreche, das einigermassen gut machen könnte, was an ihnen fehlerhaft sein mag, so
fürchte ich doch, dass meine Antworten nicht immer befriedigend
ausgefallen sind. Ich war auch indertat nie davon überzeugt,
dass ich ganz verstände, was sie meinten, und hegte sogar den
Verdacht, dass sie selbst keine sehr klare Vorstellung von dem
Gegenstande ihrer Frage hatten.

Wenn die verlangte Aufklärung darin bestand, die Mittel zu
nennen, durch welche der Weg zur Vortrefflichkeit entdeckt werden
könne, wenn sie zu wissen gewünscht haben, wen sie zu ihrem
Führer nehmen sollten, was nachzuahmen und was zu vermeiden
wäre, wo sie einkehren und wo sie sich aufhalten sollten, wovon
sie nur kosten und wovon sie sich nähren sollten — dann wären
solche allgemeine Anleitungen wol geeignet vom Schüler verlangt
und von mir nach bestem Wissen erteilt zu werden. Aber diese
Regeln sind schon gegeben worden; sie waren ja tatsächlich der
Gegenstand fast all meiner an dieser Stelle gehaltenen Reden. Ich

glaube eher annehmen zu sollen, dass unter Studienmethode gemeint
war, was manche darunter verstehen — nämlich die Vorschrift
einer festgesetzten Ordnung und der Zeitfolge, in welcher alles zu
tun wäre; die Angabe des Grades von Vortrefflichkeit, bis zu welchem
der Schüler es in einem Teile der Kunst bringen müsse, ehe er zum
nächsten überzugehen habe; wie lang er nach antiken Statuen zeichnen,
wann er zu komponiren beginnen und wann er sich dem Studium der
Farbengebung zuwenden solle.

Solche Einzelheiten der Unterweisung könnten sehr einleuchtend
gemacht und mit prahlerischer Weitläufigkeit vorgetragen werden.
Aber im besten Falle würde dies nutzlos sein. Unsere Studien
werden für alle Zeiten in hohem Grade dem Zufall unterworfen
sein; wir müssen, wie Reisende, das nehmen, was wir bekommen
und wann wir es bekommen können, ob es uns nun in der an-
genehmsten Art, am geeignetsten Orte und in der richtigen Minute,
in der wir es uns gerade wünschen, geboten wird oder nicht.

Alle Abhandlungen über Unterricht und Studienmethode schienen
mir stets den gleichen Fehler zu haben. Sie gehen von einer falschen
Lebensauffassung aus, von der Annahme, dass wir nicht nur Macht
über die Verhältnisse und Umstände, sondern auch eine grössere
über uns selbst besässen, als man sie meiner Ansicht nach bei
irgend Jemandem finden kann. Statt uns für vollkommene Muster
von Weisheit und Tugend zu halten, scheint es mir vernünftiger,
wenn wir uns selbst behandeln, wie wir sicherlich auch dann und
wann Andere behandeln müssen: wie eigenwillige Kinder, deren
Launen man oft dulden muss, um sie in gutem Einvernehmen mit
sich selbst und ihren Beschäftigungen zu erhalten. Es ist notwendig, einige Kunstgriffe dieser Art bei allen Vorgängen zu benützen, welche ihrer Natur nach zeitraubend, langweilig und verwickelt sind, um zu verhindern, dass Abneigung gegen unsere
Studien uns erfasst, welche die fortgesetzte Fesselung durch methodischen Zwang sicherlich erzeugt.

Ich wünschte eher, dass der Schüler, sobald er die Heimat
verlässt, sich mit dem beschäftige, wozu er sich durch unmittelbaren Drang angeregt fühlt, als dass er träge an eine vorgeschriebene
Aufgabe geht: was immer er in einem solchen Gemütszustande tun
mag, wird nur geringen Vorteil bringen, da es sich nicht tief genug
einprägt, um einen bleibenden Eindruck zu hinterlassen; auch wird
niemals etwas gut verstanden und richtig ausgeführt, wenn es nur
mit Widerstreben aufgefasst und gezwungen in Angriff genommen wird.

Es ist wünschenswert und für die geistige Gesundheit sogar notwendig, dass der Geist durch die Mannigfaltigkeit unserer Studien erfrischt und erfreut, dass ihm die Ermüdung einförmiger Arbeit erleichtert und er so viel als möglich, wenn ich so sagen darf, darüber geteuscht werde. Ausserdem ist der menschliche Geist so verschiedenartig angelegt, dass es unmöglich ist, eine für Alle geeignete Methode zu finden. Es nützt nichts, dem Unbegabten Vorschriften zu geben; der Begabte hingegen findet selbst Methoden heraus, wie sie ihm durch seine eigenen, besonderen Anlagen und durch die Erfahrung seiner eigenen besonderen Bedürfnisse vorgeschrieben werden.

Ich möchte jedoch nicht so verstanden werden, als sollte dies auch von den jüngeren Schülern gelten. Der erste Teil im Leben eines Kunstjüngers muss, wie auch bei anderen Schulknaben, ein Leben des Zwanges sein. Die Grammatik, die Anfangsgründe, so unschmackhaft sie auch sein mögen, müssen unter allen Umständen bewältigt werden. Nachdem er sich geübt hat, genau nach dem Modell, das er vor sich hat, welcher Art es auch sein mag, zu zeichnen, kann alles Übrige, glaube ich, dem Zufall überlassen bleiben, immer unter der Voraussetzung, dass der Schüler sich wirklich beschäftige, und dass seine Studien sich auf das richtige Ziel lenken.

Leidenschaftliche Liebe zur Kunst und der eifrige Wunsch sich auszuzeichnen, werden die Stelle einer Methode mehr als ersetzen. Indem der Schüler sich selbst überlassen wird, kann er möglicherweise wirklich zu Unternehmungen verleitet werden, die seine Kräfte übersteigen; aber der Versuch hat dann wenigstens den Vorteil, dass er dem Schüler seine eigenen Fehler entdeckt, und diese Entdeckung allein ist schon ein bedeutender Gewinn. Ich muss zugestehen, einen Nachteil mögen solch kühne und heissblütige Wagstücke nach sich ziehen: Entmutigung infolge häufiger Misgriffe. Dies Übel ist jedoch nicht schlimmer als das langsame Fortschreiten, welches die natürliche Folge zu leichter Aufgaben ist.

Welche Vorteile immer die methodische Erledigung von Geschäften haben mag (und gewiss giebt es deren viele), so habe ich doch wenig Vertrauen zu ihrer Wirksamkeit, wenn es sich darum handelt, etwas Ausserordentliches in irgend einer Kunst zu erreichen. Ich habe wirklich immer starken Verdacht gehegt, dass diese Liebe zur Methode, von welcher viele so sehr abhängig zu sein scheinen, im Grunde wahrlich nichts Anderes ist, als Liebe zur Trägheit und Mangel an genügender Willenskraft, um sich in unmittelbare Tätigkeit zu versetzen; man entschuldigt das Nichtstun damit vor sich selbst. Ich habe Künstler gekannt, welche ihr ganzes Leben, oder wenigstens den kostbarsten Teil desselben dazu verwendet haben, Studienpläne auszuarbeiten, ohne je in Wirklichkeit anzufangen, allerdings mit der Absicht, alles irgend einmal auszuführen, wenn eine gewisse Zeit käme, wenn geeignete Umstände einträten, oder wenn sie an einen zum Studium besser passenden Platz übersiedelt sein würden. Es ist bei solchen Leuten nichts Seltenes, dass sie mit dem ehrlichsten und aufrichtigsten Entschlusse verreisen, ernst zu arbeiten, wenn sie ihre Reise beendigt haben würden. Derselbe Mangel an Tatkraft, der aus der gleichen Ursache entspringt, in Folge deren man daheim die Arbeit aufschob, bis ein geeignetes Schema dafür gefunden wäre, setzt sich in Italien fort, und man kehrt daher mit geringem oder gar keinem Erfolge heim.

In der Ausübung der Kunst wie der Tugend ist notwendig, offenen und eifersüchtigen Auges über sich selbst zu wachen, sonst wird die Trägheit unter der trügerischen Maske des Fleisses allen Verdacht, dass es uns an tätiger Kraftanstrengung fehle, in den Schlaf wiegen. Eine Fülle endloser Vorbereitungen, ein Gewirr unendlicher Fragen und Untersuchungen, oder selbst die bloss handwerksmässige Arbeit des Copirens können aufgewendet werden um die wirkliche Arbeit, die Arbeit des Denkens, zu umgehen und von sich abzuwälzen.

Ich habe es aus diesen Gründen abgelehnt, den jungen Malern für ihre Ankunft in Italien einen besonderen Lehrplan und Studienlauf vorzuschreiben. Ich habe dies ihrer eigenen Klugheit überlassen, einer Klugheit, welche wachsen und reifen wird im Laufe ausdauernder, eifriger Arbeit, welche echte Liebe zum Berufe und ungeheuchelte Bewunderung Derer leitet, die allgemein als vortreffliche Muster der Kunst angesehen werden.

Um Sie in dieser Klugheit zu bestärken, will ich Ihrem Nachdenken hier eine Auslese von Bemerkungen unterbreiten, wie sie mir beim Betrachten der irrtümlichen Auffassungen und schlechten Gewohnheiten aufgefallen sind, die jenes Fortschreiten zur Vortrefflichkeit behindert haben, zu welchem die natürlichen Fähigkeiten manchen Künstler sonst berechtigt hätten.

Falsche Ansichten und üble Gewohnheiten haben unter Schülern und Meistern weit mehr Unheil angerichtet, als irgend eine unrichtige Studienmethode es hätte tun können.

Unter dem Einflusse von Trägheit oder irgend einer falschen Auffassung steht jene Neigung, welche immer danach verlangt, sich an Andere anzulehnen. Solche Schüler sprechen immer von den wunderbaren Fortschritten, welche sie machen würden, wenn sie den Vorteil hätten, von irgend einem besonders hervorragenden Meister unterrichtet zu werden. Auf ihn möchten sie die Mühe abwälzen, welche sie selbst für sich tragen sollen und müssen. Diesen möchte ich sagen, dass sehr wenig in unserer Kunst von Anderen Denen gelehrt werden kann, welche einmal die Anfangsgründe überwunden haben. Der tüchtigste Meister kann nicht viel mehr tun, als dass er dem Schüler das Ende des Fadens in die Hand giebt, an welchem er sich dann selbst zurechtfinden muss.

Es ist wahr, die Schönheiten und Fehler der Werke unserer Vorgänger können gezeigt werden, die Grundsätze, nach welchen sie arbeiteten, kann man erläutern; man kann die grossen Muster antiker Kunst vorführen. Aber das köstlichste Gastmal wird umsonst bereitet, wenn die Gäste sich nicht die Mühe nehmen wollen, zuzulangen.

Sogar die Akademie selbst, wo dem Studium jede Erleichterung verschafft und bereitet wird, kann gerade aus dem Grunde, dass sie alle Schwierigkeiten aus dem Wege räumt, eine Abnahme des Fleisses verursachen. Es ist nichts Ungewöhnliches, dass junge Künstler, welche mit allen möglichen Hindernissen auf ihrem Wege zu kämpfen haben, sich dabei mit solchem Erfolge bemühen, dass sie Mitbewerber übertreffen, denen es an keinem Mittel zur Vervollkommnung fehlt. Die vielversprechende Erwartung, welche darauf gegründet war, dass sie so viel mit so geringen Mitteln leisteten, verschafft ihnen einen Gönner, der sie mit Allem versorgt, was ihnen das Studium erleichtern kann; von dieser Stunde an verlässt sie ihr Fleiss und ihr eifriges Streben, sie stehen still und sehen Andere an sich vorüberstürmen.

Solche Männer gleichen gewissen Tieren, welche nur dann fressen, wenn sie blos wenig Futter und auch dieses nur mühsam durch die Stäbe einer Raufe erhalten, die aber nichts nehmen wollen, wenn sie es in Überfluss vor sich sehen.

Vielleicht wird ein derartiger Rückgang auch dadurch verursacht, dass die Fähigkeiten durch die Unendlichkeit des Stoffes überwältigt werden, wie der Reisende daran verzweifelt, jemals das Ziel seiner Reise zu erreichen, wenn die ganze Ausdehnung des zurückzulegenden Weges sich auf einmal seinem Blicke zeigt.

Zu den ersten sittlichen Eigenschaften, welche der junge Künstler zu pflegen hat, gehört folglich auch männliches Vertrauen

zu sich selbst, oder besser noch zu der Wirksamkeit ausdauernden
Fleisses, den er entschlossen ist, sich anzueignen.

Als Raffael durch seine Verbindung mit Bramante, dem Architekten des Papstes, ausersehen wurde, den Vatikan mit seinen Arbeiten zu schmücken, hatte er nichts gemacht, was ihn als seinen
Zeitgenossen so sehr überlegen gezeigt hätte; obwol er noch jung
war, bekam er die bedeutendsten Künstler seiner Zeit unter seine
Leitung, und wir wissen, welcher Art diese Männer waren. Ein
schwächerer Geist wäre unter dieser Last niedergesunken; und
hätten wir nach den sanften und weichen Gemütsanlagen urteilen
sollen, die Raffael besass, wie wir hören, dann würden wir dies
auch von ihm erwartet haben; aber seine Kraft schien im Verhältnisse zu der geforderten Anstrengung zu wachsen, und es ist nicht
unwahrscheinlich, dass wir dem guten Glücke, welches ihn zuerst
auf diese hervorragende Stelle gesetzt hat, jene hervorragenden
Leistungen zu danken haben, die er uns hinterlassen hat.

Die Beobachtungen, auf welche ich Ihre Aufmerksamkeit früher
zu lenken suchte, und auf welche ich Sie auch jetzt nachdrücklich
hinweisen muss, beziehen sich nicht auf Irrtümer, welchen Jene
unterworfen waren, die keinen Anspruch auf Verdienst haben,
sondern auf jene Fehler, in welche bedeutende Männer nur verfallen können, indem sie irgend einen wirklich vorhandenen, wenn
auch untergeordneten Vorzug überschätzen oder gar misbrauchen.
Die zuletzt erwähnten Fehler sind Schüchternen und Schwerfälligen
eigen; die, von denen ich jetzt sprechen will, gehören einer anderen
Art an, jenen Künstlern, welche sich durch die Schnelligkeit und
Leichtigkeit ihrer Erfindung auszeichnen. Es ist zweifellos eine
glänzende und wünschenswerte Eigenschaft, irgend einen gegebenen
Gegenstand augenblicklich zeichnen zu können; es ist eine Geschicklichkeit, die jeder Künstler, wie ich glaube, zu besitzen
wünschte. Aber leider gewöhnt die Art, in welcher man sich eine
solche Fertigkeit aneignen kann, den Geist daran, mit den ersten
Gedanken ohne Auswahl zufrieden zu sein. Die Urteilskraft verliert,
wenn sie lange brach gelegen, nach und nach die Fähigkeit sich
zu betätigen, wenn ihre Ausübung notwendig ist.

Wer daher diese Gabe besitzt, muss in gewissem Maasse das
rückgängig machen, was er zu tun gewöhnt war, oder wenigstens
seinem Geist eine neue Wendung geben; grosse Werke, welche
leben und dem Urteil der Nachwelt Stand halten sollen, sind nicht
im Fluge zu schaffen. Für Überlegung und Umsicht ist eine

entsprechende Zeit erforderlich. Ich erinnere mich, dass ich in Rom den kämpfenden Gladiator[196]) in Gesellschaft eines bedeutenden Bildhauers betrachtete, und als ich meine Verwunderung darüber ausdrückte, mit welcher Geschicklichkeit das Ganze komponirt sei und mit welch sorgfältiger Aufmerksamkeit der Künstler die Veränderung jedes Muskels bei der momentanen Kraftanstrengung beachtet habe, da meinte Jener, dass fast das ganze Leben eines Menschen erforderlich sei, um ein so vollendetes Werk zu schaffen.

Ich glaube, dass wir, wenn wir Umschau halten, auch finden werden, dass das, was in der Schwesterkunst, der Poesie, schnell geschaffen wurde, gleichfalls schnell vergessen war. Das Urteil und der Vorgang eines grossen Dichters bei solcher Gelegenheit ist der Beachtung wert. Metastasio,[197]) der sich so sehr und mit Recht in ganz Europa berühmt gemacht hat, war im Anfang ein Improvisator oder Extempore-Dichter, eine in Italien nicht ungewöhnliche Erscheinung. Es ist nicht lange her, dass ein Freund ihn fragte, ob er die Gewohnheit extempore zu erfinden und zu recitiren, welche er als Knabe in der Rolle eines Improvisators übte, nicht für einen glücklichen Anfang seiner Ausbildung halte. Er hielt es aber im Gegenteil für nachteilig; er sagte, dass er dadurch eine Gewohnheit, nachlässig und ungenau zu sein, angenommen habe und dass es ihm viel Mühe koste, dieselbe zu überwinden und an ihre Stelle eine ganz andere Gewohnheit zu setzen, nämlich seine Gedanken auszuwählen und sich mit Genauigkeit und Sorgfalt auszudrücken.

So sonderbar es scheinen mag, so ist es doch gewiss richtig, dass die Erfindungen der Pittori improvisatori, wie man sie nennen könnte, — des gewohnten Prahlens ihrer Schöpfer, dass Alles in ihrem eigenen Kopf entsprungen sei, ungeachtet — sehr selten irgend etwas besitzen, was im Geringsten den Eindruck der Originalität machte; ihre Kompositionen sind meistens gewöhnlich, uninteressant, ohne Charakter und Ausdruck, wie jene blumenreichen Reden, die wir manchmal hören, welche dem Geiste keine neuen Begriffe zuführen.

Ich möchte trotzdem durch das Gesagte nicht den Schein erwecken, als widerspräche ich dem Nutzen, dem Vorteile, der Notwendigkeit, die darin bestehen, dass ein Maler rasch im Stande sei, seine Gedanken durch Skizzen auszudrücken. Je weiter er es in solchen Zeichnungen bringt, desto besser. Zu befürchten ist nur,

dass er dabei stehen bleibt und jene nachher nicht nach der Natur
verbessert oder sich nicht die Mühe nimmt, Umschau zu halten,
welche Hülfe die Werke Anderer ihm bieten könnten.

Wir dürfen nicht voraussetzen, dass, wenn ein Maler sich hin-
setzt, um über ein Werk nachzudenken, er all sein Wissen erst
zusammen zu suchen hat; er muss nicht nur imstande sein, die
menschliche Gestalt in jeder beliebigen Stellung aus dem Kopfe zu
zeichnen, sondern er muss auch mit den allgemeinen Grundsätzen
der Komposition vertraut sein und die Gewohnheit haben, während
des Komponierens die Wirkung der Licht- und Schattenmassen vorauszusehen, welche die betreffende Anordnung zur Folge hat. Sein
Geist ist durch die Aufmerksamkeit auf das Ganze völlig in Anspruch
genommen. Es erfordert weitere Überlegung, wie Haltung und Ausdruck einzelner Gestalten darzustellen sind. An diesem Punkte
seiner Arbeit würde ich es jedem Künstler empfehlen, seine Mappe
oder sein Taschenbuch hervorzuziehen, in welchem er alle glücklichen Einfälle, alle aussergewöhnlichen und ausdrucksvollen Hal-
tungen aufgespeichert hat, die ihm im Laufe seiner Studien begegnet sind; nicht nur um von diesen Studien zu borgen, was immer
für sein Werk anwendbar wäre, sondern auch um des grossen Vorteiles
willen, welchen er daraus zieht, dass er die Gedanken grosser
Künstler deutlicher in seinem Geiste vorführt, wodurch er andere
Gestalten in ähnlichem Stile zu erfinden lernt.

Sir Francis Bacon spricht beifällig von den methodischen Vorbereitungen, welche Demosthenes und Cicero trafen, um ihre Erfindung zu unterstützen, und er beleuchtet ihr Verfahren mit einem
wunderlichen Vergleiche, wie es eben seine Art war.[198]) Da diese
besonderen Untersuchungen nicht unmittelbar mit unserer Kunst
zusammenhängen, habe ich es nicht nötig, die erwähnte Stelle anzuführen, und ich will nur bemerken, dass solche Vorbereitung der
von aller Welt angenommenen Meinung über Genie und Eingebung
völlig widerspricht. Derselbe grosse Mann bemerkt an anderer
Stelle, indem er seine eigenen Essays bespricht, sie handelten „von
solchen Vorgängen, in welchen uns sowol die Erlebnisse als die
Charaktere der darin vorkommenden Menschen wohlvertraut sind,
von denen man viel in der Erfahrung, aber wenig in Büchern
findet". Das ist es also, was ein Künstler natürlich Erfindung
nennen würde; und doch dürfen wir vermuten, dass selbst Bacons
Genie, so gross es war, ihn nie befähigt hätte, diese Beobachtungen
zu machen, wenn sein Geist nicht durch das Lesen der Beobachtungen

Anderer geübt und geschult worden wäre. Auch hätte er ohne solche Lectüre nicht wissen können, dass jene Meinungen nicht in anderen Büchern zu finden seien.

Ich weiss, dass es viele Künstler von grossem Rufe giebt, welche nie anderswohin als in sich selbst geblickt zu haben scheinen, und die es ihrem Charakter für nachteilig halten, wenn man voraussetzt, dass sie von irgend einem anderen Maler borgen. Aber wenn wir uns die Werke dieser Männer ins Gedächtnis rufen und sie mit denen Jener vergleichen, welche die Erfindungsgabe Anderer zu Hülfe nahmen, dann werden wir uns von dem grossen Vorteile des letzteren Vorgehens überzeugen.

Die beiden Männer, welche mir jetzt einfallen und die sich durch rasche Erfindungskraft am Meisten hervorgetan haben, der eine im Malen, der andere im Zeichnen, sind Luca Giordano[199]) und Lafage.[200])

Solchen ausserordentlichen Fähigkeiten, wie diese beiden Künstler sie besassen, kann man das Zeugnis der Genialität nicht versagen; zugleich muss aber zugestanden werden, dass es jene Art mechanischer Genialität[201]) war, die ohne viel Hülfe des Kopfes schafft. In allen ihren Werken, die, wie zu erwarten ist, sehr zahlreich sind, suchen wir vergeblich nach irgend etwas, das man eigentümlich und überraschend nennen könnte; und doch haben sie, den gewöhnlichen Vorstellungen von Originalität entsprechend, so gut Anspruch darauf als die meisten Maler, denn sie borgten sehr wenig von Anderen und noch weniger wird irgend ein Künstler, der zwischen Vortrefflichkeit und Schalheit unterscheiden kann, je von ihnen borgen.

Diesen Männern und allen ähnlichen wollen wir das Vorgehen des Ersten der Maler entgegenhalten. Ich glaube, dass wir Alle darin übereinstimmen werden, dass Niemand je eine grössere Erfindungskraft besass und weniger fremder Hülfe bedurfte als Raffael; und doch, als er eines seiner grössten und spätesten Werke, die Cartons,[202]) entwarf, hatte er augenscheinlich die Studien vor sich, welche er nach Masaccio[203]) gemacht hatte. Zwei edle Gestalten des Apostel Paulus, welche er dort fand, nahm er in sein eigenes Werk auf; die eine benützte er für den in Athen predigenden Paulus, die andere für denselben Heiligen, wie er den Zauberer Elymas züchtigt. Eine andere Figur desselben Werkes, deren Kopf auf die Brust gesunken ist, mit geschlossenen Augen, anscheinend in tiefen Gedanken, führte er unter den Zuhörern der Predigt

des Paulus ein. Die wesentlichste Änderung, welche er bei jenen
beiden Gestalten des Paulus vornahm, ist die Hinzufügung der
linken Hände, welche im Original nicht zu sehen sind. Es ist das
eine Regel, die Raffael beobachtete und welche tatsächlich nie
übersehen werden sollte, bei einer Hauptfigur beide Hände sehen
zu lassen, so dass nie die Frage entstehen kann, was aus der
anderen Hand geworden sei. Für das Opfer in Lystra[204]) nahm er
so ziemlich die ganze Ceremonie zum Muster, wie sie sich auf einem
alten Bas-Relief findet, das seither in der Admiranda[205]) veröffentlicht
worden ist.

Ich habe nur Beispiele solcher Bilder Raffaels vorgebracht,
welche wir vor uns haben,[206]) obwol noch viele andere dafür angeführt werden könnten, dass der grosse Künstler Beistand nicht
verschmähte; wirklich war sein allbekannter Reichtum auch so
gross, dass er borgen durfte, wo es ihm gefiel, ohne an Credit zu
verlieren.

Es mag bemerkt werden, dass dieses Werk Masaccios, von
welchem er so freimütig borgte, ein öffentliches Werk war und
sich nicht weit von Rom, in Florenz,[207]) befand, so dass er, wenn
er es für einen ehrlosen Diebstahl gehalten hätte, sicher sein
musste, entdeckt zu werden. Aber er war darüber beruhigt, dass
der Ruhm seiner Erfindungskraft durch eine solche Entdeckung
wenig berührt worden wäre; und so verhält es sich auch, ausser
in der Meinung Derer, die nicht wissen in welcher Weise grosse
Werke geschaffen werden.

An Jene, die aus blosser Armut stehlen, die nichts ihr Eigen
nennen und keine Minute leben können, ohne solche Plünderungen
vorzunehmen, die so arm sind, dass sie nicht einmal das auf-
bewahren können, was sie genommen haben, — an Jene wende ich
mich nicht. Aber solche Künstler, wofür ich Die halte, mit welchen
ich jetzt rede, die ich hinreichend mit allem Nötigen und Wünschenswerten versehen glaube, die nicht Spielzeug und gewöhnlichen Tand
zu stehlen suchen, sondern nur wünschen, sich in den Besitz besonderer Seltenheiten zu setzen, die sie zum Schmuck ihrer Sammlungen auswählen, und die Sorge tragen, den allgemeinen Vorrat mit
Dingen von gleichem oder grösserem Werte zu bereichern als
jene sind, welche sie genommen haben — solche Männer brauchen
sich gewiss des freundschaftlichen Verkehres, der zwischen Künstlern
statthaben soll, des Empfangens von den Todten und des Gebens an
die Lebenden und vielleicht an die noch Ungeborenen nicht zu schämen.

Die tägliche geistige Nahrung eines Künstlers besteht in den grossen Werken seiner Vorgänger. Es giebt keinen anderen Weg für ihn, um selbst gross zu werden. „Serpens nisi serpentem comedevit, non fit draca", lautet eine Bemerkung in einer wunderlichen Naturgeschichte, welche ich gelesen habe, obwol ich mich ihres Titels nicht mehr entsinne;[208]) so falsch dies in Betreff der Drachen ist, so ist es doch auf Künstler anwendbar genug.

Wie aus dem Gesagten hervorgeht, hat Raffael die Werke Masaccios sorgfältig studiert; und wirklich war auch Keiner seiner Beachtung so würdig, wenn wir Michel-Angelo ausnehmen, welchen er gleichfalls nachgeahmt hat. Obwol Masaccios Malweise trocken und hart und seine Kompositionen steif und nicht abwechslungsreich genug waren, wie dies eben die Art der Maler jener frühen Periode gewesen ist, so besassen seine Werke doch jene Grösse und Einfachheit, welche die Regelmässigkeit und Härte der Manier begleitet, ja, aus der sie manchmal hervorgeht. Wir müssen den barbarischen Zustand der Kunst vor seiner Zeit betrachten, da man so wenig von Geschicklichkeit im Zeichnen verstand, dass die besten Maler nicht einmal einen Fuss verkürzen konnten, so dass jede Figur auf den Zehen zu stehen schien und dass das, was Draperie vorstellen sollte, durch die Härte und Kleinlichkeit der Falten nur zu sehr den Anschein von Stricken hatte, mit denen der Körper umwunden war. Er führte zuerst breiten Faltenwurf ein, der leicht und natürlich niederwallte, er scheint auch wirklich zuerst den Pfad entdeckt zu haben, der zu jeder Vortrefflichkeit führt, welche die Kunst später erreicht hat, und er kann daher mit Recht als einer der grossen Väter der modernen Kunst betrachtet werden.

Obwol ich mich zu einer längeren Auseinandersetzung über diesen grossen Meister verleiten liess, als ich beabsichtigt hatte, so kann ich doch nicht umhin, noch eines anderen Vorzuges Erwähnung zu tun, den er in sehr hervorragendem Maasse besessen hat. Er war unter seinen Zeitgenossen eben so sehr seines Fleisses und seiner Ausdauer halber, als der natürlichen Fähigkeiten seines Geistes wegen ausgezeichnet. Man erzählt uns, dass er völlig vom Streben für seine Kunst erfüllt war und dass er den Namen Masaccio[209]) dadurch erwarb, dass er seine Person, seine Kleidung und alle Angelegenheiten des gewöhnlichen Lebens vollkommen vernachlässigte. Er ist ein auffallendes Beispiel dafür, was wohlgeleiteter Fleiss in kurzer Zeit leisten kann. Er lebte nur siebenundzwanzig Jahre, aber er führte die Kunst in diesem kurzen

Zeitraume so weit über Alles hinaus, was sie je erreicht hatte, dass
er allein als Muster für seine Nachfolger da zu stehen scheint.
Vasari zählt die lange Reihe der Maler und Bildhauer auf, welche
durch das Studium seiner Werke ihren Geschmack gebildet und
ihre Kunst erlernt haben,[210]) unter diesen nennt er Michel-Angelo,
Lionardo da Vinci, Pietro Perugino, Raffael, Bartolommeo, Andrea
del Sarto, Il Rosso[211]) und Perino del Vaga.[212])

Die Gewohnheit, so lange die Gebilde grosser Genies zu betrachten und darüber nachzusinnen, bis man sich von der Berührung mit ihnen selbst erwärmt fühlt, ist die richtige Weise, eine
Künstlerseele auszubilden. Es ist in der Gegenwart solcher grosser
Männer unmöglich, in kleinlicher Weise zu denken oder zu erfinden;
der Geist ist in einen Zustand versetzt, der nur solche Vorstellungen
aufnimmt, welche voll Grösse und Einfachheit sind.

Neben dem allgemeinen Vorteile der Geschmacksbildung durch
solchen Verkehr, gibt es noch einen anderen von besonderer Art,
der mir bei Raffaels Vorgang beim Nachahmen des Werkes, von
welchem ich gesprochen habe, aufgefallen ist. Die Gestalt des Pro-
consuls Sergius Paulus ist dem Felix des Masaccio nachgebildet,
wiewol die eine Figur von vorne, die andere im Profil gesehen wird;
die Bewegung ist ebenfalls etwas verändert, aber es ist klar, dass
Raffael diese Figur vor Augen hatte. Ich erwähne noch nebenher
einen Umstand, der ein weiteres Merkmal dafür ist. Sergius Paulus
trägt einen Lorbeerkranz; dies passt hier kaum und stimmt
schwerlich mit dem Costüme, welches Raffael sonst gut beobachtet
hat. Aber er fand dies so bei Masaccio und nahm sich gar nicht
die Mühe es abzuändern, um die Entlehnung zu verbergen. Es
scheint mir ein ausgezeichnetes Vorgehen zu sein, die Figuren, die
man aus den Werken grosser Meister übernehmen möchte, als
Statuen aufzufassen und nur die Ansicht zu verändern, indem man
sorgfältig darauf achtet, dass Geist und Anmut des Originales
erhalten bleiben, wie Raffael es hier getan hat.

Ich hoffe, dass das zuletzt Gesagte mich nicht dem Verdacht
aussetzt, ich wolle völlige Abhängigkeit von früheren Meistern
empfehlen. Ich verlange nicht, dass Sie Andere Ihre Arbeit tun oder
für sich denken lassen, ich wünschte nur, dass Sie sich mit den
durch Wissen und Erfahrung ausgezeichnetsten Männern beraten,
sie als Ratgeber anrufen. Der Erfolg solcher Beratungen hängt
zuletzt doch nur von Ihnen ab. Ein solches Vorgehen ist im

Handel und Wandel des Lebens nie betrachtet worden, als wäre es unehrenhaft oder als liesse es in irgend einer Weise auf geistiges Unvermögen schliessen. Es ist eher ein Zeichen jener echten Weisheit, welche die Unzulänglichkeit des Einzelnen empfindet und dessen inne wird, wie viel vereinigte Beobachtung notwendig ist, um die unermessliche Ausdehnung der Natur auszufüllen und ihre unendliche Mannigfaltigkeit zu umfassen. Ich empfehle weder geflissentliche Selbstständigkeit noch unrechtmässige Entlehnung. Ich rate ihnen nur jene Hülfe anzunehmen, deren jedes menschliche Wesen bedarf und deren sich zu bedienen auch die grössten Maler sich nicht geschämt haben, wie es aus den gegebenen Beispielen erhellt. Lassen Sie mich hinzufügen, dass der zu jenem Auswählen nötige Fleiss und die darauf folgende Mühe, jene Ideen Ihrem eigenen Zweck anzupassen, eine Arbeit einschliessen, welche die Trägheit nicht ausführen mag und die Unwissenheit nicht ausführen kann. Aber um deutlicher zu erklären, welche Art des Borgens ich meine, wenn ich das Studium alter Meister so dringend empfehle, lassen Sie uns noch einmal zu Raffael zurückkehren, sein Vorgehen betrachten und uns bemühen die Art und Weise nachzuahmen, mit der er Andere nachahmt.

Masaccio hat die beiden oben erwähnten Figuren des Apostel Paulus so edel aufgefasst, dass es vielleicht nicht einmal in Raffaels Kraft selbst gelegen war, sie noch mehr zu adeln und zu vervollkommnen; er hat es auch nicht versucht, aber er hatte die Geschicklichkeit, ihre Grösse und Hoheit in gewissem Grade zu ändern, ohne sie zu vermindern. Er hat an die Stelle ruhiger, gesammelter Würde jenen lebendigeren Ausdruck gesetzt, welcher für die tätigere Beschäftigung, die er den Gestalten zuwies, notwendig war.

In derselben Weise hat er der Figur des Sergius Paulus und jener mehr Leben verliehen, welche auf dem Bilde des predigenden Paulus auftritt und die bei Masaccio nicht viel mehr als angedeutet ist, während Raffael sie ausgeführt hat. Das Schliessen der Augen dieser Gestalt, welches bei Masaccio leicht für Schlafen gehalten werden könnte, ist auf dem Carton nicht im Geringsten zweideutig; die Augen sind in der Tat geschlossen, aber mit solcher Heftigkeit, dass die Erregung eines Geistes, der aufs Äusserste bestürzt ist, auf den ersten Blick erkannt wird. Aber was sehr aussergewöhnlich ist und meiner Ansicht nach besonders bewundert werden muss, das ist, dass derselbe Gedanke sich durch die ganze Figur, bis in das Gewand fortsetzt, welches ihn so dicht umhüllt, dass

nicht einmal die Hände zu sehen sind. Durch diese glückliche
Übereinstimmung des Gesichtsausdruckes mit der Anordnung der
übrigen Teile scheint die Gestalt vom Kopfe bis zum Fusse zu
denken. Nur Männer von hervorragender Begabung sind imstande,
in solcher Weise die Gedanken Anderer für ihre eigenen Zwecke
zu benützen und diesen anzupassen, und fähig auszuführen und zu
vollenden, was im Originale nur Andeutung oder unfertiger Einfall
war. Die Fähigkeit solche Andeutungen zu erfassen, welche dem
Schwerfälligen und Ungebildeten entgehen, macht meiner Ansicht
nach keinen geringen Teil jener Eigenschaft des Geistes aus, welche
man Genie nennt.

Es geschieht oft, dass Angedeutetes in ganz andere Verhältnisse
übertragen und dort ganz anders verwendet wird als ursprünglich
damit beabsichtigt worden war. Da ist die Gestalt einer Bacchantin,
die sich zurücklehnt, den Kopf ganz nach hinten werfend, offenbar
eine beliebte Figur, da sie sich so häufig auf Bas-Reliefs, Cameen
und Intaglios wiederholt; es soll damit eine begeisterte, wilde Art
von Freude ausgedrückt sein. Baccio Bandinelli,[213]) der wol wusste,
was wert war, geborgt zu werden, benützte diese Gestalt für eine
der Marien auf einer Zeichnung, welche ich von ihm besitze, einer
Kreuzabnahme, um wilde Verzweiflung des Schmerzes darzustellen.
Es ist sehr seltsam und ist unbedingt richtig, dass die am meisten
entgegengesetzten Gemütsbewegungen mit kleinen Abänderungen
auf dieselbe Weise zum Ausdrucke kommen.

Wenn ich in irgend einem Teile der Studien des Malers eine
Methode empfehlen würde, so wäre es in Bezug auf die Erfindung,
damit junge Schüler sich nicht die Fähigkeit anmaassen zu erfinden,
bis sie mit jenen Vorräten der Erfindung bekannt geworden sind,
welche die Welt bereits besitzt, und bis sie dadurch genügendes
Material für geistige Arbeit aufgehäuft haben. Es wäre gewiss
keine ungeeignete Methode, um den Sinn eines jungen Künstlers zu
bilden, wenn man mit jenen Übungen anfinge, welche die Italiener
eine Pasticcio-Komposition nannten, eine Zusammenstellung der
verschiedenen, in allen anderen Werken ähnlicher Art zerstreuten
Vorzüge. Es wird nicht vorausgesetzt, dass der junge Künstler
dabei stehen bleibt, aber dass er durch diese Mittel die Fähigkeit
erwirbt, auszuwählen, erstens, was in der Kunst wirklich vorzüglich
ist, und dann, was in der Natur noch vorzüglicher ist — eine Aufgabe, welche zu lösen er ohne dieses vorhergehende Studium nur
schwerlich befähigt sein dürfte.

Der hier vorgeführte Lehrsatz ist, wie man zugeben wird, neu, und er mag vielen seltsam erscheinen. Aber ich fordere für denselben nur die Aufnahme, welche einem Fremden zu Teil wird, eine geneigte und aufmerksame Beachtung, ohne jenes vollständige Vertrauen, das bei vollgiltiger Anempfehlung verlangt werden könnte.

Nachdem man eine Figur, oder die Idee zu einer Figur, von irgend einem jener grossen Maler genommen hat, ist noch etwas Anderes zu beachten, was ich für unerlässlich notwendig halte, dass nämlich die Fertigstellung jedes Teiles des Werkes stets nach der Natur erfolge. Was nach einem Modell gearbeitet ist, darf man, wenn auch der erste Gedanke von Jemand Anderem herrührt, mit Recht als Eigentum betrachten. Und hier kann ich nicht umhin in Hinsicht der Aufstellung des Modelles etwas zu bemerken, wenn es auch Manchem kleinlich erscheinen mag. Es ist besser, dass das Modell selbst dessen inne werde, welche Haltung gebraucht wird, als dass man es mit eigener Hand stelle; dadurch geschieht es oft, dass das Modell von selbst eine Stellung annimmt, welche besser ist als diejenige, die man sich vorgestellt hat. Es ist eine grosse Sache sich dem Zufalle in den Weg zu stellen, und achtsam und bereit zu sein, ihn vorteilhaft auszunützen; ausserdem besteht die Gefahr, dass, wenn man selbst die Haltung des Modelles feststellt, ihm eine Stellung gegeben wird, in welche Niemand auf natürliche Weise geriete. Das erstreckt sich sogar auf die Draperie. Man muss im Berühren und Ändern einer Falte des zum Modell dienenden Stoffes sehr vorsichtig sein, um ihm nicht aus Versehen eine gezwungene Form zu geben; und es ist vielleicht besser, das Ungefähr eines neuen, zufälligen Faltenwurfes zu Hülfe. zu nehmen, als die Lage zu ändern, die der Zufall dem Stoffe zuerst gegeben hat.

Um Zufälligkeiten vorteilhaft zu verwerten, scheint Rembrandt oft die Spachtel[214]) statt des Pinsels verwendet zu haben, um die Farben auf die Leinwand zu legen. Ob es nun die Spachtel oder irgend ein anderes Werkzeug ist, es genügt, wenn es etwas ist, das sich nicht genau dem Willen fügt. Der Zufall wird in der Hand des Künstlers, welcher dessen Winke vorteilhaft auszunützen versteht, eine Behandlung und Leichtigkeit von so kecker und launiger Schönheit hervorbringen, wie der Maler es sich nie ausgedacht oder wie er nie versucht haben würde, es mit seinem, dem Zwange der Hand gehorchenden Pinsel auszuführen. Jedoch ist dies nur für Gelegenheiten geeignet, bei denen keine Formengenauigkeit erforderlich ist, wie bei Wolken, Baumstämmen, Felsen oder zerrissenem Erdboden. Auf zufällige Art hervorgebrachte Werke werden dasselbe zwanglose Aussehen haben, wie die Werke der Natur, deren einzelne Zusammenstellungen vom Ungefähr abzuhängen scheinen. Ich wiederhole aufs Neue, dass Sie die Natur nie aus den Augen verlieren dürfen; in dem Augenblicke, wo das geschieht, sind Sie völlig haltlos, dem Belieben jedes Windstosses der Mode anheimgegeben, ohne den Punkt zu sehen oder zu kennen, auf welchen Sie zusteuern sollten. Welche Seitenwege Sie auch einschlagen, die Natur müssen Sie doch immer vor Augen behalten. In einer zukünftigen Rede hoffe ich jene Abweichungen besprechen zu können, welche die Kunst notwendigerweise erfordert. Unterdessen lassen Sie mich Ihnen nur empfehlen, sich nicht zu sehr auf Ihre Übung und Ihr Gedächtnis zu verlassen, so stark die darin niedergelegten Eindrücke auch gewesen sein mögen. Sie nützen sich fortwährend ab und werden zuletzt ganz verlöschen, wenn sie nicht ununterbrochen aufgefrischt und ergänzt werden.

Es ist nichts Ungewöhnliches, Künstlern zu begegnen, welche dadurch, dass sie die Pflege der Natur lange vernachlässigten, diese nicht einmal mehr erkennen, wenn sie sie sehen; durch die lange Gewöhnung an ihre eigene Darstellung der Natur erscheint diese selbst ihnen fremd. Ich habe von Malern das Zugeständnis gehört, obwol sie sich damit durchaus nicht herabzusetzen gedachten, dass sie besser ohne die Natur als mit ihr auskämen, oder, wie sie sich ausdrückten, dass die Natur sie nur aus dem Concept brächte.[215]) Ein Maler mit solchen Begriffen und solchen Gewohnheiten befindet sich tatsächlich in einem völlig hoffnungslosen Zustande. Die Kunst, die Natur zu sehen, oder mit anderen Worten, die Kunst, Modelle zu benützen, ist indertat der grosse Gegenstand, der Punkt, auf welchen all unsere Studien sich richten. Was nun die Fähigkeit betrifft, durch Übung allein etwas Erträgliches zu leisten, so mag sie ihrem Wert entsprechend beurteilt werden. Aber ich verstehe nicht, in welcher Weise diese Art zur Hervorbringung richtiger, trefflicher und völlig ausgeführter Bilder genügen kann. Werke, welche dieses Zeugnis verdienen, sind niemals aus dem Gedächtnis entstanden und werden auch nie so entstehen; und ich wage zu behaupten, dass ein Künstler, welcher einen mit den allgemeinen Grundsätzen der Kunst leidlich ausgestatteten Geist und einen nach den Werken guter Meister gebildeten Geschmack für seine Arbeiten mitbringt, kurz, der weiss, worin Vortrefflichkeit besteht, mit Hülfe von Modellen, vorausgesetzt, dass er sie gleichfalls zu benützen gelernt hat, dem grössten Maler, der je lebte, überlegen sein wird, falls es diesem an solchen Vorteilen gefehlt haben sollte.

Unsere Nachbarn, die Franzosen, sind in diesem Erfinden aus dem Stegreife[216]) sehr geübt und ihre Geschicklichkeit darin ist gross genug, um sogar Bewunderung, wenn nicht Neid zu erregen; aber wie selten kann man ihren fertigen Bildern gleiches Lob erteilen!

Der letzte Director ihrer Akademie, Boucher, war in dieser Richtung hervorragend. Als ich ihn vor einigen Jahren in Frankreich besuchte, fand ich ihn vor einem sehr grossen Bild an der Arbeit, ohne Zeichnungen oder Modelle irgend welcher Art. Als ich über diesen eigentümlichen Umstand etwas bemerkte, sagte er, er habe es, als er jung war und seine Kunst noch studierte, für nötig gehalten, Modelle zu benützen; aber er hätte sie nun seit vielen Jahren beiseite gelassen.

Solche Bilder, wie dieses war, und solche, die, wie ich fürchte, immer von Jenen hervorgebracht werden müssen, die nur nach Übung und Gedächtnis malen, sind ein überzeugender Beweis dessen, wie notwendig es ist, das von mir empfohlene Verfahren anzuwenden. Jedoch kann ich mich, um gerecht zu sein, von diesem Maler nicht abwenden, ohne zu sagen, dass er in der früheren Zeit seines Lebens, als er sich noch an die Natur zu halten pflegte, nicht ohne grosses Verdienst gewesen ist, welches genügte, um die Hälfte der Maler seines Landes zu seinen Nachahmern zu machen. Er bewies oft, dass er Anmut und Schönheit und viel Geschicklichkeit in der Komposition besass, aber ich glaube, all das unter dem Einflusse schlechten Geschmackes; seine Nachahmer sind indertat abscheulich.

Von jenen Künstlern, welche den Dienst der Natur verlassen (welcher Dienst, richtig aufgefasst, v o l l k o m m e n e F r e i h e i t ist) und die sich unter der Leitung ich weiss nicht welcher launenhaften, phantastischen Gebieterin gestellt haben, die ihre ganze Seele verzaubert und überwältigt, und aus deren Gewalt befreit zu werden keine Hoffnung besteht, da sie völlig zufrieden scheinen und sich ihrer verlorenen Lage gar nicht bewusst sind — von diesen Künstlern kann man, gleichwie von den verzauberten Nachfolgern des Comus, sagen, sie „bemerken selbst ihre Verwandlung nicht und brüsten sich noch stolzer als zuvor."[217])

Mir scheint, solche Männer, welche einen so kurzen Weg ausfindig machten, haben keinen Grund zu klagen, dass das Leben
kurz und die Kunst lang sei, da das Leben ja viel länger ist, als
sie es für ihre Vervollkommnung brauchen oder als nötig ist, um
ihr Ideal der Vollkommenheit zu erfüllen. Im Gegenteile, wer zur
Natur seine Zuflucht nimmt, erneuert seine Kraft bei jeder Wieder-
kehr. Die Regeln der Kunst wird er wahrscheinlich nie vergessen,
sie sind einfach und nicht zahlreich; aber die lautere und edle
Natur ist unendlich mannigfaltig, mehr als die Kraft des Gedächt-
nisses dauernd bewahren kann. Es ist daher nötig, sich immer
aufs Neue an sie zu wenden. In diesem Verkehre hört die Vervollkommnung nie auf; je länger man lebt, desto näher rückt man
dem wahren und vollkommenen Begriffe der Kunst.

XIII. Rede

an die Schüler der Königlichen Akademie gerichtet bei
der Preisverteilung am 11. Dezember 1786.

Die Kunst ist nicht reine Nachahmung, sondern sie steht unter Leitung der
Einbildungskraft. In welcher Weise Dichtkunst, Malerei, Schauspielkunst, Gärtnerei
und Architektur von der Natur abweichen.

Meine Herren!

An den Werken berühmter Meister Schönheiten zu entdecken oder Fehler nachzuweisen und das Verfahren eines Künstlers mit dem eines anderen zu vergleichen, ist gewiss kein geringer und unbeträchtlicher Teil der Kunstkennerschaft, aber es ist doch nichts mehr, als die Kunst durch den Künstler zu erkennen. Diese Art der Forschung hat notwendig zwei Hauptfehler: sie wird Schranken haben und sie wird unsicher sein. Um sowol die Schranken der Malkunst zu erweitern, als auch um ihre Grundsätze festzustellen, wird es nötig sein, diese Kunst und diese Grundsätze in ihrem Verhältnisse zu den Grundsätzen anderer Künste zu betrachten, welche sich gleich dieser zuerst und hauptsächlich an die Einbildungskraft wenden. Wenn man diese in Zusammenhang stehenden und einander verwandten Grundsätze neben einander stellt um sie zu vergleichen, wird sich noch ein anderes Verhältnis dabei herausstellen, nämlich ihr gemeinsames Verhältnis zu den Grundsätzen der menschlichen Natur, aus welcher die Künste die Stoffe empfangen und auf welche sie einzuwirken haben.

Wenn diese Vergleichung der Künste untereinander und aller Künste mit der menschlichen Natur einmal mit Erfolg angestellt sein wird, dann ist unsere Richtschnur so gut dargetan und festgesetzt, als es bei derartigen Dingen überhaupt möglich ist.

Wie dies die höchste Art der Kunstkennerschaft ist, so ist es zugleich die natürlichste, denn sie bezieht sich auf die ewige und unwandelbare Natur der Dinge.

14*

Sie dürfen nicht glauben, dass ich Ihnen den ganzen Umfang
dieses weiten Feldes der Wissenschaft zu eröffnen und Ihrer Durch-
forschung zu empfehlen gedenke. Dies zu erreichen geht gewiss
weit über meine Kräfte; und wenn es auch Ihre Fähigkeit, es
völlig zu verstehen, nicht überstiege, sofern es Ihnen vollständig
und richtig dargelegt würde, so erfordert doch wol die vollkommenste Kritik eine Übung in Speculation und Abstraction,
welche mit der eigentlichen Beschäftigung und den vorherschenden
Geistesgewohnheiten des praktischen Künstlers nicht gut vereinbar
sind. Ich deute Ihnen diese Dinge nur an, damit Sie, wenn Sie
kritisieren (wie Alle, die planmässig arbeiten, es mehr oder weniger
tun werden), Ihre Kritik auf die Grundlage richtiger Anschauungen
aufbauen, und damit, wenn Sie auch nicht immer einen weiten Weg
zurücklegen, der Weg, welchen Sie einschlagen, doch die richtige
Strasse sei.

Es ist, wie ich bemerken will, die allen Künstlern, mit denen
wir es in dieser Rede zu tun haben werden, wesentliche gemeinsame Grundlage, dass sie sich nur an zwei Eigenschaften des Geistes
wenden, an die Einbildungskraft und an das Feingefühl.[218])

Alle Theorien müssen falsch und trügerisch sein, welche die
Kunst nach irgend welchen, fälschlich vernunftgemäss genannten,
Grundsätzen zu leiten und zu beherschen versuchen, die wir uns
selbst, unabhängig von dem bekannten ersten Eindrucke der Gegenstände auf die Einbildungskraft, danach bilden, was unserer Voraussetzung nach vernünftigerweise Zweck oder Mittel der Kunst sein
sollte. Denn wenn der Ausspruch auch kühn erscheinen mag, die
Einbildungskraft ist hier der Sitz der Wahrheit. Wenn die Einbildungskraft ergriffen wird, so ist die Schlussfolgerung richtig,
wird sie nicht ergriffen, dann ist der Schluss irrig, weil der Zweck
nicht erreicht wurde. Der Eindruck selbst ist die Probe und die
einzige Probe für die Wahrheit und Wirksamkeit der Mittel.

Es giebt ein Wissen im Getriebe des Lebens wie in der Kunst,
welches weit davon entfernt, der richtigen Vernunft zu widersprechen, jeder zufälligen Ausübung dieser Fähigkeiten vielmehr
überlegen ist, diese unnötig macht und nicht auf das langsame
Fortschreiten der Deduction wartet, sondern mit einemmale, mit
einer Art von Intuition zur Schlussfolgerung schreitet. Jemand,
der diese Fähigkeit besitzt, fühlt und erkennt die Wahrheit, wenn
es auch vielleicht nicht immer in seiner Macht liegt, eine Ursache
dafür anzugeben, da er sich all der Vorbedingungen, welche seine

Anschauung ins Leben riefen, nicht erinnern und sie sich nicht vergegenwärtigen kann; denn es mögen ja sehr viele und sehr verwickelte Überlegungen sein, welche sich zur Bildung der Grundlage selbst jener kleinen unbedeutenden Teile vereinigen, die in ein grosses System von Dingen mit verwickelt und von demselben abhängig sind; wenn jene gleich im Laufe der Zeit vergessen werden, so bleibt der richtige Eindruck dennoch dem Geiste eingeprägt.

Dieser Eindruck ist die Summe der aufgehäuften Erfahrungen unseres ganzen Lebens, welche, wir wissen nicht immer wie oder wann, gesammelt wurden. Aber diese Menge gesammelter Beobachtung, wie immer sie auch erworben sein mag, hat über jenen Verstand vorzuherrschen, welcher, so mächtig er sich auch bei irgend einer besonderen Gelegenheit erweist, den Gegenstand wahrscheinlich nur in einseitiger Anschauung erfasst. Unser Vorgehen, im Leben so gut wie in den Künsten, wird im Allgemeinen von dieser zur Gewohnheit gewordenen Vernunft[219]) geleitet werden; und es ist ein Glück für uns, dass wir im Stande sind, von solchem Kapitale zu zehren. Wären wir gezwungen, uns bei jeder Gelegenheit auf theoretische Untersuchungen einzulassen, ehe wir handelten, dann würde unser Leben stillstehen, ehe wir zur Ausübung der Kunst gelangen.

Es scheint mir daher, dass unsere ersten Gedanken, das heisst der Eindruck, welchen etwas bei seinem ersten Erscheinen auf unsere Seele macht, nie vergessen werden sollte; in Folge dessen wäre es erforderlich, ihn, da er der erste ist, sorgfältig zu bewahren. Tut der Künstler dies nicht, so kann es ihm geschehen, dass er sich selbst betrügt, indem er einseitige Schlüsse zieht oder jene lebendigen Gedanken[220]) nüchtern abwägt, welche nicht etwa, wie er vielleicht nachträglich meint, aus Laune oder Übereilung, sondern aus der Überfülle seines Geistes entspringen, der mit den reichen Vorräten all der verschiedenen Ideen überfüllt ist, welche er je dargestellt gesehen hat oder die ihm je durch den Kopf gegangen sind. Diese Vorstellungen beeinflussen seinen Entwurf, ohne dass er sich einer Anstrengung bewusst wäre; aber wenn er nicht auf seiner Hut ist, wird er stets aufs Neue überlegen und verbessern, bis die ganze Sache zu einem alltäglichen Werke herabgedrückt ist.

Dies geht zuweilen aus jenem Mistrauen, vor welchem ich Sie zu warnen beabsichtige, hervor, nämlich aus jenem unbegründeten

Mistrauen in die Einbildungskraft und das Gefühl zu Gunsten engherziger, einseitiger, beschränkter, klügelnder Theorien, und von
Grundsätzen, die auf den vorliegenden Entwurf eben nur zu passen
scheinen; während vielmehr jene allgemeinen Einwirkungen auf die
Phantasie zu berücksichtigen wären, in welche echte Grundsätze
des gesunden Menschenverstandes von weit mehr Gewicht
und Bedeutung eingeschlossen sind, und die gleichsam unter dem
Schein einer Art gewöhnlicher Empfindung[221]) verborgen liegen.

Die Vernunft muss zweifellos schliesslich Alles entscheiden; in
diesem Augenblicke verlangen wir von ihr aber die Unterweisung,
wann sie selbst dem Gefühle Platz zu machen hat.

Obwol ich oft schon von jener niedrigen Auffassung unserer
Kunst gesprochen habe, welche sie auf die blosse Nachahmung
beschränken möchte, muss ich doch noch hinzufügen, dass sie so
sehr zu einer blossen Sache des Experimentes erniedrigt werden
kann, um von wissenschaftlicher Behandlung, welche allein jeder
Kunst Würde und Umfang verleiht, ausgeschlossen zu werden.
Aber für die Wissenschaft geeignete Grundlagen finden, heisst
weder sie zu sehr beschränken noch herabdrücken; dies ist durch
den Erfolg der experimentellen Philosophie genügend bewiesen.
Es ist vielmehr das falsche System des auf einseitige Anschauung
der Dinge gegründeten Schliessens, wovor ich Sie aufs Ernstlichste
warnen möchte. Und ich tue es um so mehr, als diese engherzigen,
dem armseligsten und niedrigsten Verfahren entsprechenden Theorien,
in welche dieses Vorgehen gekleidet wird, ihren Ursprung nicht dürf-
tigen Geistern verdanken, sondern den Irrtümern oder möglicherweise irrtümlichen Auslegungen grosser, herschender Autoritäten.
Wir werden also in diesem Falle nicht durch unser Gefühl sondern
durch falsche Speculation irre geführt.

Wenn ein Mann wie Plato von der Malerei als einer nur nachahmenden Kunst spricht und sagt, dass unser Wohlgefallen der
Beobachtung und dem Erkennen der Wahrheit der Nachahmung
entspringt,[222]) dann glaube ich, dass er uns durch eine einseitige
Theorie irreführt. Unter diesem beschränkten, einseitigen und insoferne falschen Gesichtspunkte hat es dem Cardinal Bembo[223])
beliebt, selbst Raffael auszuzeichnen, den unsere Begeisterung mit
dem Namen des Göttlichen ehrt. Dieselbe Gesinnung bekundet
Pope in seiner Grabschrift auf Sir Godfrey Kneller,[224]) indem er
sein Lob ausschliesslich auf die Nachahmung als einer Art Teuschung
wendet.

Ich denke meine Zeit nicht zu vergeuden, wenn ich irgendwie dazu beitragen kann, Ihre Meinung darüber zu befestigen, was das Ziel Ihres Strebens sein soll; denn, obgleich die besten Kritiker diesen wunderlichen Gedanken stets misbilligen mussten, so weiss ich doch, dass man in Folge seiner Einfachheit und des oberflächlichen Anscheines von Wahrheit stets geneigt ist, zu ihm zurückzukehren. Aus diesem Grunde bitte ich Sie, mir zu gestatten, Ihnen einige Gedanken über diesen Gegenstand vorzutragen und einige Winke zu geben, die Sie zu der Anschauung leiten mögen, welche ich für die richtige halte, dass nämlich die Malerei nicht nur nicht als eine durch Teuschung wirkende Nachahmung zu betrachten ist, sondern dass sie, genau gesprochen, von vielen Gesichtspunkten aus überhaupt keine Nachahmung der äusseren Natur ist und sein soll. Vielleicht sollte sie so weit von dem niedrigen Begriffe der Nachahmung entfernt sein, als der verfeinerte, civilisirte Zustand, in welchem wir leben, von einem rohen Naturzustand entfernt ist; und man kann von Denen sagen, welche ihre Einbildungskraft nicht gepflegt haben, was die Mehrzahl der Menschen sicherlich nicht tut, dass sie in Bezug auf die Künste in diesem Naturzustande verblieben sind. Solche Menschen werden die Nachahmung immer jener Vortrefflichkeit vorziehen, welche sich an eine andere Fähigkeit wendet, die sie nicht besitzen; aber das sind nicht die Leute, auf welche der Maler zu sehen hat, ebensowenig wie ein Richter über Sitte und Anstand strittige Punkte in diesen Dingen den Meinungen der Bewohner der Ohio-Ufer oder Neu-Hollands anheimstellen würde.

Es sind nur die niedrigsten Arten der Kunst, sei es in Malerei, Dichtkunst oder Musik, von denen man im landläufigen Sinne sagen kann, dass sie durch das Natürliche gefallen.[225]) Das höhere Streben jener Künste berührt, wie wir aus Erfahrung wissen, völlig ungebildete Geister nicht. Dieser veredelte Geschmack ist die Folge der Ausbildung und Gewohnheit; angeboren ist uns nur die Fähigkeit, diese Veredelung anzunehmen, so wie wir mit der Anlage geboren sind, alle Regeln und Anordnungen der Gesellschaft zu empfangen und zu befolgen. Nur so weit und nicht weiter kann man sagen, dass der Geschmack uns natürlich ist.

Das Gesagte mag dem Künstler zeigen, wie nötig es ist, wenn er nach dem Rat und Urteile seiner Freunde fragt, Eigenart, Geschmack, Erfahrung und Künstlerbeobachtung Derjenigen zu bedenken, von denen er Beides annimmt. Ein unwissender und

ungebildeter Mann mag, wie der Kritiker des Apelles, ein maass-
gebender Richter hinsichtlich der wahrheitsgetreuen Darstellung
einer Sandale sein, oder, um etwas weiter zu gehen, er mag, wie
Molières alte Frau, darüber entscheiden, was in Bezug auf Komik
natürlich ist; aber ein Beurteiler des höheren Kunststiles sollte
denselben veredelten Geschmack besitzen, welcher den Künstler bei
seiner Arbeit geleitet hat.

Um diesen Grundsatz durch einen Vergleich mit anderen Künsten
zu erläutern, werde ich jetzt einige Beispiele anführen, welche zeigen
werden, dass diese, gleich unserer Kunst, den engen Begriff der
Natur und die beschränkten, von diesem misverstandenen Grundsatz
abgeleiteten Theorien aufgeben und sich an jene Vernunft allein
halten, welche uns nicht darüber belehrt, was Nachahmung ist —
eine natürliche Darstellung eines gegebenen Gegenstandes —, sondern
was die Einbildungskraft natürlich entzückt. Und vielleicht giebt
es keinen besseren Weg, diese Erkenntnis zu erwerben als diese Art
der Analogie; jede Kunst bestätigt und beleuchtet die Wahrheit der
anderen. Solch eine Art von Nebeneinanderstellung mag überdies
den Nutzen haben, dass der Künstler, während er sich an der
Betrachtung anderer Künste ergötzt, gewohnheitsmässig die Grundsätze dieser Künste auf die von ihm selbst geübte Kunst überträgt,
welche seinem Geist immer gegenwärtig sein und auf die er Alles
zurückführen soll.

Die Kunst ist so weit davon entfernt, von der individuellen
Natur als ihrem Vorbild abgeleitet zu sein oder in unmittelbarem
Zusammenhange mit ihr zu stehen, dass es viele Künste giebt, die
von vornherein offenbar von ihr abweichen.

Dies ist gewiss in Bezug auf Malerei und Sculptur nicht durchwegs zutreffend. Von der rohen, alltäglichen Natur geht man aus,
was man vor sich hat, wird aufs Genaueste nachgeahmt; aber wenn
wir zu höherem Zustande vorschreiten, so betrachten wir diese
Fähigkeit der Nachahmung, obwol sie in der Reihenfolge der Entwickelung die erste Stufe ist, doch durchaus nicht als die höchste
in der Stufenleiter des Vollkommenen.

Die Dichtkunst wendet sich an dieselben Fähigkeiten und Anlagen wie die Malerei, nur mit verschiedenen Mitteln. Der Zweck
beider ist, sich jeder natürlichen Neigung und jedem natürlichen
Streben des Geistes anzupassen. Gerade darin besteht das Wesen
der Dichtkunst, dass sie sich die Freiheit nimmt, von der wirklichen Natur abzuweichen, um die natürlichen Neigungen durch

andere Mittel zu befriedigen, welche erfahrungsgemäss vollkommen hinreichen, um eine solche Befriedigung zu gewähren. Sie tritt mit einer im höchsten Grade künstlichen Sprache, mit einer Zusammensetzung abgemessener Worte auf, wie sie niemals von Menschen gebraucht wird oder jemals gebraucht wurde. Mag dieses Maass nun sein welches immer, ob Hexameter oder irgend ein anderes von Römern oder Griechen verwendetes Versmaass, — Reime oder Blankverse mit dem Wechsel von Hebung und Senkung in modernen Sprachen — sie alle sind gleich entfernt von der Natur und sind in gleicher Weise eine Vergewaltigung der gewöhnlichen Sprache. Wie diese künstliche Form zur Vermittlung von Gefühlen festgestellt wurde, so giebt es noch eine andere Anlage in der menschlichen Seele, auf welche das Werk sich beziehen muss, wodurch dieses noch künstlicher gemacht, noch weiter von der Natur und zwar nur zu dem Zwecke entfernt wird, um es vollkommener zu machen. Diese Geistesanlage ist der Sinn für Übereinstimmung, Zusammenhang und Einheitlichkeit, ein Sinn, welcher im Menschen wirklich vorhanden ist und befriedigt werden muss. Daher ist es erforderlich, nachdem einmal Stil und Maass angenommen wurden, wie man sie in der gewöhnlichen Sprache nicht vorfindet, auch die Gefühle in gleichem Verhältnis über die gewöhnliche Natur zu erheben, da es notwendig ist, die Teile, welche ein einheitliches Ganzes bilden sollen, untereinander in Übereinstimmung zu bringen.

Um daher diese Entfernung von der Natur in ein einheitliches System zu bringen, muss die Art, in welcher Poesie dem Ohre geboten, der Ton, in dem sie vorgetragen wird, ebenso weit von der gewöhnlichen Sprechweise entfernt sein, wie die Worte, aus denen diese Dichtung zusammengesetzt ist. Das bringt unwillkürlich auf den Gedanken, die Stimme künstlich zu modulieren, wie es meiner Ansicht nach im Recitativ der italienischen Oper zum höchsten Grade der Vortrefflichkeit ausgebildet erscheint und wie wir uns auch den Chor des antiken Dramas vorstellen können. Und wenn auch die heftigsten Leidenschaften, der höchste Schmerz, selbst der Tod im Gesang oder Recitativ ausgedrückt werden, so kann ich es doch nicht für richtig halten, wenn solche Darstellungsweise als unnatürlich verdammt wird.

Wenn es unseren Sinnen und unserer Einbildungskraft natürlich ist, je für sich von Gesang, Instrumentalmusik, Dichtkunst und anmutiger Darstellung entzückt zu sein (wovon keines selbst in diesem gesonderten Zustand im landläufigen Sinne natürlich ist), dann entspricht es auch der Erfahrung und ist daher der Vernunft, als mit der Erfahrung verbunden und auf sie bezüglich, angemessen, dass wir auch von dieser Vereinigung von Musik, Dichtkunst und anmutiger Darstellung entzückt sind, welche mit aller Art Pracht und Prunk verknüpft wird, um die Sinne des Zuschauers zu fesseln. Soll nun die Vernunft in den Weg treten und uns sagen, dass wir nicht lieben sollen, was wir mit Bewusstsein lieben, und soll sie uns daran hindern, die volle Wirkung dieser vereinigten Bemühungen der Kunst zu empfinden? Das ist es, was ich darunter verstanden wissen möchte, dass es den Dichtern und Malern erlaubt sein soll, Alles zu wagen; denn was kann gewagter sein. als die Zwecke und Ziele der Kunst durch eine Zusammensetzung von Mitteln zu erfüllen, von denen keines sein Urbild in der wirklichen Natur besitzt?

So wenig besteht die Forderung sklavischer Nachahmung, dass Alles, was uns vertraut ist oder uns irgendwie an das erinnert, was wir täglich sehen und hören, vielleicht überhaupt nicht in die höheren Sphären der Kunst, der Malerei wie der Poesie, hineingehört. Der Geist soll, wie Shakespeare es ausdrückt, „über die unwissende Gegenwart hinaus",[226] in vergangene Zeiten versetzt werden. Eine andere und höhere Art von Wesen wird vorausgesetzt. und diesen Wesen muss Alles, was in das Werk Eingang findet, entsprechen. Für dieses Vorgehen unter solchen Umständen lieferte die römische und die florentinische Schule genügende Beispiele. Auf diese Weise ist ihr Stil über andere erhaben und ihnen überlegen; und eben dadurch wird der Umfang der Kunst selbst erweitert.

Wir haben oft erfahren, dass Künstler einer anderen Schule. welche auf tiefer stehendem Kunstgebiete wol Vortreffliches leisteten, vollkommen lächerlich geworden sind, wenn sie sich an grosse und ernste Gegenstände gewagt haben und dabei nach den Regeln jener niederen Gattung vorgegangen sind, ohne zu bedenken oder zu wissen, dass sie sich hier an eine andere Eigenschaft des Geistes zu wenden hätten.

Das Bild, an welches ich gegenwärtig denke, ist eine Opferung der Iphigenie, von Jan Steen gemalt, einem Maler, von dem ich früher mit höchstem Lobe zu sprechen Gelegenheit hatte;[227] und selbst in diesem Bilde, dessen Gegenstand der Begabung des Künstlers keineswegs entspricht, findet sich Natur und Ausdruck.

Aber der Ausdruck ist solcher Art, die Gesichter erscheinen so vertraut und daher so gewöhnlich, und das Ganze ist so reichlich mit Seide und Sammt überladen, dass man fast versucht sein könnte sich zu fragen, ob der Künstler dies Alles nicht mit der Absicht tat, seinen Gegenstand ins Lächerliche zu ziehen?

Derartigen Beispielen begegnen wir auch in der Dichtkunst häufig. Manche Teile von Hobbes' Übersetzung des Homer bleiben nur deshalb in Erinnerung und werden wiederholt, weil ihre Ausdrucksweise gar so alltäglich und dürftig ist und den Gedanken, welche ausgedrückt werden sollen und, wie ich glaube, auch dem Stile des Originales gar so schlecht entsprechen.

In gleicher Weise können wir die verhältnismässig untergeordneteren Zweige der Kunst durchnehmen. Bei Werken dieser Art ist gleichfalls zwischen höherem und niederem Stile zu unterscheiden, und sie nehmen Stellung und Rang in dem Verhältnisse ein, in welchem sich der Künstler mehr oder weniger von der gewöhnlichen Natur entfernt und es zum Gegenstande seiner Aufmerksamkeit macht, die Einbildungskraft des Beschauers durch Mittel zu erregen, welche der Kunst eigentümlich sind, ohne in der Schule der Erfahrung beobachtet und gelehrt zu werden.

Sollte unser Urteil sich durch beschränkten, gewöhnlichen, ungebildeten oder eigentlich schlecht gebildeten Verstand leiten lassen, dann müssten wir ein Bildnis Denners[228]) oder sonst eines bis ins Einzelne ausführenden Malers einem solchen von Tizian oder Van Dyck, und eine Landschaft Van der Heydens[229]) einer von Tizian oder Rubens gemalten vorziehen, denn sie sind sicherlich genauere Darstellungen der Natur.

Nehmen wir eine Naturansicht von jener Genauigkeit, wie sie die Camera obscura darstellt und dieselbe Scene, von einem grossen Künstler ausgeführt; wie wird das Eine im Vergleich zum Anderen kleinlich und gewöhnlich erscheinen, obwol der Vorzug nicht in der Wahl des Stoffes liegt. Die Sache ist dieselbe, der Unterschied liegt nur in der Art, wie sie dem Auge geboten wird. Um wie viel mehr wird sich nun die Überlegenheit des Künstlers steigern, wenn er im Stande ist, seine Stoffe zu wählen, wie er seine Darstellungsweise zu veredeln vermag? Er versetzt uns, wie Nicolas Poussin, in die Umgebung des alten Rom, die erfüllt ist mit all jenen Dingen, die eine gelehrte Bildung den Menschen so wertvoll und interessant macht; oder er führt uns, wie Sebastian Bourdon,[230]) in die dunkle Vorzeit der egyptischen Pyramiden; oder er geleitet uns, wie Claude Lorrain, in den Frieden arkadischer Scenen und des Feenlandes.

Wie der Historienmaler, führt der Landschafter durch diese Art des Verfahrens die Einbildungskraft ins Altertum zurück und lässt die Elemente mit seinem Gegenstande empfinden, ob nun die Wolken, wie jene Tizians und Rosas, sich in Massen heranwälzen oder, wie die von Claude Lorrain, von der sinkenden Sonne vergoldet werden; ob die Berge in schroffen und kühnen Umrissen oder sanft hügelig ansteigen; ob die Zweige seiner Bäume jäh und geradwinkelig aus dem Stamme aufschiessen oder einander in weichen Biegungen folgen. Alle diese Umstände tragen zum allgemeinen Charakter des Werkes bei, es mag nun anmutig oder erhaben sein. Wenn wir hier noch die mächtigen Hülfsmittel von Licht und Schatten hinzufügen, über welche der Künstler unbeschränkte Herschaft ausübt, die er ändern und ordnen kann, wie es ihm gefällt, die er vermindern oder vermehren kann, wie es seinem Zweck und dem allgemeinen Gedanken des Werkes am Besten entspricht, dann wird eine derart unter dem Einflusse poetischer Auffassung durchgeführte Landschaft den alltäglichen, gewöhnlichen Ansichten ebensosehr überlegen sein, wie Miltons Allegro und Penseroso einer kalten prosaischen Erzählung oder Beschreibung; und ein solches Bild wird einen tieferen Eindruck auf die Seele ausüben als der Anblick der Wirklichkeit, soferne wir sie vor uns hätten.

Sehen wir uns bei anderen Künsten um, so finden wir denselben Unterschied, dieselbe Sonderung in zwei Classen; jede betätigt sich unter dem Einflusse zweier verschiedener Grundsätze, von welchen der eine der Natur folgt, während der andere sie verändert und sich manchmal von ihr entfernt.

Das Theater, von welchem man sagt, dass e s d e r N a t u r d e n S p i e g e l v o r h a l t e,[231]) umfasst Beides. Die niedrigere Gattung des Schauspiels, die Posse, ist um so besser, je natürlicher die Darstellung ist, wie es sich auch beim untergeordneteren Stil der Malerei verhält; aber die höhere Gattung scheint mir nicht mehr Nachahmung zu bezwecken, so weit Nachahmung Teuschung sein soll, oder zu erwarten, dass die Zuschauer die dargestellten Vorgänge, welche sich vor ihren Augen abspielen, für Wirklichkeit halten sollen, nicht mehr sage ich, als Raffael in seinen Cartons und Poussin in seinen Sakramenten daran gedacht haben, auch nur für einen Augenblick glauben zu machen, dass Die, welche sie darstellten, wirkliche Personen wären.

Weil der Welt diese Unterscheidung mangelt, urteilt sie so oft falsch. Raffael wird wegen teuschender Nachahmung gepriesen, die er gewiss nie erreicht und eben so gewiss nie angestrebt hat; unser verstorbener grosser Schauspieler Garrick wurde eben so unpassend von seinem Freunde Fielding[232]) gelobt, der sich zweifellos einredete, einen sehr guten Einfall gehabt zu haben, als er in einer seiner Novellen (sonst eine Arbeit von höchstem Verdienste) einen unwissenden Mann vorführte, der Garricks Darstellung einer Scene aus Hamlet für Wirklichkeit hielt. Geringes Nachdenken wird uns überzeugen, dass sich in der ganzen Scene nichts findet, was Teuschung hervorrufen könnte. Die Verdienste und Vorzüge, die Shakespeare und Garrick in solchen Scenen zeigten, waren anderer und viel höherer Art. Aber was die Unrichtigkeit dieses beabsichtigten Lobes noch vermehrt, ist, dass die beste schauspielerische Leistung einem Menschen dieser Art, von dem vorausgesetzt wird, dass er nie ein Schauspiel sah, viel unnatürlicher erscheint als jenen, die gewöhnt sind, der Kunst die notwendigen Abweichungen von der Natur, welche sie fordert, zuzugestehen.

Bei theatralischer Darstellung müssen immer weitgehende Zugeständnisse gemacht werden, so hinsichtlich des Ortes, an welchem die Vorstellung statt findet, hinsichtlich des Zuhörerkreises, der brennenden Kerzen, der vor den Augen wechselnden Scenerie und der Sprache in Blankversen, die so verschieden von dem gewöhnlichen Englisch ist, dass sie schon an sich im Munde Hamlets, des Hofes und der Bewohner von Dänemark überraschend erscheinen muss. Diese Zugeständnisse werden gemacht; aber der Umstand, dass man sie macht, schliesst schon jede Art von Teuschung aus; und weiter wissen wir, dass je niedriger und gewöhnlicher die Bildung eines Menschen ist, dieser desto weniger geneigt sein wird, derlei Zugeständnisse zu machen, und folglich sich durch irgend eine Nachahmung teuschen zu lassen; jene Dinge in Natur und gemeiner Wahrscheinlichkeit, über welche zu Gunsten des Theatralischen hinausgegangen wird, sind es ja gerade, welche ganz in der Sphäre solcher ungebildeter Menschen liegen.

Obwol ich nicht die Absicht habe, auf alle Einzelheiten des Unnatürlichen beim Theater einzugehen, muss ich doch bemerken, dass selbst der Ausdruck heftigster Leidenschaft nicht, insoferne er der natürlichste ist, immer auch der beste ist. So könnten

grosser Schrecken und ähnliche unangenehme Empfindungen der
Zuhörerschaft mitgeteilt werden, so dass das Gleichgewicht aufgehoben würde, durch welches das Vergnügen in der Seele vor-
herschend bleibt; heftig übertriebene Bewegung und rauhes Erheben der Stimme sind daher in der Schauspielkunst unzulässig, so
bedeutend auch der Anlass und so natürlich es hiebei sein möge.
Viele dieser erlaubten Abweichungen sind durch die Notwendigkeit
bedingt, Alles über den natürlichen Zustand hinaus zu erhöhen und
zu erweitern, damit der Zuschauer von dem, was sonst in dem verhältnismässig weiten Raume des Theaters verloren ginge, voll ergriffen werde. Daher der bedächtige, würdevolle Schritt, der wohlüberlegte Anstand der Bewegungen, welche das Maass des Schau-
spielers zu vergrössern und allein die Bühne zu füllen scheinen.
All diese Unnatürlichkeit, so richtig und passend sie an ihrem
Platze erscheint, würde in einem Wohnzimmer gekünstelt und
lächerlich wirken; „quid enim deformius, quam scenam in vitam
transferre?"[233])

Und hier muss ich eine Bemerkung machen, von welcher ich
glaube, dass sie als allgemeine Regel anzunehmen ist: dass keine
Kunst mit Erfolg einer anderen aufgepfropft werden kann. Denn
obgleich sie alle sich zu demselben Ursprunge, zur nämlichen Ab-
stammung bekennen, so hat doch jede ihre eigene besondere Art,
sowol die Natur nachzuahmen, als von ihr abzuweichen, Beides
zur Erfüllung ihres eigensten Sonderzweckes. Besonders diese Abweichungen vertragen keine Versetzung in anderen Boden.

Wenn ein Maler sich bemühte, den theatralischen Prunk und
Aufwand in Kleidung und Haltung nachzuahmen, statt sich an jene
Einfachheit zu halten, welche in der Malerei nicht minder schön
ist als im Leben, dann würden wir solche Bilder, als im niedrigsten
Stile gemalt, verurteilen.

So ist auch die Gärtnerei, insoferne sie eine Kunst ist und ein
Recht auf diese Bezeichnung hat, eine Abweichung von der Natur;
denn, wenn hier der wahre Geschmack, wie viele meinen, darin
bestehen soll, dass jeder Anschein von Kunst, jede Spur der Nähe
von Menschen vermieden werde, dann ist es kein Garten mehr.
Denn obwol wir ihn als „vorteilhaft gekleidete Natur" bezeichnen,
und er in gewissem Sinne auch eine solche ist, nur schöner und
bequemer zum Vergnügen des Menschen hergestellt, so ist er doch,
derart hergerichtet, kein Gegenstand mehr für den Pinsel des
Landschaftsmalers, wie alle Landschaftsmaler wissen, die gerne zur

Natur selbst ihre Zuflucht nehmen und sie nach den Grundsätzen ihrer eigenen Kunst kleiden, welche sehr verschieden von denen der Gärtnerei sind, selbst wenn diese nach den besten Grundsätzen und sogar nach solchen geübt würde, wie ein Landschaftsmaler sie zur Anordnung seines eigenen Grundes und Bodens zu seinem persönlichen Vergnügen selbst annehmen würde.

Ich habe so viele Beispiele gebracht, als nötig erschien, um die verschiedenen Punkte zu erläutern, die ich Ihrer Betrachtung in dieser Rede nahe zu legen wünschte. Ihre eigenen Gedanken mögen Sie weiter leiten in dem Gebrauche, den Sie von der Analogie der Künste und von der Zurückhaltung machen sollten, die ein volles Verständnis der Verschiedenheit vieler ihrer Grundsätze der Anwendung dieser Analogie auferlegen müsste.

Der Endzweck all dieser Künste ist, auf die Einbildungskraft und das Gefühl zu wirken. Die Nachahmung der Natur erreicht dies häufig, manchmal aber schlägt dieser Weg fehl, und man kommt anderswohin. Ich glaube daher, die Künste erweisen sich nicht nur dadurch als echt, dass ihre Werke getreue Copien der Natur sind, sondern dass sie dem Zwecke der Kunst entsprechen, welcher ist: eine erfreuliche Wirkung auf die Seele hervorzubringen.

Es erübrigt nur, noch einige Worte über die Baukunst zu sprechen, welche nicht zu der Classe der nachahmenden Künste gehört. Sie wendet sich, wie die Musik, (und ich glaube, wir können dies auch von der Dichtkunst behaupten) ohne Vermittlung irgend einer Art von Nachahmung direkt an die Einbildungskraft.

Es giebt in der Baukunst, wie in der Malerei, einen untergeordneteren Zweig der Kunst, mit welchem die Einbildungskraft nichts zu tun zu haben scheint. Sie erweist jedoch den Namen einer schönen und freien Kunst nicht durch ihre Nützlichkeit oder dadurch, dass sie unsere Bedürfnisse befriedigt, sondern aus einem höheren Gesichtspunkte; wir sind überzeugt, dass sie in der Hand eines genialen Mannes fähig wird, Gefühle einzuflössen und die Seele mit grossen und erhabenen Gedanken zu erfüllen. Es ist der Aufmerksamkeit der Künstler wert, zu überlegen, was für Mittel sie in der Hand haben, die zur Erreichung dieses Endzweckes beitragen könnten, und ob es nicht in der Macht dieser Kunst liegt, sich auf mehr Wegen, als die Architekten sie gewöhnlich wandeln, mit Erfolg an die Einbildungskraft zu wenden?

Abgesehen von der Wirkung, welche durch jene allgemeine Regelmässigkeit und Harmonie hervorgebracht wird und die das

Auge entzückt, wie Musik das Ohr, besitzt die Baukunst sicherlich viele Elemente gemeinsam mit der Poesie und der Malerei. Zu denen, welche an erster Stelle zu nennen sind, gehört auch die Wirkung auf die Einbildungskraft durch das Mittel der Ideen-association. So haben wir zum Beispiel eine natürliche Verehrung für das Altertum und jedes Gebäude, das uns alte Sitten und Gebräuche ins Gedächtnis ruft, wie die Schlösser der alten Lehnsherren und Ritter, erregt gewiss Entzücken in uns. Daher kommt es, dass „Zinnen, Burgen"[234]) so oft von Malern und Dichtern in ihre idealen Landschaften hineinkomponiert werden, und daher kommt es wol auch zum grossen Teile, dass in den Bauten Vanbrughs,[235]) der ebensosehr Dichter als Architekt gewesen, mehr Phantasie aufgewendet ist, als vielleicht in irgend welchen anderen; und das ist die Ursache der Wirkung vieler seiner Werke, ungeachtet der Fehler, die man vielen derselben vorwirft. Zu diesem Zwecke scheint Vanbrugh sich einige Grundsätze der gothischen Baukunst angeeignet zu haben, welche, obgleich nicht so alt als die griechische, unserer Einbildungskraft, welche den Künstler näher angeht als absolute Wahrheit, doch altertümlicher erscheint.

Die fremdländische Pracht jener asiatischen Bauwerke, die eben von einem Mitgliede dieser Akademie[236]) veröffentlicht werden, können einen Architekten in gleicher Weise, wenn nicht mit nachzuahmenden Mustern, so doch mit Andeutungen für Komposition und allgemeine Wirkung versehen, die ihm sonst nicht beigefallen wären.

Ich weiss, es ist eine heikle und gewagte Sache, und ich habe es bereits als solche erklärt, die Grundsätze einer Kunst auf eine andere zu übertragen oder auch nur in einem Gegenstande die verschiedenen Arten derselben Kunst vereinigen zu wollen, wenn sie von verschiedenen Grundsätzen ausgehen. Die gesunden Gesetze der griechischen Baukunst dürfen so leichthin nicht aufgeopfert werden. Eine Abweichung oder ein Zusatz, der sie betrifft, ist wie eine Abweichung von den Regeln anderer Künste, oder ein Zusatz zu ihnen: was sich nur für einen grossen Meister schickt, der die menschliche Natur, sowie alle Kombinationen seiner eigenen Kunst gründlich kennt.

Es mag für den Architekten nicht unrichtig sein, manchmal aus Demjenigen Vorteil zu ziehen, wofür der Maler gewiss immer ein offenes Auge haben sollte, ich meine die Benutzung des Zufalles, dem es gilt zu folgen, wenn er führend auftritt, und der zu veredeln ist, statt dass immer einem regelmässigen Plane vertraut werde. Es geschieht oft, dass einem Hause zum Zwecke des Nutzens oder des Vergnügens zu verschiedenen Zeiten etwas hinzugefügt wird. Während solche Bauten sich von der Regelmässigkeit entfernen, erhalten sie hie und da durch diesen Zufall eine solche malerische Anordnung, die ein Architekt, wie ich glaube, nicht ohne Erfolg zu einem eigenen Plane verwenden könnte, sofern dies angemessen erscheint. Die Verflechtung mannigfaltiger Züge ist eine Schönheit und ein Vorzug in jeder anderen Kunst, welche sich an die Einbildungskraft wendet, warum nicht in der Baukunst?

Die Gestaltungen und Wendungen der Strassen Londons und anderer alter Städte sind durch Zufall, ohne ursprünglichen Plan und ohne Absicht entstanden; aber sie sind deshalb dem Spaziergänger oder Beschauer nicht weniger wohlgefällig. Im Gegenteil, wäre die Stadt nach dem regelmässigen Plane Sir Christopher Wrens[237]) gebaut worden, dann wäre der Eindruck, wie wir es an einigen neuen Stadtteilen sehen, eher unerfreulich; die Einförmigkeit hätte Langeweile und einen leichten Grad von Widerwillen erzeugt.

Ich kann mich nicht rühmen in den Einzelheiten der Baukunst bewandert zu sein. Ich urteile jetzt blos als Maler über diese Kunst. Wenn ich von Van Brugh spreche, so gedenke ich nur in der Sprache unserer Kunst von ihm zu reden. Um nun in der Sprache eines Malers von Van Brugh zu sprechen, kann man sagen, dass er Ursprünglichkeit der Erfindung besass, Licht und Schatten verstand und sehr geschickt in der Komposition gewesen ist. Um seinen Hauptgegenstand zu unterstützen, schuf er zweite und dritte Massen und Gruppen; er verstand in s e i n e r Kunst vollkommen, was das Schwierigste in der unseren ist, die Behandlung des Hintergrundes, durch welche Zeichnung und Erfindung am Vorteilhaftesten wirken können. Was in der Malerei der Hintergrund ist, das ist in der Baukunst der wirkliche Boden, auf welchem das Gebäude aufgeführt wird, und kein Architekt achtete mehr als er darauf, dass sein Werk nicht roh und hart erscheine, das ist, dass es nicht in unerwarteter und unvorbereiteter Weise unvermittelt aus dem Erdboden steige.

Das ist der Tribut, den ein Maler einem Architekten schuldet, welcher wie ein Maler komponierte und dem der verdiente Lohn seiner Leistungen von den geistreichelnden Männern seiner Zeit geraubt wurde, welche die Grundsätze der Komposition in der Dichtkunst nicht besser verstanden als er, und die wenig oder nichts davon wussten, was er vollkommen inne hatte: die allgemeinen, herschenden Grundlehren der Baukunst und Malerei. Sein Schicksal war das des grossen Perrault;[238]) beide waren die Zielscheiben der kecken Spöttereien parteiischer Schriftsteller, und beide haben einige der schönsten Zierden hinterlassen, die ihre Heimatländer bis zu diesem Tage schmücken: die Façade des Louvre, Blenheim und Castle-Howard.

Im Ganzen scheint mir, dass es Zweck und Absicht aller Künste ist, die natürliche Unvollkommenheit der Dinge zu ergänzen und die Seele oft durch Verkörperung und Verwirklichung Dessen zu erfreuen, was nie anders als in der Phantasie bestanden hat.

Es wird allseitig zugestanden, dass Tatsachen und Ereignisse, so sehr sie den Geschichtsschreiber binden mögen, keine Macht über den Dichter oder Maler haben. Für uns muss die Geschichte sich diesem grossen Begriffe der Kunst beugen und unterordnen. Und warum? Weil diese Künste in ihrer höchsten Sphäre nicht die groben Sinne, sondern die Bedürfnisse der Seele zu befriedigen haben, jenen Funken der Göttlichkeit, den wir in uns tragen, voll Ungeduld über die Beschränkung und Einengung durch die uns umgebende Welt. Gerade so viel als unsere Kunst von diesem Funken hat, gerade so viel Würde, ich hätte beinahe gesagt Göttlichkeit, drückt sie auch aus; und jene unserer Künstler, welche dies auszeichnende Gepräge im höchsten Grade besassen, erwarben damit die glorreiche Bezeichnung der „Göttlichen“.

XIV. Rede

an die Schüler der Königlichen Akademie gerichtet bei der Preisverteilung am 10. Dezember 1788.

Gainsboroughs [239]) Charakteristik.   Seine Vorzüge und Fehler.

Meine Herren!

Beim Studium unserer Kunst ist wie bei allen Künsten etwas die Frucht unserer e i g e n e n Beobachtung der Natur, und etwas, und nicht der geringste Teil, die Wirkung des Beispieles Derer, welche vor uns dieselbe Natur studiert und vor uns dieselbe Kunst fleissig und erfolgreich gepflegt haben. Je weniger wir uns in der Wahl dieser Beispiele einschränken, desto grösseren Vorteil werden wir daraus ziehen und desto mehr werden unsere Leistungen mit der Natur und mit den grossen, allgemeinen Kunstregeln übereinstimmen. Wenn wir unsere Vorbilder dem fernen, verehrten Altertum entlehnen, so unterwerfen wir uns, trotzdem diese Wahl zweifellos manchen Vorteil bietet, einigen Unzukömmlichkeiten. Wir lassen uns zu viel von grossen Namen lenken und zu sehr von mächtigen Autoritäten meistern. Unser Lernen ist in diesem Falle nicht so sehr Übung unserer Urteilskraft als Beweis unserer Lenksamkeit. Wir finden uns vielleicht zu sehr in den Schatten gestellt, und unser Streben zeichnet sich mehr durch die Zahmheit des Nachahmens aus, als dass es durch den Geist des Wetteifers belebt erscheint. Es ist manchmal zweckdienlich, dass unsere Vorbilder uns n a h e stehen und unsere Verehrung in solchem Maasse erregen, um uns zu ihrer sorgfältigen Beobachtung zu führen, aber doch nicht in so hohem Maasse, um uns abzuhalten, uns in eine Art kühnen Wettstreites mit ihnen einzulassen.

Wir haben Mr. Gainsborough kürzlich verloren, eine der grössten
Zierden unserer Akademie. Es ist hier nicht unseres Amtes auf
die Lebenden oder auf die Todten, die zu unserer Körperschaft
gehörten, Lobreden zu halten. Das Lob der Ersteren mag den
Anschein von Schmeichelei, das der Letzteren von unzeitiger Gerechtigkeit haben, vielleicht zum Neide Derer, die wir noch so
glücklich sind zu besitzen, und die auf die verkehrte Vermutung
kommen könnten, es handle sich um scheelsüchtige Vergleiche.
Wenn ich daher die Begabung Mr. Gainsboroughs bespreche, ist
mein Zweck nicht so sehr, ihn zu loben oder zu tadeln, als aus
seinen Vorzügen und Fehlern Stoff zur Belehrung der Schüler
unserer Akademie zu nehmen. Wenn unser Volk jemals genug
Genie hervorbrächte, um uns den Ehrennamen einer englischen
Schule einzutragen, dann wird Gainsboroughs Namen in der Kunstgeschichte unter den allerersten Trägern dieses aufsteigenden Ruhmes
der Nachwelt überliefert werden. Dass unser künstlerischer Ruf
jetzt erst im Aufsteigen begriffen ist, muss zugegeben werden, und
wir haben zu erwarten, dass alte Vorurteile als Gegner, nicht als
Stützen, unseren Fortschritten entgegentreten, da wir in dieser
Beziehung uns in einer ganz anderen Lage befinden als die späteren
Künstler der römischen Schule, zu deren Ruf die alten Vorurteile
sicherlich beigetragen haben. Der Weg war für sie geebnet und
man kann von ihnen sagen, dass sie eher im Ruhme ihres Landes
fortlebten, als dass sie dazu beigetragen hätten, während jede
Berühmtheit, die ein englischer Künstler erreicht, nur aus einem
gerecht und billig angestellten Vergleiche hervorgehen kann. Wenn
sie ihrem Lande einen Teil ihres Rufes leihen, so ist es ein Stück
Ruhm, welches sie nicht von anderen geborgt, sondern nur durch
ihre eigene Arbeit und Begabung erworben haben. Da Italien
zweifellos ein verjährtes Recht auf eine an Vorurteile grenzende
Behandlung besitzt, als ein Boden, welcher sich zur Hervorbringung
genialer, grosser Männer in unserer Kunst besonders eignet, der
sozusagen dafür vorbestimmt ist, so können wir vernünftigerweise
voraussetzen, dass ein Teil des grossen Ruhmes seiner jüngeren
Künstler auf Rechnung der allgemeinen Neigung und Bereitwilligkeit
der Menschen zu setzen ist, in ihrer ursprünglichen günstigen
Voreingenommenheit für die Leistungen der römischen Schule zu
beharren.

　　Auf diesem, wenn auch unsicheren Grunde will ich zu prophe-
zeihen wagen, dass zwei der letzten berühmten Maler jenes Landes,

ich meine Pompejo Battoni[240]) und Raphael Mengs[241]), so bedeutend
ihre Namen auch jetzt in unserem Ohre klingen mögen, sehr bald
auf die Stufe eines Imperiale,[242]) Sebastian Concha,[243]) Placido Con-
stanza,[244]) Masuccio[245]) und der Übrigen ihrer unmittelbaren Vorgänger sinken werden, deren Namen, obwol zu ihren Lebzeiten ebenso
berühmt, jetzt fast vollständig vergessen sind. Ich sage nicht,
dass jene Maler dem Künstler, von welchem ich zu sprechen gedenke, und den wir betrauern, nicht überlegen gewesen seien in
jener praktischen Routine, welche in den Augen des gewöhnlichen
Beschauers den Anschein geschickter Komposition hat und eine Art
oberflächlicher Ähnlichkeit mit der Manier jener grossen Männer
besitzt, die ihnen voran gegangen sind. Ich weiss dies wohl; aber
ich weiss auch, dass wer echten und dauernden Ruhm sucht, viel
von der gewöhnlichen Methode zu verlernen hat, die in den Werken
der genannten Künstler so auffällig ist. Ich für meinen Teil muss
gestehen, dass der mächtige Eindruck der Natur, den Gainsborough
in seinen Bildnissen und Landschaften bietet, und die einnehmende
Einfachheit und Anmut seiner kleinen, gewöhnlichen Bettelkinder
mehr Interesse und Zauber für mich haben als irgendwelche Werke
jener Schule seit der Zeit Andrea Sacchis, oder wie wir vielleicht
auch sagen können, Carlo Marattis, zweier Maler, die man mit
Recht „Ultimi Romanorum" nennen darf.

Ich bin mir wohl bewusst, wie sehr ich mich dem Tadel und
Spotte der Akademiker anderer Nationen aussetze, indem ich die
bescheidenen Versuche Gainsboroughs den Werken jener im grossen
historischen Stile regelrecht graduirten Meister vorziehe. Aber wir
haben die Bekräftigung der ganzen Menschheit, wenn wir das Genie
in einer niedrigeren Kunstart der Schwäche und Schalheit in der
höchsten Kunstart vorziehen.

Es würde dem gegenwärtigen Zwecke nicht entsprechen, in das
Privatleben Mr. Gainsboroughs einzugehen, selbst wenn ich den
Stoff und die Mittel hiezu besässe, was nicht der Fall ist. Die
Geschichte seines allmäligen Fortschreitens und die Mittel, durch
welche er solche Vortrefflichkeit in seiner Kunst erwarb, würden
unseren Zwecken und Wünschen näher stehen, wenn sie in irgend
einer Weise zu erreichen wären. Aber die langsame Entwickelung
ist im allgemeinen sogar dem Fortschreitenden selbst unmerklich;
es ist die Wirkung einer Anhäufung mannigfaltiger Begriffe, die
sein Geist aufgenommen hat, er weiss vielleicht selbst nicht, wann
und wie. Manchmal geschieht es freilich, dass er imstande ist,

den Zeitpunkt zu bezeichnen, in welchem er einen neuen Leitstern,
etwas wie Eingebung, wodurch sein Geist sich erweiterte, empfangen
hat, sei es durch den Anblick eines Bildes, durch eine Stelle in
einem Schriftsteller oder durch eine Andeutung im Gespräch, und dass
er innerlich überzeugt ist, sein ganzes Leben und Handeln sei durch
diesen zufälligen Umstand beeinflusst worden. Solch interessante
Mitteilungen erhalten wir zuweilen von Jemandem, der sich einen
ungewöhnlichen Grad von Selbstbeobachtung angeeignet und die
Entwickelung seiner eigenen Vervollkommnung verfolgt hat.

Es mag nicht ungeeignet sein, einige der Gewohnheiten dieses
aussergewöhnlichen Mannes zu erwähnen, Punkte, die mehr in das
Bereich des Beobachters fallen; immerhin meine ich nur solche,
die mit seiner Kunst verknüpft und meiner Ansicht nach die
Ursachen waren, dass er einen so hohen Grad von Vortrefflichkeit
erreicht hat, wie wir ihn in seinen Werken sehen und anerkennen.
Von diesen Ursachen müssen wir als die grundlegende die Liebe
zu seiner Kunst nennen, welcher er seine ganze Seele geweiht zu
haben schien, und auf die er Alles bezog; und das können wir
deutlich aus einer Menge seiner Lebensumstände schliessen, welche
seinen nächsten Freunden bekannt waren. Unter Anderem hatte
er die Gewohnheit, zu Allen, die zufällig um ihn waren, zu bemerken, welche Eigentümlichkeit der Gesichtszüge, welche zufällige
Zusammenstellung der Gestalten oder welche glückliche Licht- und
Schattenwirkungen ihm in Aussichten, am Himmel, im Gehen auf
der Strasse oder in Gesellschaft auffielen. Wenn er auf seinen
Spaziergängen Jemand fand, der ihm gefiel und der zu diesem
Dienst zu haben war, bestellte er ihn gleich in sein Haus; von
den Feldern brachte er Baumstümpfe, Unkraut und Tiere verschiedener Art in sein Malzimmer und zeichnete sie nicht nach
dem Gedächtnisse, sondern unmittelbar gegenständlich. Er bildete
sogar eine Art Landschaftsmodell auf seinem Tische, welches er
aus zerschlagenen Steinen, getrockneten Gräsern und Stücken
Spiegel zusammensetzte, die dann zu Felsen, Bäumen und Wasser
vergrössert und vervollkommnet wurden. Wie weit dieses letztere
Verfahren nützliche Anregung bieten kann, werden die Lehrer der
Landschaftsmalerei am Besten entscheiden. Es scheint mir, wie
jedes andere technische Verfahren, ganz von der allgemeinen Begabung Dessen abzuhängen, der es anwendet. Solche Methoden
sind entweder wertlose, ja nachteilige Tändeleien, oder sie können
Hülfen sein. Ich denke, dass, wenn wir uns nicht fortwährend an

die echte Natur wenden, ein solches Verfahren im Allgemeinen eher
schadet als nützt. Ich erwähne es nur, weil es zeigt, mit wie viel
Sorgfalt und äusserster Emsigkeit Gainsborough sich mit Allem
beschäftigte, was seine Kunst betraf; wie er seinen Gegenstand
irgendwie verkörpert und deutlich vor sich zu sehen wünschte; wie
er nichts vernachlässigte, was seine Fähigkeiten in Übung erhalten
konnte, und wie er von jeder Art von Kombination Anregungen
annahm.

Wir dürfen hiebei nicht vergessen, einige Bemerkungen über
seine Gewohnheit bei Nacht zu malen, einzuflechten, was seine
bereits erwähnte grosse Liebe zur Kunst bestätigt, da er sich des
Abends auf keine andere, angenehmere Art zu unterhalten wusste.
Ich bin wirklich sehr geneigt anzunehmen, dass dies eine dem
Künstler sehr vorteilhafte und lehrreiche Übung ist; denn auf diese
Weise erwirbt er eine neue und höhere Anschauung Dessen, was in
der Natur gross und schön ist. Die Gegenstände erscheinen bei
Kerzenlicht nicht allein schöner, sondern durch die grössere Breite
von Licht und Schatten, sowie durch die grössere Breite und Einheitlichkeit der Farbe, erscheint die Natur in höherer Art; selbst
das Fleisch scheint einen erhöhten, satteren Farbenton anzunehmen.
Bei der Verwendung dieser Studienmethode hat uns unser Urteil
zu leiten; die Methode selbst ist meiner Überzeugung nach vorteilhaft. Ich habe oft gedacht, dass die beiden grossen Coloristen,
Tizian und Correggio, ihre hohen Begriffe von der Farbengebung
nach der Wirkung der Gegenstände bei diesem künstlichen Lichte
gebildet haben, obwol ich nichts davon weiss, dass sie bei Nacht
malten; aber dessen bin ich sicher, dass wer immer die beste, erste
Manier Guercinos aufmerksam studiert, überzeugt sein wird, dass
er entweder bei solchem Lichte gemalt, oder seine Manier nach
dieser Auffassung gebildet hat.

Gainsborough hatte noch ein anderes Verfahren, das erwähnt
zu werden verdient, da es sicherlich der Nachahmung wert ist.
Ich meine seine Art, alle Teile seines Bildes zugleich auszuarbeiten
und das Ganze zu gleicher Zeit weiter zu führen, so wie die Natur
ihre Werke schafft. Wenn diese Art auch Denen nichts Ungewöhnliches ist, welche regelrecht ausgebildet wurden, so wurde sie ihm
doch wahrscheinlich von seiner angeborenen Klugheit nahe gelegt.
Dass dies nicht allgemein im Gebrauche ist, erhellt aus dem Vorgang
eines Malers, den ich eben nannte, Pompejo Battoni, welcher seine
historischen Bilder Stück für Stück ausführte und bei seinen Porträts

einen Zug völlig ausarbeitete, ehe er zu einem anderen überging.
Die Folge war, wie zu erwarten stand, dass der Ausdruck nie gut
wiedergegeben war und das Ganze nicht gut zusammen stimmte.

Das erste, was nötig ist, um sich in unserer und ich glaube
in jeder Kunst auszuzeichnen, ist nicht nur die Liebe zu ihr, sondern
auch ein begeisterter Ehrgeiz, sich in ihr auszuzeichnen. Mit diesem
fehlt es nie an Erfolg im Verhältnisse zu den natürlichen Fähigkeiten, mit welchen die Vorsehung den Künstler begabt hat. Von
Gainsborough wissen wir sicher, dass seine Leidenschaft nicht die
Erwerbung von Reichtümern, sondern die Vortrefflichkeit in seiner
Kunst und der Genuss des damit verbundenen ehrenvollen Ruhmes
gewesen ist. Dass „er diese herschende Leidenschaft stark im
Tode empfand", davon bin ich selbst Zeuge. Wenige Tage ehe er
starb, schrieb er mir einen Brief, um seine Anerkennung für die
gute Meinung auszudrücken, die ich von seinen Fähigkeiten habe,
und für die Weise, in der ich, wie er erfahren habe, immer von
ihm spräche, und er drückte den Wunsch aus, mich noch einmal
vor seinem Tode zu sehen. Ich weiss wohl, welche Auszeichnung
für mich darin liegt, solcher Art mit dem sterbenden Zeugnisse
verknüpft zu sein, welches dieser treffliche Maler für seine Kunst
abgelegt hat. Aber ich kann mich nicht überwinden zu ver-
schweigen, dass ich durch keine persönliche Vertrautheit an ihn
geknüpft war; wenn je kleine Eifersüchteleien zwischen uns bestanden hatten, so waren sie in diesen Augenblicken der Auf-
richtigkeit ausgelöscht, und er wendete sich an mich als an Einen,
der seine gute Meinung durch die Anerkennung seiner Vortrefflichkeit verdiente. Ohne auf die Einzelheiten jener letzten
Unterredung einzugehen, betone ich nur, dass es auf mich den
Eindruck gemacht hat, als ob sein Bedauern, das Leben zu verlieren, hauptsächlich dem Bedauern entsprungen wäre, seine Kunst
verlassen zu müssen; um so mehr, als er, wie er sagte, jetzt anfinge zu erkennen, worin seine Mängel beständen, die er in seinen
letzten Werken einigermaassen verbessert zu haben sich schmeicheln
dürfe.

Wenn ein Mann wie Gainsborough ohne die Hülfe akademischen
Unterrichtes, ohne nach Italien zu reisen, ohne irgend welche jener
so oft empfohlenen vorbereitenden Studien zu grossem Ruhme
gelangt, dann wäre er ein Beispiel dafür, wie wenig notwendig
solche Studien sind, da solch hohe Vorzüge ohne sie erworben
werden können. Dies ist aber, weil nur durch den Erfolg eines

Einzelnen belegt, ein nicht sichergestellter Einspruch; und ich
hoffe, man wird nicht meinen, dass ich es empfehle, diesen Weg
einzuschlagen.

Man darf nicht vergessen, dass Stil und Gebiet der Kunst,
welche Gainsborough gewählt und in der er sich so sehr ausgezeichnet hat, nicht verlangen, dass er sein Land verlasse um
Gegenstände für seine Studien zu suchen; sie waren überall um ihn
herum, er fand sie auf den Strassen und in den Feldern, und unter
den so zufällig aufgelesenen Modellen suchte er mit grossem Verständnisse jene heraus, die seinem Zweck entsprachen. Da seine
Studien sich hauptsächlich auf die lebende Welt richteten, zollte
er den Werken der verschiedenen Meister keine allgemeine Aufmerksamkeit, obwol sie nach meiner Meinung immer von grossem
Nutzen sind, selbst wenn die Art unseres Gegenstandes verlangt,
dass wir von einigen ihrer Grundlehren abweichen. Es kann nicht
geleugnet werden, dass in dem Bereiche der Kunst, den er gewählt
hatte, Vortrefflichkeit ohne sie vorhanden sein könne; dass bei
solchen Gegenständen und bei der dazu erforderlichen Malweise
der Mangel daran durch natürliche Klugheit und genaue Beobachtung
der Einzelheiten der Natur mehr als ersetzt werden kann. Wenn
Gainsborough die Natur nicht mit dem Auge eines Dichters sah, so
sah er sie doch mit dem Auge eines Malers und bot eine getreue,
wenn auch keine poetische Darstellung Dessen, was er vor sich hatte.

Obwol er die Werke der grossen Geschichtsmaler vergangener
Zeiten nicht sehr beachtete, wusste er doch, dass die Sprache der
Kunst — die Kunst der Nachahmung — irgendwo gelernt werden
müsse; und da er einsah, dass er sie in diesem Maasse von seinen
Zeitgenossen nicht lernen könne, wendete er sich sehr richtig an
die niederländische Schule, in welcher er zweifellos die grössten
Meister in einem notwendigen Teile der Kunst fand; und er hatte
es nicht nötig sein Land zu verlassen, um Vorbilder aus dieser
Schule zu suchen. Von ihnen lernte er Farbenharmonie, Anordnung
und Verteilung von Licht und Schatten und alle Mittel, deren die
Meister dieser Schule sich bedienten, um ihre Werke zu schmücken
und ihnen Glanz zu verleihen. Und um sich selbst sowol als
Anderen die befriedigende Überzeugung zu verschaffen, dass er die
Fertigkeiten und Kunstgriffe sehr wohl kannte, mittelst deren sie
jenen Farbenton herausbrachten, den wir an ihren Bildern so sehr
bewundern, machte er gelegentlich Copien nach Rubens, Teniers
und van Dyck, welche auf den ersten Blick für Werke jener Meister

zu halten selbst für den genauesten Kenner keine Schande wäre.
Was er auf diese Weise gelernt hatte, wandte er auf die Originale
in der Natur an, welche er mit seinen eigenen Augen sah und
nicht in der Weise jener Meister, sondern in seiner eigenen nachahmte.

Es ist schwer zu sagen, ob er sich mehr in Porträts, Landschaften oder Phantasie-Bildern auszeichnete, ob seine Porträts
wegen der genauen, treuen Ähnlichkeit bewundernswerter sind, oder
seine Landschaften wegen ihrer porträtähnlichen Darstellung der
Natur, wie wir es in den Werken von Rubens, Ruysdael und
Anderen aus dieser Schule sehen. Wenn er bei seinen Phantasie-
bildern den Gegenstand seiner Nachahmung gewählt hatte, ob es
nun die dürftige, gewöhnliche Gestalt eines Holzhackers oder ein
Kind von einnehmendem Äusseren war, so versuchte er weder den
Einen zu heben, noch verlor er das Geringste von der natürlichen
Lieblichkeit und Anmut des Anderen, von jener Lieblichkeit und
Anmut, wie sie sich öfter in Hütten als an Höfen findet. Dieser
Vorzug war sein Eigen, die Folge besonderer Beobachtung und
feinen Geschmackes; dafür hatte er gewiss weder der niederländischen Schule noch irgend einer anderen zu danken, denn
seine Anmut war weder akademisch noch antik, sondern von ihm
selbst aus der grossen Schule der Natur gewählt. Und dort giebt
es noch tausend Arten von Anmut, die weder dem Einen noch dem
Anderen angehören, die aber in den mannigfaltigsten Scenen und
Gestalten des Lebens offen ausgebreitet liegen, um von treuen und
geschickten Beobachtern aufgefunden zu werden.

Im Ganzen können wir mit Recht sagen, dass Gainsborough
es in Allem, was er versuchte, zu einem hohen Grade der Vortrefflichkeit gebracht hat. Es ist das Verdienst seiner gesunden
Vernunft und Urteilskraft, dass er sich nie an jenen Stil historischer
Malerei gewagt hat, zu welchen seine vorangegangenen Studien ihn
nicht vorbereitet hatten.

Und hier fügt es sich, den vernünftigen Vorgang Gainsboroughs
in dieser Beziehung jenem unseres verstorbenen vortrefflichen Hogarth
entgegenzusetzen, der neben all seiner ausserordentlichen Begabung
nicht mit der Erkenntnis seiner eigenen Mängel oder der Grenzen
der Ausdehnung seiner eigenen Kräfte gesegnet war. Nachdem
dieser bewundernswerte Künstler den grössten Teil seines Lebens
in geschäftiger, tätiger, und wir können hinzufügen erfolgreicher
Beobachtung des Lächerlichen im Leben verbracht hatte; nachdem

er eine neue Art dramatischer Malerei erfunden hatte, in welcher
er wahrscheinlich niemals seines Gleichen haben wird; nachdem er
seinen Geist mit unendlichem Stoff erfüllt hatte, um die häuslichen,
intimen Scenen des Alltagslebens zu beleuchten und zu illustrieren,
die gewöhnlich der Gegenstand seines Pinsels waren und es immer
hätten bleiben sollen — nach alledem wagte er sich sehr unvor-
sichtiger oder eher anmaassender Weise an den grossen historischen
Stil, für welchen seine früher erworbenen Fertigkeiten ihn keineswegs vorbereitet hatten. Er war indertat mit den Grundsätzen
dieses Stiles so vollkommen unbekannt, dass er nicht einmal dessen
gewahr wurde, dass irgendwelche künstlerische Vorbereitung überhaupt notwendig sei. Es ist zu bedauern, dass ein Teil des Lebens
eines solchen Genies fruchtlos vergehen sollte. Lassen Sie uns aus
seinem Mislingen lernen, dass wir uns nicht in der eitlen Einbildung wiegen dürfen, durch einen augenblicklichen Entschluss
unserer Hand Geschicklichkeit oder unserem Geiste eine neue Beschaffenheit geben zu können.

Ich zweifle indessen nicht daran, dass dieselbe Klugheit, welche
diese beiden ausserordentlichen Männer befähigte ihre richtigen
Gegenstände und die eigentümlichen Vorzüge des Kunstzweiges,
den sie pflegten, zu entdecken, ebenso wirksam in der Entdeckung
der Grundsätze des erhabenen Stiles gewesen wäre, wenn sie diese
Grundsätze mit demselben eifrigen Fleiss erforscht hätten, welchen
sie in ihren eigenen Gebieten anwendeten. Wie Gainsborough sich
nie im heroischen Stil versucht hat, so hat er auch nie die Eigenart und Einheitlichkeit seines Stiles durch die müssige Geziertheit
zerstört, mythologische Bildung in irgendwelche seiner Bilder einzuführen. Wir sehen genug Beispiele von dieser knabenhaften
Torheit selbst in den Werken grosser Maler. Wenn die holländische
Schule sich in ihren Landschaften an diese Poesie unserer Kunst
wagt, sind ihre Leistungen unter der Kritik, sie werden nur zum
Gegenstande des Spottes. Dieses Vorgehen ist kaum zu entschuldigen, selbst bei Claude Lorrain nicht, der mehr Klugheit
gezeigt haben würde, wenn er sich nie auf solche Gegenstände
eingelassen hätte.

Unser verstorbener geistvoller Akademiker Wilson[246]) hat sich,
fürchte ich, wie viele seiner Vorgänger dessen schuldig gemacht,
ideale Wesen, Götter und Göttinnen auf Schauplätzen vorzuführen,
die keineswegs geeignet sind, solche Persönlichkeiten aufzunehmen.
Seine Landschaften waren der gewöhnlichen Natur auch inder-

tat zu ähnlich, um übernatürliche Gegenstände zuzulassen. In
Folge dieses Misverstehens sind auch auf einem sehr bewunderns-
werten, einen Sturm darstellenden Gemälde, welches ich von seiner
Hand sah, viele Figuren in den Vordergrund gesetzt, einige in
grösster Verzweiflung, andere todt, und zwar, wie der Beschauer
natürlich voraussetzen würde, vom Blitz erschlagen; aber der Maler
zog es vor, wie ich glaube mit Unrecht, die Gestalten für Kinder
der Niobe auszugeben, und ihren Tod einem kleinen Apollo zuzuschreiben, der mit gespanntem Bogen am Himmel erscheint.

Zur Behandlung eines derartigen Gegenstandes ist ein besonderer Kunststil erforderlich, und dies kann nur mit Anstand und
ohne Lächerlichkeit gelingen, wenn wir den Charakter der Landschaft und zwar in allen seinen Teilen der geschichtlichen oder
dichterischen Darstellung anpassen. Das ist ein sehr schwieriger
Vorgang und erfordert einen Geist, der sich in die Zeit vor zwei
Tausend Jahren zurückzuversetzen versteht und sich gleichsam im
Altertum eingebürgert hat, wie Nicolas Poussin. Bei dem erwähnten
Bild ist der erste Gedanke, der sich aufdrängt, das Erstaunen darüber, eine Figur in einer so ungewöhnlichen Lage zu sehen, wie die
ist, in welcher Apollo sich befindet; die Wolken auf welchen er
kniet, sehen nämlich nicht so aus, als ob sie ihn tragen könnten,
sie haben weder die Substanz noch die Form, die zur Aufnahme
einer menschlichen Gestalt geeignet wäre; andererseits besitzen sie
in keiner Beziehung jenes romantische Aussehen, welches einem
solchen Gegenstande zukommt und welches allein mit poetischen
Geschichten harmoniert.

Ein solcher Vorgang scheint mir nicht minder lächerlich, als
wenn ein schlichter Mann bei der Erzählung eines wirklichen Un-
glückes, das durch eine von Donner und Blitz begleitete Über-
schwemmung verursacht wurde, es sich einfallen liesse, statt den
Hergang einfach zu erzählen, von Jupiter Pluvius oder von Jupiter
und seinen Donnerkeilen oder sonst irgend einer bildlichen Vorstellung zu sprechen, um seiner Geschichte mehr Reiz zu verleihen.
Eine solche Mischung würde, obwohl sie sich in der Dichtung mit
ihren Vorbereitungen und Begleitungen ganz eindrucksvoll ausnehmen
könnte, in diesem Falle der Absicht des Erzählers entgegen wirken
und statt Teilnahme nur Spott erregen.

Der holländische und niederländische Landschaftsstil, nicht
einmal jener des Rubens ausgenommen, eignet sich nicht für poetische Gegenstände; aber zu erklären worin diese Ungeeignetheit

besteht, oder alle Umstände aufzuzählen, welche dem landschaft-
lichen Stil Würde, Erhabenheit und Poesie verleihen, würde allein
eine lange Rede erfordern und der Zweck würde auch dann vielleicht nur unvollkommen erreicht sein. Der Maler, der nach dieser
gefahrvollen Auszeichnung strebt, muss sich von Jenen inspirieren
lassen, welche, wie man es nennen kann, die Poesie in der Kunst
erfolgreich gepflegt haben; und Deren giebt es wirklich nur Wenige.

Ich kann diesen Gegenstand nicht verlassen, ohne zwei Beispiele zu erwähnen, die mir gerade einfallen, in welchen man den
poetischen Landschaftsstil glücklich durchgeführt sehen kann; das
eine ist Jakobs Traum von Salvator Rosa[247],) das andere die Rückkehr der Bundeslade aus der Gefangenschaft, von Sebastien
Bourdon.[248]) Wie würdevoll immer diese Geschichten uns auch in
der heiligen Schrift geboten werden, diese Malweise besitzt dieselbe
Gewalt, Gefühle der Grösse und Erhabenheit einzuflössen, und ist
imstande, sie auch auf Gegenstände zu übertragen, welche von
vornherein keineswegs geeignet erscheinen sie aufzunehmen. Eine
Leiter in den Himmel hat nicht den vielversprechenden Anschein,
als vermöchte sie irgendwelche heroische Vorstellungen zu erregen,
und die Lade würde in den Händen eines Meisters zweiten Ranges
nicht viel mehr Wirkung haben, als ein gewöhnlicher Lastwagen
auf der Landstrasse. Aber diese Gegenstände sind durchwegs so
poetisch behandelt, die Einzelheiten stimmen so sehr miteinander
überein und das Ganze sowie alle Teile des Gemäldes erscheinen
so übernatürlich, dass es unmöglich ist, sie anzusehen, ohne in gewissem Grade die Begeisterung zu empfinden, welche die Maler erfüllt haben mag.

Durch fortgesetzte Betrachtung solcher Werke dämmert der
Sinn für höhere Vorzüge in der Kunst nach und nach in der Einbildungskraft auf; bei jeder neuerlichen Betrachtung wird dieser
Sinn sicherer und sicherer, bis wir dahin gelangen uns einer ruhigen
Gewissheit der, wenn man so sagen darf, wirklichen Existenz dieser
fast idealen Schönheiten zu erfreuen. Dem Künstler wird es dann
nicht schwer fallen, die Grundsätze seinem Geist einzuprägen, durch
welche der Eindruck hervorgerufen wurde und welche er fühlt und
ausübt, obwol sie vielleicht zu zart und erhaben und der nachahmenden Kunst zu eigentümlich sind, um dem Geist auf irgend
eine andere Weise zugeführt zu werden.

Kehren wir zu Gainsborough zurück. Die Eigentümlichkeit
seiner Manier, oder seines Stiles, oder, wie wir es nennen können,

der Sprache in der er seine Gedanken ausdrückte, wurde von vielen für seinen grössten Fehler gehalten. Aber ohne uns auf einen Streit darüber einlassen zu wollen, ob diese Eigentümlichkeit ein Fehler war oder nicht, so muss man doch bekennen, dass sie — so wie sie mit grossen Schönheiten vermischt war, deren Ursache sie auch teilweise gewesen ist — sich zum Gegenstande der Beurteilung und Untersuchung eines Malers wol eignet.

Wie Neuheit und Eigentümlichkeit der Manier oft die Ursache unseres Beifalles ist, so sind sie auch oft Veranlassung zum Tadel, da sie dem Verfahren anderer Maler, mit deren Weise wir vertraut sind, und zu deren Gunsten wir seit unserer Kindheit eingenommen waren, entgegengesetzt sind; denn so sehr Neuheit uns angenehm ist, so sind wir doch im Ganzen Gewohnheitsmenschen. Immerhin ist es sicher, dass all jene seltsamen Flecken und Striche, welche man bei genauerer Prüfung in Gainsboroughs Bildern bemerkt, und welche selbst geübten Malern eher ein Werk des Zufalles als der Absicht zu sein scheinen, dass dieses Chaos, diese grobe, formlose Masse von gewisser Entfernung betrachtet wie durch Zauber Form annimmt und dass alle Teile an ihren richtigen Platz rücken, so dass wir, trotz dieses Scheines von Zufall und flüchtiger Nachlässigkeit nicht umhin können der vollen Wirkung des Fleisses Anerkennung zu zollen. Dass Gainsborough selbst diese Eigenart, und ihr Vermögen Überraschung zu erregen, als eine Schönheit seiner Werke betrachtet hat, kann, glaube ich, aus dem eifrigen Wunsche geschlossen werden, den er, wie wir wissen, immer aussprach, dass nämlich seine Bilder bei der Ausstellung sowol in der Nähe als auch in der Entfernung zu sehen sein sollten.

Die Flüchtigkeit, welche wir an seinen besten Arbeiten bemerken, darf nicht immer als Nachlässigkeit gelten. Wie sie oberflächlichen Beobachtern auch erscheinen möge, Maler wissen sehr wohl, dass stetige Aufmerksamkeit auf die allgemeine Wirkung mehr Zeit in Anspruch nimmt, und dem Geiste mehr Arbeit kostet, als jede Art feinen Ausarbeitens und Glättens ohne diese Aufmerksamkeit. Seine Behandlung, seine Art die Farben aufzulegen, oder mit anderen Worten, die Methoden, deren er sich bediente, um Wirkung hervorzubringen, hatten sehr den Anschein der Arbeit eines Künstlers, welcher nie von Anderen das der Kunst eigene, gewöhnliche, regelmässige Verfahren gelernt hat, aber der als Mann von starkem Anschauungsvermögen sich einen eigenen Weg herausfand, der ihn zum Ziele führte.

Es ist keine Schande für Gainsboroughs Genie, wenn man ihn
mit solchen Menschen vergleicht, wie sie uns manchmal begegnen,
deren natürliche Beredtsamkeit selbst dann zum Vorschein kommt,
wenn sie eine Sprache sprechen, von der man beinahe sagen kann,
dass sie selbst sie nicht verstehen, und die, fast ohne die passende
Bezeichnung irgend eines Begriffes zu kennen, imstande sind die
lebendigen und ungestümen Eindrücke eines energischen Geistes
mitzuteilen.

Ich denke, man kann seine Manier vernünftigerweise entschuldigen, ohne die Wahrheit zu verletzen oder Gefahr zu laufen, die
Geister der jüngeren Schüler dadurch zu vergiften, dass man falsche
Urteile verbreitet, um das Ansehen eines beliebten Künstlers zu erhöhen. Es muss anerkannt werden, dass diese Manier Gainsboroughs,
die Farben unvermittelt nebeneinander zu setzen, sehr viel zu der
wirkungsvollen Leichtigkeit beiträgt, welche eine so hervorragende
Schönheit seiner Bilder ist, während viel Glätte und Vermalung
der Farben dazu angetan ist, Schwere hervorzubringen. Jeder
Künstler muss bemerkt haben, wie oft jene Leichtigkeit der Hand,
die in seiner Untermalung oder ersten Anlage zu sehen war, beim
Ausführen verschwand, wenn er die Teile mit grösserer Genauigkeit
ausfertigte; und noch einen anderen Verlust, der von mehr Bedeutung
ist, erfährt er oft: während er sich mit den Einzelheiten beschäftigt,
wird die Wirkung des Ganzen entweder vergessen oder vernachlässigt. Die Ähnlichkeit eines Porträts besteht, wie ich früher
bemerkte, mehr im Bewahren des allgemeinen Eindruckes des Gesichtes als in der genauesten Ausführung der Züge oder irgendwelcher einzelner Teile. Nun waren Gainsboroughs Porträts in
Bezug auf Ausführung oft nicht viel mehr als was gewöhnlich zur
Untermalung gehört; aber da er immer den allgemeinen Eindruck
oder das Ganze zusammen beachtete, habe ich mir oft vorgestellt,
dass diese Unfertigkeit sogar zu der überraschenden Ähnlichkeit
beitrüge, welche seine Porträts so bemerkenswert macht. Obwol
diese Ansicht phantastisch erscheinen mag, glaube ich doch einen
wahrscheinlichen Grund dafür angeben zu können, warum diese
Malweise eine solche Wirkung haben könnte. Es wird vorausgesetzt, dass der allgemeine Eindruck, der in dieser unbestimmten
Behandlungsweise liegt, genügt, um den Beschauer an das Original
zu erinnern; die Einbildungskraft ergänzt das Übrige und für sich
vielleicht befriedigender, wenn nicht gar genauer als der Künstler
es mit aller Sorgfalt nach Möglichkeit hätte tun können. Zugleich

muss ein Übelstand zugegeben werden, der mit dieser Weise zusammenhängt; wenn das Bild ohne die vorhergehende Kenntnis des
Originales gesehen würde, dann würden verschiedene Personen sich
verschiedene Vorstellungen bilden und entteuscht sein, wenn sie
das Original denselben nicht entsprechend fänden, in Folge des
grossen Spielraumes, den die Undeutlichkeit der Einbildungskraft
gewährt, fast jeden Charakter und jede Gestalt, wie es ihr beliebt,
vorauszusetzen.

Jeder Künstler hat irgend eine Lieblingsrichtung, auf welche
er seine Aufmerksamkeit heftet und welche er mit solchem Eifer
verfolgt, dass jede andere Überlegung verschwindet, und er oft in
den entgegengesetzten Fehler von dem, den er eben vermeiden
will, und der ihm immer auflauert, verfallen muss. Nun pflegte
Gainsborough, der ein echtes Maler-Auge besass, mit Vorliebe die
Farbenwirkungen in der Kunst und erscheint in Betreff anderer
Vorzüge manchmal gleichgültig oder nachlässig. Welche Fehler
wir ihm auch nachsagen mögen, lassen wir ihm dieselbe Gerechtigkeit zu Teil werden, die wir den alten Meistern bei ähnlichen Gelegenheiten so freigebig zugewendet haben; ermutigen wir
jene schwer zu befriedigende Neigung nicht, die mit Allem, was
nicht an Vollkommenheit grenzt, unzufrieden ist und unvernünftig,
wie wir es oft sind, eine Vereinigung von Vorzügen verlangt, die
sich vielleicht nicht ganz miteinander vertragen. Auf diese Weise
könnten wir selbst vom göttlichen Raffael sagen, dass er auch
ohne jene Schwere in der Behandlung seine Bilder eben so fein und
genau hätte ausführen können, wie es seine Gewohnheit war, und
dass Poussin all seine Genauigkeit auch ohne Härte und Trockenheit
hätte bewahren können.

Um die Schwierigkeit zu zeigen, die darin liegt, Gründlichkeit
und Leichtigkeit der Malweise zu vereinen, kann man z. B. ein Bild
von Rubens in der Kirche St. Gudula in Brüssel anführen; der
Gegenstand ist Christi Ermahnung an Petrus. Wie es das am
feinsten und glattesten ausgeführte Bild ist, das ich von diesem
Meister gesehen zu haben mich erinnere, so ist es auch bei Weitem
das am schwerfälligsten gemalte; hätte ich es irgend wo anders
gesehen, so würde ich es für eine Kopie gehalten haben, denn
Maler wissen sehr wohl, dass hauptsächlich dieses Ansehen von
Leichtigkeit, oder der Mangel daran, die Originale von den Kopien
unterscheidet. Der durch die Farbe hervorgebrachte Eindruck von
Leichtigkeit findet sich gewöhnlich mit jenem vereint, den man

durch gewandte Behandlung erzielt. Es ist wahr, die Kopie vermag manchmal etwas von dem einen, aber fast nie etwas von dem anderen zu bewahren; ein Kenner findet es daher oft nötig, ein Bild sorgfältig anzusehen, bevor er über dessen Echtheit entscheidet. Gainsborough besass, wie ich glaube, diese Eigenschaft der Leichtigkeit der Behandlung und Wirkung in einem unvergleichlich hohen Grade; aber es muss zugleich zugestanden werden, dass das Opfer, welches er diesem Schmucke der Kunst brachte, zu gross war; es war in Wirklichkeit das Vorziehen der geringeren Vorzüge vor den grösseren.

Eilen wir zum Schlusse. Wie immer wir die Mängel Gainsboroughs, besonders seinen Mangel an Genauigkeit und Ausführung, entschuldigen mögen, die er so geistvoll mit Schönheiten zu umhüllen verstand, da er jenes Gebiet der Kunst pflegte, wo solche Fehler leichter entschuldigt werden, so müssen Sie doch bedenken, dass es für diesen Fehler, in dem Stile, den diese Akademie lehrt, und der das Ziel Ihres Strebens zu sein hat, keine Entschuldigung giebt. Für Sie wird es nötig sein, in erster Linie niemals die grossen Regeln und Gesetze der Kunst aus den Augen zu verlieren, da sie aus der Fülle der besten allgemeinen Übung und ununterbrochener und gleichmässiger Erfahrung gesammelt sind. Das muss die Grundlage all Ihrer Studien sein, nachher können Sie, wie ich es in diesem Falle wünsche, durch die besondere Erfahrung und persönliche Begabung lebender oder todter Künstler weiterlernen; Sie können Licht und Anregung aus ihrem Verfahren schöpfen, aber sowie Sie sie zum Muster nehmen, sinken Sie tief unter Jene. Sie können durch Vorzüge verdorben werden, die weniger der Kunst angehören, sondern mehr dem Künstler persönlich zu Eigen sind, und können schlechte Nachahmer guter Maler werden, statt vortreffliche Nachfolger der grossen, allgemeinen Wahrheit der Dinge zu sein.

XV. Rede

an die Schüler der Königlichen Akademie gerichtet bei
der Preisverteilung am 10. Dezember 1790.

Der Präsident nimmt Abschied von der Akademie. — Rückblick auf die Reden. —
Das Studium der Werke Michel-Angelos wird empfohlen.

Meine Herren!

Die enge Beziehung, in welcher ich mit der Königlichen Akademie seit ihrer Begründung stehe, die gemeinschaftlichen Pflichten, welche wir Alle durch so viele Jahre wechselseitig auf uns genommen haben, machen jede Beteuerung der Anhänglichkeit an dieses Institut von meiner Seite vollkommen überflüssig; der Einfluss der Gewohnheit allein würde sie bei derartiger Verbindung naturgemäss erzeugt haben.

Zwischen Männern, welche in derselben Körperschaft vereinigt dieselben Ziele verfolgen, werden neben dauernder Freundschaft gelegentlich auch leicht Meinungsverschiedenheiten sich erheben. In solchen Zwistigkeiten sind die Menschen ihrer Natur gemäss gegen sich selbst zu nachsichtig und urteilen vielleicht zu hart über Jene, welche anderer Ansicht sind. Aber eng verbunden, wie wir sind, bleiben solche kleine Meinungsverschiedenheiten Aussenstehenden verborgen, und auch wir sollten sie in gegenseitiger Achtung unserer Begabung und Errungenschaften vergessen. Jeder Streit sollte und wird auch, wie ich überzeugt bin, sich auflösen in unserem Eifer für die Vervollkommnung der Kunst, die uns verbindet.

Indem ich von der Akademie scheide, erinnere ich mich mit Stolz, Liebe und Dankbarkeit der Unterstützung, mit welcher ich seit dem Beginne unserer Verbindung fast einmütig beehrt worden bin. Ich verlasse Sie, meine Herren, mit aufrichtigen, herzlichen Wünschen für Ihr künftiges, einträchtiges Zusammenwirken und mit der wohlbegründeten Hoffnung, dass auf diesem Wege der günstige und vielversprechende Anfang unserer Akademie durch ihre erfolgreiche Zukunft übertroffen werde.

Mein Alter, und meine Gebrechlichkeit mehr noch als mein Alter, machen es wahrscheinlich, dass es heute das letzte Mal ist, dass ich die Ehre habe, mich von dieser Stelle aus an Sie zu wenden. Ausgeschlossen wie es, „spatiis iniquis",[249]) ist, dass ich meiner Phantasie gestatten dürfte, sich mit der weiten Aussicht auf ein noch vor mir liegendes Leben zu beschäftigen, wird man es entschuldigen, wenn ich meine Augen auf den Weg lenke, den ich zurückgelegt habe.

Ich will hoffen, dass wir uns die Ehre anmaassen dürfen, uns wenigstens bemüht zu haben, jenen mittleren Platz geziemend auszufüllen, welcher uns in dem allgemeinen Zusammenhange der Dinge zukommt. Unsere Vorgänger haben zu unserem Vorteile gearbeitet, wir arbeiten für unsere Nachfolger; und wenn wir in diesem Wechselverkehre, in dieser Gegenseitigkeit von Wohltaten auch nicht mehr getan haben als andere Gesellschaften, die in unserem Volke zur Entwickelung nützlicher und schöner Wissenschaften gebildet wurden, so ist doch ein Umstand vorhanden, welcher uns ein Anrecht auf mehr zu geben scheint, als auf das blosse Verdienst, unsere Pflicht getan zu haben. Worauf ich hier anspiele, ist die Ehre, dass einige von uns die Erfinder, und wir Alle die Schützer und Förderer der jährlichen Ausstellung gewesen sind. Dieser Plan konnte nur von Künstlern ausgehen, welche bereits im Besitze der öffentlichen Gunst waren, da es nicht so sehr in der Macht Anderer gelegen wäre, die Schaulust zu erregen. Man muss bedenken, dass sie Gefahr liefen, sich selbst Nebenbuhler zu schaffen, um verborgene Verdienste ans Licht zu ziehen; sie betraten freiwillig die Bahn und wetteiferten ein zweites Mal um den Preis, den sie bereits gewonnen hatten.

Wenn wir die verschiedenen Abteilungen unserer Anstalt überschauen, können wir uns zu der günstigen Fügung beglückwünschen, die Lehrkanzeln bis hieher von Männern voll hervorragender Fähigkeiten besetzt zu sehen, die ihre Pflichten in so verschiedenen Richtungen trefflich erfüllt haben. Ich halte es für sehr wichtig, dass keine dieser Lehrkanzeln je unbesetzt bleibe; die Vorsorge für befähigte Menschen vernachlässigen, heisst die Vernachlässigung der Befähigung begünstigen.

Ich maasse mir nicht an, mich zu diesem achtungswürdigen Kreise der Professoren zu zählen, obwol ich durch die Reden,

welche ich an dieser Stelle zu halten die Ehre hatte, in einer
Beziehung als freiwillig eingereiht betrachtet werden kann, während
ich andererseits unwillkürlich zu dieser Dienstleistung herangezogen
scheine. Wenn Preise verteilt werden sollten, schien es nicht nur
schicklich, sondern auch unumgänglich notwendig, dass der Präsident bei der Verteilung der Preise etwas sage. Und der Präsident
wünschte zu seiner eigenen Ehre etwas mehr als blosse Worte des
Lobes zu sagen, die durch häufige Wiederholung bald flach und
uninteressant werden mussten, und dadurch, dass man sie an Viele
richtete, zuletzt für Niemanden mehr eine Auszeichnung sein konnten.
Ich dachte daher, wenn ich dieses Lob durch einige lehrreiche Bemerkungen über die Kunst einleitete, würde ich den Künstlern, die
wir mit der Krönung ihrer Verdienste belohnten, etwas bieten, was
sie bei ihren künftigen Versuchen anfeuern und leiten könnte.

Ich bin mir wohl bewusst, wie unzulänglich ich im Ausdrucke
meiner eigenen Gedanken gewesen bin. Wenn die verborgenen
Vorzüge und inneren Grundlagen unserer Kunst hervorgezogen und
entwickelt werden sollen, so erfordert es mehr Geschicklichkeit und
Übung im Schreiben, als einem Manne wahrscheinlich zu eigen ist,
der immer nur mit der Führung von Pinsel und Palette beschäftigt war.

Das ist vielleicht der Grund, warum die Schwesterkunst den
Vorteil besserer Kritik besitzt; Dichter sind natürlich auch Prosa-
schriftsteller. Man kann sagen, dass sie nur eine niedrigere Richtung
ihrer eigenen Kunst ausüben, wenn sie ihre höchsten Grundsätze
erklären und sich darüber ausbreiten. Aber immerhin dürften solche
Schwierigkeiten die Künstler, welche nicht durch andere Verpflich-
tungen daran verhindert sind, nicht abhalten, ihre Gedanken so gut
als möglich zu ordnen und dem Publikum die Ergebnisse ihrer Erfahrung bekannt zu geben. Die Kenntnisse, welche der Künstler
von seinem Gegenstande besitzt, werden jeden Mangel an Eleganz
in der Art der Behandlung oder selbst an Deutlichkeit, die noch
wesentlicher ist, mehr als aufwiegen; und ich bin überzeugt, dass
ein kurzer, von einem Maler geschriebener Aufsatz mehr dazu beitragen wird die Theorie unserer Kunst zu fördern, als tausend
solcher Bände, wie wir sie manchmal sehen, und deren Zweck eher
zu sein scheint, des Verfassers eigene ausgeklügelte Auffassung
einer unmöglichen Praxis auszukramen, als nützliche Kenntnisse
oder Belehrung irgend welcher Art zu verbreiten. Ein Künstler
weiss, was im Bereiche seiner Kunst liegt und was nicht, und er

wird wol den armen Schüler nicht mit den Schönheiten zusammen-
gesetzter Gemütsbewegungen quälen oder ihn mit der Einbildung
verwirren, dass unverträgliche Vorzüge sich vereinigen lassen.

Jedoch kann man nicht sagen, dass ich völlig ohne Vorbereitung
des Stoffes an dieses Werk gegangen bin. Ich hatte viel gesehen
und viel über das Gesehene nachgedacht. Ich war einigermaassen
gewöhnt zu forschen und geneigt, alles was ich beobachtet und
was ich gefühlt hatte auf Methoden und Systeme zurückzuführen.
Aber da ich das, was ich selbst wusste, nie deutlich vor mir auf
dem Papier sah, wusste ich auch nichts Klares darüber. Diese
Gedanken in eine Art von Ordnung zu bringen, war bei meiner
Unerfahrenheit keine leichte Aufgabe. Die Zusammensetzung, das
„ponere totum“,[250]) selbst einer einzelnen Rede war, wie bei einer
einzelnen Statue, das Schwierigste, wie es das vielleicht auch bei
jeder anderen Kunst ist, und der Hand des Meisters am Nötigsten bedarf.

Für die Form durfte ich wol Nachsicht erwarten, welche Fehler
sie auch haben mochte. Aber ich hielt es für unumgänglich nötig,
die Ansichten wohl zu prüfen, welche an diesem Platze und mit der
Sanction einer Königlichen Akademie ausgesprochen werden sollten;
ich prüfte daher nicht allein meine eigenen Ansichten, sondern auch
diejenigen Anderer. Ich fand im Laufe dieser Untersuchungen
manche in unserer Kunst festgesetzte Vorschriften und Regeln,
welche mir im Ganzen nicht gut untereinander vereinbar schienen,
deren jede aber denselben Rückhalt in Wahrheit und Natur be-
anspruchten; und diese Ansprüche, für wie unvereinbar man sie
auch halten mag, besitzen sie auch wirklich alle in gleicher Weise.

Um diese Schwierigkeiten zu beheben und diese verschiedenen
Meinungen zu versöhnen, wurde es notwendig, die höhere Wahrheit,
wie man sie nennen könnte, von der niederen zu sondern, den
weiteren und freieren Begriff der Natur von dem engeren und be-
schränkteren, das was sich an die Einbildungskraft wendet von
dem, was blos an das Auge gerichtet ist, zu unterscheiden. In
Folge dieser Unterscheidung entstand zwischen den einzelnen
Zweigen unserer Kunst, auf welche diese verschiedenen Wahrheiten
sich beziehen, eine so weite Trennung, und sie nahmen eine so
neue Erscheinung an, dass sie kaum aus demselben gemeinschaftlichen Stamme hervorgegangen zu sein schienen. Die verschiedenen
Gesetze und Regeln, welche über jedem Kunstgebiete herschen,
ordneten sich natürlich ein; jede Art von Vortrefflichkeit, vom
erhabenen Stile der römischen und florentinischen Schule an, bis

hinunter auf die niedrigste Stufe des Stilllebens erhielt ihr richtiges Gewicht, ihren richtigen Wert, wurde in eine oder die andere Klasse eingeordnet, und nichts wurde verworfen. Durch diese Einordnung unserer Kunst in Klassen wurde, wie ich hoffe, in gewissem Grade jene Verwirrung und Unordnung behoben, die wol jeder Künstler zeitweilig durch die Mannigfaltigkeit der Stilarten und die Fülle der Vorzüge, welche ihn umgeben, empfunden hat, und dem Schüler wurde eher die Möglichkeit geboten selbst zn beurteilen, was für seine persönlichen Bestrebungen besonders geeignet sei.

Wenn ich meine Reden überschaue, gereicht es mir zu nicht geringer Befriedigung, darüber beruhigt sein zu können, dass ich in keiner von ihnen meine Stimme der Unterstützung frisch ausgebrüteter, unreifer Meinungen geliehen oder mich bemüht habe, Paradoxa zu unterstützen, so verlockend ihre Neuheit auch gewesen sein oder für wie geistreich ich sie auch im ersten Augenblicke gehalten haben mochte. Auch wird man hoffentlich nirgends finden, dass ich den jungen Schülern Deklamation statt Beweisen, eine glatte Phrase statt einer gesunden Vorschrift geboten habe. Ich habe eine einfache und ehrliche Methode befolgt. Ich habe die Kunst einfach genommen, wie ich sie durch die Beispiele der anerkanntesten Maler erläutert fand. Jene Anerkennung, welche die Welt ihnen einstimmig zugestanden hat, suchte ich durch Beweise zu rechtfertigen, wie sie bei Fragen dieser Gattung möglich sind, durch die Analogie der Malerei mit ihren Schwesterkünsten, und folglich durch die gemeinsame geistige Verwandtschaft, welche sie alle mit unserer Natur verbindet. Und wenn das, was geboten wurde, auch nicht den Anspruch darauf erhebt, eine neue Entdeckung zu sein, so darf ich mir dennoch schmeicheln, dass es mir gelungen ist, durch die Entdeckungen, welche Andere dank ihrer eigenen klaren Intuition und ihrer angeborenen Urteilsschärfe gemacht haben, die Regeln und Grundsätze unserer Kunst auf eine festere und dauerndere Grundlage zu stellen, als diejenige war, auf welcher sie früher gestanden ist.

Wenngleich ich nicht wünsche, den Schüler von der Ausübung der Kunst auf die theoretische Spekulation zu lenken und einen blossen Kunstverständigen statt eines Malers aus ihm zu machen, kann ich doch nicht umhin zu bemerken, dass er sicher einen Vorteil daraus ziehen wird, wenn er ein für alle Mal die Grundlage betrachtet, auf welcher das Gebäude unserer Kunst errichtet ist. Unsichere, verwirrte und irrige Ansichten bringen nicht nur der Arbeit allein Nachteil, mit welcher er sich gerade beschäftigt, sondern sie können möglicherweise auch sehr ernste Folgen nach sich ziehen, sein Verhalten beeinflussen und für sein ganzes Leben seinem Geschmack und seinen Bestrebungen einen seltsamen Charakter geben.

Ich war in meinen Jugendjahren in Rom mit einem Schüler der französischen Akademie bekannt, welcher mir alle zu einem grossen Künstler erforderlichen Eigenschaften zu besitzen schien, hätte er seinem Geschmacke, seiner Empfindung und ich möchte hinzufügen sogar seinen Vorurteilen mehr Spielraum gewährt. Er sah und fühlte die Vorzüge der grossen Kunstwerke, die uns umgaben, beklagte aber, dass man hier die Natur nicht finde, welche in den untergeordneteren Schulen so bewundernswert wäre, und er setzte mit Felibien, De Piles und anderen Theoretikern voraus, dass in einer Vereinigung der verschiedenen Vorzüge die Kunst ihre höchste Vollendung zu erblicken hätte. Er wusste nicht, dass diese beschränkte Auffassung von der Natur, deren Fehlen in den Werken jener grossen Künstler er beklagte, die Erhabenheit der allgemeinen Ideen zerstört hätte, welche er bewunderte und die tatsächlich die Ursache seiner Bewunderung war. Da meine Ansichten damals noch wirr und unklar waren, lief ich Gefahr, durch diese Art eines scheinbar richtigen Schliessens mitgerissen zu werden, obwol der Verdacht, dass dies keine gesunde Lehre sei, damals schon in mir aufdämmerte; und zugleich widerstrebte es mir, eigensinnig meine Zustimmung zu etwas zu verweigern, dessen Widerlegung mir nicht möglich war.

Es war zum grossen Teil der Zweck dieser Reden, die jungen Künstler abzuhalten, sich vom rechten Wege ableiten zu lassen, um dem zu folgen, was ihnen auf den ersten Blick als Vernunfterkenntnis erscheinen mag, was auch indertat zum Teil, aber nicht im Ganzen vernünftig ist.

Ich habe jede Gelegenheit benützt, um eine vernünftige Studienmethode als von höchster Bedeutung zu empfehlen. Der grosse, und ich möchte sagen einzige, Nutzen einer Akademie ist, Schüler auf diesen Weg zu führen und eine Zeitlang auf demselben zu erhalten, nicht zu viele Eigenheiten zu dulden und die jungen Leute nicht glauben zu lassen, dass, was im Allgemeinen für Andere gut sei, sich für sie nicht eigne.

Ich habe in meinen früheren Reden, wie ich es in dieser meiner letzten tue, nachdrücklich einzuprägen gesucht, wie weise und notwendig es ist, vorher die geeigneten Werkzeuge der Kunst, die richtige erste Zeichnung und einfache, edle Farbengebung zu erlangen, bevor irgend etwas Weiteres versucht wird. Aber damit wünsche ich nicht den Geist zu fesseln und einzuzwängen, oder jene zu entmutigen, die der Eingebung eines heftigen Triebes folgen, wie wir Alle es wol zu irgend einer Zeit getan haben mögen; etwas muss grossen und unwiderstehlichen Neigungen zugestanden werden, und vielleicht ist nicht jeder Schüler streng an die allgemeinen Methoden zu binden, wenn diese der eigentümlichen Richtung seines Geistes heftig widerstreiten. Ich muss gestehen, dass es nicht unbedingt von grosser Bedeutung ist, ob er nach der gewöhnlichen Methode vorgeht, erst die mechanische Fertigkeit zu erwerben, ehe er künstlerischen Flug wagt, vorausgesetzt, dass er eifrig die ganze Vollkommenheit des Stiles zu erreichen sucht, den er verfolgt; ob er nun, wie Parmegianino, nach Anmut und Erhabenheit der Malweise strebt, bevor er genau Zeichnen gelernt hat, wenn er gleich diesem seinen eigenen Mangel fühlt und wie dieser ausgezeichnete Künstler daran arbeiten will, diese Mängel auszufüllen; oder ob er von Osten oder Westen ausgeht, wenn er in der Bemühung, zuletzt dasselbe Ziel zu erreichen, nur nie ermattet. Das erste öffentliche Werk Parmegianinos ist der Hl. Eustachius in der Petroniuskirche zu Bologna; er malte es, als er noch ein Knabe war. Und eines seiner letzten Werke ist Moses die Gesetzestafeln zerbrechend, in Parma. Im ersteren liegt sicherlich etwas von Grösse im Umriss und in der Auffassung der Gestalt, welche das Aufdämmern künftiger Bedeutung enthüllt, und einen jungen, von Michel-Angelos Erhabenheit durchdrungenen Geist zeigt, dessen Stil er nachzuahmen versucht, obwol er damals die menschliche Gestalt nicht einmal mit dem gewöhnlichen Grade von Richtigkeit zu zeichnen vermochte. Aber als derselbe Parmegianino im reiferen Alter den Moses malte, hatte er seine früheren Fehler so vollkommen gut gemacht, dass wir nicht wissen, was wir hier mehr bewundern sollen, die Richtigkeit der Zeichnung oder die Grossartigkeit der Auffassung. Als Bestätigung der grossen Trefflichkeit dieses Bildes und des Eindruckes, den es auf feinfühlige Beschauer macht, will ich erwähnen, dass unser grosser lyrischer Dichter, als er die erhabene Gestalt des empörten, wallisischen Barden schuf,[251] zugestanden hat, dass er, trotz vieler dazwischenliegender Jahre, seine Phantasie an der Erinnerung dieser edlen Gestalt Parmegianinos erwärmt habe.

Wenn wir bedenken, dass Michel-Angelo das grosse Urbild gewesen, welchem Parmegianino die Grösse, die wir in seinen Werken
finden, zu danken hatte, und von dem seine Zeitgenossen und Nachfolger Alles ableiteten, was sie an Würde und Majestät besassen;
dass er das helle Licht geworden war, von dem die Malerei neuen
Glanz borgte; dass sie unter seiner Hand eine neue Erscheinung
angenommen und eine andere und überlegene Kunst geworden ist —
wenn all das bedacht wird, bin ich zu entschuldigen, wenn ich
diese Gelegenheit, wie jede frühere benütze, um Ihre Aufmerksamkeit auf den erhabenen Begründer und Vater der modernen Kunst
zu lenken, deren Erfinder er nicht nur war, sondern die er auch
durch die göttliche Kraft seines eigenen Geistes mit einem Schlage
auf den höchsten Gipfel ihrer möglichen Vollendung gehoben hat.
Die plötzliche Reife, zu welcher Michel-Angelo unsere Kunst gebracht
hat, und die relative Schwäche seiner Nachfolger und Nachahmer
könnte vielleicht auf vernünftige, wenigstens wahrscheinliche Weise
erklärt werden, wenn wir für eine solche Prüfung Zeit hätten.
Gegenwärtig will ich nur bemerken, dass die untergeordneten Teile
unserer Kunst und vielleicht auch anderer Künste, sich durch langsam fortschreitendes Wachstum ausbreiten, aber jene, welche von
angeborener Gewalt der Einbildungskraft abhängen, gewöhnlich
auf einmal in ihrer Schönheitsfülle hervorbrechen. Hiervon ist
Homer mit Wahrscheinlichkeit und Schakespeare mit grösserer
Sicherheit, als vorzügliches Beispiel anzuführen, Michel-Angelo besass die poetische Richtung unserer Kunst in ausserordentlich hohem
Grade, und derselbe kühne Geist, welcher ihn zuerst zur Erforschung
unbekannter Regionen der Phantasie antrieb, den die Neuheit entzückte und den der Erfolg der Entdeckungen aufmunterte, dieser
konnte nicht verfehlen, ihn auf seiner Laufbahn zur Überschreitung
jener Grenzen anzueifern, über welche hinauszukommen seine dieses
Antriebes ermangelnden Nachfolger nicht die Kraft gehabt haben.
　　　Um zwischen Richtigkeit in der Zeichnung und jenem Teile,
welcher die Einbildungskraft betrifft, zu unterscheiden, können wir
sagen, dass das Eine sich dem handwerksmässigen, das in seiner
Art auch gerechte Ansprüche auf Genie besitzt, und das Andere
dem Poetischen nähert. Um zu einem tüchtigen und kraftvollen
Studiengange zu ermutigen, ist es wol am Platze zu erwähnen, dass
die sichere Vertrautheit mit dem Technischen in der Kunst vielleicht Kühnheit im Poetischen erzeugt. Wer von der Güte seines
Schiffes und des Takelwerkes überzeugt ist, verlässt das Ufer ohne

Furcht; und wer weiss, dass seine Hand ausführen kann, was immer seine Phantasie vorschlägt, ergeht sich mit grösserer Freiheit in der Verkörperung der im Geiste selbst erschaffenen Gestalten. Ich will nicht sagen, dass Michel-Angelos poetische Kraft nur darin ihren Ursprung hatte, dass er technisch so Grosses leisten konnte; aber ich bin überzeugt, dass seine technische Meisterschaft seinen Geist stärkte und ermutigte, die Malerei in das Bereich der Poesie zu leiten und diese Kunst zu ihren verwegensten Flügen anzueifern. Michel-Angelo besass beide Fähigkeiten in gleichem Maasse. Jedoch gab es grosse Beispiele technischer Meisterschaft bereits in der Bildhauerei der Antike und besonders in dem unter dem Namen Torso des Michel-Angelo bekannten Fragmente.[252]) Aber von jener Erhabenheit des Charakters, des Wesens und der Haltung, welche er allen seinen Gestalten zu geben wusste, und die so gut mit der Erhabenheit seiner Umrisse übereinstimmte, gab es kein Beispiel; dies konnte daher nur von seiner höchst poetischen und erhabenen Einbildungskraft herrühren.

Es ist unmöglich, nicht einiger Verwunderung darüber Ausdruck zu verleihen, dass die Maler, welche Michel-Angelo vorangingen, Männer von anerkannt grossen Fähigkeiten, niemals daran gedacht haben sollten, ein wenig von der Grösse der Umrisse, welche sie in der antiken Sculptur sehen und bewundern mussten, in ihre eigenen Werke zu übertragen; aber sie scheinen die Sculptur so betrachtet zu haben, wie die späteren Künstlerschulen die Schöpfungen Michel-Angelos betrachteten — als etwas, was zu bewundern wäre, womit sie aber weiter nichts zu tun haben wollten:[253]) „quod super nos, nihil ad nos". — Die Künstler jener Zeit, sogar selbst Raffael, scheinen sehr befriedigt in der trockenen Manier Pietro Peruginos weiter zu arbeiten, und wenn Michel-Angelo nie erschienen wäre, würde die Kunst vielleicht noch in derselben Weise weiter fortgeführt worden sein.

Neben Rom und Florenz, wo sich die Grossartigkeit dieses Stiles zuerst entfaltete, waren es die Carracci, welche auf diese Grundlage die wirklich erhabene, akademische bologneser Schule aufbauten, zu welcher Pellegrino Tibaldi den ersten Stein gelegt hat.[254]) Er führte diesen Stil zuerst dort ein, und es könnten viele Beweise angeführt werden, aus welchen erhellt, dass er sich wie durch Erbschaft im Besitz des wahren, echten, edeln, erhabenen Geistes Michel-Angelos befunden hat. Obwol wir nicht wagen können, mit gleicher Liebe wie seine Landsleute von ihm zu sprechen und ihm „nostro Michel-Angelo riformato" zu nennen, wie die Carracci es taten, so hat er doch ein Anrecht darauf. für einen der grössten und bedeutendsten unter den Nachfolgern Michel-Angelos gehalten zu werden. Es giebt auch gewiss viele seiner Zeichnungen und Entwürfe für deren Autor zu gelten selbst Michel-Angelo sich nicht schämen dürfte, und die auch indertat oft für die seinen gehalten werden. Ich will ein besonderes Beispiel erwähnen, weil es sich in einem Buche findet, das jeder junge Künstler in Händen hat, Bishops „Antike Statuen".[255]) Dort befindet sich ein Stich nach einer Zeichnung Tibaldis, Polyphem darstellend, die mit dem Namen Michel-Angelos bezeichnet ist, welchem in demselben Buche auch eine Sybille von Raffael zugeschrieben wird. Diese beiden Figuren sind in Wahrheit offenbar in Michel-Angelos Stil und Geist gehalten und seiner Hand sogar würdig, aber wir wissen, dass die erstere von Tibaldi im Institute a Bologna, die andere von Raffael in der Pace gemalt ist.

Die Carracci haben sich das Technische der Kunst anerkanntermaassen mit grossem Erfolge angeeignet. Doch das Göttliche. welches sich an die Einbildungskraft wendet, wie es Michel-Angelo oder Tibaldi besassen, lag ausserhalb ihres Bereiches. Sie bildeten aber immerhin eine höchst achtungswerte Schule und einen Stil, der sich mehr in der Richtung der grossen Menge bewegte und auch mehr auf ihren Beifall berechnet war; und wenn derartige Vorzüge nach der Zahl und nicht nach der Bedeutung und Qualität der Bewunderer geschätzt werden, dann würden sie sogar einen höheren Rang in der Kunst einnehmen. Dasselbe kann in gewisser Art von Tintoretto, Paul Veronese und anderen venetianischen Malern gesagt werden. Sie erhöhten die Würde ihres Stiles natürlich bedeutend dadurch, dass sie zu der bezaubernden Gewalt ihrer Farben etwas von der Kraft Michel-Angelos hinzufügten; indessen könnte man immerhin bezweifeln, ob der Reiz ihrer Ornamentik eine vorteilhafte Zugabe zu seiner Erhabenheit war. Aber wenn es eine Malweise giebt, von der man sagen kann, dass sie sich auf natürliche Weise mit seinem Stil vereinigt, so ist es die von Tizian. Seine Behandlung, die Art, wie er die Farben auf die Leinwand auflegt, scheint aus einem bis zu diesem Punkte verwandten Geiste zu entspringen, welcher das Urteil der Menge in gleicher Weise geringschätzt.

Die derart gemilderte und dem allgemeinen Geschmack annehmbarer gemachte Kraft Michel-Angelos erinnert mich an eine

Bemerkung, die ich von einem gelehrten Kritiker[256]) hörte, als gelegentlich gesagt wurde, dass unsere Übersetzung Homers, so vortrefflich sie sei, doch weder die Eigenart des Originales wiedergäbe, noch auch die Grossartigkeit desselben besässe. Er entgegnete, dass Popes Übersetzung nicht einer so günstigen Aufnahme begegnet wäre und er sich mit weniger Lesern hätte begnügen müssen, wenn er die unverhüllte Majestät Homers nicht mit der Anmut und Zierlichkeit der neuen Mode umkleidet hätte, wiewol die echte Würde Homers durch ein solches Gewand erniedrigt wurde.

Viele niederländische Maler, die während jener grossen Aera unserer Kunst in Rom studierten, wie Frans,[257]) Heemskerk,[258]) Michael Coxie,[259]) Jerom Cock[260]) und Andere, kehrten mit so viel von jener erhabenen Auffassung, als sie nur aufzunehmen vermochten, in ihre Heimat zurück. Aber wie Samen, welcher auf einen unvorbereiteten, seiner Natur nicht angepassten Erdboden fällt, gedieh Michel-Angelos Manier bei ihnen nur wenig. Immerhin trugen sie vielleicht dazu bei, den Weg für jene freien, leichten und zwanglosen Umrisse zu ebnen, welche Rubens später in Nachahmung der venezianischen Maler eingeführt hat.

Dieser erhabene Stil hat sich in verschiedenem Maasse über ganz Europa ausgebreitet. Einige nahmen ihn auf, da sie zu gleicher Zeit mit dem ersten Schöpfer desselben lebten und mit ihm in Berührung kamen, während Andere ihn aus zweiter Hand erhielten; und da er überall angenommen wurde, veränderte er den ganzen Geschmack und Stil im Entwerfen, wenn überhaupt vor dieser Zeit von einem Stile gesprochen werden kann. Unsere Kunst nimmt in Folge dessen jetzt eine Stellung ein, welche sie nie anzustreben gewagt haben würde, wenn Michel-Angelo nicht der Welt jene verborgenen Kräfte enthüllt hätte, welche die Kunst immer besessen hat. Ohne seine Unterstützung hätten wir uns nicht überzeugen lassen, dass die Malerei fähig wäre, eine entsprechende Darstellung der Persönlichkeiten und Handlungen der Helden der Iliade hervorzubringen.

Ich möchte Jeden fragen, der überhaupt imstande ist, solche Werke zu beurteilen, ob er mit Gleichgültigkeit auf die Personifikation des höchsten Wesens im Mittelpunkte der Sixtinischen Kapelle[261]) blicken kann, oder auf die Gestalten der Sybillen,[262]) welche diese Kapelle umgeben, und weiter auf die Statue des Moses;[263]) ich möchte fragen, ob diese Werke nicht dieselben Empfindungen erregen, welche wir uns erinnern beim Lesen der erhabensten

Stellen Homers gefühlt zu haben? Ich erwähne insbesondere diese
Figuren, weil sie sich mit dem Jupiter, den Halbgöttern und
Helden Homers am Besten vergleichen lassen; denn diese Sybillen
und Propheten sind eine Art von Übergangswesen zwischen Menschen
und Engeln. Es können freilich Beispiele aus den Werken anderer
Maler angeführt werden, welche mit Recht mit den erwähnten wett-
eifern könnten, wie Raffaels Jesaias[264]) und die Vision Ezechiels[265]),
Fra Bartolomeos St. Marcus[266]) und vieles Andere; aber es muss
zugestanden werden, dass jene Werke so sehr in Michel-Angelos
Denkweise gehalten sind, dass sie mit Recht als eben so viele
Strahlen betrachtet werden können, die klar auf ihren Ausgangs-
punkt hinweisen.

Das Erhabene in der Malerei wie in der Dichtkunst nimmt
die ganze Seele so völlig in Anspruch, dass für kleinliche Be-
mängelung kein Raum bleibt. Der kleine Aufputz der Kunst
verliert allen Wert neben diesen so gross ausgedrückten grossen
Gedanken und erscheint wenigstens für den Augenblick unserer
Beachtung unwürdig; neben ihnen verschwindet sogar das richtige
Urteil, die Reinheit des Geschmackes, welche Raffael kennzeichnen,
wie die ausgezeichnete Anmut Correggios und Parmegianinos.

Dass Michel-Angelo in seinen Einfällen launenhaft war, kann
nicht geleugnet werden; und das macht beim Studium seiner Werke
etwas Vorsicht nötig. Denn was ihm gut anzustehen scheint, ist
für den Nachahmer oft gefährlich und wirkt manchmal geradezu
lächerlich. „In diesem Kreis darf Niemand gehn als er.“[267]) In
meinen Augen vermindert seine Launenhaftigkeit die Achtung vor
seinem Genie nicht, obwol ich zugebe, dass sie oft bis zum Äussersten
geht; und wie immer diese Überspanntheiten auch beurteilt werden,
wir müssen bedenken, dass diese Fehler, wenn sie Fehler sind,
nicht zu jenen gehören, die einem flachen, gewöhnlichen Geiste
entspringen, dass sie aus derselben Quelle strömen, aus welcher
des Künstlers grösste Schönheiten stammen, und dass es daher
Fehler sind, die Niemand als er zu begehen imstande war. Sie
waren die mächtigen Triebe eines Geistes, welchem jede Art von
Unterordnung fremd war und der zu hoch stand, um von kalter
Kritik beherscht zu werden.

Manche sehen nur seine Übertreibungen und sind gegen alles
Andere blind. Ein junger Künstler findet Michel-Angelos Werke
so völlig verschieden von denen seines eigenen Meisters oder aller
Derer, die ihn umgeben, dass er sich leicht dazu versteht, das

Studium eines Stiles zu vernachlässigen und zu unterlassen, welcher ihm wild, geheimnisvoll und unverständlich erscheint, und den zu bewundern er daher keine Neigung fühlt, eine Neigung, von welcher er glaubt, dass sie sich von selbst einstellen müsse, wenn der Stil sie verdiente. Es ist daher nötig, die Schüler auf die Enttenschung vorzubereiten, welche sie anfänglich vielleicht erfahren werden, und ihnen vorherzusagen, dass sie wahrscheinlich beim ersten Anblicke nicht befriedigt sein werden.

Man muss bedenken, dass dieser hohe Stil selbst im höchsten Grade kunstvoll ist und in dem Beschauer einen ausgebildeten, kunstvoll vorbereiteten Geisteszustand voraussetzt. Es ist daher lächerlich, anzunehmen, dass wir mit diesem Geschmacke geboren sind, obwol der Same dazu in uns liegt und durch die Wärme und den milden Einfluss des Genies in uns gereift werden kann.

Ein neuerer Philosoph und Kunstrichter[268]) hat, indem er vom Geschmacke spricht, die Bemerkung gemacht: „wir haben auf keinen Fall zu erwarten, dass die schönen Dinge zu uns herabsteigen, unser Geschmack muss, wenn möglich, daran gewöhnt werden, sich zu ihnen zu erheben." Derselbe gelehrte Schriftsteller empfiehlt uns sogar „Wohlgefallen zu heucheln, bis wir merken, dass das Wohlgefallen kommt, und fühlen, dass Das, was als Einbildung begann, schliesslich in die Wirklichkeit übergeht". Wenn in unserer Kunst irgend etwas von der gesetzmässig begründeten Harmonie enthalten ist, wie sie sich, glaube ich, bei der Musik findet, und womit der Kritiker unbedingt vertraut sein muss, um ein richtiges Urteil zu fällen, dann wird der Vergleich mit dieser Kunst beweisen, was ich über diese Punkte gesagt habe, und die Wahrscheinlichkeit, wir könnten sagen, die Gewissheit erbringen, dass den Menschen das Wohlgefallen an jenen Künsten in ihrer höchsten Verfeinerung, die sie nicht verstehen und von deren Wirkungen sie daher auch nicht ergriffen werden können, durchaus nicht angeboren ist. Dieser grosse Stil Michel-Angelos ist eben so weit entfernt von schlichter Darstellung der gewöhnlichen Gegenstände der Natur, als die verfeinertste italienische Musik von den kunstlosen Tönen der Natur, aus welchen sie beide augenscheinlich entspringen. Und sollte eine solche innere Gesetzmässigkeit nicht bestehen, so können wir doch sicher sein, dass die höchste und feinste Ausbildung irgend einer dieser Künste nicht ohne lange und eifrige Beschäftigung mit ihr genossen werden kann.

Wenn wir diese erhabene Kunstrichtung verfolgen, arbeiten

wir, wie zugegeben werden muss, unter grösseren Schwierigkeiten
als Jene, die in der Zeit ihrer Entstehung geboren wurden, seit
ihrer Kindheit an diesen Stil gewöhnt waren und ihn als Sprache,
als Muttersprache lernten. Sie hatten keinen niedrigen Geschmack
zu verlernen; sie bedurften keiner überzeugenden Rede, um zu
günstiger Aufnahme dieses Stiles bestimmt zu werden, keiner
schwierigen Erforschung seiner Grundsätze, um die grossen, ihm
innewohnenden Wahrheiten zu erkennen, auf welchen er beruht.
Wir sind in diesen späteren Tagen gezwungen, eine Art Grammatik
und Wörterbuch zu Hilfe zu nehmen, als die einzigen Mittel, eine
tote Sprache wieder zu beleben. Jene lernten sie durch die Übung,
und vielleicht auf diese Weise besser als durch Vorschriften.

Michel-Angelos Stil, welchen ich mit der Sprache verglich,
und der, poetisch ausgedrückt, die Sprache der Götter genannt
werden könnte, existiert nicht mehr, wie im fünfzehnten Jahrhunderte,[269] aber durch Fleiss können wir dem erwähnten Mangel,
nämlich dass wir seine Werke nicht fortwährend vor Augen haben,
zum grossen Teil abhelfen, indem wir zu Abgüssen seiner Modelle
und zu den Entwürfen für seine Sculpturen Zuflucht nehmen, zu
Zeichnungen oder sogar zu Kopien dieser Zeichnungen, zu Stichen,
die, so schlecht sie auch ausgeführt sein mögen, doch etwas mitteilen, wodurch dieser Geschmack gebildet und Wohlgefallen an
jener grossartigen Art des Schaffens in uns erregt und befestigt
werden kann. Einige Beispiele dieser Art befinden sich in der
Akademie, und ich wünschte aufrichtig, dass wir mehr davon
hätten, damit die jungen Künstler diesen Geschmack mit ihrer
ersten Nahrung empfangen könnten, während Andere, die sich für
die Ausübung des gewöhnlichen Stiles der Malerei bereits entschieden haben, ihren Werken durch diese Mittel Grösse einzuflössen vermöchten.

Ich werde jetzt einige Bemerkungen über den Weg machen,
der bei einem solchen Studium meiner Ansicht nach am Besten
einzuschlagen ist. Ich wünschte, dass Sie sich mehr an die Haupt-
quelle, als an Das halten möchten, was von ihr abgeleitet ist, obwol
auch Nachahmungen nicht ausser Acht gelassen werden dürfen,
denn sie können Andeutungen darüber geben, in welcher Weise Sie
nachahmen sollen, und wie das Genie eines Mannes der Eigenart
eines anderen angepasst werden kann.

Um jenen verloren gegangenen Geschmack wiederzugewinnen,
möchte ich den jungen Künstlern empfehlen, die Werke Michel-

Angelos zu studieren, wie er selbst die Werke der antiken Bildhauer studierte; er begann als Kind die Kopie eines verstümmelten
Satyrhauptes und ergänzte an seiner Arbeit, was dem Originale
fehlte. In derselben Weise möchte ich dem jungen Künstler
empfehlen, sobald er zum ersten Male eine Komposition versucht,
hiezu wenn möglich alle Gestalten aus Michel-Angelos Kompositionen
zu wählen. Wenn solche geborgte Gestalten nicht zum Zwecke
passen wollen und er gezwungen ist, einen Wechsel vorzunehmen
und eine eigene Figur hineinzustellen, dann wird diese notwendigerweise im gleichen Stile gehalten sein, wie alles Übrige, und sein
Geschmack wird auf diese natürliche Weise geweiht und im Schoosse
der Erhabenheit auferzogen. Er wird leichter durch einen einzigen
praktischen Versuch erkennen, was diesen grossen Stil ausmacht,
als durch tausend Spekulationen, und er verschafft sich in gewisser
Art jenen Vorteil, der seit Michel-Angelo den Jüngern der Kunst
versagt blieb: den Vorteil, den grössten aller Künstler zum Meister
und Lehrer zu haben.

Die nächste Lection sollte sein, den Zweck der Figuren zu
ändern, nicht aber ihre Stellung, ähnlich wie es Tintoretto mit
Michel-Angelos Samson[270]) getan hat. Statt der Gestalt, über
welcher Samson steht, hat er einen Adler gesetzt; statt des Kinn-
backenknochens gab er ihm Blitz und Donner in die rechte Hand.
Und so ward Samson zum Jupiter. In derselben Weise nahm Tizian
die Figur, welche Gott darstellt, wie er das Licht von der Finsternis
scheidet, von dem Gewölbe der sixtinischen Kapelle[271]) und fügte
sie in die berühmte Schlacht von Cadore[272]) ein, welche Vasari so
sehr gefeiert hat; und so seltsam es scheinen mag, er änderte die
Gestalt hier zu einem vom Pferde sinkenden Feldherren. Ein echter
Kunstrichter, der das Bild sähe, würde sofort sagen, dass diese
Figur in grösserem Stile gehalten sei als irgend eine andere Gestalt
der Komposition. Diese zwei Beispiele mögen genügen, obwol noch
viel Derartiges aus ihren Werken, sowie auch aus denen anderer
Künstler angeführt werden könnte.

Wenn der Schüler an diese grosse Auffassung der Kunst
gewöhnt wurde, wenn sein Geschmack an diesem Stile fest begründet ist, einen Teil seiner selbst ausmacht und mit seinem
Geiste verwoben ist, dann wird er mit der Zeit die Fähigkeit errungen haben, auszuwählen was immer Grosses sich in der Natur
findet und diesem nun erworbenen Geschmack entspricht, und an
dem Gewöhnlichen und Flachen vorüberzugehen. Dann kann er

solche Werke seiner eigenen Einbildungskraft in Verkehr bringen,
und sie werden den allgemeinen Vorrat unserer Kunstgebilde vermehren und bereichern.

Ich bin von der Wahrheit und Richtigkeit des Rates, den ich
hiemit gebe, überzeugt; zugleich bin ich mir bewusst, wie sehr ich
mich dem Spotte jener Kunstrichter blosgestellt habe, welche
unsere Kunst für eine Sache der Eingebung halten. Aber ich
würde es bedauern, wenn es mir selbst an jenem Mute fehlte,
welchen ich den Schülern in anderer Beziehung empfahl; der
gleiche Mut vielleicht wird vom Ratgeber und von Dem gefordert,
der den Rat empfängt; in gleicher Weise müssen Beide beschränkten Anschauungen der Menge Trotz bieten.

Es muss zugestanden werden, dass die Kunst sich von Michel-
Angelos Zeiten bis zur Gegenwart in einem Zustande fortschreitenden
Nieserganges befindet; und wir können diese Abnahme mit Recht
derselben Ursache zuschreiben, welcher die alten Kunstrichter und
Philosophen den Verfall der Beredtsamkeit zugeschrieben haben.
Indertat bringen die gleichen Ursachen zu allen Zeiten die gleichen
Wirkungen hervor; Indolenz, Vernachlässigung der Bemühungen,
welche die grossen Vorgänger aufwendeten, der Wunsch, einen
kürzeren Weg zu finden — dies sind im allgemeinen die schuld-
tragenden Ursachen. Die Worte des Petronius sind sehr bemerkenswert. Nachdem er der gezwungenen, schwülstigen Ausdrucksweise
der damaligen Mode die natürliche keusche Schönheit der Beredtsamkeit früherer Zeiten entgegengestellt hatte, sagt er: „auch
hat die Malerei kein besseres Schicksal erfahren, nachdem die
Kühnheit der Aegypter ein abgekürztes Verfahren ausfindig gemacht
hatte, um eine so grosse Kunst auszuführen".[273])

Unter abgekürzt meint er, wie ich ihn verstehe, jene Malweise, welche auch den Stil der späteren italienischen und französischen Maler angesteckt hat, jene alltägliche, gedankenlose
Manier, jenes Arbeiten wie nach einem Recepte, ohne viele Mühe,
im Gegensatze zu jenem Stile, an welchem selbst Wohlgefallen zu
empfinden schon nicht ohne Sorgfalt und lange Aufmerksamkeit
möglich ist, und den anwenden zu können gewiss den alleremsigsten
Fleiss erfordert.

Ich habe mich bemüht, den Ehrgeiz der Künstler auf diesen
grossen Weg zum Ruhme zu lenken, habe, so gut ich es vermochte,
den Pfad gezeigt, welcher dahin führt, und habe ihnen zugleich
den Preis genannt, um welchen er erreicht werden kann. Es

ist ein altes Wort, dass Arbeit der Preis ist, den die Götter auf
Alles gesetzt haben, was Wert besitzt.

Der grosse Künstler, welcher grösstenteils Gegenstand dieser
Rede war, zeichnete sich seit seiner Kindheit durch unermüdlichen
Fleiss aus; und diesen setzte er durch sein ganzes Leben fort, bis
hohes Alter ihn daran verhinderte. Der ärmste Mann, wie er selbst
bemerkte, arbeitete aus Not nicht mehr, als er durch freie Wahl.
Wirklich scheint er auch nach Allem, was von seinem Leben
erzählt wird, nicht im Geringsten daran gedacht zu haben, dass
seine Kunst durch irgend welche andere Mittel zu erringen sei, als
durch grosse Arbeit; und doch könnte er unter allen Menschen,
die jemals lebten, die grössten Ansprüche auf die Wirksamkeit angeborenen Genies und höherer Eingebung erheben. Ich zweifle
nicht, dass er es für keine Schande gehalten hätte, wenn von ihm
gesagt worden wäre, was er selbst von Raffael gesagt hat, dass
er seine Kunst nicht von Natur, sondern durch langes Studium
besässe.[274]) Er war sich bewusst, dass die grosse Vortrefflichkeit,
welche er erreicht hatte, durch die Kraft der Arbeit gewonnen
war, und der Gedanke sagte ihm nicht zu, anzunehmen, dass irgend
eine ausserordentliche Geschicklichkeit, so natürlich ihre Wirkungen
auch scheinen mochten, zu einem billigeren Preis gekauft werden
könne, als er dafür gezahlt hatte. Dies scheint der wahre Grund
jener Bemerkung gewesen zu sein. Wir können nicht annehmen,
dass sie mit irgend einer Absicht, Raffaels Genie herabzusetzen,
gemacht wurde, von dem er, wie Condivi[275]) sagt, immer mit der
grössten Achtung gesprochen hat; obwol sie Nebenbuhler waren,
gab es zwischen ihnen doch keine niedrige Denkungsart, und auch
Raffael empfand seinerseits die höchste Verehrung für Michel-Angelo,
wie auch aus seinen auf uns gekommenen Worten hervorgeht, dass
er sich selbst beglückwünsche und Gott danke, in derselben Zeit
wie jener Maler geboren zu sein.

Wenn die hohe Achtung und Verehrung, in welcher Michel-Angelo
bei allen Nationen und zu allen Zeiten stand, auf Rechnung von
Vorurteilen zu setzen wäre, so muss doch zugegeben werden, dass
diese Vorurteile sich nicht ohne Grund so lange erhalten konnten;
der Grund unseres Vorurteiles wird dann zur Quelle unserer Bewunderung. Aber woraus immer diese entspringen und wie man
sie benennen mag, es wird hoffentlich nicht anmaassend erscheinen,
wenn ich mich der Schaar seiner, ich kann nicht sagen Nachahmer,
aber Bewunderer anschliesse. Ich habe eine andere Bahn gewählt,

eine Bahn, welche meinen Fähigkeiten und dem Geschmacke der
Zeit, in der ich lebe, mehr zusagt. Aber so wenig gewachsen ich
mich dem Wagnisse fühle, hätte ich jetzt das Leben von Neuem zu
beginnen, so würde ich in die Fuss-Spuren dieses grossen Meisters
treten; den Saum seines Kleides zu küssen, den geringsten seiner
Vorzüge zu erreichen, wäre Auszeichnung und Ruhm genug für
einen ehrgeizigen Mann.

Ich beglückwünsche mich selbst, dass ich mich solcher Gefühle
fähig weiss, wie er sie zu erregen beabsichtigt hat. Ich hoffe nicht
ohne Eitelkeit, dass diese Reden Zeugnis ablegen von meiner Bewunderung für diesen wirklich göttlichen Mann, und ich wünschte,
das letzte Wort, welches ich in dieser Akademie und von dieser
Stelle aus spreche, sei der Name: Michel-Angelo.[276])

Anmerkungen.

[1]) Widmung der in der Ausgabe von 1778 veröffentlichten ersten sieben Reden.

[2]) From a dry, G o t h i c k, and even insipid manner. Vgl. L e s l i e S t e p h e n, History of English thought in the Eighteenth Century II, 444 f.

[3]) Ideas.

[4]) Pope, Epistel an eine Dame: „To snatch a grace beyond the reach of Art."

[5]) Annibale Carracci, Schüler und Neffe des Lodovico C., vgl. Anm. 7, (1560 bis 1606), der bedeutendste der Familie C. Studierte wie Jener in eklektischer Weise Correggio, Tintoretto, P. Veronese, Raffael und M.-Angelo. Sein Hauptwerk die von 1600 bis 1608 geschaffenen mythologischen Fresken im Pal. Farnese.

[6]) Glazing.

[7]) Lodovico Carracci, Gründer der Schule der Eklektiker in Bologna (1555 bis 1619), Onkel des oben (Anm. 5) genannten Annibale. Er stiftete in B. die „Accademia degli incamminati" (die Akademie der auf den richtigen Weg Gebrachten) und führte zuerst wieder das Studium der grossen Meister der Blütezeit als Grundlage für eine Neugestaltung der Malerei ein. Die meisten seiner Werke (Fresken und Ölbilder) in Bologna.

[8]) In der Accademia delle Belle Arti.

[9]) Fresken aus der Geschichte des Herkules.

[10]) Jacopo da Ponte, nach seiner Vaterstadt genannt B a s s a n o, (1510—1592) und 4 Söhne.

[11]) Federigo Baroccio (1528—1602) ein Nachahmer zuerst Raffaels dann Correggios; mehrere durch einen gewissen Schmelz des Kolorites ausgezeichnete Werke in Perugia, Dresden, München, Paris, Madrid.

[12]) Chiaro oscuro.

[13]) Hist. XXXV, 28.

[14]) (Lib. 2 in Timaeum Platonis, wie Junius in seinem Buche „de Pictura Veterum" anführt. R.).

[15]) Central form.

[16]) (Essays Edit. 1625, P. 252. R.).

[17]) But still none of them is the representation of an individual, but of a class.

[18]) Abstract idea.

[19]) („Jene," sagt Quintilian, „welche von der Aussenseite der Dinge eingenommen werden, denken, dass in Personen, welche geputzt, gekräuselt und gemalt

sind, mehr Schönheit ist, als die unverdorbene Natur geben kann; als ob Schönheit nur aus der Verdorbenheit der Sitte hervorginge." R.)

²⁰) Nature in the abstract.

²¹) R. missversteht offenbar die Äusserung Vasaris (vgl. Le Monnier X, 264) und weiss nichts von der innigen Verbindung Dürers mit den zeitgenössischen Italienern, deren Viele gerade ihn nachgeahmt haben. Vgl. Thausing, Dürer II, 90 ff.

²²) Bei Reynolds Bourgognone. Jedenfalls aber jener französiche Schlachtenmaler, eigentlich Jacques Courtois (auch Cortese) gemeint (1621—1676).

²³) Van de Velde, Willem der Jüngere (1633—1707), der ältere Bruder des Landschaftsmalers Adrian v. d. V. (1639—1672), Schüler de Vliepers, der beste Marinemaler der holländischen Schule, seine Bilder fast durchwegs in England.

²⁴) Mere matter of ornament.

²⁵) In der 3. Rede.

²⁶) General air.

²⁷) Der schleudernde David, Jugendwerk Berninis, Marmorfigur, zwischen 1613 und 1616 in sieben Monaten ausgeführt (Villa Borghese).

²⁸) Maratti, auch Maratta, römischer Maler (1625—1713), Schüler des Sacchi, bildete sich nach Raffael, von geringem Verdienste.

²⁹) Sebastian Bourdon, Maler und Stecher, geb. 1616 zu Montpellier (Marseille?), gest. 1671 zu Paris. In Rom von A. Sacchi und Claude Lorrain gefördert, kehrte er um das Jahr 1643 nach Frankreich zurück, wo er bald eines seiner Hauptwerke schuf: Die Kreuzigung Petri für Notre-Dame; später Simon den Zauberer für die Kathedrale zu Montpellier. Er betätigte sich auf allen Gebieten der Malerei und ist wegen seiner Schnelligkeit im Arbeiten berüchtigt; seine Manier ist durchaus eklektisch. B. war kurze Zeit schwedischer Hofmaler und starb als Rektor der Pariser Akademie. Vgl. Ponsonailhe Paris, 1886.

³⁰) Shakespeare, „Macbeth", 5. Act, 5. Scene.

³¹) Figures to be let.

³²) (Dicendo, che molto gli piaceva il colorito suo e la maniera; mà che era un peccato che a Venezia non s'imparasse da principio a disegnare bene e che non havessano qué pittori miglior modo nello studio. Vas. III 226. Vita di Tiziano, R.). — Milanesi VII. 447; deutsch von Förster VI, 49.

³³) („Nelle cose della pittura, stravagante, capriccioso, presto e resoluto, et il più terribile cervello che habbia havuto mai la pittura, come si può vedere in tutte le sue opere; e ne' componimenti delle storie, fantastiche e fatte da lui diversamente, e fuori dell 'uso degli altri pittori: anzi ha superato la stravaganza, con le nuove, e capricciose inventioni e strani ghiribizzi del suo intelletto, che ha lavorato a caso, e senza disegno, quasi mostrando che quest'arte una baia." R.) Vasari, Milanesi VI, 587; deutsch von Förster V, 53. R. übersetzt nicht wortgetreu: „Of all the extraordinary geniuses that have practised the art of painting, for wild, capricious, extravagant and fantastical inventions, for furious impetuosity and boldness in the execution of his work, there is none like Tintoret: his strange whimsies are even beyond extravagance, and his works seem to be produced rather by chance, than in consequence of any previous design, as if he wanted to convince the world that the art was a trifle, and of the most easy attainment."

³⁴) Simon Vouet, den Venezianern und Caravaggio nachstrebender französischer Maler (1590—1649), Vorläufer und Lehrer der Sueur, Mignard, Lebrun u. A. Die meisten seiner Bilder in den Kirchen und Schlössern von Paris.

³⁵) Luca Giordano, der durch seine Schnellmalerei berüchtigte „Fa presto", geb. zu Neapel 1632, gest. ebenda 1705, war zuerst Schüler des Ribera und bildete sich dann in Rom an den Werken Raffaels und M.-Angelos; er hat eine Unmasse Bilder geschaffen (in allen Gallerien der Welt zu finden), die hervorragenderen im Buen Retiro (Madrid), in San Martino (Neapel), in Berlin und Wien.

³⁶) (Que cette application singulière n'etoit qu'un obstacle pour empêcher de parvenir au veritable but de la peinture, et celui qui s'attache au principal acquiert par la pratique une assez belle maniere de peindre. — Conference de l'Acad. Franc. R.)

³⁷) Vgl. Anm. 10.

³⁸) The same local principles.

³⁹) „La nature vue en grand" der französischen Übersetzung, Paris, Moutard 1787.

⁴⁰) Man in general.

⁴¹) Particular man.

⁴²) Handling.

⁴³) To a general idea.

⁴⁴) By the acquired dignity token from general nature.

⁴⁵) The general ideas of the drapery.

⁴⁶) Parmigianino (R. schreibt consequent: Parmegiano) „il Parmegianino", eigentlich Francesco Mazzuola (1504—1540), ein eifriger Schüler Correggios, dessen Bilder und Fresken indessen an übertriebener Grazie und Verzeichnungen leiden; seine Porträts weit besser.

⁴⁷) Aus Pope's Epistel an eine Dame, V. 49 ff.

⁴⁸) Guido, gemeint ist G. Reni (1575—1642), Schüler der Carracci, einer der fruchtbarsten Künstler der Zeit, sein berühmtestes Werk das Freskobild der Aurora in Pal. Rospigliosi zu Rom.

⁴⁹) Euphranor vom Isthmos, Maler, Bildhauer, Toreut und Kunstschriftsteller, mit Lysipp Lehrer der argivisch-sikyonischen Schule des Polyklet, um die Mitte des 4. Jahrhunderts v. Chr.

⁵⁰) Plinius XXXIV, 8,19 .

⁵¹) Die Verklärung Christi auf Tabor, das letzte (unvollendete) Werk Raffaels (Vatikan).

⁵²) Man kennt von M.-Angelo ausser der hier gemeinten heiligen Familie, einem von Angelo Doni bestellten Rundbilde (Florenz, Tribuna der Uffizien), welches lange Zeit für das einzige Ölbild M.-Angelos gehalten wurde, seit 1857 noch ein zweites, und zwar ist dies die sogenannte „Madonna von Manchester", ein lange als ein Werk Ghirlandajos bezeichnetes Gemälde, welches auf der Ausstellung zu Manchester 1857, obschon jede äussere Beglaubigung fehlt, als ein Originalwerk M.-Angelos erkannt und später aus dem Besitze des Mr. Labouchère (Lord Taunton) in die Londoner National-Gallerie übertragen wurde; es dürfte aus dem Jahre 1490 stammen, also vor der heiligen Familie geschaffen sein. Vgl. Springer, Raffael und Michel-Angelo 34 f., woselbst neben der heil. Familie auch die Madonna von Manchester abgebildet ist.

⁵³) Edmé Bouchardon, französischer Bildhauer und Baumeister des Rococo (1698—1762); lesenswerte Biographie desselben von Graf Caylus 1762.

⁵⁴) Fancy.

⁵⁵) Imagination.

⁵⁶) Dionysius Cassius Longinus, Neuplatoniker des 3. Jahrhunderts n. Chr.,
273 auf Befehl des Kaisers Aurelianus enthauptet; er hat in seiner Schrift „De
sublimitate" zuerst den Begriff des Erhabenen mit Beziehung auf die Rhetorik
behandelt. Ausgaben: Toup (Oxf. 1778, 1806), Weiske (Leipzig 1809), Egger
(Paris 1837).

⁵⁷) Original.

⁵⁸) G. Reni. Vgl. Anm. 48.

⁵⁹) Tinted.

⁶⁰) [Eine eingehendere Charakterisierung Rubens' findet sich in Reynolds'
„Journey to Flanders and Holland" am Schlusse. M.] Works 1798, II, 413 f.

⁶¹) Römisches Wandgemälde aus der Kaiserzeit, auf ein besseres griechisches
Urbild zurückzuführen, 1606 beim Bogen des Gallienus aufgefunden, nach seinem
ersten Besitzer, dem Kardinal Aldobrandini, benannt. Vgl. Böttiger, die aldobrand.
Hochzeit, Dresden 1810. Gesch. der Malerei von Woltmann, I. Bd., (Die Malerei
des Altertums v. Woermann) Leipzig 1879. 112 ff.

⁶²) Er meint Polidoro da Caravaggio (Caldara), einen tüchtigen Fresken-
maler aus der Schule Raffaels (1495—1543).

⁶³) In der Bridgewater-Gallerie zu London.

⁶⁴) Diese angebliche Ausserung des Euripides findet sich bei Valerius
Maximus III, 7 Ext. 1: „Ne Euripides quidem Athenis adrogans visus est, cum
postulante vi populo ut ex tragoedia quandam sententiam tolleret, progressus in
scaenam dixit se, ut eum doceret, non ut ab eo disceret, fabulas componere solere."

⁶⁵) Scientific sense.

⁶⁶) Beim älteren Plinius findet sich diese Stelle nicht; beim jüngeren?

⁶⁷) Cicero, de oratore II, 22, 90: „Ergo hoc sit primum in praeceptis meis
ut demonstremus, quem imitetur" (so in den besten Ausgaben von Orelli und
Baiter-Kaiser).

⁶⁸) (Sed non qui maxime imitandus, etiam solus imitandus est. Quintilian." R.).
Institutio oratoria X, 2, 24. (Krüger, Teubner 1888.)

⁶⁹) Elisabetta Sirani, sehr begabte Malerin aus Bologna (1638—1665), Tochter
und Schülerin des Giovanni Andrea S.; sie schuf innerhalb 10 Jahren (1655 bis
1665) nahezu 200 Bilder, Genrestücke, Porträts, Altartafeln in der Weise G. Renis.
Sie starb, allgemein betrauert, wahrscheinlich an Gift. Vgl. Bartsch, Peintre-
graveur XVIII, 277 ff, XIX 151 ff. Zahlreiche Bilder von ihr in Bologna, je ein
Werk in München, Wien.

⁷⁰) Simone Cantarini, genannt Pesarese (1612—1648), zuerst Schüler des
Giov. Giac. Pandolfi und des Carlo Ridolfi, später des G. Reni, dem er am nächsten
kam; in der Farbe lernte er auch viel von Carracci. Viele Werke in Italien,
hervorragende in Cagli, Rimini, Mailand; 4 Werke in Wien.

⁷¹) Verdier, Schüler Lebruns, in dessen Manier er vollkommen befangen war;
starb 1730 im 79. Jahre.

⁷²) Ludwig Cheron (1660—1723), Schüler seines Vaters Heinrich Ch., Bruder
der ausgezeichneten Malerin und Kupferstecherin Elisabeth Sophie Ch. Er studierte
in Italien und malte zahlreiche Bilder in den englischen Palästen des Herzogs
von Montague; er hat viel mehr als den Nic. Poussin den Annibale Carracci nachzuahmen gesucht.

⁷³) Vgl. Anm. 10.

[74]) Pietro da Cortona (Berrettini 1596—1669), einer der letzten Eklektiker, Dekorationsmaler, strebte nach blühendem Kolorite, war aber ohne Tiefe der Auffassung; Hauptwerk das Freskobild im Prachtsaal des Pal. Barberini.

[75]) Ciro Ferri, Historienmaler (1634—1689), vollendete im Pal. Pitti viele Bilder seines (Anm. 74 genannten) Lehrers ganz in dessen Weise; biblische Darstellungen in S. Maria Maggiore in Bergamo.

[76]) Urbano Romanelli (1650—1682), eigentlich Schüler des Vorgenannten; Werke in den Hauptkirchen zu Velletri und Viterbo.

[77]) Jacob Jordaens (1593—1678), zuerst Schüler des Ad. van Noort, Freund und Nachahmer des Rubens, malte zahlreiche humoristische Bilder in derbem Realismus; auch hervorragende Historienbilder (Antwerpen), mythologische und Genrebilder (Wien).

[78]) Abraham van Diepenbeeck (1599—1675), zuerst Glasmaler, später eifriger Schüler von Rubens, 1641 Direktor der Akademie in Antwerpen, Meister im Zeichnen von Tapeten, berühmt sein Kupferwerk (59 Blätter): „Tempel der Musen" (1655).

[79]) Giovanni Francesco Guercino (Barbieri), (1591—1666), malte anfangs in dem ausgeprägten Naturalismus Caravaggios mit starken Schatten und hellen Lichtern, später in schönerem Kolorite mit edlerer Auffassung; zahlreiche Werke (Rom, Villa Ludovisi, Pal. Spada; Mailand, Bologna).

[80]) Gennari, eine grosse Künstlerfamilie. Benedetto d. Ä. u. J., ferner Giov. Battista G. werden als Lehrer Guercinos genannt; als dessen Schüler: sein Schwager Ercole (1597—1658), dessen Bruder Bartolommeo (1598—1659), des Ersteren Söhne Cesare (1621—1688) und Benedetto (?) u. m. a. Mitglieder dieser Familie.

[81]) Giuseppe Chiari (1650—1727 oder 1733?), ein Römer, viele seiner Tafelbilder in England, eines seiner besten Werke: Die Anbetung der Magier (Rom, Suffragio).

[82]) Pietro Antonio da Pietri (1663 oder 1671?—1716), Maler-Radierer.

[83]) Leonhard Bramer (geb. 1596.)

[84]) Gerbrandt van den Eeckhout (1621—1674), einer der bedeutendsten Schüler Rembrandts, Porträt- und Historienmaler; eines seiner besten Bilder: Darbringung im Tempel (Berlin).

[85]) Govaert van Flinck (1615—1660), Historien- und Porträtmaler, zuerst Schüler des Lambert Jacobsz zu Leeuwarden, sodann Schüler Rembrandts; hervorragende Werke im Museum und Rathaus zu Amsterdam, in Berlin, München.

[86]) P. Tibaldi, auch Pellegrino da Bologna (1527—1591?), von den ihn nachahmenden Carracci „M.-Angelo Riformato" genannt, Maler und Architekt, suchte in seinen Bildern die kraftvolle Vortragsweise M.-Angelos mit Anmut zu verbinden; viele Bilder in Bologna, Ancona, Staffeleibilder (Hofmuseum, Liechtensteingallerie Wien, Petersburg). Als Architekt vornehmlich an der Erneuerung des Mailänder Domes beteiligt.

[87]) Rosso de Rossi (Maitre Roux), geb. 1496 zu Florenz, gest. 1541 zu Paris an Gift, aus der Schule des Andrea del Sarto. Werke seiner Frühzeit in Florenz (S. Annunziata, S. Lorenzo, P. Pitti). 1530 von Franz nach Frankreich berufen, mit Primaticcio u. A. Begründer der Schule von Fontainebleau; in der kleinen Gallerie daselbst Fresken aus dem Leben und zur Verherrlichung des Königes; nur wenige Ölbilder (Louvre).

⁸⁸) Francesco Primaticcio (1490—1570), Schüler des Giulio Romano, den er bei der Ausschmückung des Pal. del Tè in Mantua unterstützte. Später nach Fontainebleau berufen, wo er besonders unter Heinrich II. die fruchtbarste Tätigkeit entfaltete. Viele seiner Kompositionen daselbst von W. dell'Abbate ausgeführt.

⁸⁹) Giov. Lanfranco (1580 oder 1581—1647) studierte auch Correggio mit Eifer; Fresken in Neapel und Rom, seine Ölbilder maniert, deren bestes: Der Heil. Ludwig die Armen speisend (Venedig).

⁹⁰) Francesco Albani (1578—1660), malte vorzugsweise landschaftliche, idyllische Darstellungen mit mythologischer Staffage.

⁹¹) Jacopo Cavedone (1577—1660) erinnert in der Farbe vielfach an die venezianische Schule (S. Paolo zu Bologna); viele kleinere Werke in allen Gallerien.

⁹²) Bartolommeo Schidone (1583—1615?) geht schon frühzeitig die Wege des Correggio, mischt aber dem Stile dieses Meisters ein derb-naturalistisches Element bei. Seine Werke sind selten: von ihnen einige in seiner Vaterstadt Modena, in Neapel, Turin, Paris, Petersburg, München, Berlin, Wien.

⁹³) Alessandro Tiarini (1577—1668), Lehrling des Prospero Fontana in seiner Vaterstadt Bologna, nach dessen Tode Schüler des Bartolom. Cesi später des Passignano in Florenz; wurde von Ludovico Carracci 1607 nach Bologna berufen, Syndicus der Akademie, Teilnehmer an vielen bedeutenden Arbeiten; er vertauschte die ihm geläufige Malweise des Passignano nun mit der des Lod. Carracci, Caravaggio und Guido Reni und schuf zahllose Werke, die berühmtesten in Bologna, Parma, Pavia, Florenz, Pisa, Mailand; einzelne Bilder auch in Paris, Petersburg, München, Dresden, Berlin, Wien.

⁹⁴) Andrea Sacchi (1599—1661) nimmt eine eigenartige Stellung ein, da er den leichtfertigen Schnellkünstlern aus der Schule des Cortona (vgl. Anm. 74) und den derbnaturalistischen Nachfolgern des Caravaggio entgegenzuwirken suchte, doch war er hierzu nicht bedeutend genug. Sein grösstes Verdienst ist, Lehrer des Carlo Maratti gewesen zu sein. Sein Hauptwerk: der kleine Romuald (Vatikan), andere Werke in London, Petersburg, Wien.

⁹⁵) Under the rudeness of gothick essays. Vgl. Anm. 2.

⁹⁶) Lucas van Leyden (Jacobszoon), Maler und Kupferstecher (1494—1533), bringt in Holland die realistische Richtung zur Geltung, hat nur wenige beglaubigte Bilder, dafür um so mehr meisterhafte Kupferstiche hinterlassen.

⁹⁷) Tobias Stimmer, Maler und Zeichner für den Formschnitt, geb. 1539 zu Schaffhausen, hat anfangs hier, in Frankfurt und Strassburg zahlreiche Häuser mit Fresken geschmückt, später auch viele Porträts für den Markgrafen von Baden in Öl ausgeführt, vornehmlich aber zahlreiche Tuschzeichnungen und Holzschnitte gefertigt. Vgl. Andresen, III.

⁹⁸) Jost Amman, auch Amann oder Aman, Maler, Radierer und Zeichner für den Formenschnitt, geb. zu Zürich 1539, gest. zu Nürnberg 1591; die Zahl der Holzschnitte, welche seinen Namen tragen, beläuft sich auf 1000. Vgl. Andresen, I.

⁹⁹) Noël Coypel, geb. 1618 gest. 1707 zu Paris, malte in der Weise Poussins und Lebruns, war eine Zeitlang Akademiedirektor in Rom und Paris und schuf eine ganze Reihe von Historienbildern, welche sich durch grossen Fleiss in der Ausführung und Farbenwirkung auszeichnen.

¹⁰⁰) Vgl. Anm. 46.

¹⁰¹) Bamboccio, Pieter van Laar (1613—1674), der in Italien den Spitznamen B. erhielt, malte in naturalistischer Weise Scenen des niederen Volkslebens, daher

die seither übliche Bezeichnung dieser Gattung als „Bambocciaden." Drei seiner besten Bilder in Dresden, Cassel, Wien.

[102]) Johann Miels, auch Miele und Jamieli (geb. zu Ulaerdingen bei Antwerpen 1599, gest. in Turin 1664?), in Rom Schüler des A. Sacchi, mit dessen Richtung er niederländische Weise zu verbinden suchte, später Hofmaler in Turin, wo verschiedene Deckengemälde erhalten; die Mehrzahl seiner Werke, im Genre des Vorgenannten, in allen grossen Gallerien.

[103]) The features well put together, as the painters express it.

[104]) Jan Steen (1626—1679) der witzigste und geistvollste in der Reihe der niederländischen Genremaler; die meisten seiner Werke im englischen Privatbesitze.

[105]) Jan van Goyen (1596—1656), hervorragender Landschafter, dessen Tätigkeit mit der Steens nichts zu tun hat. Mehrere seiner hervorragendsten fein gestimmten Bilder in Berlin.

[106]) By a kind of parody.

[107]) It is supposed that their powers are intuitive.

[108]) Real.

[109]) To a sort of resemblance to real science.

[110]) Speculative knowledge.

[111]) General idea of nature.

[112]) Komposition Raffaels, nach dem Tode von Giulio Romano ausgeführt (Vatikan, Sala di Constantino).

[113]) Hamlet, III, 2.

[114]) (Goldsmith. R.)

[115]) Vgl. Anm. 35.

[116]) Vgl. Anm. 10.

[117]) Taking particular living objects for nature.

[118]) (Nulla ars, non alterius artis, aut mater aut propinqua est. Tertullian. R.). Nach Du Fresnoy, l'Art de Peinture (de Piles). Paris, Jombert, 1783. Anm. zu 61, pag. 98.

[119]) („Omnes artes quae ad humanitatem pertinent, habent quoddam commune vinculum, et quasi cognatione quadam inter se continentur." Cicero. R.): Pro archia poeta c. 1, § 2. Ganz ähnlich Cicero de orat. III, 21: „est illa Platonis vera vox omnem doctrinam harum ingenuarum et humanarum artium uno quodam societatis vinculo contineri."

[120]) (Put off thy shoes from off thy feet; for the place whereon thou standest is holy ground. Exodus, III. 5. R.): „Ziehe deine Schuhe aus von deinen Füssen, denn der Ort, da du auf stehest, ist ein heiliges Land." Mos. 2, Kap. 3.

[121]) L'Art de Peinture (de Piles). Paris, 1783, § 260: „Haec quidem ut in tabulis fallax sed grata venustus, — et complementum graphidos (mirabile visu) — Pulchra vocabatur, sed subdola lena sororis" . . . .

[122]) The same right turn of mind.

[123]) Giov. Battista Franco (gen. il Semoleï), geb. zu Udine 1510, gest. zu Venedig 1580, Maler, Radierer, Nachahmer M.-Angelos; in grösseren Werken stark manieriert, mehr ansprechend seine kleineren Dekorationen, Arbeiten in Gewölbe-Kassettierungen, z. B. der Scala d'Oro im Dogenpalast. Er hat zahlreiche Blätter in Kupfer radiert.

[124]) The general habits of nature.

[125]) (In der II. und VI. R.)

¹²⁶) I, 6.

¹²⁷) Marcus Aenäus Lucanus, römischer Dichter, geb. 39 n. Chr. zu Corduba in Spanien. Von ihm ein (unvollendetes) episches Gedicht „Pharsalia" (10 Bde., den Bürgerkrieg zwischen Caesar und Pompejus behandelnd). Beste Ausgabe von Weber (Leipzig 1878—79), 2 Bde.); deutsche Übersetzung von Bothe (Stuttgart 1856), Krais (ebenda 1863).

¹²⁸) Publius Papinius Statius, römischer Dichter, geb. um 45 n. Chr. zu Neapel, gest. ebenda 96. Von ihm: Silvae (Markland, London 1778), Thebaïs. Ges. Werke von Dübner (Paris 1837), Queck (Leipzig 1854), O. Müller (ebenda 1870.)

¹²⁹) Claudius Claudianus, römischer Dichter, geb. um 390 n. Chr. zu Alessandria. Von ihm: Raptus Proserpinae, Gigantomachia, historische und panegyrische Schriften. Ausgabe von Gesner (Leipzig 1759), deutsche Übersetzung von v. Wedekind (Darmstadt 1868).

¹³⁰) Roger de Piles, Schriftsteller und Maler-Radierer, geb. 1635 zu Clamecy, gest. 1709 zu Paris. Im Umgange mit A. du Fresnoy, dessen Gedicht „de arte graphica" er ins Französische übersetzte und mit Anmerkungen versah (vgl. Anm. 135), und auf diplomatischen Reisen, welche ihn als Gesandtschafts-Sekretär nach Venedig, Lissabon, in die Schweiz und nach Holland führten, machte er eingehende kunsttheoretische Studien und ward einer der einflussreichsten Kunsttheoretiker der Zeit. Er schrieb: Abrégé de la vie des peintres (Paris 1699, 1715, Amsterdam 1766, ins Deutsche (Hamburg 1710), ins Englische (London 1706, 1735) übersetzt; Cours de peinture par principes, mit einem Anhange: Dissertation sur la balance des peintres (Paris 1708, 1720, Amsterdam 1766, deutsche Übersetzung: Einleitung in die Malerei aus Grundsätzen (Leipzig 1760); Premiers éléments de la peinture pratique (Paris 1685, 1740) u. m. a. Vgl. Biogr. univ. XXXIII, 332.

¹³¹) Hyacinthe Rigaud, französischer Porträtmaler, geb. 1659 zu Perpignan, gest. 1743 zu Paris, Nachahmer van Dycks; seine Werke von geistvoller Auffassung und sprechender Lebenswahrheit, die meisten im Louvre, einzelne in deutschen Gallerien (so in Braunschweig).

¹³²) Vgl. Anm. 99.

¹³³) Trattato della pittura. Nuovamente dato in luce colla vita dell' instesso autore scritta da Raffaelle du Fresne. Si sono giunti i tre libri della pittura, ed il trattato della statua di Leon Battista Alberti, colla vita del medesimo. In Parigi, apresse Langlois, 1701, ed in Napoli nella stamperia di Fr. Ricciardo, 1733, Fol.: „del dividere e spiccare le figure da' loro campi. Cap. CCLXXXVIII. Tu hai a mettere la tua figura in campo chiaro, se sarà oscura, e se sarà chiara, mettila in campo oscuro; e se è chiara, e scura, metti la parte oscura nel campo chiaro, e la parte chiara in campo oscuro." — Höchst-nützlicher Tractat von der Mahlerey. Aus dem Ital. u. Franz. in das Teutsche übersetzet von Joh. Georg Böhm. Mit Kupfern u. Holzschnitte. Nürnberg, J. Ch. Weigel, 1724, 4, S. 131: „Ist eure Figur dunckel, so setzet sie in ein lichtes Feld, ist sie aber hell, in ein dunckeles. Wenn sie hell und dunckel zugleich ist, so setzet ihr dunckeles Theil gegen die lichte, und das lichte Theil gegen das dunckele Feld." Vgl. Neue Übersetzung von Ludwig, Quellenschr. XV, 412.

¹³⁴) Nemlich auf einem der Kartons, welche Raffael von 1513 bis 1514 im Auftrage Leos X. zu 11 sodann bei Pieter von Aelst zu Brüssel gewebten und zur Wandbekleidung der sixtinischen Kapelle bestimmten Tapeten entworfen hat;

7 dieser Tapeten befinden sich noch jetzt im Kensington-Museum (früher im Schlosse Hamptoncourt) andere in Berlin (Museum, obere Gallerie der Rotunde).

¹³⁵) Du Fresnoy, C. A. L'art de peinture. Enrichi de Remarques, revu, corrigé et augmenté par de Piles. 5. édition. Paris, H. Jombert, 1783. 8. XI, 22—23: „Prima figuramus, seu princeps dramatis ultro, — Prosiliat media in tabula, sub lumine primo, — Pulchrior ante alias, reliquis nec operta figuris" — „Que la principale figure du sujet paroisse au milieu du tableau sous la principale lumière; qu'elle ait quelque chose qui la fasse remarquer pardessus les autres, et que les figures qui l'accompagnent, ne les dérobent point à la vue." Vgl. Anm. 130.

¹³⁶) Vgl. die Anm. 134.

¹³⁷) Eines aus der Reihe der Alexanderbilder, welche Lebrun als Direktor der „Manufacture Royale des Meubles de la Couronne" (seit 1662) als Vorlage zu Gobelins gemalt hat; diese Bilder befinden sich jetzt sämtlich im Louvre.

¹³⁸) Andreas Felibien, Herr von Avaux und Javercy, geb. 1619, Kunstliebhaber und Schriftsteller, lernte als Sekretär der französischen Botschaft in Rom Poussin kennen, der sein Interesse für die Kunst weckte. Von ihm: Entretiens sur les vies et sur les ouvrages des plus excellens peintres anciens et modernes (Paris 1683, 1690, 1705, 1706); Principes de l'architecture, sculpture et peinture, avec un dictionnaire de termes propres de ces arts (Paris 1676, 1690, 1697); auch der Text zu dem Prachtwerke: Tableau du cabinet du roi (Paris 1677).

¹³⁹) Im Louvre.

¹⁴⁰) Ebenda.

¹⁴¹) In der Nationalgallerie zu London, 1514 für Alfonso von Ferrara angefertigt.

¹⁴²) (Das war unachtsam gesprochen. Ich erinnerte mich nicht an die wunderbare Abhandlung: „Über das Erhabene und Schöne." R.) — Er meint Burkes „Enquiry into the origin of our ideas of the sublime and beautiful" (London 1757; deutsch von Garve, Leipzig 1773).

¹⁴³) Timanthes aus Sikyon, Zeitgenosse des Zeuxis und Parrhasios (4. Jh. v. Chr.), dessen hier genanntes Gemälde, im Altertume vielbewundert, in einem pompejanischen Wandgemälde nachgebildet zu sein scheint, ähnlich ferner auf dem sogenannten Altare des Kleomenes (Florenz). — Verhüllung und Schweigen ist ein im ganzen Altertume natürlicher und oft gebrauchter Ausdruck des tiefsten Schmerzes. Vgl. Denkmäler d. klass. Altert. I, 754 ff. und auch Art. „Geberdensprache", a. a. O. 588; Rochette, Mon. inéd. pl. 26, 1; Helbig, Campan. Wandgem., 283; Overbeck, die ant. Schriftquellen zur Gesch. d. bild. K. b. d. Griechen, 328 f. — Vgl. auch Lessing, Laokoon II.

¹⁴⁴) Orat. XXII, 74.

¹⁴⁵) Inst. orat. II, 13, 12.

¹⁴⁶) VIII, 11, ext. 6.

¹⁴⁷) 35, 73.

¹⁴⁸) Science and Learning.

¹⁴⁹) Stephan Moriz Falconet, geb. 1716 zu Vivis, gest. 1791 zu Paris, Bildhauer und Schriftsteller; Schüler Lemoines, später Professor und Rektor der Pariser Akademie. Skulpturen von ihm in St. Roc und im Invalidendome; er verfertigte auch im Auftrage Catharinas II. die Reiterstatue Peters des Grossen. Als Kunstschriftsteller bekämpfte er die Ansichten Winckelmanns, Mengs' u. A. über die Malerei der Alten; seine bedeutendsten Werke: Reflexions sur la sculpture (1768); Observations

sur la statue de Marc Aurèle et sur d'autres objets relatifs aux beaux-arts (1771); Traduction des Livres 34, 35 et 36 de Pline (1772).

[150]) Iph. Aul 1549 ff. Schon Bruun hat aber daran erinnert, dass Timanthes schwerlich den Euripides zum Vorbilde nehmen konnte, da er sein Bild aller Wahrscheinlichkeit nach vor Aufführung dieser Tragödie malte und vielleicht zudem der ganze letzte Teil derselben erst später angefügt ist. Vgl. Denkm. d. klass. Altert. I, 754.

[151]) [Sir William Chambers M.], hervorragender englischer Architekt, geb. 1729 zu Stockholm, gest. 1796 zu London, sein Hauptwerk das im Stile Palladios erbaute Somerset-House; Ch. war auch schriftstellerisch tätig.

[152]) Dass die antike Plastik der Farbe nicht entbehrte, ist in unseren Tagen allgemein anerkannt worden. Vgl. u. v. A. Alt, Die Grenzen der Kunst und die Buntfarbigkeit der Antike, Berlin, Grote, 1886; von früheren Abhandlungen: Kugler, Kleine Schriften, Stuttgart, Seubert 1853—1854.

[153]) Horaz, Sat. I, 4, 62.

[154]) Correctness.

[155]) „Causa latet, res et notissima" stammt gewiss nicht aus dem Altertume; das Citat findet sich auch nicht bei Otto („Die Sprichwörter und sprichwörtlichen Redensarten der Römer", Leipzig, 1890). Die Stelle Vergil Aen. V, 4 f. kann natürlich nicht gemeint sein.

[156]) Er meint den Apoll vom Belvedere.

[157]) Vgl. Anm. 46.

[158]) Bekannt unter dem Namen: Madonna mit dem langen Halse.

[159]) Den Apollo.

[160]) „Patuit in corpore vultus" klingt ovidisch, ist aber in den Metarmophosen nicht nachzuweisen.

[161]) Berühmte griechische Marmorgruppe aus der rhodischen Schule (in der Tribuna der Uffizien zu Florenz).

[162]) Eine erhaben geschnittene Gemme.

[163]) Eine vertieft geschnittene Gemme.

[164]) In der Loggia dei Lanzi zu Florenz.

[165]) In der Villa Borghese zu Rom.

[166]) [Einige Jahre nachdem diese Rede niedergeschrieben worden, wurde Berninis Neptun für unseren Autor in Rom angekauft und nach England gebracht. Nach dessen Tode ward das Werk von den Testamentsvollstreckern um 500 L. an Charles Anderson Pelham Esq., den jetzigen Lord Yarborough verkauft. M.]

[167]) Diese Kirche wurde unter Innocenz X. von Borromini völlig umgebaut; die hier genannten Statuen wurden unter Clemens XI. (1700—1721) in den Nischen der Façade angebracht, und zwar Hl. Andreas, Johannes, Jacobus major von Rusconi, die anderen von Monnot und Le Gros (vgl. Anm. 168 ff.). Vgl. Burckhardt, Cic. III, 492.

[168]) Camillo Rusconi, geb. 1658 zu Mailand, daselbst Schüler des Volpini und Rusnati, in Rom des Ferrata und des Maratti. Seine Hauptwerke in Rom: Grabmal des Marquis Pallavicini (S. Francisco a Ripa); Statuen und Basreliefs in Stucco (in der Ignatiuskapelle der Kirche del Gesù); drei Apostelstatuen am Lateran (vgl. Anm. 167); Grabmal Gregor XIII. (Peterskirche); gestorben 1728.

[169]) Pierre Le Gros, französischer Bildhauer, geb. 1656 zu Paris, gest. 1719 zu Rom. Sein Hauptwerk: der Glaube die Ketzerei (Luther, Calvin?) niederschmetternd (Kapelle des Hl. Ignatius in der Kirche del Gesù).

[170]) Mehrere französische Künstler dieses Namens. Hier gemeint Pierre Monnot, geb. um 1663, Sohn und Schüler des Etienne M., später in Rom tätig, hierauf in Cassel (Marmorbad), gest. zu Rom 1733.

[171]) Vgl. Anm. 169.

[172]) Dies ist, wie bekannt, eine längst veraltete Ansicht; die klassische Litteratur ist voll von Hinweisen auf berühmte Maler (Polygnotos, Zeuxis, Parrhasios, Timanthes, Protogenes, Apelles u. A.) und Malerschulen; richtig ist, dass sich nur sehr spärliche Reste dieser Kunst des klassischen Altertumes erhalten haben und dass wir zumeist auf Nachbildungen späterer Zeit angewiesen sind, welche mehr dem Kunsthandwerke angehören (Vasenmalereien, Mosaiken, Wandgemälde). Vgl. Woltmann, Geschichte der Malerei (1. Band: Die Malerei des Altertums, von Woermann); Brunn, Geschichte der griechischen Künstler; Overbeck, Die antiken Schriftquellen; Böttiger, Archäologie der Malerei; Semper, Stil; Klein, Euphronios u. A.

[173]) Er meint das Marmor-Standbild des Herzogs von Cumberland des Siegers bei Culloden 1746) von Chew auf dem Cavendish-Square.

[174]) [In der III. M.]

[175]) Genius of mechanical performance.

[176]) The leading points in a case.

[177]) Minute and detailed reality.

[178]) Unless he has the habit of looking upon objects at large.

[179]) When it is dilated and employed upon the whole.

[180]) Giovanni Bellini, auch Giambellini, geb. 1426 zu Venedig, gest. 1516 ebenda, Sohn und Schüler des Giacomo B., beeinflusst von seinem Schwager Mantegna, Begründer der älteren Malerschule Venedigs. Hauptwerke daselbst.

[181]) The general colour.

[182]) By any general idea of beauty in his own mind.

[183]) Im Schlosse Blenheim des Herzogs von Marlborough.

[184]) Vgl. die III. Rede.

[185]) High finishing.

[186]) Softening.

[187]) Cornelis Jansen (auch Janssens), geb. in England von flamändischen Eltern (?), gest. 1665 zu Amsterdam, begabter Porträtmaler; viele seiner frühsten Werke in England.

[188]) Adriaen van der Werff, geb. 1659 zu Kralinger-Ambacht bei Rotterdam, gest. 1622 ebenda, Historien- und Porträtmaler. Seine Werke sind durch grosse Eleganz und Feinheit ausgezeichnet, aber kalt, leer und äusserlich. Zahlreiche Bilder von ihm in allen Gallerien der Welt, vornehmlich in München (ehemaliger Besitz des Kurfürsten von der Pfalz), sodann in Paris, Berlin, Dresden, Wien.

[189]) Vgl. Anm. 46.

[190]) Darstellung der Ermordung des Petrus Martyr (in S. Giovanni e Paolo) 1867 durch Brand zerstört; nur in einer Kopie erhalten.

[191]) Francesco Graf Algarotti, italienischer Kunstgelehrter, geb. 1712 zu Venedig, gest. 1764 zu Pisa. Von seinen Werken (Gesamtausgabe 1791—94) die „Saggi sopra le belle arti" (deutsch von Raspe) die hervorragendsten.

[192]) Die mehrfach erwähnte Hochzeit von Cana (Louvre).

[193]) Maria auf hohem marmornen Unterbaue als Himmelskönigin mit dem Christkinde tronend, welches der Hl. Catharina den Ring an den Finger steckt, während von den Seiten Schaaren und Gruppen von Heiligen zur Verehrung herandrängen. Der Hl. Georg ist das Bildnis von Rubens. Das Bild ist gestochen von H. Snyers, radiert von R. Eynhoudt.

[194]) Abraham Cowley, bedeutender englischer Lyriker, geb. 1618 zu London, gest. 1667; nach Johnsons Ausdruck der letzte metaphysische Dichter; in seiner Grabschrift als „Pindarus, Flaccus und Maro der Engländer" bezeichnet. Works seit 1669 wiederholt.

[195]) Edward Young, der bekannte englische Dichter der „Nachtgedanken" (1684—1765).

[196]) R. meint wol den sogenannten borghesischen Fechter, gefunden zu Anfang des 17. Jahrhunderts im Capo d'Anzo, inschriftlich das Werk des Agasias aus Ephesos (1. Jh. v. Chr.), welches Fürst Camillo Borghese mit anderen Antiken 1806 seinem Schwager Napoleon verkaufte; seit dieser Zeit im Louvre.

[197]) Pietro Antonio Domenico Bonaventura Metastasio (eig. Trapassi), italienischer Klassiker, geb. 1698 zu Assisi, gest. 1782 zu Wien, Schöpfer des neuen italienischen Singspieles, sein berühmtestes Werk die „Didone abandonnata". 1729 von Karl VI. als Hofdichter nach Wien berufen, woselbst ihm 1855 in der italienischen National-(Minoriten-)Kirche ein Denkmal errichtet wurde. Pariser Ausgabe seiner Werke (1780—82), Mantuaner (1816—20), Biographie von Hiller (Leipzig 1786), Burney (London 1796).

[198]) De Augm. scient. VI, 3.

[199]) Vgl. Anm. 35.

[200]) Raymond Lafage, berühmter französischer Zeichner, geb. 1654 (?), gest. 1684 zu Rom oder Lyon. Vgl. Robert-Dumesnil, Peintre-graveur français II, 149 ff.

[201]) Mechanick Genius.

[202]) Zu den Tapeten. Vgl. Anm. 134.

[203]) Tommaso Guidi Masaccio, geb. 1401 im Kastell S. Giovanni im Arnothal, gest. 1428 zu Rom, Schüler des Masolino, hervorragender Meister, der vor allem von Raffael, Lionardo de Vinci und M.-Angelo u. v. a. (vgl. Anm. 207) zum Vorbilde gewählt wurde. Sein Hauptwerk: Die Wandbilder und Aussenpfeilerbilder in der Brancacci-Kapelle der Kirche Santa Maria del Carmine zu Florenz.

[204]) Paulus zu Lystra, gleichfalls auf einem der Kartons zu den Tapeten.

[205]) Admiranda Romanorum antiquitatum ac veteris sculpturae vestigia anaglyphico opere elaborata a. P. Sancte Bartolo del. incis. notis Jo. Petr. Bellorii ill. cura sumptt. ac typp. ed. a J. J. de Rubeis, rest. aux. Dominicus de Rubeis. Romae, 1693.

[206]) Nemlich im Schlosse Hamptoncourt, jetzt im Kensington-Museum. Vgl. Anm. 134.

[207]) Jene (Anm. 203 erwähnten) Wandgemälde in der Kapelle Brancacci in Santa Maria del Carmine zu Florenz.

[208]) [In Ben Jonsons Catiline finden wir diese Bemerkung in folgender Veränderung:
„Die Schlange, ehe sie zum Drachen wird,
Muss eine Fledermaus verzehren." M.].

Ein ursprünglich griechisches Sprichwort, vgl. Fürstenhagen, Kleinere Schriften des Lord Bacon (Leipzig 1884), XL, Vom Glücke, Anm. 2., S. 117.

²⁰⁹) (Die Anhängsilben accio bezeichnen irgend eine Unförmlichkeit oder Fehlerhaftigkeit der Person, auf die man sie anwendet. R.).

²¹⁰) Le-Monnier III, 162.

²¹¹) Vgl. Anm. 87.

²¹²) Perino del Vaga, eigentlich Pierino Buonaccorsi, geb. 1500 zu Florenz, gest. 1547 zu Rom, zuerst Schüler des Ridolfo Ghirlandajo, sodann in Rom Schüler Raffaels, nach dessen Entwürfen er mit Giovanni da Udine in den Loggien und im Appartamento Borgia des Vatikans arbeitete. Dann im Palazzo Doria in ·Genua tätig.

²¹³) Baccio Bandinelli, Bildhauer und Maler, geb. 1493, gest. 1560 zu Florenz, ahmte Michel-Angelo in manierirter Weise nach; zu seinen besseren Werken gehören die Reliefs der Propheten, Apostel und Tugenden u. A. im Dome zu Florenz, eine geschmacklose Übertreibung der Manier Michel-Angelos. Die Marmorgruppe des Herkules und Cacus vor dem Palazzo vecchio ebenda.

²¹⁴) Pallet-knife.

²¹⁵) That it only put them out.

²¹⁶) In this practice of extempore invention.

²¹⁷) Milton, Comus, 1.

²¹⁸) Sensibility.

²¹⁹) By this habitual reason.

²²⁰) Those animated thoughts.

²²¹) Under the appearance of a sort of vulgar sentiment.

²²²) Zahlreich sind die Stellen in Platons Werken, in welchen er von der Kunst als einer Nachbildung oder Nachahmung (μίμησις) spricht, doch sagt er nirgends genau Das, was R. ihn hier aussprechen lässt. Am Nächsten kommt die Erörterung im 2. Buche der „Gesetze" S. 668 B, obgleich auch hier die Treue der Nachbildung nicht der einzige Maassstab für die Beurteilung des Kunstwerkes ist, sondern daneben auch die Schönheit genannt wird. Doch gilt dies hier von allen nachahmenden Künsten, d. h. von allen Künsten überhaupt. An der angegebenen Stelle wird es speziell von der Musik ausgeführt und betont, dass der schönste Gesang nicht der angenehmste ist, sondern ἥ τις ὀρθή und als ὀρθότης der μίμησις wird bezeichnet εἰ τὸ μιμηθὲν ὅσον τε καὶ οἷον ἦν ἀποτελοῖ το. Im weiteren Zusammenhange wird dasselbe von der Malerei behauptet und S. 669 A als Erfordernis eines Kritikers in Musik und Malerei hingestellt ὅτι ἐστι πρῶτον γιγνώσκειν ἔπειτα ὡς ὀρθῶς, ἔπειθ' ὡς εὖ εἴργασται τῶν εἰκόνων ἡτιοοῦν ῥήμασί τε καὶ μέλεσι καὶ τοῖς ῥυθμοῖς. Im „Staat" hingegen (S. 598) ist die Malerei nur das Abbild eines Abbildes der Idee und daher von der Wahrheit weit entfernt, was aber die Auffassung der „Gesetze" nicht berührt, weil im Staat nur die absolute Grundlegung für die Kunst gegeben wird. Heranzuziehen wäre auch Cratylus 431 c. Vgl. Platons sämtliche Werke übersetzt von H. Müller und K. Steinhart VII, 2, 60/1 und II, 64¹/₃.

²²³) Pietro Bembo, geb. 1470 zu Venedig, gest. zu Bergamo 1547, berühmter italienischer Gelehrter, 1513 Sekretär Leos X., 1529 Historiograph von Venedig und Direktor der Marcusbibliothek, 1539 Kardinal. Hervorragender lateinischer Stilist, als Dichter geschickter Nachahmer Petrarcas. „Tutte opere" in 4 Bänden (1729).

²²⁴) Der deutsche Porträtmaler Gottfried Kneller, geb. 1648 zu Lübeck, gest. 1723 zu London, Schüler des Ferdinand Bol in Amsterdam, seit 1674 als Hofmaler in London tätig.

[225]) To be naturally pleasing.

[226]) Macbeth I, 5, 57—59.

[227]) Vgl. Anm. 104.

[228]) Balthasar Denner, Porträtmaler, geb. 1685 zu Altona, gest. 1747 zu Rostock, in Berlin ausgebildet, einer der beliebtesten Bildnismaler der deutschen Fürsten und Grossen, malte besonders die Köpfe alter Männer und Frauen mit unübertrefflicher Genauigkeit, Werke von ihm in allen Gallerien der Welt.

[229]) Jan van der Heyden, niederländischer Maler, geb. 1637 zu Gorinchem, gest. 1712 zu Amsterdam. Durch feine Ausführung seiner Werke, zumeist Architektur- und Kanalbilder, ausgezeichnet.

[230]) Vgl. Anm. 29.

[231]) Die bekannte Stelle aus Hamlet III, 2.

[232]) Henry Fielding, der bekannte englische Dichter, geb. 1707 zu Sharpham-Park, gest. 1754 zu Lissabon. Vgl. u. A. Hettner, Gesch. d. engl. Litt. 479 ff.

[233]) „Quid enim deformius, quam scenam in vitam trans erre" dürfte gleichfalls nicht aus dem Altertume sein. Georges (Lexicon der latein. Wortformen, vgl. Neue Formenlehre II³ 253) führt von deformius nur 3 Stellen an; 2 hievon sind es nicht, die 3. (Sidonius ep. 3, 3, 7) ist mir nicht zugänglich.

[234]) [„Zinnen, Burgen hoch es (das Auge) schaut
In dichter Wälder Schooss gebaut." Milton, L'Allegro. M.]

[235]) John Vanbrugh (1666—1726?), berühmter englischer Architekt unter der Königin Anna, Erbauer des Palastes zu Blenheim und von Castle Howard. Komponierte als Baumeister wie ein Maler.

[236]) (Mr. Hodges. R.) William H., hervorragender englischer Landschaftsmaler geb. 1744. gest. 1797 zu London, unternahm die Weltumsegelung mit Cook und veröffentlichte seine zahlreichen Aufnahmen in den Werken: „Select views in India, drawn on the spot in the years 1780—1783, and executed in Aquatinta"; „Views of the gate leading to the tomb of Ackbar at Secundii, and the Mausoleum of the Emperor Shere Shah at Sauram".

[237]) Sir Christopher Wren, englischer Baumeister, geb. 1632 zu East-Knoyle (Wiltshire), gest. 1723 zu Hamptoncourt, baute in der Weise des Palladio u. A. die St. Pauls-Kathedrale zu London. Vgl. Elmes, Memoirs of the life and works of Sir Chr. W. (1828).

[238]) Claude Perrault, französischer Architekt und Schriftsteller, geb. 1613, gest. 1688 zu Paris, Erbauer der östlichen Hauptfaçade des Louvre.

[239]) Thomas Gainsborough, englischer Maler, geb. 1727 zu Sudbury, gest. 1788 zu London, Begründer der englischen Landschaftsmalerei, auch als Bildnismaler hochgeschätzt; seine Werke zumeist in England (Gallerien in London, Edinburg u. a. a. O.). Vgl. Fulcher: Life of G. (2. Aufl. 1856), Brock-Arnold: Thomas G. and John Constable (einer der ersten englischen Stimmungsmaler des 18. Jahrhunderts) 1881.

[240]) Pompejo Girolamo Batoni, geb. zu Lucca 1708, gest. zu Rom 1787, zuerst Goldschmied dann Maler, Schüler des Concha (Anm. 243) und Masuccio (Anm. 245), einer der letzten Sprösslinge der gänzlich ausgearteten italienischen Schulen. Er malte zahllose Madonnen, Hl. Familien, Heilige, historische und allegorische Bilder, ausgezeichnet durch Wärme des Kolorites und anmutige Komposition; noch grösser ist die Zahl seiner Porträts, er malte fast alle fürstlichen Rombesucher, so auch Josef II. und Leopold von Toscana.

²⁴¹) Anton Raphael Mengs, geb. 1728 zu Aussig in Böhmen als Sohn des dänischen Miniaturmalers Israel M., gest. 1779 zu Rom. Zuerst Schüler seines Vaters, der ihn mit grosser Härte zur Kunst anhielt, 1741 bereits in Rom, M.-Angelo und Raffael studierend, wurde er 1744 Hofmaler August III. in Dresden, kehrte aber bald nach Rom zurück, wo er 1754 Direktor der neu errichteten Akademie auf dem Kapitol wurde; später weilte er wiederholt in Spanien am Hofe Karls III. M. war Eklektiker, suchte vor Allem die Vorzüge der Antike, Raffaels, Tizians und Corregios zu verschmelzen. Hervorragende Werke von ihm in Dresden, Berlin, München, Wien, Madrid, Petersburg. Auch als Kunstschriftsteller war er von grossem Einflusse; die italienische Ausgabe seiner Werke erschien 1780 in Parma, die deutsche 1786 in Halle.

²⁴²) Geronimo Imperiale, geb. zu Genua, gest. 1660, vor Allem als Stecher zu nennen (vgl. Bartsch XX, 119).

²⁴³) Eigentlich Conca, Sebastiano Cav., geb. zu Gaeta 1676, gest. 1764, malte in der Art des P. da Cortona, in glänzendem Kolorit, aber mit unsicherer Zeichnung, manierirt. Er schuf zahlreiche Kirchenbilder für alle grösseren Orte des Kirchenstaates. Auch das im Jahre 1818 durch Brand zerstörte Hochaltarblatt der Kapelle des Schlosses Mirabell zu Salzburg rührte von C. her. Viele seiner Bilder sind gestochen, zum Teile von ihm selbst.

²⁴⁴) Constanzi, geb. zu Rom 1688, gest. 1759, Historienmaler, Schüler des P. Luti, ahmte Domenichino und Guido Reni nach, sein berühmtestes Werk der hl. Camillus in der Magdalenenkirche zu Rom (bei Nagler nicht, vgl. Ticozzi und Bryan).

²⁴⁵) Eigentlich Masucci, Agostino, römischer Maler, geb. 1701, gest. 1768, C. Marattis letzter Schüler, Porträt- und Historienmaler, sein bestes Werk der hl. Bonaventura in Urbino.

²⁴⁶) Richard Wilson, englischer Landschaftsmaler, geb. 1714 zu Pinegas, gest. 1782 zu Llauberis, bildete sich nach Nic. Poussin.

²⁴⁷) Salvator Rosa, italienischer Maler, Radierer, Dichter und Musiker, geb. 1615 bei Neapel, gest. 1673 zu Rom als Maler, Schüler des Ribera und Aniello, malte Scenen aus dem römischen Altertume, Porträts, Schlachtenbilder, besonders Landschaften im Stile Claude Lorrains. Biographieen von Baldinucci (1830), Cantù (1849), Lady Morgan (1824).

²⁴⁸) Vgl. Anm. 29.

²⁴⁹) Vergil Georgic. IV, 147: „Verum haec ipse equidem spatiis exclusus iniquis praetereo atque aliis post me memoranda relinquo." Vgl. Verg. Aen. V, 203, Columella X, praef.

²⁵⁰) Horatius Epist. II, 3, 34/35 (Ars poetica): „Infelix operis summa, quia ponere totum nesciat."

²⁵¹) Walter Scott, The lay of the last minstrel.

²⁵²) Er meint den Torso des Belvedere in Rom, inschriftlich ein Werk des Atheners Appollonios (1. Jh. v. Chr.)

²⁵³) Minucius Felix (Octavius 13, 1): eius viri (sc. Socratis) quotiens de caelestibus rogabatur, nota reponsio est: quod supra nos etc. — Lact. inst. 3, 20, 10 celebre hoc proverbium Socrates habuit: quod supra nos etc. — vgl. quit. 32, 3. Hieron. adv. Ruf. 3, 28. Aus Versehen von Tertullian ad not. 2 h dem Epidurus zugeschrieben. Es ist das griech. τὰ ὑπὲρ ἡμᾶς οὐδὲν πρὸς ἡμᾶς vgl. Apost. 15, 95 c nach Aristo bei Stobäos Florilegium 80, 7.

[254]) Vgl. Anm. 86.

[255]) Johann Bischop (o. Episcopus), geb. 1640, gest. 1686 im Haag. Advokat am holländischen Hofe und trefflicher Zeichner und Ätzer. Sein Hauptwerk, welches R. hier zweifellos im Auge hat: „Paradigmata graphices variorum artiphicum tabulis aeneis. Hagae 1671."

[256]) [Dr. Johnson, M]. Samuel J., der bekannte englische Dichter, Kritiker und Gelehrte, geb. 1709 zu Lichfield, gest. 1784 zu London. Vgl. u. A. Hettner., Gesch. d. engl. Litt. 444 ff.

[257]) Er meint Frans Floris de Vriendt, geb. um 1520, gest. 1570 zu Antwerpen, in Italien unter dem Einflusse Michel Angelos ausgebildet, seit 1540 als Meister der Antwerpener Lukasgilde Lehrer zahlreicher jüngerer Künstler. Er malte religiöse, mythologische Bilder und Porträts; Hauptwerke in Antwerpen und Berlin.

[258]) Martin Jacobzoon van Heemskerk, geb. 1498 zu H., gest. 1574 zu Harlem, zuerst Schüler des Cornelius Villems, dann des Jan van Schoreel, ging 1532 nach Italien, wo er mit Eifer die Antike und Michel-Angelo studierte. Von Vasari als Martin Tedesco rühmlich erwähnt. Seine Porträts besser als seine oft manierirten biblischen Darstellungen. Viele Werke in seinem Vaterlande, drei Werke: Predigt Johannes des Täufers, Triumphzug des Silen, trunkener Silen in Wien (Hofmuseum).

[259]) Michiel Coxie (Coxcie, Cocxie, Coxcien, Coxcyen; die Schreibweise Reynolds' ist ungewöhnlich), geb. 1499, gest. 1592 zu Mecheln, studierte gleichfalls längere Zeit in Italien und ahmte vornehmlich Raffael nach. Später Hofmaler Philipps II. in Brüssel. Am bekanntesten seine ausgezeichnete Kopie des berühmten Genter Altares der Brüder van Eyck (Teile hiervon in Berlin, München, Gent), er leitete auch die Ausführung der nach Raffaels Cartons angefertigten Tapeten. Vgl. Anm. 134.

[260]) Hieronymus Cock, Maler, Stecher, Radirer, Drucker und Kupferstichhändler, geb. 1510 zu Antwerpen, gest. 1570 zu Rom, erwarb sich besonders um die Stecherkunst, vornehmlich auch als Lehrer, Verdienste. Er vervielfältigte u. A. die Werke Raffaels.

[261]) Deckenbild Michel-Angelos in der Sixtinischen Kapelle: Erschaffung des Lichtes.

[262]) Ebenda in den Dreieckfeldern der Wölbung.

[263]) Die berühmte Kolossalgestalt des zürnenden Moses in dem von Julius II. für sich bestellten (unvollendeten) Mausoleum zu Rom.

[264]) Kolossalgestalt desselben in S. Agostino zu Rom (1512).

[265]) Im Pal. Pitti zu Florenz.

[266]) Ebenda.

[267]) Diese Stelle, welche ich bei Shakespeare vermutete, wo sie sich nicht findet, nachzuweisen bin ich nicht in der Lage.

[268]) (James Harris, Esq. R.), englischer Schriftsteller, geb. 1709 zu Close, gest. 1780 zu London als Sekretär der Königin; beschäftigte sich eingehend mit Fragen der Kunst in seinen beiden Hauptwerken: „Hermes, or a philosophical inquiry concerning language and universal grammar" (1751) und „Philological inquiries" (1781). Gesammtausgabe seiner Schriften von seinem Sohne Lord Malmesbury (1801).

[269]) Im Sinne des Cinquecento, welchem das 16., wie dem Quattrocento das 15. Jh. entspricht. Die Blüte und Reife Michel-Angelos gehört bekanntlich dem 16. Jh. an (geb. 1475, gest. 1564).

[270]) Zu den Fresken Michel-Angelos in der Sixtinischen Kapelle. Vgl. Anm. 261, 262.

[271]) Vgl. Anm. 261.

[272]) Für den grossen Saal des Dogenpalastes 1538 gemalt; eine Kopie in den Uffizien.

[273]) (Pictura quoque non alium exitum fecit, postquam Ægyptorum audacia tam magnae artis compendiariam invenit. R.)

[274]) (Che Raffaello non ebbe guest'arte da natura, ma per lungo studio. R.) Vgl.: Vita di Michel-Angelo Buonarrotti, scritta da Ascanio Condivi suo discepolo Pisa, presso Niccolò Capurro. MDCCCXXIII, (deutsche Übersetzung von R. Valdek, Quellenschriften VI. 1874, S. 91).

[275]) An der unter 274 angegebene Stelle. — Die folgende Äusserung Raffaels bei Condivi a. a. 0. S. 68, LVII (Quellenschr. a. a. 0. S. 76), wiederholt in Benedetto Varchis Leichenrede auf Michel-Angelo (mitgetheilt von Ilg, Quellenschriften a. a. 0. 120).

[276]) [Zum Unglücke für Jedermann waren dies tatsächlich die letzten Worte, welche der berühmte Maler vom Katheder herab gesprochen hat. Er starb ungefähr vierzehn Monate nach dieser Rede. M.]

Register.

A.

(Erfindung). — in der Malerei schliesst nicht — des Gegenstandes mit ein 45; — die Macht, das geistige Bild darzustellen, welches man sich bei der Erzählung der Geschichte macht 46; — wird durch Regeln und Kritik nie unterdrückt werden 83; — eines der Hauptmerkmale des Genies, — wird gelernt durch Verkehr mit den Erfindungen Anderer 84; die grössten Mittel zur — besitzt, wer über den grössten Vorrat an Stoff verfügt 86; Nachahmung, welche mit dem Vorbilde wetteifert, ist ununterbrochenes — 93; — wird durch Nachahmung Anderer angeregt 198; = Erfahrung, ebenda; Vorteil des Borgens 199; in Bezug auf — wird Methode empfohlen (vgl. Pasticcio-Komposition) 204; — aus dem Stegreife bei den Franzosen besonders entwickelt 207.

Erhabenheit. Der zur — unumgänglich nötige Eindruck eines ungeteilten Ganzen 53; Longinus über das Erhabene 70; neben ihr verschwindet das Anmutige 258.

Erleichterung des Studiums verhindert oft den Fortschritt 195.

Euphranor (Anm. 49), Plinius über die Paris-Statue des — 65.

Euripides. Seine stolze Zurückweisung des Tadels der Athener 75; seine Beschreibung der Opferung der Iphigenie 148 (vgl. Timanthes).

F.

Falconet (Anm. 149). — über des Timanthes Darstellung des Agamemnon 148 f.

Faltenwurf. (Anm. 45). Idealistische Behandlung desselben bei Correggio 59.

Farbengebung. Auch die — hat ihre Gesetze 49; alle spielerischen erkünstelten Lichter sind zu vermeiden, ebenda; zwei verschiedene Wege zur Erzielung grossartiger Wirkung, ebenda; die der venezianischen Schule 55;

(Farbengebung.) Die — des hohen Stiles, ebenda; Poussin über ein nur auf — gerichtetes Bemühen (Anm. 36) 55; — ist in der Malerei, was abgerundete Perioden in der Beredtsamkeit und Harmonie des Versmasses in der Poesie 113; Fresnoy über — 120; Lionardos veraltete Regel 138; Ökonomie der Farben 142.

Farbenton. Die Lichtmassen sollen einen warmen, weichen, gelben, roten oder gelblich-weissen — haben, blaue, graue, grüne Farben sind nur zur Hebung der warmen Farben in kleiner Menge zu verwenden 142; Wärme der Farbe in der Natur 143; die glückliche Wiedergabe des vorherschenden — bei Tizian 179.

Feingefühl (Anm. 218) 212.

Felibien (Anm. 138) Seine fehlerhafte Beschreibung des Lebrunschen Alexanderbildes 140; erblickte in der Vereinigung der verschiedenen Vorzüge der Kunst deren höchste Vollendung 252.

Ferri, Ciro (Anm. 75) 91.

Fielding (Anm. 232), falsches Urteil über Garricks Spiel 221.

Fleisch. Merkmal des — ist Geschmeidigkeit, Mischung von Härte und Weichheit 182.

Fleiss. — des Geistes, nicht nur der der Hände wird empfohlen 101; richtiger und übelangewandter — 185; M.-Angelo über den — 263.

Flinck (Anm. 85) 91.

Florentinische, die, Schule. Ihr kaltes Licht 142; Abweichung von der Natur 218.

Form. Bedeutung der — in der Plastik 159, 161. 162.

Franco, Battista (Anm. 123). Seine Arbeit in der Bibliothek von San Marco fand bei den Venezianern wenig Beifall 124.

Frans (Floris de Vriendt, Anm. 257) 257.

Fresken. Die — Michel-Angelos, Raffaels, Giulio Romanos die grössten Kunstleistungen der Welt 67.

K.

Kleid. Das — in der Kunst 120 ff.

Kleidungsstoffe. Die peinliche Unterscheidung der — wird getadelt 50.

Kleinmalerei. — soll keinesfalls von Anfang an das Ziel des Schülers sein 41.

Klügelei. Gefahr der — 214.

Kneller, Sir Godfrey (Anm. 224). Pope über ihn 214.

Körperlichkeit. Die — in den Bildern Tizians 179.

Komponieren (Komposition), Leichtigkeit im — 10; Einfachheit beim — 136; es giebt zahllose Arten der —, die Hauptregeln der — 141.

Kontrast. Kunstgriff des — 21; — ruht nur auf einer Regel 42; —, wirksamer Factor in der Malerei 130; die Schulregel den — betreffend, Lionardo darüber 138 f.; 140.

Kopieren, eine falsche Form des Fleisses 21 ff.

Kritik. — wird, wie immer sie fortschreiten mag, Erfindung und Genie nicht unterdrücken 83; alle —, die sich auf die beschränktere Ansicht Dessen, was natürlich ist, gründet, hat man eher seichte als falsche Kritik zu nennen, das Wahre ist in ihr nicht genügend verallgemeinert 109; Genie und — schliessen sich nicht aus 126.

Kritiker. Der — muss denselben veredelten Geschmack besitzen, welcher den Künstler leitet 216.

Kunst. Die — hat ihre Grenzen, wenn auch die Einbildungskraft keine hat 65; die Darstellung Jupiters bei den Alten als Beispiel, ebenda; die — liegt versteckt und schafft, selbst ungesehen, ihre Wirkungen 87; sie ist weder eine Gabe des Himmels, noch ein handwerksmässiges Gewerbe 101; alle Künste verfolgen denselben allgemeinen Zweck, sie sind in ihren Grundsätzen eng verwandt 117;

(Kunst). In der — ist es wie in der Moral, Tugend besteht nicht nur in der Abwesenheit des Lasters 135; ihre allgemeine Entwickelung geht parallel der des einzelnen Künstlers 136 f.; ihr Verhältnis zur Sittlichkeit 154 f.; die — vermag jeden Gegenstand zu adeln 181; — an sich fesselt die Aufmerksamkeit, der Gegenstand tritt vielfach zurück, Beispiele solcher Art 185; ihre stete Erneuerung aus der Natur 208; die Erkennung der — durch den Künstler 211; empfängt erst durch wissenschaftliche Behandlung (im Gegensatz zu sklavischer Nachahmung der Natur) Würde und Umfang 214; Sonderung in 2 Klassen 220 f.; ihre notwendigen Abweichungen von der Natur 221; keine — kann einer anderen aufgepfropft werden 222; ihr Endzweck die Einwirkung auf Einbildungskraft und Gefühl 223; hat die natürliche Unvollkommenheit der Dinge zu ergänzen 226; Einteilung in Klassen 250 f.

Kunstgattungen. Abwägung des Wertes der verschiedenen — 113; die höchsten sind jene, welche den Betrachtenden lehren, sich selbst als Menschen zu verehren 114.

Kunstgenuss. Des echten und rechten — kann nur ein guter und edler Mensch teilhaft werden 118.

Kunstkennerschaft. Die höchste Art der — ist die Vergleichung der Künste untereinander und mit der menschlichen Natur 211.

Kunstregel (Grundsätze). Unbedingter Gehorsam für die — ist von den jüngeren Schülern zu begehren 8; dass Regeln das Genie beengen ist eine weitverbreitete aber irrige Meinung, ebenda; das Kunstschaffen steht gegenwärtig in hohem Masse unter der Herschaft von Regeln, sie haben sich nur allmählich entwickelt 83; die Regeln, nach denen geniale Künstler arbeiten, sind Früchte ihrer eigen-

(Michel-Angelo.) — über Tizian und die mangelhafte zeichnerische Übung der Venezianer (Anm. 33) 54; seine Fresken im Vatikan 67; nach seiner Ansicht beruht die Malerei wie die Sculptur in Formenrichtigkeit und kraftvoller Charakteristik 68; erachtet, nach Vasari, die Ölmalerei nur als Beschäftigung für Frauen und Kinder, ebenda; sein Name hat fortwährend mit der Kunst selbst abgenommen, ebenda; ihm ist Raffaels Dasein zu danken 69; über die Wirkung seiner Hauptwerke (vgl. Bouchardon) ebenda; besass mehr Genie und Erfindungskraft, Raffael mehr Geschmack und Phantasie, ebenda; wer von ihnen den ersten Platz verdient 70; auch — kann als Deckmantel für verschiedene Fehler dienen 89; seine Nachahmer 91; seine Sculpturen wie seine Gemälde beweisen den hohen Wert, der auf die Vortrefflichkeit der Form gelegt wird 161; sein Moses 162; Nachahmer Masaccios 202; Begründer der modernen Kunst, seine poetische Kraft 254; seine technische Meisterschaft kräftigte seine Phantasie 255; sein Verhältnis zur antiken Sculptur, ebenda; ein mit seinem Namen bezeichnetes Werk Tibaldis und Raffaels 256; seine Bedeutung für die Schaffung des hohen Stiles, Verwandtschaft mit Homer 257 f.; sein Einfluss auf Raffael und Bartolomeo 258; seine Launenhaftigkeit, ebenda; sein Stil ist weit entfernt von Natur 259; wie — die Antike studirte 261; sein Fleiss, sein Urteil über den Fleiss Raffaels 263.

Miel, Johann (Anm. 102) 94.

Milton. Die andeutungsweise Beschreibung der Eva im verlorenen Paradies 147; Überhöhung der Wirklichkeit 220.

Mode und Natur 37 f.

Modell. Ein Fehler, dass die Schüler nie genau nach dem lebenden — zeichnen 12;

(Modell.) Raffaels Gewohnheit, sein — mit peinlicher Genauigkeit nachzuahmen 13; Annibale Carraccis ähnliche Methode, ebenda; diese Methode ist nachteilig, wenn keine Auswahl von Modellen zur Verfügung steht 13 f.; genaue Nachbildung eines bestimmten lebenden Modelles ermöglicht nicht die Darstellung einer vollkommen schönen Gestalt 90; das — soll inne werden, um was es sich handelt 205; die Kunst ein — zu benützen ist das Ziel aller Studien 206.

Molière 216.

Mounot (Anm. 170) 168.

N.

Nachahmung. Das Joch der — 21; die Natur darf nicht zu peinlich nachgeahmt werden 31 ff.; Teuschung des Auges ist nicht das Geschäft der Kunst 40; genaue und richtige Nachbildung des Gegenstandes ist immerhin verdienstlich 41; Claude Lorrains Ansicht über — der Natur 56 f.; ob alle sogenannten Zufälle der Natur von der Landschaftsmalerei zurückzuweisen sind 57; die Malerei ist wesentlich eine nachahmende Kunst und nicht Sache der Eingebung 81; die — Anderer wird Niemand im Ernste ausschliessen wollen, ebenda; — ist nicht nur auf den ersten Stufen der Kunst notwendig, sondern sie kann durchs ganze Leben geübt werden, ohne die Originalität zu beeinträchtigen 82; nur aus — entspringt Mannigfaltigkeit und Originalität der Erfindung, selbst Genie ist ein Kind der Nachahmung, ebenda; Cicero über die Bedeutung der — 86; die wohlverstandene — 87, 88; das Vorgehen grosser Künstler im Verlauf ihrer Studien ist ebenso nachzuahmen, wie die Werke ihrer Reife 90; verschiedene Beurteilung, ob man die alten oder neueren Meister nachahmt 93;

Anhang.

Vergleichung des Textes der ersten sieben Reden in den Ausgaben von 1788*) und 1798.**)

I. R e d e.

I, 6: If it has an origin no higher, no taste can ever be formed in it, which can be useful even in manufactures; ...

II, 6: If .... formed in manufactures; ....

I, 7: The numberless and ineffectual consultations that I have had with many in this assembly, ...

II, 6: The numberless ... which ...

I, 10: ....; and, satisfied with their effect, is spared the painful investigation by which they come to be known and fixed.

II, 9: ...; and, satisfied ..., ... came ....

I, 13: ....; and as it is natural to think with regret, how much might have been done, and how little has been done, I must take leave to offer ....,

II, 11: ....; and as ...., ... (fehlt: and — done) I must take leave to offer ...,

I, 15: ...., may be an after consideration, ...

II, 12: .... may be an subsequent consideration, ...

I, 16: A facility in composing, a lively, and what is called a masterly handling the chalk or pencil, ...

II, 13: A facility .., .., ... handling of the chalk ..., ...

---

*) Seven Discourses delivered in Royal Academy by the President. London, printed for T. Cadell, in the strand, Boockseller and Printer to the Royal Academy. MDCCLXXVIII.

**) The Works of Sir Joshua Reynolds, Knight: Late President of the Royal Academy: Containing his Discourses, Idlers, a Journey to Flanders and Hollands and his Commentary on Du Fresnoy's Art of Painting; printed from his revised Copies (with his last Corrections and Additions), in three Volumes. To which i, prefixed an Account of the life and writings of the Author, by Eduard Malone, Esq., one of his executors. The second edition corrected. London, printed for T. Cadell, Jun. and W. Davies, in the Strand. 1798.

I, 17: . . ., and make that mechanical facility, ...

I, 18: But young men have not only this frivolous ambition of being thought masterly, inciting them on one hand, . . .

I, 19: The pictures, thus wrought with such pain, ...

I, 20: . . ., endeavour to give the gloss of stuffs, ...

I, 24: . . ., and submit it to them, . .

II, 14: . . ., and make the mechanical felicity,*) . . . .

II, 14: But young men . . . . masters of execution, inciting them on one hand, . . .

II, 16: The pictures, thus wrought with such pains, ...

II, 16: . . . shall give the gloss of stuffs . .

II, 19: . . ., and submit to them, . . .

II. Rede.

I, 31: . . . . ., a general preparation to whatever species . . . .

I, 32: He is now in the second period of study, in which his business is to learn all that has been hitherto known and done.

I, 41: It is an observation that all must have made, how incapable those are of producing anything of their own, who have spent much of their time in making finished copies.

I, 45: . . . that may be equivalent, and . . . .

I, 53: . . . . of the mind as to trace . . . .

I, 62: . . ., who are willing to undergo the same fatigue; . . . .

II, 25: . . . . ., a general preparation for whatever species . . . .

II, 25: He is . . . ., ... all that has been known and done befor his own time.

II, 32: How incapable those are . . . ., copies, is well known to all who are conversant with our art.

II, 35: . . . . that may be equivalent to and . . . .

II, 41: . . . . of the mind as is required to trace . . . .

II, 48: . . ., who have undergone the same fatigne; . . .

III. Rede.

I, 68: . . .; or by a strict imitation of his manner, to preclude ourselves from the abundance and variety of Nature.

I, 72: The Moderns are not less convinced than the Ancients of this superior power existing in the art; nor less conscious of its effects.

I. 77 . . .; and which, by a long habit of observing what any set of objects of the same kind have in common, that alone can acquire the power of discerning what each wants in particular.

II, 52: . . .: or . . . . precluding themselves from . . . .

II, 54: The Moderns . . . .; nor less sensible of its effects.

II, 58 . . . .; and which . . . . common, has aquired the power . . . . .

---

*) Für facility?

I, 80: . . . .; for nature denies her instructions to none, who desire to become her pupils.

To the principle I have laid down, . . .

II, 60 ff: . . .; for . . . . . ., ...
pupils.

This laborious investigation, I am aware, must appear superfluous to those who think every thing is to be done by felicity, and the powers of native genius. Even the great Bacon treats with ridicule the idea of the confining proportion to rules, or of producing beauty by selection. „A man cannot tell, (says he,) whether Apelles or Albert Durer were the more trifler: whereof the one would make a personage by geometrical proportions; the other, by taking the best parts out of divers faces, to make one excellent . . . . The painter, (he adds,) must do it by a kind of felicity, ... and not by rule." *)

It is not safe to question any opinion of so great a writer, and so profound a thinker, as undoubtedly Bacon was. But he studies brevitiy to excess; and therefore his meaning is sometimes doubtful. If he means that beauty has nothing to do with rule, he is mistaken. There is a rule obtained out of general nature, to contradict which is to fall into deformity. Whenever any thing is done beyond this rule, it is in virtue of some other rule which is followed along with it, but which does not contradict it. Every thing which is wrought with certainty, is wrought upon some principle. If it is not, it cannot be repeated. If by felicity is meant any thing of chance or hazard, or something born with a man, and not earned, I cannot agree with this great philosopher. Every object which pleases must give us pleasure upon some certain principles: but as the objects of pleasure are almost infinite, so their principles vary without end, and every man finds them out not by felicity or successful hazard, but by care and sagacity.

To the principle I have laid down, ...

---

*) Essays, S. 252, edit. 1675.

I, 85: ..., and many such actions, which are merely the result of fashion, ...

II, 65/66: ..., and many such actions, which we know to be merely the result of fashion, ...

I, 86: ... and look only on those general habits that are every where and always the same, ...

II, 67: ..., and look only on those general habits which are ...., ...

I, 92: This is the ambition I could wish to excite in your minds; ...

II. 71: This is the ambition which I wish to excite in your mind; ...

I, 96: By aiming at better things, ...

II, 73; Having begun by aiming at better things, ...

I, 97: For though the Painter is to overlook the accidental discriminations of nature, he is to pronounce distinctly, and with precision, the general forms of things.

II, 74: ...., he is to exhibit distinctly, ..., ...

IV. Rede.

I, 113: ... and he mistook accident for universality.

II, 88: ....; and .... generality.

I, 117: ...; yet in him, the disposition appears so artificial, ...

II, 91: ......; yet in him, the disposition appears so ostentatiously artificial, ...

I, 124: The principles by which each are attained are so contrary to each other, that they seem in my opinion, incompatible, and as impossible to exist together, as to unite in the mind at the same time the most sublime ideas, and the lowest sensuality.

II, 95: The principles by which each is attained ....., ..., ., ..., as that in the mind the most sublime ideas and the lowest sensuality should at the same time be united.

I. 125: Besides, it is impossible for a picture composed of so many parts to have that effect, so indispensably necessary to grandeur, of one complete whole.

II, 96/97: ..... grandeur, that of one complete whole.

I, 133: The same reasons that have been urged why a mixture of the Venetian style cannot improve the great style, will hold good in regard to the Flemish and Dutch schools.

II, 102: The same reasons that have been urged to shew that a mixture of the Venetian style ....., ...

V. Rede.

I, 152: We may regret the innumerable beauties which you may want: you may be very imperfect: but still, you are an imperfect person of the highest order.

II, 115/116: ... imperfect artist of ...

I, 153: The mind is apt to be distracted by a multiplicity of pursuits . . . .

I, 154: . . .; taking away its marked character, and weakening its expression.

I, 154: If you mean to preserve the most perfect beauty in its most perfect state, you cannot express the passions, which produce (all of them) distortion . . .

I, 154/155: Guido, from want of choice in adapting his subject to his ideas and his powers, or in attempting to preserve beauty . . .

I, 155: . . ., the Andromeda, and even the Mothers of the Innocents, . . .

I, 156: . . . where the Criticks have described their own imagination; . . .

I, 156: . . .; we need not be mortified or discouraged for not being able to execute the conceptions of a romantic imagination.

I, 158: . . .; in an endeavour to concentrate upon a single subject those various powers, . . .

I, 159: . . ., but to make them aware, that, besides the difficulties . . .

I, 159: . . .; in order each of you to be the first in his way.

I, 162: . . ., and by exemplifying the propositions which I have laid down, . . .

I, 164: . . . for though he ., ..., embellished his works . . . with . . . . . ornaments, which entirely make the merit of some; . . .

I, 167; It must be acknowledged likewise . . .

I, 169: Though our judgement will upon the whole decide in favour of Raffaelle, yet he never takes that firm hold and entire possession of the mind in such a manner as to desire nothing else, and feel nothing wanting.

I, 171: But if, according to Longinus, .

I, 172: . . .; but when it has been in consequence . . .

I, 173: This I call the original, or characteristical style; this, being less referred to . . . .

II, 116: The mind . . . . objects; . . . .

II, 117: . . .; by taking away its marked character and weakening its expression.

II, 117: If you mean . . . ., ..., all of which produce distortion . . .

II, 118: Guido . . . ., or from attempting to preserve beauty . . . .

II, 118: . . ., the Andromeda, and some even of the Mothers of the Innocents . . .

II, 119: . . ., where the Criticks have described their own imaginations; . . .

II. 119: . . .; we need . . . . . at not being able . . . .

II, 120: . . .; in an endeavour to concentrate in a single subject those various powers, . . .

II, 121: . . .; but suggest to them that, beside the dificulties . . .

II, 121: . . .; in order that each of you may become the first in his way.

II, 123: . . . and by exemplifying the positions which I have laid down, . . .

II, 124: . . . for though he ., ..., embellished his performances . . . with . . . . . ornaments, which entirely make the merit of some painters, . . .

II, 127: It must be acknowledged, however, . . .

II, 128: Though our judgement must . . . ., ... such a firm . . . . as to make us desire nothing else, and to feel nothing wanting.

II, 130: But if, as Longinus thinks, . .

II, 131: . . . . but when it has been the result . . .

II, 131: This, which may be called the original or characteristical style, being less referred to . . .

I, 173: The excellency of every style,
but I think of the subordinate ones more
especially, ...

I, 174: ..., that do not seem to hang
well together, ...

I, 175: To him we may contrast ...

I, 177: The whole is so much of a
piece, that one can scarce be brought
to believe but that .. if any one of
them had been ... if we should allow
a greater purity and correctness of
Drawing, ...

I, 179: Yet however opposite their
Characters, in one thing they agreed,
both of them having a perfect corres-
pondence between all the parts of their
respective manners.

One is not sure but every alteration
of what is considered as defective in
either, would destroy the effect of the
whole.

I, 180: Like Polidoro he studied them
so much, ...

I, 181: ...; such as the Seven Sacra-
ments in the Duke of Orleans' collection;
but neither these, nor any in this manner, ...

I, 183: ..., an old Man or a Nymph
with an urn instead of a River or Lake.

I, 185/186: ... there are two different
paths either of which a Student may
take without degrading the dignity of his
art. The first is to combine the higher
excellencies and embellish them to the
greatest advantage. The other is to
carry one of this excellencies to the
highest degree.

I, 187: One would wish that such
depravation of taste should be coun-
teracted with such manly pride as Euripides expressed to the Athenians who
criticised his works: ...

I, 188: ..., by any tide of popularity..

II, 131 132: The excellency of every
style, but of the subordinate styles more
especially, ...

II, 132: ... that do not seem to unite
well together; ...

II. 133: With him we may contrast ...

II. 134: The whole ....., ...
.. but that if any one of the qualities
he possessed had been .. if we should
allow him a greater purity and correctness of Drawing ...

II, 136: Yet however opposite their
characters, in one thing they agreed; both
of them always preserving a perfect cor-
respondance between all the parts of
their respective manners: insomuch that
it may be doubted whether any alteration
of what is considered as defective in either,
would not destroy the effect of the whole.

II. 137: Like Polidoro he studied the
ancients so much, ...

II, 137: ...; as in the Seven Sacra-
ments ......; ..., nor any of his other
pictures in this manner, ...

II, 139: ..., ... to represent a
River or a Lake?

II, 140: ... there are two different
modes, either of which a Student may
adopt .... The object of the first
is, to combine ....; of the other,
to carry ....

II, 142: One would wish ....
... pride which actuated Euripides when
he said to the Athenians who criticised
his works ...

II, 142 ... by any allurement of popularity ....

VI. Rede.

I, 194: I wish also . . .

.. and which when they do prevail are certain to prevail to the utter destruction of the higher, . . .

I, 195: . . .; and if I repeat my own Ideas on the subject, . . .

I, 196: . . .; than he who goes about to examine . .

.. how our mind . . .

I, 198: . . .; however conscious they may be of the very natural means by which the extraordinary powers were acquired; our art . . .

I, 199: . . ., who do not much think what they are saying, . . .

I, 199: It would be no wonder if a Student, frightened by these terrors and disgracefull epithets, with which the poor imitators are so often loaded, should let fall his pencil in mere despair; conscious how much he has been indebted to the labours of others, how little, how very little of his art was born with him; and, considering it as hopeless, . . .

I, 201: For my own part, I confess, I am not only very much disposed, to lay down the absolute necessity of imitation in the first stages of the art; . . .

I, 203: . . .; and that we always do, and ever did agree, about what should be considered as a characteristic of Genius.

I, 203: . . . .; and what shows it to be so is, that mankind have often changed their opinion upon this matter.

I, 204: . . . . ., the name of Genius then shifted its application, and was given only to those who added the pecular character of the object they represented; to those who had invention, expression, grace, or dignity; or in short, such qualities, or excellencies, the producing of which, could not then be taught by any known and promulgated rules.

I, 205: . . . a general air of grandeur to your work, ...

II, 146: I wished also . . .

. . . and which, when they do prevail, are certain utterly to destroy the higher . . .

II, 146: . . .; . . . . . . notions . . ., . . .

II, 147: . . ., than he who attempts to examine . .

.. how the mind . . .

II, 148: . . ., however . . . . their extraordinary powers were acquired; though our art . . .

II. 149: . . ., who do not much think on what they are saying, . . .

II, 149: It . . . ., . . . terrifick and disgracefull epithets, with which the poor imitators are so often loaded, should let fall his pencil in mere despair; (conscious as he must be, how much be has been indebted to the labours of others, how little, how very little of his art was born with him;) and, consider it as hopeless, . . .

II, 151: For . . ., . ., ... to maintain the absolute necessity . . ., ...

II, 152: . . .; and that we always do, and ever did agree in opinion, with respect to what should be considered as a characteristick of Genius.

II, 152: . . .; and what shews . . . . ., . . .

II, 153: . . .; the name . . . . . ., ... to him who added . . . .; to him who . ., . ., . ., . .; in short, those qualities, or excellencies, the power of producing which, . .

II, 153: . . . to a work, ...

I, 206: ....., and keep always the same distance ....

I, 207: It must of necessity be, that even works of genius as well as every other effect, as it must have its cause, must likewise have its rules ...

.. are either such as they discover by their own peculiar observation, or of such a nice texture, as not easily to admit handling, or expressing in words, ...

I, 210: From these considerations, which a little of your reflection ....

I, 211: The mind is but a barren soil; is a soil soon exhausted, ...

I, 211: We behold all about us with the eyes of these penetrating observers; ..

I, 213: And we are certain that Michel Angelo, and Raffaele, were equally possessed of all the knowledge in the art which was discoverable in the works of their predecessors.

I, 214: The addition of other men's judgment is so far from weakening, as is the opinion of many, our own, ..,

.. which lay in their birth, ...

I, 215: There is no danger of the mind's being over-burdened ....

.... may be as well ......

... the association of more, would have died away.

I, 217: ... of starting before you; yet it is enough to pursue his course; ....

I, 219: The sagacious imitator not only remarks what distinguishes the different manner or genius of each master; ....

I, 220: He looks close into the tints, of what colours they are composed .

.. in enlarging the principle ....

I, 222: ...; which, however, both in the one case, and in the other, cease ..

I, 225: In short, there is no defect, but may be excused, ...

II, 154: ... and keep always at the same distance ...

II, 155: It must of necessity be, that even works of Genius, like every other effect, as they must have their cause, must likewise have their rules ..

.. are either such as they discover by their own peculiar observations, or of such a nice texture as not easily to admit being expressed in words, ...

II, 156: From .., ... of your own reflection ...

II, 157: The mind .....; a soil which is soon exhausted, ...

II, 158: We .... of those penetrating observers whose works we contemplate; ..

II, 159: and ......, .., ...
.. which had been discovered in the works of their predecessors.

II, 159: The addition of other men's judgement is so far from weakening our own, as it the opinion of many, ..

... which lay in embryo, ...

II, 160: But there is no danger of the minds being over-burthened ....

... may as well ...

.... of more fuel would have died away.

II, 162: ... of starting before you, you may always propose to overtake him: it is enough however to pursue his course; ...

II, 163: The sagacious imitator does not content himself with merely remarking what distinguishes ...., ...

II, 164: He looks close into the tints, examines of what colours they are composed, .

.. in enlarging the principles ..

II, 165: ...; which, however, both in real life and in printing, cease ...

II, 167: In short, there is no defect that may not be excused, .,.

I, 225: ..., as he would be of producing a perfectly beautiful figure, ...

I, 226: ... who can unite in himself
the excellencies of the various Painters, .

I, 227: ...; so his first works are ..

I, 231: ...; but this proceeded from
wants ...

I, 233/234: And though a curious
refiner may come with his crucibles, ..

I, 235: ...., whence every man has
a right to what materials he pleases; ..

I, 236: ...; he, who borrows an idea
from an artist, or perhaps from a modern,
not his contemporary, ...

I, 237/238: ..... and even sublime
inventions.

In the luxuriant style ...

I, 238: ...., well worthy his
attention, ...

I, 239: ... of Bouche*) and Watteau .

I, 240: ... Though this school more
particulary excelled in the mechanism
of painting, yet there are many, ...

I, 240: ..., and is not to be found ..

I, 241: ..., which are the subjects
of their study and attention.

I, 242. ....., and his name would
have been now ranged ...

I, 242: ......, and have, from the
natural vigour of their mind, given such
an interesting expression, such force and
energy to their works,

... those excellencies to his own
works.

II, 168: ..., as he would be to produce a perfectly beautiful figure, ...

II, 168: ... who can unite in himself the excellencies of the various great
painters, ...

II, 168/168: ...; hence his first works
are ...

II, 171/172: ...; but this proceeded
from a want ...

II, 173: And though a curious refiner
should come with his crucibles, ...

II, 174: ..., whence every man has
a right to take what materials he
pleases, ...

II, 175: He, ... ancient, or even
from a modern artist not his contemporary, ...

II, 176: .... and even sublime
inventions.

The works of Albert Durer, Lucas
van Leyden, the numerous inventions of
Tobias Stimmer, and Jost Ammon, afford
a rich mass of genial materials, which
wrought up and polished to elegance,
will add copiousness to what, perhaps,
without such aid, could have aspired
only to justness and propriety. In the
luxuriant style ...

II, 177: ......, well worthy of his
attention, ...

II, 178: of Bosch*) and Watteau ...

II, 178: ...; and though the school
to which he belonged more ....; yet
it produced many, ...

II, 179: ..., and is not found ....

II, 179: ..., which were ...

II, 180: ...; and he now would have
ranged ...

II, 180: ...; and have, ...,
given a very interesting expression, and
great force and energy to their works;

.. their excellencies to his own performances.

---

*) Boucher.

I, 244 . . ., that is not to cease but with our lives.

I, 245: . . . . ., and improve in their performance, . . .

I, 245: . . .; but it has fallen within my own knowledge, that Artists, though they are not wanting in a sincere love for their Art, though they have great pleasure in seeing good pictures, and are well skilled to distinguish .

. ., without any endeavour to give a little of those beauties, which they admire in others, to their own works.

I, 250: The purpose of this discourse . . .

I, 251: . . .; consider them as models which you are to imitate, and at the same time as rivals, which you are to combat.

II, 182: . . ., that . . . . . . his life.

II, 182: . . . ., and improve in their performances, . . .

II, 182'183: . . .; but . . . ., . . ., though they were not . . . ., though they had . . . . . ., and were well skilled to distinguish . ., without .

II, 183: . ., which they admired . ., . . .

II, 186: The purport of this discourse . . .

II, 186: . . . .; consider . . . ., ... rivals with whom you are to contend.

VII. R e d e.

I, 256: And practice, though essential to perfection, can never attain . . .

I, 257: He ought not to be wholly unacquainted with that part of philosophy which gives him an insight to human nature, . . .

I, 260: To speak of genius and taste, as any way connected with reason or common sense, . . .

I, 265: . . ., and which we leave to our posterity very near in the condition in which we received it; not much being in any one man's power either to impair or improve it.

I, 265: The greatest part of these opinions, like current coin in its circulation, we are obliged to take without weighing or examining; . . .

I, 267: . . . . .; yet I am persuaded, that even among those few who may be called thinkers, the prevalent opinion gives less than it ought to the powers of reason; . . .

II, 189: . . . .: and practice, though essential to perfection, can e v e r*) attain.

II, 191: . . . which gives an insight to human nature, . . .

II, 193: To speak of genius and taste as in any way . . .

II, 196: . . . ., and which . . . . . very nearly; it not being much . . .

II, 196: The . . . . ., ..., we are used to take without weighing or examining; . .

II, 198: . . .; yet I am persuaded, ..., . . . allows . .

---

*) Für never?

I, 268: The common saying, that tastes are not to be disputed, owes its influence and its general reception, to the same error which leads us to imagine it of too high original to submit to the authority of an earthly tribunal. It will likewise correspond . . .

II, 198: .... which leads us to imagine this faculty of too high original .... It likewise corresponds . . .

I, 268: Something of this too may arise from want of words in the language to express the more nice discriminations...

II, 198: Something . . . . language in which we speak, to express . . . .

I, 269: . . ., to works which are only to be produced . . .

II, 199: . . .; to the works . . . .

I, 271: colouring is true where it is naturally adopted to the eye, . . .

II, 200: . . . when . . . . is true,

I, 274: . . . it implies of course . . .

I, 276: . . . for whatever ideas . . .

II, 203: . . ., it follows of course, . . .

II, 204: . . ., for whatever notions . . .

I, 276: The idea . . .
General ideas, beauty, or nature, are but different ways of expressing the same thing, . . .

II, 204: My notion . . .
The terms beauty, or nature, which are general ideas, are but different modes of expressing the same thing.

I, 279: Poussin, who, upon the whole may be produced as an instance of attention to the most enlarged and extensive ideas of nature, from . . .

II, 207: Poussin, who, upon the whole, may be produced as an artist strictly attentive to the most enlarged and extensive ideas of nature, from . . .

I, 280/281: Poussin's own conduct in his representation of Bacchanalian triumphs and sacrifices, makes us more easily give credit to this report, since in such subjects, as well indeed as in many others, it was too much his own practice. The best apology we can make for his conduct is what proceeds from the association of our ideas, the prejudice we have in favour of antiquity. Poussin's works, as I have formerly observed, have very much the air of the ancient manner of painting; in which there is not the least traces to make us think that what we call the keeping, the composition of light and shade or distribution of the work into masses, claimed any part of their attention. But surely whatever apology we may find out for this neglect, it ought to be ranked among the defects of Poussin,

II, 207/208: Poussin's own conduct in many of his pictures, makes us more easily give credit to this report. That it was too much his own practice, The Sacrifice to Silenus, and The Triumph of Bacchus and Ariadne*), may be produced as instances; but this principle is still more apparent, and may be said to be even more ostentatiously displayed in his Perseus and Medusa's Head.**)

This is undoubtedly a subject of great bustle and tumult, and that the first effect of the picture may correspond to the subject, every principle of composition is violated; there is no principal figure, no principal light, no groups; every thing is dispersed, and in such a state of confusion, that the eye finds no repose any where. In consequence of the forbidding appearance, I remember turning from it with disgust,

---

*) In the Cabinet of the Earl of Ashburnham.
**) In the Cabinet of Sir Peter Burrel.

as well as of the antique paintings; and the moderns have a right to that praise which is their due, for having given so pleasing on addition to the splendor of the art.

Perhaps no apology . . .

and should not have looked a second time, if I had not been called back to a closer inspection. I then indeed found, what we may expect always to find in the works of Poussin, correct drawing, forcible expression, and just character; in short all the excellencies which so much distinguish the works of this learned painter.

This conduct of Poussin I told to be entirely improper to imitate. A picture should please at first sight, and appear to invite the spectator's attention: if on the contrary the general effect offends the eye, a second view is not always sought, whatever more substantial and intrinsick merit it may possess.

Perhaps no apology . . .

I, 281: We must take the same care that the eye . . . . as of offending it by an unharmonious mixture of colours . .

. . In the very torrent, tempest and whirlwind of your passions, says he, you must beget a temperance that may give it smoothness. . . . . The end of playing, both at the first, and now, is, to hold, as it were, the mirror up to nature.

II, 209: We must take care that the eye . . . . or offended by an unharmonious mixture of colours, as we should guard against offending the ear by unharmonious sounds. . . .

. . . . In the very torrent, ... passion, . . , . . acquire and beget . . . . . ., . . . , . . . , . . . The end of playing, both at the first, and now, was and is, to hold, as 'twere, the mirror up to nature.

I, 284: It is this sense . . .

I, 285: . . ., as to attain those truths which are more open to demonstration.

II, 211: It is the sense . . .

II, 211: . . ., as is necessary to attain those truths which are more capable of demonstration.

I, 286: But if he is compelled to the modern dress, . . .

I, 287: . . . . ., of mixing allegorical figures with representations of real personages, which, though acknowledged to be a fault, yet, if the artist considered himself as engaged to furnish this gallery with a rich and splendid ornament, . . .

II, 212: But if he is compelled to exhibit the modern dress, . . .

II, 213: . . ., where he has mixed allegorical figures with the representations of real personages, which must be acknowledged to be a fault; yet, if the artist considered himself as engaged to furnish this gallery with a rich, various, and splendid ornament, . . .

I, 288: . . ., must yield and give way. If it is objected . . .

II, 213/214: . . . must yield and give way.

The variety which portraits and modern dresses, mixed with allegorical figures, produce is not to be slightly given up upon a punctilio of reason, when that reason deprives the art in a manner of its very existence. It must always be remembered that the business of a great painter, is to produce a great picture; he must therefore take especial care not to be cajoled by specious arguments out of his materials. What had been so often said to the disadvantage of allegorical poetry, — that it is tedious, and uninteresting, — cannot with the same propriety be applied to painting, where the interest is of a different kind. If allegorical painting produces a greater variety of ideal beauty, a richer, a more various and delightful composition, and gives to the artist a greater opportunity of exhibiing his skill, all the interest he wishes or is accomplished; such a picture not only attracts, but fixes the attention.

If it be objected . . .

I, 288: . . ., this brings the question upon new ground.

II, 214: . . ., this puts the question upon new ground.

I, 289: It can be no dispute, . . .

II, 215: It cannot be disputed, . . .

I, 291: . . . a history of Luca Giordano; . . .

II, 217: . . . a history by Luca Giordano . . .

I, 293: . . . to what is justly esteemed . . .

II, 218: . . . to what is justly thought . .

I, 296: . . ., what agrees or what deviates from the general idea of nature . . .

II, 220: . . ., what agrees with or deviates from the general idea of nature . .

I, 296: . . ., there will be of course an agreement . . .

II, 220: . . ., there will be necessarily an agreement . . .

I, 299: In fact, we are never satisfied with our opinions till they are ratified and confirmed by the suffrages of the rest of mankind.

II, 222: In fact, we never are satisfied with our opinions, whatever we may pretend, till they are . . .

I, 301: . . . is obliged to draw from others . . .

II, 223: . . . is obliged to make to others . . .

I, 303: . . ., and rest with safety.

II, 225: . . ., and rest with safety, actuates us in both cases.

I, 305: . . ., is a matter of habit. It would be unjust to conclude that all ornaments, because they were at first arbitrarily contrived, are therefore . . .

II, 226: . . ., is a matter of custom. Thus, in regard to ornaments, it would be unjust to conclude that because they were at first arbitrarily contrived, they are therefore . . .

I, 306: As it is the ornaments, . . .

II, 228: Thus it is the ornaments . . .

I, 311: But we have still more slender means of determining, in regard to the

II, 231: But we have still more slender means of determining, to which of the different customs of different ages or countries, to which to give the preference, since they seem to be all equally removed from nature.

I, 312: ...; and having rendered them ...

I, 312: ...; whoever despises the other for this attention to the fashion of his country; which ever of those two first feels himself provoked to laugh, is the barbarian.

I, 313: ..., such as is practiced at Otaheiti, and the strait lacing of the English ladies; of the last of which, how destructive it must be to health and long life, the professor of anatomy took an opportunity of proving a few days since in this academy.

I, 313: As many of the ornaments of art, ...

I, 315: We all very well remember how common it was few years ago for portraits to be drawn in this Gothic dress, ...

I, 316: ...; they appeared so, however, to those only who had the means of making this association, for when made, it was irresistible.

I, 316: Besides the prejudice which we have in favour of ancient dresses, there may be likewise other reasons, amongst which ...

I, 317: ..., yet they would not please ...

I, 318: These ornaments having the right of possession, ought not to be removed, but to make room for not only what has higher pretensions, ...

I, 318: To this we may add, even the durability of the materials ..
... it therefore makes higher pretensions to our favour and prejudice.

I, 319: ...; we must only regulate it by reason, which regulation by reason is indeed little more than obliging the lesser ...

different customs of different ages or countries we ought to give the preference, ..., ...

II, 231: .....; and after having rendered them ...

II, 232: ...; whoever of these two despises the other ...., which ever first feels himself provoked to laugh is the barbarian.

II, 232: ..., such as some of the practices at Otaheite, ...; of the last of which practices, how ...

II, 232: Many of the ornaments of art ...

II, 234: We all ....
in this fantastick dress, ...

II, 234: ..., they .., ., ...
association; and when ... irresistible.

II, 235: Besides ...., ...
reasons for the effect which they produce; among which ...

II, 235: ... they would not please ...

II, 236: Ancient ornaments, ...,
.... moved, unless to make room for that which not only has higher pretensions, ...

II, 236: To this we may add, tha-even ..
.; the former therefore make higher pretensions ...

II, 237: ...; we must .... reason; which kind of regulation is indeed lesser..

I, 320: ... that respect for the prejudices of mankind which he ought to have, has made .... The consequence is what might be expected; ..

.. as it was procured at the expence of his contemporary wits and admirers.

I, 321: ..., if endeavoured to be introduced by storm.

I, 326: I cannot help adding, that .

.. I should hope therefore that the natural consequence likewise of what has been said, . . .

II, 238: .... that .... to have had, made ... The consequence was what might have been expected; .

.. for it was procured .... admirers.

II, 238: ..., if .... by violence

II, 242: Let me add, that .

.. I should hope therefore, that the natural consequence of what has been said, . . .